Murray Rothbard

Governo
— E —
Mercado

Murray Rothbard

Governo
— E —
Mercado

A ECONOMIA DA INTERVENÇÃO ESTATAL

TRADUÇÃO
MÁRCIA XAVIER DE BRITO
ALESSANDRA LASS

2ª EDIÇÃO

SÃO PAULO | 2023

Título Original: *Power and Market*
Copyright © 2023 – LVM Editora

Os direitos desta edição pertencem à LVM Editora, sediada na
Rua Leopoldo Couto de Magalhães Júnior, 1098, Cj. 46
04.542-001 • São Paulo, SP, Brasil
Telefax: 55 (11) 3704-3782
contato@lvmeditora.com.br

Gerente Editorial | Chiara Ciadarot
Editor-chefe | Pedro Henrique Alves
Editora-assistente | Georgia Lopes Kallenbach Cardoso
Tradução | Márcia Xavier de Brito & Alessandra Lass
Notas do Tradutor | Márcia Xavier de Brito
Revisão Técnica | Ubiratan Iorio & Alex Catharino
Revisão Final | Fernando Fiori Chiocca
Preparação dos originais | Alex Catharino
Capa | Mariangela Ghizellini
Projeto Gráfico | Neuen Design
Diagramação | Duobles Design

Impresso no Brasil, 2023

Dados Internacionais de Catalogação na Publicação (CIP)
Angélica Ilacqua CRB-8/7057

R754g Rothbard, Murray

   Governo e mercado: a economia da intervenção estatal / Murray Rothbard; tradução de Márcia Xavier de Brito, Alessandra Lass. – 2. ed. – São Paulo: LVM Editora, 2023.
   288 p.

   Bibliografia
   ISBN 978-65-5052-112-7
   Título original: *Power and Market: The Government and The Economy*

   1. Economia 2. Ciência política 3. Política econômica I. Título
   II. Brito, Márcia Xavier de III. Lass, Alessandra

23-4178   CDD 338.9

Índices para catálogo sistemático:

1. Economia

Reservados todos os direitos desta obra.

Proibida a reprodução integral desta edição por qualquer meio ou forma, seja eletrônica ou mecânica, fotocópia, gravação ou qualquer outro meio sem a permissão expressa do editor. A reprodução parcial é permitida, desde que citada a fonte.

Esta editora se empenhou em contatar os responsáveis pelos direitos autorais de todas as imagens e de outros materiais utilizados neste livro. Se porventura for constatada a omissão involuntária na identificação de algum deles, dispomo-nos a efetuar, futuramente, as devidas correções.

Para
Ludwig von Mises

Sumário

Nota à edição brasileira
Prefácio à quarta edição norte-americana (Edward P. Stringham)

Capítulo I - Serviços de Defesa no Livre Mercado 21
Capítulo II - Os Fundamentos das Intervenções 31

1   **Tipos de Intervenção**..31
2   **Os Efeitos Diretos das Intervenções na Utilidade** 34
    A   Intervenção e Conflito..34
    B   Democracia e o Agir Voluntário 37
    C   Utilidade e Resistência à Invasão.......................................38
    D   O Argumento da Inveja 39
    E   Utilidade Ex Post..40

Capítulo III - A Intervenção Triangular...47

1 - **O Controle de Preço**...47
2 - **Controle de Produto: Proibição**..56
3 - **Controle de Produção: Concessão de Privilégio Monopolista**...........58
    A   Cartéis Compulsórios...62
    B   Licenças 63
    C   Padrões de Qualidade e Segurança 64
    D   Tarifas..68
    E   Restrições de Imigração 73
    F   Leis de Trabalho Infantil...76
    G   Serviço Militar Obrigatório..77
    H   Leis de Salário Mínimo e Sindicalismo Obrigatório............78
    I   Subsídios para o Desemprego 78
    J   Penalidades sobre os Modelos de Mercado.......................79
    K   Leis Antitruste...80
    L   Declaração de Ilegalidade da Inclusão do Valor
        do Frete no Preço..84
    M   Leis de Conservação...84
    N   Patentes 93
    O   Concessões e "Utilidade Pública" 97
    P   O Direito de Domínio Eminente (ou Desapropriação).........98
    Q   Suborno de Funcionários Públicos....................................99
    R   Política Monopolista 100
Apêndice A - Sobre Cunhagem Privada 102
Apêndice B - Coerção e *Lebensraum*... 103

CAPÍTULO IV - INTERVENÇÃO BINÁRIA: TRIBUTAÇÃO 105

1   Introdução: Receitas e Despesas Governamentais 105
2   Encargos e Benefícios da Tributação e Despesas 106
3   A Incidência e os Efeitos da Tributação 110
Parte I: Impostos sobre as Rendas 110
    A   Imposto Geral sobre as Vendas e as Leis de Incidência 110
    B   Impostos Parciais sobre Venda ou Consumo de Bens:
        Outros Impostos sobre a Produção 115
    C   Efeitos Gerais da Tributação sobre a Renda 117
    D   Formas Especiais de Tributação sobre a Renda 122
        (1) Impostos sobre os Salários 122
        (2) Imposto de Renda de Pessoa Jurídica 123
        (3) Tributação sobre Lucro "Excessivo" 124
        (4) O Problema do Ganho de Capital 125
        (5) É possível haver Imposto sobre o Consumo? 130
4   A Incidência e os Efeitos da Tributação 132
Parte II: Os Impostos sobre o Capital Acumulado 132
    A   Tributação sobre as Transmissões Gratuitas:
        Heranças e Doações 133
    B   Imposto sobre a Propriedade 134
    C   Um Imposto sobre a Riqueza Individual 137
5   A Incidência e os Efeitos da Tributação 138
Parte III: O Imposto Progressivo 138
6   A Incidência e os Efeitos da Tributação 142
Parte IV: O "Imposto Único" sobre o Aluguel do Solo 142
7   Os Cânones da "Justiça" em Tributação 156
    A   O Imposto Justo e o Justo Preço 156
    B   Custos de Arrecadação, Conveniência e Certeza 158
    C   Distribuição da Carga Tributária 159
        (1) Uniformidade de Tratamento 159
            (a) - Igualdade perante a Lei: A Isenção de Impostos 159
            (b) - A Impossibilidade da Uniformidade 161
        (2) O Princípio da "Capacidade de Pagar" 164
            (a) - A Ambiguidade do Conceito 164
            (b) - A Justiça do Padrão 167
        (3) A Teoria do Sacrifício 170
        (4) O Princípio do Benefício 174
        (5) O Imposto Equitativo e o Princípio do Custo 177
        (6) Tributação "Apenas para a Receita" 180
        (7) O Imposto Neutro: Um Resumo 180
    D   Contribuições Voluntárias ao Governo 181

CAPÍTULO V - INTERVENÇÃO BINÁRIA: OS GASTOS DO GOVERNO 187

1. Subsídios do Governo: Pagamentos de Transferência 188
2. Atividades que Consomem Recursos: 191
   Propriedade do Governo *versus* Propriedade Privada 191
3. Atividades que Utilizam os Recursos: Socialismo 201
4. O Mito da Propriedade "Pública" 204
5. Democracia 206

Apêndice - O Papel dos Gastos do Governo nas
Estatísticas do Produto Nacional 216

CAPÍTULO VI - ÉTICA ANTIMERCADO: UMA ANÁLISE PRAXEOLÓGICA 221

1. Introdução: Análise Praxeológica da Ética 221
2. Conhecimento do Autointeresse: Uma Suposta Hipótese Crítica .. 223
3. O Problema das Escolhas Imorais 225
4. A Moralidade da Natureza Humana 228
5. A Impossibilidade da Igualdade 229
6. O Problema da Segurança 233
7. As Supostas Alegrias de uma Sociedade Estamental 235
8. Caridade e Pobreza 238
9. A Acusação de "Materialismo Egoísta" 240
10. De Volta à Selva? 242
11. Poder e Coerção 244
    A "Outras Formas de Coerção": O Poder Econômico 244
    B Poder sobre a Natureza e Poder sobre o Homem 247
12. O Problema da Sorte 249
13. A Analogia do Gestor de Tráfego 250
14. Superdesenvolvimento e Subdesenvolvimento 251
15. O Estado e a Natureza do Homem 252
16. Direitos Humanos e Direitos de Propriedade 253

Apêndice - Os Objetivos Socioeconômicos
segundo o Professor Oliver 256
    A O Ataque à Liberdade Natural 256
    B O Ataque à Liberdade Contratual 259
    C O Ataque à Renda conforme os Ganhos 261

CONCLUSÃO – TEORIA ECONÔMICA E POLÍTICA PÚBLICA 269

1. A Ciência Econômica: Natureza e Utilidade 269
2. A Moralização Implícita: O Fracasso da Economia de Bem-Estar .. 271
3. Ciência Econômica e Ética Social 273
4. O Princípio do Mercado e o Princípio Hegemônico 275

ÍNDICE REMISSIVO 279

Nota à Edição Brasileira

O livro *Power and Market* de Murray Rothbard foi publicado originalmente em 1970 pelo Institute for Humane Studies da George Mason University, que, também, lançou em 1977 a segunda edição da obra. A terceira edição de *Power and Market* apareceu num volume reunindo, também, o livro *Man, Economy, and State*, editado pelo Ludwig von Mises Institute em 2004. A quarta edição, a partir da qual a presente versão foi traduzida para o português, foi publicada em 2006 pelo Ludwig von Mises Institute.

O editor, Instituto Ludwig von Mises Brasil, em todas as suas obras, opta pela grafia "estado" com letra "e" minúscula, embora a norma culta sugira a grafia "Estado". Assim como o Instituto Mises Brasil, a revista *Veja* adota a grafia "estado" desde 2007. À época, *Veja* argumentou que *"se povo, sociedade, indivíduo, pessoa, liberdade, instituições, democracia, justiça são escritas com minúscula, não há razão para escrever estado com maiúscula"*. Este editor concorda. A justificativa de que a maiúscula tem o objetivo de diferenciar a acepção em questão da acepção de "condição" ou "situação" não convence. São raros os vocábulos que somente possuem um único significado, e ainda assim o contexto permite a compreensão e diferenciação dos significados. Assim como *Veja*, o editor considera que grafar estado é uma pequena contribuição para a demolição da noção disfuncional de que o estado é uma entidade que está acima dos indivíduos.

Prefácio à quarta edição norte-americana

INSTRUÇÕES PARA USO: Se você detesta o estado, leia este livro. Se você ama o estado, leia esse livro! Estudantes, pesquisadores e demais pessoas instruídas poderão se beneficiar com a leitura de *Governo e Mercado*. No presente volume, Murray N. Rothbard (1926-1995), usa a teoria econômica para analisar diferentes projetos e propostas visando alterar ou eliminar as soluções de mercado. Num cenário no qual os partidários da ação governamental apresentam inúmeros motivos pelos quais o governo "precisa" fazer isso ou aquilo, Rothbard põe limites às fantasias políticas. Ele demonstra como o estado não é uma entidade benigna que poderá facilmente corrigir os problemas no mundo. Ao contrário, o estado é um aparato imperfeito e inerentemente coercitivo.

O presente livro, após trinta e cinco anos da primeira edição, ainda é a mais sistemática análise da intervenção governamental[1]. *Man, Economy and State* [Homem, economia e estado], o principal tratado de Rothbard, descreve as trocas na economia de mercado, ao passo que *Governo e Mercado* analisa a economia da intervenção governamental. Rothbard deixa claro que a economia é desprovida de juízos morais, não oferecendo nenhum julgamento ético final, ao mesmo tempo em que, também, aponta como a ciência econômica pode ser utilizada para criticar determinados posicionamentos morais, da seguinte forma: *"Caso a autocontradição e a impossibilidade conceitual de execução de uma finalidade ética possam ser demonstradas, então nitidamente tal fim é um absurdo e deve ser abandonado por todos"*[2]. Em certos aspectos, o livro poderia ser considerado um dos primeiros exemplos de economia da escolha pública, porque utiliza o instrumental econômico para analisar governo, e certamente elimina as visões românticas sobre a política. No entanto, Rothbard diferia dos economistas da escolha pública, tais como James M. Buchanan e Gordon Tullock – e, a esse respeito, de todos os seus contemporâneos –, pois sempre viu o estado como um agente coercitivo, uma instituição que não foi criada para fazer o bem[3].

---

[1] O presente volume foi originalmente escrito como a terceira e última parte do manuscrito de 1.500 páginas de *Man, Economy and State*. O tamanho do manuscrito e o fato das conclusões políticas de Rothbard divergirem das visões dominantes sobre a análise do papel do governo na sociedade foram demais para alguns, por isso, *Man, Economy, and State* e *Power and Market* foram publicados como volumes separados em 1962 e em 1970. Ver: STROMBERG, Joseph. "Introduction to *Man, Economy, and State with Power and Market*". In: ROTHBARD, Murray N. *Man, Economy, and State with Power and Market: Scholar's edition*. Auburn: Mises Institute, 2004. pp. lxv–lxxi.
[2] ROTHBARD. *Power and Market*. p. 251. Na presente edição, Capítulo VI (primeiro parágrafo).
[3] A visão dos economistas da Public Choice [escolha pública] sobre o governo e a anarquia são apresentados em: STRINGHAM, Edward (Ed.). *Anarchy, State, and Public Choice*. Cheltenham: Edward Elgar, 2006.

Os capítulos centrais de *Governo e Mercado* oferecem uma tipologia e debatem os diferentes tipos de intervenção estatal. A intervenção binária ocorre quando o estado interfere diretamente num grupo privado (por exemplo, impostos e gastos do governo), e a intervenção triangular ocorre quando o estado interfere na interação de dois grupos (por exemplo, controles de preços ou regulamentos de produtos). As pessoas estão em melhor situação quando o estado tutela o dinheiro delas contra a sua própria vontade? As pessoas estão em melhor situação quando o estado gasta o seu dinheiro em algo que você não teria comprado por conta própria? As entidades privadas se tornam melhores quando são impedidas de se envolver em trocas que consideram mutuamente benéficas? Dica: A resposta correta é não! Leia os capítulos III, IV e V para ver as análises de Rothbard.

Ao longo desse volume, Rothbard descreve o porquê do governo não ser uma força benigna, como muitos defensores dessa instituição acreditam. O governo é um aparato de coerção que interfere nas relações voluntárias no mercado. Apenas para se ter uma ideia de até onde vai a lógica do autor, Rothbard inicia já no capítulo I com uma argumentação sobre o porquê do governo ser desnecessário! *Governo e Mercado* é importante pois "é a primeira análise da economia governamental a argumentar que o fornecimento de bens ou serviços não requer a existência de governos". Antes de Rothbard, até mesmo a maioria dos teóricos do livre mercado, tais como Ludwig von Mises (1881-1973), Henry Hazlitt (1894-1993), Ayn Rand (1905-1982) e Friedrich Hayek (1899-1992) pressupunham simplesmente que os serviços, assim como a aplicação da lei, deveriam ser fornecidos pelo estado. Rothbard entende que a aplicação da lei deve ser analisada em termos de unidades marginais e, como outros bens, essas unidades podem ser fornecidas por agentes privados. Ele menciona brevemente alguns exemplos históricos da aplicação privada da lei e, em seguida, especula como um sistema puramente privado poderia funcionar. A proposta de Rothbard é demasiado utópica? Ele responde:

> O conceito apresentado é bem mais funcional do que a ideia *verdadeiramente* utópica de um governo rigorosamente limitado; uma ideia que nunca funcionou na história. E é muito compreensível, pois o monopólio da agressão e a ausência de freios de mercado inerentes à estrutura estatal, possibilitaram a destruição de quaisquer amarras que indivíduos bem intencionados tentaram aplicar a um governo limitado[4].

---

[4] ROTHBARD. *Power and Market*. p. 9. (Capítulo I).

O anarquismo libertário de Murray Rothbard influenciou muitos pensadores subsequentes, que, desde então, escreveram vários artigos e livros sobre o porquê do governo ser desnecessário.[5]

Além de desbravar novos caminhos na sua época, o livro é extremamente relevante para a economia política hoje. Por exemplo, o capítulo final de *Governo e Mercado* é uma crítica contundente da ética antimercado, que se manteve como resquício de uma visão pré-moderna e que vem ganhando popularidade em nossos dias. Tomemos como exemplo a visão de muitos economistas comportamentais que argumentam que a sociedade não deve confiar no livre mercado, porque as pessoas nem sempre sabem o que é melhor para elas[6]. Rothbard concorda que muitas vezes as pessoas cometem erros, mas discorda se isso é motivo para a existência do paternalismo. Se as pessoas não sabem o que é melhor para elas, como podem estar aptas para eleger líderes que tomarão as decisões por elas?[7] O livro serve para desmitificar a visão popular de muitos economistas da escolha pública que argumentam em favor da aplicação da coerção governamental porque a natureza humana é imperfeita. Rothbard concorda que os homens não são anjos, mas isso não justifica, para ele, o governo[8]. Se os seres humanos são tão ruins, como podemos esperar que um governo coercitivo composto de seres humanos melhore a situação?[9] Rothbard adota esses argumentos e muitos mais[10].

---

[5] Ver por exemplo: BARNETT, Randy. *The Structure of Liberty: Justice and the Rule of Law*. Oxford: Clarendon Press, 1998; BENSON, Bruce. *The Enterprise of Law: Justice Without the State*. San Francisco: Pacific Research Institute for Public Policy, 1990; BENSON, Bruce. *To Serve and Protect: Privatization and Community in Criminal Justice*. New York: New York University Press, 1998; HOPPE, Hans-Hermann. *Theory of Socialism and Capitalism*. Boston: Kluwer, 1989; HOPPE, Hans-Hermann. *Democracy — The God That Failed: The Economic and Politics of Monarchy, Democracy, and Natural Order*. New Brunswick: Transaction Publishers, 2001; HOPPE, Hans-Hermann. (Ed.). *The Myth of National Defense: Essays on the Theory and History of Security Production*. Auburn: Mises Institute, 2003; DE JASAY, Anthony. *Against Politics: On Government, Anarchy, and Order*. London: Routledge, 1997; STRINGHAM, Edward (Ed.). *Anarchy, State, and Public Choice*. Cheltenham: Edward Elgar Publishing, 2006; e STRINGHAM, Edward (Ed.). *Anarchy and the Law: The Political Economy of Choice*. New Brunswick: Transaction Publishers, 2006.
[6] THALER, Richard H. & SUNSTEIN, Cass R. "Libertarian Paternalism". *American Economic Review*, Volume 93, Number 2 (May 2003): 175-79.
[7] ROTHBARD. *Power and Market*. p. 254. (Capítulo VI).
[8] Ver: McGUIRE, Martin C. & OLSON, Mancur. "The Economics of Autocracy and Majority Rule: The Invisible Hand and the Use of Force". *Journal of Economic Literature*, Volume 34, Number 1 (March 1996): 72-96. O argumento libertário sobre o ponto de vista dos economistas da escolha pública aparece na já citada obra *Anarchy, State, and Public Choice* organizada por Edward Stringham.
[9] ROTHBARD. *Power and Market*. p. 260. (Capítulo VI). Ver também: POWELL, Benjamin & COYNE, Christopher. "Do Pessimistic Assumptions About Human Behavior Justify Government?" *Journal of Libertarian Studies*, Volume 17 (Fall, 2003): 17-38.
[10] A abrangência de muitos tópicos impediu que Rothbard descesse a minúcias em qualquer um deles. Essa amplitude de tópicos, no entanto, é parte do atrativo do livro. Desta perspectiva, a obra de Rothbard pode ser vista como um trampolim para o aprofundamento de muitos tópicos do moderno libertarianismo. Rothbard escreveu: *"A argumentação ao longo deste livro é, primariamente, teórica. Não*

Em *Governo e Mercado*, nenhum aspecto da intervenção governamental é poupado. Os argumentos de Rothbard podem servir como uma pausa e meio de reflexão para as pessoas que desejam resolver os problemas sociais usando meios políticos. Para Rothbard, o estado não é perfeito, desejável, ou necessário, é totalmente o oposto! O estado, em todas as suas formas, é prejudicial para a sociedade civil, e se realmente queremos melhorar o mundo, devemos olhar para além do governo. Soluções reais não estão no poder político, mas nas forças do livre mercado.

Edward P. Stringham
San Jose State University
Maio de 2006

---

foi feita nenhuma tentativa de enumerar exemplos institucionais de intervenção governamental no mundo de hoje, uma tentativa que, é claro, iria requerer muitíssimos volumes" (*Power and Market* [1970], p. vii). A boa notícia é que o salvo-conduto inicial de Rothbard deu aos estudiosos do libertarianismo de hoje oportunidade para ilustrar ou ampliar as ideias teóricas de *Governo e Mercado*. Por exemplo, muitos de meus artigos sobre a coercibilidade das regras privadas tentam mostrar exatamente isso: STRINGHAM, Edward. "Market Chosen Law". *Journal of Libertarian Studies*, Volume 14, Number 1 (Winter, 1998-1999): 53-77; STRINGHAM, Edward. "The Emergence of the London Stock Exchange as a Self-Policing Club". *Journal of Private Enterprise*, Volume 17, Number 2 (2002): 1-19; STRINGHAM, Edward. "The Extralegal Development of Securities Trading in Seventeenth Century Amsterdam". *Quarterly Review of Economics and Finance*, Volume 43, Number 2 (Summer, 2003): 321-44; BRYAN, Caplan & STRINGHAM, Edward. "Networks, Law, and the Paradox of Cooperation". *Review of Austrian Economics*, Volume 16, Number 4 (December 2003): 309-26; STRINGHAM, Edward. "Overlapping Jurisdictions, Proprietary Communities, and Competition in the Realm of Law". *Journal of Institutional and Theoretical Economics*, Volume 162, Number 3 (September 2006): 516-34.

Governo
— E —
Mercado

A ECONOMIA DA INTERVENÇÃO ESTATAL

Capítulo I
Serviços de Defesa no Livre Mercado

OS ECONOMISTAS SE REFERIRAM INÚMERAS VEZES ao "livre mercado" como um arranjo social de trocas voluntárias de bens e serviços. Contudo, apesar desse tratamento pomposo, tal análise desconsidera as implicações mais profundas da livre troca. Deste modo, o fato da livre troca *significar* troca de títulos de propriedade tem sido negligenciado e, portanto, o economista é obrigado a averiguar as condições e a natureza do título de propriedade que poderia ser obtido em uma sociedade livre. Se sociedade livre significar um mundo em que ninguém agride a pessoa ou a propriedade de outrem, então isso sugere uma sociedade na qual cada indivíduo tem absoluto direito de propriedade sobre si e sobre os recursos naturais, antes sem dono, que descobrir e transformar pelo trabalho, e então, dá-los ou trocá-los com outros indivíduos[1]. Um sólido direito de propriedade sobre a própria pessoa e os recursos naturais que descobrir, transformar, der ou trocar leva à estrutura de propriedade encontrada no capitalismo de livre mercado. Assim, um economista não pode analisar por completo a estrutura de troca do livre mercado sem estabelecer a teoria dos direitos de propriedade, da justiça que há na propriedade, que teria de prevalecer numa sociedade de livre mercado.

Na análise do livre mercado em *Man, Economy and State* [Homem, economia e estado] partimos do pressuposto de que não há invasão de propriedade, seja porque todos evitam voluntariamente tal agressão, seja porque qualquer método de defesa compulsório que exista no livre mercado é suficiente para impedir tal agressão. Contudo, os economistas têm admitido, quase invariável e paradoxalmente, que o mercado só pode ser mantido livre via ações invasivas e não-voluntárias – em suma, por instituições governamentais fora do âmbito do mercado.

A oferta de serviços de defesa pelo livre mercado significaria manter o axioma da sociedade livre, ou seja, que não haja uso de força física, exceto ao se *defender* daqueles que usam de força para invadir uma propriedade ou atacar algum indivíduo. Isto sugeriria a completa ausência de um aparato estatal ou de um governo, visto que o estado, ao contrário de outros

---

[1] ROTHBARD, Murray N. *Man, Economy, and State*. Princeton: D. Van Nostrand, 1962. [N. T.: Todas as demais citações de *Man, Economy, and State* foram traduzidas tendo como base a seguinte edição em inglês: ROTHBARD, Murray N. *Man, Economy, and State with Power and Market: Scholar's edition*. Auburn: Mises Institute, 2004.].

indivíduos e instituições da sociedade, obtém sua receita não por trocas livremente firmadas, mas por meio de um sistema de coerção unilateral chamado de "tributação". O sistema de defesa em uma sociedade livre (incluindo serviços de defesa para o indivíduo e a propriedade, tais como proteção policial e veredictos judiciais) deveria ser, portanto, fornecida por pessoas ou empresas que (a) obtiveram suas receitas de maneira voluntária, não coercitivamente, e (b) que não se apropriam – como o estado faz – do monopólio compulsório de proteção policial e judiciária. Apenas tal provisão libertária de serviço de defesa seria consoante com um livre mercado e uma sociedade livre. Portanto, as empresas de defesa deveriam ser tão livremente competitivas e não-coercitivas contra os não-invasores quanto todos os outros fornecedores de bens e serviços no livre mercado. Serviços de defesa, assim como todos os outros serviços, seriam comercializáveis e adquiridos apenas no mercado.

Estes economistas e outros, que defendem a filosofia do *laissez-faire*, acreditam que a liberdade do mercado deve ser conservada e que os direitos de propriedade não podem ser infringidos. Entretanto, acreditam piamente que o serviço de defesa *não pode* ser fornecido pelo mercado e que defesas contra invasão de propriedade devem ser, portanto, adquiridas fora do livre mercado, por meio da força coercitiva do governo. Com esse argumento, caem em uma contradição insolúvel, visto que aprovam e advogam a maciça invasão de propriedade pelo mesmo órgão (governo) que deveria proteger as pessoas da invasão! Visto que um governo *laissez-faire* teria de, necessariamente, apoderar-se das receitas, fazendo uso de uma invasão de propriedade chamada de "taxação", e arrogar a si o monopólio compulsório de serviços de defesa sobre uma área territorial arbitrariamente designada. Os teóricos do *laissez-faire* (que neste particular são seguidos por quase todos os demais escritores) tentam se redimir dessa contradição evidente afirmando que um serviço de defesa totalmente baseado no livre mercado *não poderia* existir e, portanto, aqueles que têm em alta estima uma vigorosa defesa da violência, deveriam recorrer ao estado – apesar de seu desastroso registro histórico como *o* maior de todos os instrumentos de violência invasiva – um mal necessário para a proteção do indivíduo e da propriedade.

Os adeptos do *laissez-faire* objetam de várias maneiras à ideia da defesa ser adquirida no livre mercado. Uma dessas objeções considera que, já que um livre mercado de trocas pressupõe um sistema de direitos de propriedade, portanto, o estado é necessário para definir e alocar a estrutura de tais direitos. Todavia vimos que os princípios de uma sociedade livre *realmente* encerram uma teoria muito bem definida de direitos de propriedade, a saber: o direito à propriedade do indivíduo sobre si e sobre os recursos naturais descobertos e transformados pelo seu trabalho. Portanto, não é preciso de estado ou órgão público contrário ao mercado para definir ou alocar direitos de propriedade. Isso pode e será feito pelo uso da razão e pelos próprios processos de mercado; qualquer outra alocação ou definição seria completamente arbitrária e contrária aos princípios da sociedade livre.

Uma doutrina semelhante afirma que a defesa deve ser oferecida pelo estado por razão do incomparável *status* da defesa como pré-condição necessária para a atividade de mercado, sem a qual a economia de mercado não poderia existir. No entanto, esse argumento é uma falácia lógica. Foi essa a falácia dos economistas clássicos ao considerarem bens e serviços em termos de grandes *categorias*; ao contrário, os economistas modernos demonstraram que os serviços devem ser considerados em termos de *unidades marginais*, já que todas as ações no mercado são marginais. Se começarmos a considerar categorias inteiras em lugar de unidades marginais, poderemos descobrir uma vasta miríade de serviços e bens indispensáveis, e todos poderiam ser considerados "pré-condições" da atividade de mercado. Não seriam vitais terras, alimento, roupas ou um lugar de abrigo para todos? Pode um mercado subsistir por longo tempo sem isso? E quanto ao papel-moeda, que se tornou um requisito básico para a atividade de mercado na complexa economia moderna? Será que todos esses bens e serviços deveriam então ser fornecidos pelo estado e somente por ele?

Os adeptos do *laissez-faire* também afirmam que deve haver um único monopólio compulsório de coerção e de tomada de decisão na sociedade, por exemplo, um Supremo Tribunal para proferir as decisões finais e incontestáveis. Contudo, falham ao não reconhecer que o mundo viveu bem durante toda a existência, sem um único e supremo tomador de decisões em toda a face habitada da Terra. Os argentinos, por exemplo, vivem em um estado de "anarquia", de desgoverno, em relação aos cidadãos do Uruguai – ou do Sri Lanka e, ainda assim, os cidadãos desses ou de outros países vivem e comercializam uns com os outros sem entrar em conflitos legais insolúveis, apesar da ausência de um legislador governamental comum. O argentino que acredita ter sido agredido por um cidadão cingalês, por exemplo, leva sua queixa a um tribunal argentino, e a decisão que for tomada é reconhecida pelos tribunais do Sri Lanka – e vice versa, caso o cingalês seja a parte lesada. Apesar de ser verdade que diferentes estados-nação têm guerreado uns contra os outros de maneira interminável, os cidadãos de vários países, mesmo vivendo sob sistemas jurídicos muito diferentes, conseguiram viver uns com os outros em harmonia sem um governo único. Se os cidadãos do norte de Montana e os de Saskatchewan, do outro lado da fronteira, no Canadá, podem viver e comercializar em harmonia sem um governo em comum, o mesmo podem fazer os cidadãos ao norte e ao sul de Montana. Em suma, as atuais fronteiras das nações são puramente históricas e arbitrárias, e não há grande necessidade de um governo monopolista para os cidadãos de um país, como não há entre os cidadãos de duas nações distintas.

O mais curioso, a propósito, é que os adeptos do *laissez faire* deveriam, pela lógica de suas posturas, crer ardorosamente em um governo mundial unificado, de modo que ninguém venha a viver em um estado de "anarquia" se comparado aos demais. Mas, em geral, não acreditam nisso. E uma vez reconhecido que um governo mundial unificado *não* é necessário, então como admitir logicamente a existência de estados separados? Se o Canadá e os Estados Unidos podem ser nações separadas sem serem proclamados estados de "anarquia" intolerável, por que o Sul não poderia se separar dos Estados Unidos? E o estado de Nova York da Federação? A cidade de Nova York do estado? Por que Manhattan não poderia se separar dos Estados Unidos? E cada bairro? E cada quarteirão? E cada casa? E cada *pessoa*? Mas, é claro, se cada indivíduo se separasse do governo, teríamos chegado praticamente à sociedade livre em estado puro, em que a defesa, juntamente com todos os demais serviços, é oferecido pelo livre mercado e o estado, teria deixado de existir.

O papel dos judiciários livremente competitivos foi, de fato, muito mais importante na história ocidental do que normalmente é reconhecido. O direito comercial, o direito marítimo e muito do direito consuetudinário começaram a ser desenvolvidos por árbitros particulares concorrentes, que eram procurados por litigantes devido aos conhecimentos que tinham de determinadas áreas legais[2]. As feiras de Champagne, os grandes mercados de comércio internacional da Idade Média possuíam tribunais livremente competitivos, e as pessoas podiam escolher aqueles que consideravam os mais cuidadosos e eficientes.

Vamos, então, examinar, em detalhes, como seria um sistema de defesa em um livre mercado. Devemos compreender que é impossível projetar, antecipadamente, as condições institucionais de qualquer mercado, assim como seria impossível, há cinquenta anos, prever a estrutura exata que a indústria da televisão tem hoje. Contudo, podemos postular alguns dos arranjos de um sistema livremente competitivo e comercializável de serviços policiais e judiciários. Muito provavelmente, tais serviços seriam vendidos antecipadamente por assinatura, com prêmios pagos de modo regular e serviços oferecidos sob demanda. Sem dúvida, surgiriam muitos competidores, cada qual tentando ganhar fama pela eficiência e pela probidade para, assim, conquistar um mercado consumidor para os serviços. Naturalmente

---

[2] Ver: LEONI, Bruno. *Freedom and the Law*. Princeton: D. Van Nostrand, 1961. Ver também: ROTHBARD, Murray N. "On Freedom and the Law". *New Individualist Review*, Volume 1, Number 4 (Winter, 1962): 37-40.

é possível que em algumas áreas um único agente supere todos os outros, mas isso não parece provável quando consideramos que não existe monopólio territorial e que empresas eficientes seriam capazes de abrir filiais em outras áreas geográficas. É possível também que serviços policiais e judiciários sejam fornecidos por companhias de seguro, pois lhes seria diretamente vantajoso reduzir ao máximo as ocorrências criminais.

Uma objeção comum à viabilidade do serviço de proteção comercializável (não vamos tratar aqui do quanto é *desejável*) é a seguinte: suponhamos que Jones se torne membro da agência de defesa X e Smith da agência de defesa Y (vamos considerar, por conveniência, que a agência de defesa compreende uma força policial e um tribunal, ou vários tribunais, embora, na prática, as duas funções possam muito bem ser realizadas por empresas distintas.) Smith alega que foi atacado ou roubado por Jones; Jones nega a acusação. Como, então, a justiça poderá ser ministrada?

Obviamente, Smith peticionará contra Jones e instituirá um inquérito ou proporá uma ação no sistema judiciário Y. Jones será convidado a se defender das acusações, embora não exista poder de intimação, já que o uso de qualquer tipo de força contra um homem ainda não condenado por crime é, em si, um ato invasivo e criminoso, não condizente com a sociedade livre que postulamos. Se Jones for declarado inocente, ou se for declarado culpado e consentir com o veredicto, então não haverá problemas nessa etapa, e os tribunais Y irão, portanto, instituir medidas punitivas adequadas[3]. Mas e se Jones não concordar com o veredicto? Nesse caso, ele pode levar o caso para seu sistema judiciário X, ou levá-lo diretamente para um dos tribunais recursais particulares concorrentes, o tipo de corte que, sem dúvida, surgirá em abundância no mercado para preencher a grande necessidade desses tribunais. Provavelmente haverá poucos sistemas de tribunais recursais, bem menos do que o número de tribunais de primeira instância, e cada uma dessas cortes de primeira instância irá se vangloriar de pertencer ao sistema de tribunais recursais tido como mais eficiente e íntegro. A decisão do tribunal recursal pode, então, ser considerada vinculativa pela sociedade. Na verdade, na codificação jurídica básica de uma sociedade livre, provavelmente haveria fixada alguma cláusula determinando que a decisão de qualquer um dos dois tribunais deve ser considerada obrigatória, ou seja, será o ponto a partir do qual o tribunal

---

[3] Suponhamos que Smith, convencido da culpa de Jones, "faça justiça com suas próprias mãos" em vez de seguir os procedimentos judiciais. E então? Isoladamente considerado, isso seria legítimo e não punível como crime, já que nenhuma corte ou agência pode ter o direito, em uma sociedade livre, a usar força para defender algo que está além do próprio direito de defesa de cada indivíduo. Entretanto, Smith teria então que arcar com as consequências de um possível processo oposto, levado a cabo por Jones, e ele, Smith, teria de enfrentar a punição como criminoso caso Jones fosse declarado inocente.

estará apto a tomar uma atitude contra o lado considerado culpado[4].

Todo sistema jurídico precisa de algum tipo de ponto de corte acordado socialmente, um ponto em que o procedimento judicial cessa e é iniciada a punição do criminoso. No entanto, não há necessidade de ser imposto um único e monopolístico Supremo Tribunal, e tal órgão muito menos pode existir em uma sociedade livre; e uma codificação jurídica libertária pode muito bem ter um ponto de corte em dois tribunais, já que sempre haverá duas partes em disputa: o autor e o réu.

Outra objeção comum à viabilidade desse sistema de defesa baseado no livre-mercado é a seguinte: será que uma ou mais agências de defesa seriam capazes de usar seu poder coercitivo para fins criminosos? Em suma, uma agência prestadora de serviços policiais privados não poderia usar sua força para agredir os demais? Ou não poderiam os tribunais privados conspirar decisões fraudulentas e assim agredir seus clientes e vítimas? É geralmente aceito que aqueles que postulam uma sociedade sem estado são também ingênuos o bastante para crer que, em tal sociedade, todos os homens seriam "bons" e ninguém desejaria agredir o próximo. Não há necessidade de supor qualquer mudança mágica ou miraculosa no comportamento humano. Certamente algumas organizações privadas de defesa se tornariam criminosas, assim como alguns indivíduos se tornam criminosos hoje. Mas o fato é que em uma sociedade sem estado não haveria uma via *legalizada* e regular para o crime e a agressão; nenhum aparato governamental que garanta um monopólio seguro para a invasão do indivíduo e da propriedade. Quando existe um estado, é introduzida uma via para tal, a saber, o poder da taxação coerciva e o monopólio compulsório da proteção imposta. Em uma sociedade puramente de livre mercado, uma possível organização policial ou judiciária criminosa teria muita dificuldade em tomar o poder, já que não haveria um aparato estatal organizado que pudesse ser apoderado e usado como meio de comando. Criar novamente tal meio instrumental seria difícil, e, na verdade, historicamente, quase impossível; os governantes do estado levaram séculos para montar e operar um aparato estatal. Ademais, uma sociedade sem estado, puramente de livre mercado, haveria de ter embutido um sistema de "freios e contrapesos" que tornaria quase impossível o êxito de certos cri-

---

[4] A codificação jurídica de uma sociedade totalmente livre apenas fixaria o seguinte axioma libertário: a proibição de qualquer violência contra a pessoa ou a propriedade de outrem (exceto em casos de autodefesa ou de defesa da própria propriedade). A propriedade seria definida como a propriedade sobre si, acrescida da propriedade dos recursos que o indivíduo descobriu, transformou, comprou ou recebeu após tal transformação. A tarefa da codificação seria a de esclarecer as implicações desse axioma (por exemplo, as cláusulas libertárias do direito comercial ou do direito consuetudinário seriam cooptadas, ao passo que os acréscimos estatizantes seriam descartados). Tal codificação seria, então, aplicada aos casos específicos por árbitros do livre mercado, que se comprometeriam a segui-la.

mes organizados. Tem havido muita discussão sobre o sistema de "freios e contrapesos" nos Estados Unidos, mas, de qualquer modo, dificilmente "os freios" poderiam ser considerados como restrições, já que cada uma dessas instituições é um órgão do governo central e, no final das contas, do partido que está no governo. Os freios e contrapesos em uma sociedade sem estado consistem justamente no *livre mercado*, ou seja, na existência de organizações policiais e judiciárias em livre competição, que poderiam rapidamente se mobilizar para derrubar qualquer organização fora da lei.

É verdade que não há garantias absolutas de que uma sociedade puramente mercantil não venha a se tornar vítima do crime organizado. Todavia, o conceito apresentado é bem mais funcional do que a ideia *verdadeiramente* utópica de um governo rigorosamente limitado; uma ideia que nunca funcionou na história. E é muito compreensível, pois o monopólio da agressão e a ausência de freios de livre-mercado inerentes à estrutura estatal, possibilitaram a destruição de quaisquer amarras que indivíduos bem intencionados tentaram aplicar a um governo limitado. E, por fim, o pior que poderia acontecer seria o restabelecimento do estado. Já que o estado é o que temos *atualmente*, qualquer experimento de uma sociedade sem estado não traria nenhuma perda e somente ganhos.

Muitos economistas se opõem ao sistema de defesa comercializável, ao argumentarem que a defesa é parte da categoria dos chamados "bens públicos", que só pode ser oferecida pelo estado. Essa teoria falaciosa é refutada alhures[5]. E dois dos poucos economistas que admitiram a possibilidade de um sistema de defesa unicamente com base no livre mercado escreveram:

> Se, então, os indivíduos estivessem dispostos a pagar um preço suficientemente alto, a proteção, a educação, o lazer, o exército, a marinha, os departamentos de polícia, as escolas e os parques poderiam ser fornecidos pela iniciativa individual, assim como comida, roupas e automóveis[6].

Na verdade, Merlin Harold Hunter (1887-1948) e Harry Kenneth Allen (1897-?) subestimaram a capacidade da atividade individual oferecer esses serviços, pois um monopólio compulsório, que obtém receitas pelo uso da coerção generalizada, e não pelo pagamento voluntário dos clientes, está fadado a ser muito menos eficiente no suprimento desses mesmos serviços do que empresas privadas livremente competitivas. O "preço"

---

[5] ROTHBARD. *Man, Economy, and State*. pp. 1029-36.
[6] HUNTER Merlin H. & ALLEN, Harry K. *Principles of Public Finance*. New York: Harper & Bros., 1940. p. 22.

pago seria um grande ganho para a sociedade e para os consumidores, em vez de ser um custo extra, imposto coercitivamente.

Assim, um mercado verdadeiramente livre é totalmente incompatível com a existência de um estado, uma instituição que, por si só, atreve-se a "defender" o indivíduo e a propriedade com base na coerção unilateral da propriedade privada, conhecida como taxação. No livre mercado, a defesa da violência seria um serviço, como outro qualquer, obtido de organizações privadas em competição livre. O restante dos problemas nessa área poderia ser facilmente resolvido, na prática, pelos processos de mercado: os mesmos processos que já solucionaram incontáveis problemas organizacionais de muito maior complexidade. Aqueles economistas defensores do *laissez-faire* e escritores que, passados e presentes, estancaram no ideal impossível e utópico de um governo "limitado", estão presos em uma séria contradição interna. Esta contradição do *laissez-faire* foi lucidamente exposta pelo filósofo político britânico Auberon Herbert (1838-1906):

> A deve compelir B a cooperar com ele, ou vice versa; mas, em qualquer caso, a cooperação não pode ser assegurada, como nos foi dito, a menos que, durante todo o tempo, uma parte esteja compelindo a outra parte a formar um estado. Muito bem; mas então, o que aconteceu com nosso sistema de individualismo? A dominou B, ou vice versa, e o forçou a ingressar em um sistema que desaprova, extraiu dele serviços e pagamentos que não daria por vontade própria, praticamente se tornou o seu amo – o que é isso senão Socialismo em uma escala reduzida? [...] Acreditando, então, que o discernimento de cada indivíduo que não tenha agredido o próximo é supremo no que tange às próprias ações; e que essa é a pedra sobre a qual o individualismo repousa; nego que A e B possam ir até C e forçá-lo a formar um estado e arrancar dele certos pagamentos ou serviços em nome desse estado; e vou mais além ao afirmar que, caso agisses dessa maneira, estarias, ao mesmo tempo, justificando o Socialismo estatal[7].

---

[7] HERBERT, Auberon & LEVY, J. H. *Taxation and Anarchism*. London: The Personal Rights Association, 1912. pp. 2-3.

Capítulo II
Os Fundamentos das Intervenções

1
Tipos de Intervenção

ATÉ AQUI CONSIDERAMOS a sociedade livre e o livre mercado, onde qualquer defesa necessária contra uma invasão violenta à pessoa ou propriedade de outrem são oferecidas, não pelo estado, mas por agências de defesa em livre competição no mercado. O principal objetivo deste livro é analisar os efeitos dos vários tipos de intervenção violenta na sociedade e, de modo especial, no mercado. A maioria dos exemplos lidará com o estado, já que este é a única agência encarregada da violência institucionalizada em grande escala. Contudo, nossa análise se aplica à medida que qualquer indivíduo ou grupo cometa invasão violenta. Se a agressão é ou não "legal", isso não nos diz respeito, visto que não estamos preocupados em fazer uma análise legal, e sim praxeológica.

Uma das análises mais brilhantes a respeito da distinção entre estado e mercado foi feita por Franz Oppenheimer (1864-1943). Ressaltou que há, fundamentalmente, duas maneiras de satisfazer os desejos de alguém: (1) pela produção e troca voluntária com outros no mercado e (2) pela apropriação violenta dos bens alheios[1]. Oppenheimer denominou o primeiro método de "meio econômico" para a satisfação de necessidades; o segundo, de "meio político". O estado é nitidamente definido como a *"organização do meio político"*[2].

É necessário um termo genérico para indicar um indivíduo ou grupo

---
[1] Uma pessoa pode ganhar presentes; todavia, esta é uma ação unilateral de quem presenteia, não acarretando uma ação de quem os recebe.
[2] Ver: OPPENHEIMER, Franz. *The State*. New York: Vanguard Press, 1914:
    Há dois meios fundamentalmente opostos pelos quais o homem, procurando por sustento, é impelido a buscar os recursos necessários para satisfazer suas aspirações: o trabalho e o roubo, ou seja, o próprio trabalho e a apropriação forçada do trabalho alheio [...] Proponho [...] que seja chamado de "meio econômico", o próprio trabalho ou a troca equivalente deste pelo trabalho dos outros, para suprir necessidades, ao passo que a apropriação forçada do trabalho alheio seja chamada de 'meio político'. [...] O estado é uma organização de meios políticos" (pp. 24-27).
Ver também: NOCK, Albert Jay. *Our Enemy, the State*. Caldwell: Caxton Printers, 1946. pp. 59-62; CHODOROV, Frank. *The Economics of Society, Government, and the State*. New York: Mimeographed, 1946, pp. 64ss. Sobre o comprometimento do estado numa conquista permanente, ver: CHODOROV. *Ibidem*., pp. 13-16, 111-17, 136-40.

que comete violência invasiva na sociedade. Chamemos de *interventor* ou *invasor* aquele que se intromete, de maneira violenta, nas relações sociais voluntárias ou no mercado. O termo se aplica a qualquer pessoa ou grupo que desencadeia uma intervenção violenta nas ações livres de indivíduos ou de proprietários.

Quais tipos de intervenção o invasor pode cometer? De modo geral, podemos destacar três categorias. Na primeira, o invasor pode obrigar um determinado indivíduo a fazer ou impedi-lo de fazer algo que envolva direta e *unicamente* a sua pessoa ou propriedade. Em suma, restringe o uso da propriedade de tal indivíduo, nos casos que não envolvem troca. Isto pode ser chamado de *intervenção autística*, pois envolve somente o próprio sujeito. Na segunda categoria de intervenção, o invasor pode forçar uma troca entre ele mesmo e o sujeito, ou oferecer um "presente" coercitivo. Na terceira categoria, o invasor pode compelir ou proibir a troca entre *dois* indivíduos. A categoria precedente pode ser chamada de *intervenção binária*, uma vez que a relação hegemônica é estabelecida entre duas pessoas (o invasor e o sujeito); e esta terceira categoria pode ser chamada de *intervenção triangular*, já que a relação hegemônica é criada entre o invasor e *dois* permutadores – reais ou em potencial. O mercado, por mais complexo que seja, consiste numa série de trocas entre pares de indivíduos. Não obstante a abrangência das intervenções, estas podem ser segregadas e classificadas por seus impactos unitários tanto em sujeitos individuais quanto em pares de indivíduos.

É claro que todos esses tipos de intervenção são subdivisões da relação *hegemônica* – uma relação de comando e obediência – comparadas com a relação contratual de benefício voluntário mútuo.

A intervenção autística ocorre quando um invasor coage um sujeito sem receber qualquer bem ou serviço em troca. Os diferentes tipos de intervenção autística são: homicídio, agressão física e obrigação ou proibição de qualquer saudação, discurso ou observância religiosa. Ainda que o invasor seja o estado, que emite decretos para todos os indivíduos da sociedade, o decreto ainda é, *por si mesmo*, uma intervenção autística, visto que as linhas de força, por assim dizer, partem do estado para cada indivíduo. A intervenção binária ocorre quando o invasor força o sujeito a fazer uma troca ou a "presenteá-lo" unilateralmente com algum bem ou serviço. Assalto à mão armada e impostos, assim como serviço militar ou de júri obrigatórios, são exemplos de intervenções binárias. Não importa tanto se a relação hegemônica binária seja um "presente" forçado ou uma troca coercitiva. A única diferença é o tipo de coerção envolvida. A escravidão é, obviamente, uma *troca* forçada, pois, geralmente, o senhor precisa garantir a subsistência aos escravos.

Curiosamente, os que escrevem sobre economia política reconhecem como intervenção apenas a terceira categoria[3]. É compreensível que a preocupação com problemas de catalaxia tenha levado os economistas a negligenciar uma categoria mais ampla de ações praxeológicas fora da relação de troca monetária. Contudo, fazem parte do objeto da praxeologia – e deveriam ser submetidas à análise. Praticamente não há desculpas para os economistas negligenciarem a categoria de intervenção binária. No entanto, muitos economistas que professam ser defensores do "livre mercado" e inimigos da interferência, acabam tendo uma visão limitada de liberdade e intervenção. Atos de intervenção binária, tais como o serviço militar obrigatório e o imposto de renda, não são, de modo algum, considerados como intervenção, nem como interferências no livre mercado. Apenas casos de intervenção triangular, como o controle de preço, são reconhecidos como intervenção. São desenvolvidos conceitos curiosos em que o mercado é considerado absolutamente "livre" e desimpedido, apesar do sistema corrente de impostos compulsórios. Contudo, impostos (e recrutas para as forças armadas) são pagos em dinheiro e, por isso, fazem parte do âmbito da catalaxia, assim como da praxeologia[4].

Ao traçar os efeitos da intervenção, é preciso ter o cuidado de analisar todas as consequências, diretas e indiretas. É impossível no espaço deste livro, traçar todos os efeitos do número quase infinito das possíveis variedades de intervenções. No entanto, uma análise adequada pode ser feita a partir das categorias de intervenções importantes e das consequências de cada uma delas. Assim, é necessário lembrar que leis de intervenção binária têm repercussões triangulares definidas: o imposto de renda mudará o padrão de trocas que poderia haver entre sujeitos. Além disso, todas as consequências de uma ação devem ser consideradas. Não é suficiente se empenhar, por exemplo, numa análise de impostos "parcialmente equilibrada" e considerar um imposto desassociado do fato de que, subsequentemente, o estado gasta o dinheiro arrecadado.

---

[3] Isso deve ser *inferido*, e não encontrado de modo explícito nos textos. Pelo que sabemos, ninguém categorizou ou analisou sistematicamente os tipos de intervenção.
[4] Uma visão limitada de "liberdade" é característica dos dias atuais. No léxico político da modernidade norte-americana, "esquerdistas" defendem a liberdade com frequência, em oposição às intervenções autísticas; no entanto, olham a intervenção triangular com bons olhos. "Direitistas", por outro lado, se opõem severamente à intervenção triangular, mas tendem a favorecer ou a permanecer indiferentes à intervenção autística. Ambos os grupos são ambivalentes no que tange à intervenção binária.

2
OS EFEITOS DIRETOS DAS INTERVENÇÕES NA UTILIDADE

A - Intervenção e Conflito

O primeiro passo ao analisar a intervenção é contrastar o resultado *direto* nas utilidades dos participantes com o resultado que seria obtido na sociedade livre. Quando as pessoas são livres para agir, sempre agirão de um modo que, creem, lhes maximizará a utilidade, isto é, lhes farão subir ao patamar mais elevado possível, de acordo com suas escalas de valores. As utilidades *ex ante* serão maximizadas, desde que tomemos o cuidado de interpretar a "utilidade" de maneira ordinal, e não cardinal. Qualquer ação, qualquer troca que ocorra no livre mercado ou, de modo mais amplo, numa sociedade livre, acontece por causa dos benefícios esperados pelas partes envolvidas. Se admitirmos o uso do termo "sociedade" para descrever o padrão de *todas* as trocas individuais, então poderemos dizer que o livre mercado "maximiza" a utilidade social, já que todos ganham em utilidade. Contudo, é necessário que estejamos atentos para não tomarmos a "sociedade" como um ente verdadeiro cujo significado vai além do conjunto de todos os indivíduos.

A intervenção coercitiva, por outro lado, significa *per se* que um ou mais indivíduos coagidos não teriam feito o que estão fazendo, não fosse pela intervenção. O indivíduo que é coagido a dizer ou não alguma coisa, a fazer ou não uma troca com o interventor ou outra pessoa, tem suas ações modificadas por uma ameaça de violência. O resultado da intervenção é que o indivíduo coagido perde em utilidade, pois sua ação foi alterada pelo impacto coercitivo. Qualquer intervenção, seja autística, binária ou triangular, leva os sujeitos a perderem em utilidade. Na intervenção autística ou binária, cada indivíduo perde em utilidade; na intervenção triangular, ambos ou pelo menos um dos possíveis permutadores perde em utilidade.

Quem, ao contrário, ganha em utilidade *ex ante*? Claro que o interventor; caso contrário, não interviria. Ou o interventor ganha em bens de troca à custa de quem lhe está sujeito, como na intervenção binária; ou ganha em bem-estar por impor normas aos outros, como na intervenção autística ou triangular.

Todos os exemplos de intervenção, em comparação com o livre mercado, são casos em que homens lucram *à custa* de outros homens. Na intervenção binária, os ganhos e as perdas são "tangíveis" na forma de bens e serviços permutáveis; em outros tipos de intervenções, os ganhos não são passíveis de troca, e a perda consiste em ser coagido a exercer atividades menos satisfatórias (talvez até dolorosas).

Antes do desenvolvimento da ciência econômica, as pessoas pensavam em trocas e mercados como instrumentos que sempre beneficiavam uma parte em detrimento da outra. Esta é a fonte da visão mercantilista de mercado. A economia mostra que isso é uma falácia, pois, no mercado, *ambas* as partes se beneficiam com as trocas. No mercado, portanto, não pode haver algo como *exploração*. Mas a tese de conflito de interesses *é* verdadeira quando o estado ou qualquer outra agência intervém no mercado; pois, então, o interventor ganha somente em detrimento do sujeito que perde em utilidade. No mercado tudo é harmonia. No entanto, logo que a intervenção aparece e é estabelecida, o conflito é criado, pois cada um luta para ser, por fim, um ganhador, e não perdedor, ou seja: ser parte do time invasor, em vez de uma das vítimas.

Virou moda afirmar que "conservadores" como John C. Calhoun (1782-1850) "previram" a doutrina marxista de exploração de classes. Mas a doutrina marxista sustenta, erroneamente, que no livre mercado há "classes" cujos interesses colidem e conflitam. A percepção de Calhoun era quase o oposto disso. Ele viu que era a intervenção estatal que criava, *por si mesma*, as "classes" e o conflito[5]. Calhoun se deu conta disso, em especial, no caso da intervenção binária dos *impostos*, pois viu que o montante arrecadado em impostos é empregado em gastos e que alguns indivíduos na comunidade deveriam ser contribuintes finais dos fundos fiscais, enquanto outros, recebedores finais. Calhoun definiu os recebedores como "classe dominante" de exploradores e os contribuintes como explorados ou classe "dominada"; e a distinção é bastante convincente. Eis como Calhoun brilhantemente demonstrou sua análise:

> Mesmo sendo poucos se comparados com a comunidade, os agentes e funcionários do governo constituem uma parcela composta, exclusivamente, de beneficiários da receita dos impostos. Qualquer montante arrecadado da comunidade na forma de impostos, se não for perdido, volta para eles como despesas ou bens publicamente financiados. Ambos – financiamentos e tributação – cons-

---

[5] O termo "castas" seria mais bem empregado aqui do que "classes". Classes são grupos de pessoas com certas características em comum. Não há razão para entrarem em conflito entre si. A classe de homens que se chamam Jones não precisa entrar, necessariamente, em conflito com a classe de homens que se chamam Smith. Por outro lado, *castas* são grupos criados pelo estado, cada qual com seu próprio conjunto de privilégios e tarefas estabelecido por meio de violência. Castas entram necessariamente em conflito porque algumas são instituídas para dominar as outras.

tituem a ação fiscal do governo. São mutuamente dependentes. O que é arrecadado da comunidade sob a forma de imposto é transferido para aquela parte que é beneficiada com tais financiamentos. Mas como os beneficiários constituem apenas uma parte da comunidade, entende-se que, tomando as duas partes do processo fiscal, a ação deva ser desigual entre os que pagam impostos e os que recebem a receita deles proveniente. Nem poderia ser diferente, a menos que o montante arrecadado de cada indivíduo sob a forma de impostos retornasse para o próprio na forma de financiamentos, o que tornaria o processo inútil e absurdo. [...]
Sendo esse o caso, entende-se necessariamente que uma parte da comunidade deva pagar uma quantia em impostos maior do que o valor recebido de volta em bens publicamente financiados, enquanto outra parte recebe em financiamentos mais do que pagou em impostos. É evidente, então, levando em conta todo o processo, que os impostos sejam, na realidade, benesses para a parcela da comunidade que recebe mais bens publicamente financiados do que paga em impostos, ao passo que aos que pagam mais impostos do que recebem em financiamentos públicos, tais despesas são verdadeiros impostos – ônus e não liberalidades. Esta consequência é inevitável, e resulta da natureza do processo, ainda que os impostos sejam distribuídos da maneira mais equilibrada possível. [...]
Então, o resultado inevitável da desigual ação fiscal do governo é dividir a comunidade em duas grandes classes: a daqueles que, na realidade, pagam impostos e, é claro, suportam de maneira exclusiva o encargo de sustentar o governo; e a outra daqueles que recebem o montante arrecado por meio de bens publicamente financiados e são, na verdade, sustentados pelo governo; ou, em poucas palavras, as classes dos pagadores de impostos e dos consumidores de impostos.
Entretanto, o resultado disso é colocá-las em relações antagônicas face à ação fiscal do governo e a todo o curso da política imediatamente decorrente. Pois, quanto maiores forem os impostos e financiamentos públicos, maior será o ganho de um e a perda de outro, e vice-versa[6].

Os termos "dominante" e "dominado" também se aplicam às formas de intervenção governamental. Contudo, Calhoun estava certo quando pôs em foco os impostos e as políticas fiscais como a pedra angular, pois são os impostos que fornecem os recursos e a remuneração para que o estado

---

[6] CALHOUN, John C. *A Disquisition on Government*. New York: Liberal Arts Press, 1953. pp. 16-18. No entanto, Calhoun não entendeu a harmonia de interesses no livre mercado.

desempenhe inúmeros atos de intervenção.

Toda intervenção estatal tem base na intervenção binária dos impostos; mesmo se o estado não interviesse noutro lugar, a cobrança de impostos permaneceria. Já que o termo "social" pode ser aplicado apenas a cada indivíduo abrangido por dado estado, está claro que, embora o livre mercado maximize a utilidade social, nenhum ato estatal pode aumentar a utilidade social. De fato, a imagem de um livre mercado é necessariamente a de harmonia e benefício mútuo; a imagem da intervenção estatal é a de conflito de castas, coerção e exploração.

B - Democracia e o Agir Voluntário

Podemos objetar que todas essas formas de intervenção não são realmente coercitivas, mas "voluntárias", pois numa democracia são apoiadas pela maioria das pessoas. Mas esse apoio é geralmente apático, passivo e resignado, e não entusiástico – seja ou não o estado uma democracia[7].

Em uma democracia, dificilmente pode ser dito que aqueles que não votam apoiam os governantes; tampouco podemos dizer o mesmo a respeito daqueles que votaram nos que perderam as eleições. Mas até aqueles que escolheram os que ganharam podem ter votado meramente no "menor dos males". A questão pertinente é: por que é necessário votar em *algum* mal? Tais termos nunca são usados pelas pessoas quando agem livremente ou quando adquirem bens no livre mercado. Ninguém pensa no terno novo ou no refrigerador como um "mal" – menor ou maior. Em tais casos, as pessoas pensam estar comprando "bens" positivos; não pensam estar apoiando resignadamente um mal menor. O ponto importante é: o povo nunca tem a oportunidade de votar no próprio sistema estatal; são pegos por um sistema no qual é inevitável ser coagido[8].

Seja como for, já dissemos que *todos* os estados são apoiados por uma maioria – seja por uma democracia representativa ou não; caso contrário, não poderiam continuar exercendo força contra a resoluta resistência da

---

[7] Como perceptivamente escreveu o professor Lindsay Rogers (1891-1970) a respeito da opinião pública: Apenas 39% dos eleitores eram a favor do alistamento militar obrigatório, antes de o Reino Unido adotá-lo em 1939; uma semana depois do alistamento tornar-se lei, uma pesquisa mostrou que 58% aprovavam-no. Muitas pesquisas de opinião pública nos Estados Unidos têm mostrado um crescimento semelhante no apoio à uma determinada política pública, assim que esta é transposta para a legislação ou para uma ordem presidencial. (ROGERS, Lindsay. "'The Mind of America' to the Fourth Decimal Place". In: *The Reporter*, June 30, 1955, p. 44).

[8] Essa coerção existiria mesmo nas democracias mais *diretas*; e tem o efeito duplicado em *repúblicas* representativas, nas quais os indivíduos não têm chance de votar nos assuntos de governo, e sim nos homens que os comandam. Podem apenas rejeitar tais homens – e isso em intervalos bem longos. E, caso os candidatos tenham todos a mesma visão sobre os assuntos de governo, o povo não pode realizar nenhum tipo de mudança importante.

maioria. No entanto, esse apoio pode simplesmente refletir apatia – talvez derivada da submissão à crença de que o estado, ainda que indesejável, é uma constante permanente da natureza. A respeito disso, diz o mote: "Na vida só podemos ter certeza de duas coisas: a morte e os impostos".

Todavia, deixando de lado todos esses problemas e ainda que admitamos que um estado possa ser apoiado entusiasticamente pela maioria, até o momento não determinamos sua natureza voluntária, pois a maioria não é a sociedade, nem é a totalidade. A coerção da maioria sobre a minoria não deixa de ser coerção.

Já que os estados existem e são aceitos por gerações e há séculos, devemos concluir que uma maioria é, ao menos, o esteio passivo de todos os estados – pois nenhuma minoria pode governar por muito tempo uma maioria efetivamente hostil. Portanto, em certo sentido, *toda* tirania é uma tirania da maioria, independente das formalidades da estrutura governamental[9],[10]. Mas isto não muda nossa conclusão analítica de conflito e coerção como corolário do estado. O conflito e a coerção existem, não importa quantas pessoas forçam outras tantas[11].

C - Utilidade e Resistência à Invasão

A respeito de nossa análise comparativa da "economia de bem-estar social" do livre mercado e a do estado, pode ser feitas objeções de que quando as agências de defesa restringem o ataque de um invasor à pro-

---

[9] Com frequência é dito que, nas condições "modernas" em que se encontram as armas de destruição etc, uma minoria *pode* tiranizar uma maioria de modo permanente. Mas tal fato não leva em conta a possibilidade de a maioria fazer uso dessas armas, ou ainda uma possível rebelião dos agentes da minoria. Muitas vezes, passa despercebido o grande absurdo da crença atual de que, por exemplo, uns poucos milhões poderiam de fato tiranizar outras poucas centenas de milhões que são *vigorosamente* resistentes. Como David Hume (1711-1776) perspicazmente afirmou:
> Nada parece mais surpreendente [...] do que a facilidade com que os muitos são governados pelos poucos, assim como a implícita submissão com que os homens abdicam de seus próprios sentimentos e paixões em favor dos de seus governantes. Se investigarmos através de que meios se consegue este prodígio, verificaremos que, como a *força* está sempre do lado dos governados, os governantes se apoiam unicamente na opinião. O governo assenta portanto apenas na opinião; e esta máxima se aplica tanto aos governos mais despóticos e militares como aos mais livres e populares. (HUME, David. *Essays, Literary, Moral and Political*. London: [n.d.]. p. 23). [N. do T.: Em português: HUME, David. *Ensaios morais, políticos e literários*. (Tradução de João Paulo Gomes Monteiro e Armando Mora de Oliveira). São Paulo: Abril, 1973. (Coleção *Os Pensadores*, Volume XXIII). p. 239].

Ver também: LA BOÉTIE, Etienne de. *Anti-Dictator*. New York: Columbia University Press, 1942. pp. 8-9. Para uma análise dos tipos de opiniões fomentadas pelo estado para obter o apoio público, ver: JOUVENEL, Bertrand de. *On Power*. New York: Viking Press, 1949.

[10] Esta análise sobre o apoio da maioria se aplica a qualquer intervenção de longa data, conduzida de modo franco e claro, sejam os grupos rotulados como "estados" ou não.

[11] Ver: CALHOUN. *A Disquisition on Government*. pp. 14, 18-19, 23-33.

priedade de alguém, estariam beneficiando o dono da propriedade à custa da *perda de utilidade* do suposto invasor. Já que as agências de defesa fazem valer os direitos no livre mercado, *também* não estaria envolvido no livre mercado o ganho de uns à custa da utilidade de outros (mesmo que estes outros sejam invasores)?

Em resposta, primeiramente devemos afirmar que o livre mercado é uma sociedade em que todos efetuam trocas voluntariamente. Pode ser mais facilmente compreendido como uma situação em que ninguém agride a pessoa ou propriedade de outrem. Neste caso, é óbvio que a utilidade de todos é maximizada no livre mercado. Agências de defesa tornam-se necessárias apenas como uma defesa do mercado contra invasores. É o invasor, e *não* a existência da agência de defesa, que inflige perdas aos membros daquela sociedade. Haver uma agência de defesa sem existir um invasor seria apenas um seguro voluntariamente estabelecido contra ataques. A existência de uma agência de defesa *não* viola o princípio da utilidade máxima, e ainda reflete benefícios mútuos a todos os envolvidos. O conflito aparece somente com o surgimento do invasor. Digamos que um invasor está prestes a cometer uma agressão contra Smith, prejudicando-o, assim, em proveito próprio. A agência de defesa, indo ao socorro de Smith, prejudica a utilidade do invasor; todavia age deste modo somente para reagir à injúria cometida contra Smith. Isto ajuda de fato a maximizar a utilidade dos não-criminosos. O *princípio* do conflito e da perda de utilidade *não* se iniciou pela existência da agência de defesa, mas sim pela existência do invasor. Portanto, ainda é verdade que a utilidade é maximizada para todos no livre mercado, à medida que haja interferência invasiva na sociedade, esta será infectada com o conflito e a exploração do homem pelo homem.

D - O Argumento da Inveja

Outra objeção advoga que o livre mercado não aumenta de fato a utilidade de todos os indivíduos, porque alguns podem ficar com tanta inveja do sucesso alheio que, como consequência, realmente perdem em utilidade. No entanto, não podemos lidar com utilidades hipotéticas separadas da ação concreta. Podemos, como *praxeologistas*, lidar apenas com utilidades que podem ser inferidas por meio do comportamento concreto dos seres humanos[12]. A "inveja" de um indivíduo, sem tomar forma de ação, torna-se puro devaneio, do ponto de vista praxeológico. Tudo que sabe-

---

[12] Noutro lugar, chamamos este conceito de "preferência demonstrada", traçamos sua história e lançamos uma crítica contra os conceitos que a ele se opõem. Ver: ROTHBARD, Murray N. "Toward a Reconstruction of Utility and Welfare Economics". In: SENNHOLZ, Mary (Ed.). *On Freedom and Free Enterprise*. Princeton: D. Van Nostrand, 1956. pp. 224ss.

mos é que ele participou do livre mercado e se beneficiou dele com tal participação. Como o indivíduo se sente a respeito das trocas feitas por *outros*, isso não pode ser demonstrado, a não ser que ele cometa um ato invasivo. Mesmo que publique um panfleto denunciando tais trocas, não temos a prova irrefutável de que isso não passa de uma piada ou de uma mentira deliberada.

E - Utilidade Ex Post

Vimos, portanto, que os indivíduos maximizam suas utilidades *ex ante* no livre mercado e que o resultado direto de uma invasão é que a utilidade dos invasores aumenta à custa da perda, em utilidade, da vítima. Mas o que dizer das utilidades *ex post*? As pessoas *esperam* beneficiar-se quando tomam decisões, mas será que de fato tiram proveito dos resultados? Em grande parte, o restante deste livro consistirá em uma análise do que podemos chamar de consequências "indiretas" do mercado ou da intervenção, complementando as análises feitas anteriormente. Lidará com as várias consequências que podem ser compreendidas apenas pelo estudo, e não podem ser vistas imediatamente a olho nu.

Pode ser que aconteçam erros no caminho do *ante* até o *post*, mas o livre mercado é elaborado de tal maneira que essas falhas são reduzidas ao mínimo. Em primeiro lugar, há um teste rápido e de fácil compreensão, que informa ao empresário e ao assalariado se estão tendo êxito ou não na tarefa de satisfazer as vontades do consumidor. Para o empresário, cuja obrigação principal é se ajustar às vontades incertas do consumidor, o teste é rápido e certeiro, com base em lucros ou prejuízos. Obter grandes lucros é sinal de estar no caminho certo; e ter prejuízos, de estar no caminho errado. Desse modo, lucros e prejuízos estimulam rápidos ajustes às exigências do consumidor, ao passo que cumprem a função de tirar o dinheiro das mãos de empresários ruins e passá-lo às mãos dos mais capazes. O fato de que bons empresários prosperam e aumentam o seu próprio capital, enquanto os ruins são excluídos, assegura um mercado ainda mais adequado às mudanças de condição. De igual modo, mas em menor grau, os fatores terra e trabalho progridem conforme o desejo dos proprietários de uma renda maior; e fatores que produzem mais valores são recompensados de acordo com a produção.

Consumidores também correm riscos empresariais. Muitos críticos do mercado, embora estejam propensos a reconhecer a habilidade dos empresários capitalistas, lamentam a predominante ignorância dos consumidores, que os impede de ganhar a utilidade *ex post* que esperavam alcançar *ex ante*. Como era de se esperar, Wesley C. Mitchell (1874-1948) intitulou um de seus famosos ensaios de *The Backward Art of Spending Money* [A Arte às Avessas de Gastar Dinheiro]. O professor Ludwig von Mises (1881-1973) destacou de modo perspicaz a posição paradoxal de muitos "progressistas" que insistem na tese de que os consumidores são ignorantes ou incompetentes demais para comprar produtos de maneira inteligente, ao passo que engrandecem as virtudes da democracia, que leva tais indivíduos a votar em políticos que não conhecem e em políticas públicas que quase não compreendem.

A verdade é, de fato, precisamente o inverso da ideologia popular. Consumidores não são oniscientes, mas passam por testes imediatos pelos quais adquirem conhecimento. Compram certa marca de alimento para o café da manhã e, caso não gostem, deixam de comprar o produto; compram certo tipo de automóvel e, se gostarem do desempenho, então compram outro. Em ambos os casos, consumidores contam aos amigos sobre o novo conhecimento adquirido. Outros consumidores seguem os institutos de pesquisa voltados ao consumidor, que, de antemão, os advertem ou aconselham. Mas, em todos os casos, os consumidores têm o resultado dos testes para guiá-los. Desse modo, a empresa que satisfaz os consumidores cresce e prospera, ao passo que aquelas que não conseguem satisfazê-lo fecham as portas.

Por outro lado, votar em políticos e em políticas públicas é um assunto completamente diferente. Aqui não há testes imediatos de sucesso ou fracasso, nem de lucro ou perda, tampouco de consumo satisfatório ou insatisfatório. Para entender as consequências, em especial as que surgem indiretamente das decisões governamentais, é necessário abranger, tal como será desenvolvido neste livro, um conjunto complexo de raciocínios praxeológicos. Poucos eleitores têm a habilidade ou o interesse de acompanhar tais raciocínios, especialmente em situações políticas, como Joseph Schumpeter (1883-1950) destaca; pois, em situações como essas, a pequena influência que um indivíduo possa ter sobre os resultados, bem como a aparente distância das ações, induz as pessoas a perderem o interesse nos problemas políticos ou na argumentação[13]. Na falta de testes imediatos sobre o sucesso ou o fracasso, a tendência do eleitor é se voltar não para aqueles políticos cujas propostas têm mais chances de êxito, mas para aqueles que têm a habilidade de "vender" a imagem. Sem raciocínio lógico, o eleitor comum não terá capacidade de descobrir os erros cometidos pelos governantes. Suponhamos, assim, que o governo inflacione a oferta de dinheiro, causando um inevitável aumento dos preços. O governo pode culpar os desprezíveis especuladores ou os comerciantes clandestinos do mercado negro e, a menos que o público entenda de economia,

---

[13] SCHUMPETER, Joseph A. *Capitalism, Socialism and Democracy*. New York: Harper & Bros., 1942. pp. 258-60. Ver também: DOWNS, Anthony. "An Economic Theory of Political Action in a Democracy". In: *Journal of Political Economy*, April, 1957, pp. 135-50.

não será capaz de notar as falácias nos argumentos do governante.

Há ironia no fato de os escritores que reclamam das seduções e artimanhas usadas em anúncios publicitários, não apontarem críticas à propaganda política, já que as acusações a esse respeito seriam relevantes. Como afirma Schumpeter:

> A foto da moça mais linda do mundo será incapaz, no longo prazo, de manter as vendas de uma péssima marca de cigarros. No caso das decisões políticas, não existe garantia de que seja igualmente tão eficaz. Muitas decisões de importância decisiva são de tal natureza que é impossível ao público experimentá-las da maneira habitual e a um custo moderado. Entretanto, mesmo que isso fosse possível, o julgamento, de maneira geral, não pode ser alcançado tão facilmente como no caso do cigarro, porque os efeitos são de interpretação mais difícil[14].

Em contraposição, podem dizer que embora o eleitor comum talvez não seja competente para decidir sobre políticas que exigem uma série de argumentos praxeológicos, ele *é* competente para escolher especialistas – políticos e burocratas – que tomarão decisões a respeito dos assuntos de governo, assim como o indivíduo tem o direito de escolher um especialista particular para aconselhá-lo em inúmeras áreas. Mas, precisamente, o fato é que no governo, o indivíduo não tem acesso ao teste imediato e pessoal de sucesso ou fracasso do especialista contratado, como teria no livre mercado. No mercado, indivíduos tendem a ser fregueses de especialistas cujos serviços são mais bem sucedidos. Bons médicos ou bons advogados são recompensados, ao passo que os maus fracassam no livre mercado; o especialista contratado em privado, tende a crescer em prestígio conforme a habilidade demonstrada. No governo, por outro lado, não há teste concreto sobre os êxitos do especialista. Na falta desse teste, não há como o eleitor medir as verdadeiras *habilidades* do homem em que deve votar. Essa dificuldade é agravada em eleições mais modernas, nas quais os candidatos concordam em todas as questões fundamentais; pois, afinal de contas, esses assuntos *estão* sujeitos à avaliação racional. O eleitor, que assim desejar e tiver habilidade, *pode* se instruir e decidir sobre essas questões. No entanto, o que qualquer eleitor, mesmo o mais inteligente, pode saber sobre a verdadeira *habilidade* ou competência dos candidatos, especialmente quando as eleições não levam em conta quase todos os assuntos importantes? O eleitor pode acabar por recorrer apenas à aparência, "personalidades" ou imagens prontas dos candidatos. O resultado é que o simples votar nos candidatos gera um efeito ainda menos racional do que

---

[14] SCHUMPETER. *Capitalism, Socialism and Democracy*. p. 263.

o votar em massa nas questões de governo.

Ademais, no governo há mecanismos inatos que levam a má escolhas de especialistas e funcionários públicos. O político e o especialista do governo recebem os rendimentos não de um serviço adquirido no mercado voluntariamente, mas de uma imposição compulsória da população. Falta-lhes por completo, um incentivo financeiro que os leve a *se importar* em servir à população de maneira adequada e competente. Além disso, o critério vital de "capacidade" é muito diferente no governo e no mercado. No mercado, os capacitados são aqueles mais aptos a servir aos consumidores; no governo, são aqueles mais capazes de coagir e/ou os que têm mais talento para fazer apelos demagógicos junto aos eleitores.

Outra divergência crítica entre as ações do mercado e o voto democrático é a seguinte: o eleitor tem, por exemplo, 1/50 milionésimo de poder para escolher entre seus possíveis governantes, que, em troca, tomarão decisões vitais, sem restrições e impedimentos, que afetarão o eleitor até a próxima eleição. Por outro lado, no mercado o indivíduo tem o poder supremo e absoluto de tomar decisões que dizem respeito à sua pessoa e propriedade, e não um mero e distante 1/50 milionésimos de poder. O indivíduo demonstra continuamente a escolha entre comprar ou não, de vender ou não, no processo de tomada de decisões absolutas quanto à sua propriedade no mercado. O eleitor, ao votar em algum candidato específico, está demonstrando apenas relativa preferência sobre um ou dois possíveis governantes; precisa fazer isso de acordo com os estatutos coercitivos, segundo os quais, votando ou não, *um* destes homens o governará no decorrer dos próximos anos[15].

Assim, vemos que no livre mercado há um mecanismo bem refinado e eficiente para trazer a esperada utilidade *ex ante* à realização *ex post*. O livre mercado também não deixa de maximizar a utilidade social *ex ante*. Na ação política, pelo contrário, não há tal mecanismo; de fato, é próprio do processo político a tendência de atrasar e frustrar a concretização de qualquer lucro esperado. Além disso, a divergência entre lucro *ex post* por meio do governo e do mercado é ainda maior, pois descobriremos que, em todos os casos de intervenção governamental, as consequências *indiretas* serão tais que farão a intervenção parecer ainda pior aos olhos de muitos dos partidários iniciais.

Em suma, o livre mercado sempre beneficia cada participante e maximiza a utilidade social *ex ante*. Geralmente acontece assim também na *ex post*, visto que trabalha pela rápida conversão de expectativas em reali-

---

[15] Para uma discussão mais aprofundada destes pontos, ver: ROTHBARD. *Man, Economy, and State.* pp. 886-91.

zações. Com a intervenção, um grupo ganha diretamente em detrimento de outro; e, portanto, a utilidade social não pode ser aumentada; o alcance dos objetivos é bloqueado, em vez de ser facilitado. E, como veremos adiante, as consequências indiretas são tais que muitos dos próprios interventores perderão utilidade *ex post*. O restante deste trabalho será dedicado, em grande parte, a traçar as consequências indiretas das várias formas de intervenção governamental.

Capítulo III
A Intervenção Triangular

COMO JÁ DISSEMOS, A INTERVENÇÃO TRIANGULAR ocorre quando o interventor obriga ou proíbe as pessoas de realizarem trocas. Deste modo, o interventor pode proibir a venda de certo produto, ou pode proibir a venda de um produto acima ou abaixo de certo preço. Por conseguinte, podemos dividir a intervenção triangular em dois tipos: o *controle de preço*, que lida com as condições de uma troca, e o *controle de produto,* que lida com a natureza do produto ou do produtor. O controle de preço terá repercussões sobre o produto, e o controle de produto sobre o preço, mas os dois tipos de controle têm efeitos diferentes e podem ser convenientemente separados.

1
O Controle de Preço

O interventor pode estabelecer um preço mínimo abaixo do qual nenhum produto possa ser vendido, ou um preço máximo acima do qual não possa ocorrer a venda. Também pode forçar a venda em certo valor fixo. Em qualquer caso, o controle do preço será *ineficaz* ou *eficaz*. Será ineficaz se a regulamentação não tiver qualquer influência atual no preço do mercado. Portanto, suponhamos que todos os automóveis estejam sendo vendidos por, aproximadamente, 100 onças de ouro no mercado. O governo emite um decreto proibindo todas as vendas de automóveis por menos de 20 onças de ouro, com o risco infligir penalidades aos transgressores. Este decreto é, no presente estado do mercado, completamente ineficaz e teórico, já que nenhum carro teria sido vendido por menos de 20 onças de ouro. O controle de preço gera apenas empregos irrelevantes para burocratas do governo.

Por outro lado, o controle de preço pode ser eficaz, ou seja, pode alterar o preço para algo diferente do que seria no livre mercado. Para ilustrar melhor, deixemos que o diagrama da Figura 1 descreva as curvas de oferta e demanda, *SS* e *DD*, respectivamente:

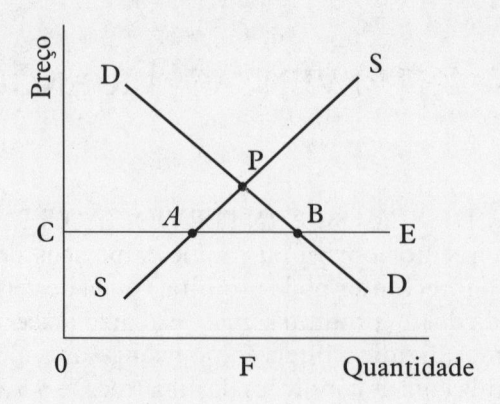

FIGURA 1: EFEITO DE UM CONTROLE DE PREÇO MÁXIMO

FP é o preço de equilíbrio estabelecido pelo mercado. Agora, suponhamos que o interventor imponha um preço de controle máximo 0*C*, acima do qual qualquer venda se torne ilegal. Com o controle de preço, o mercado não é mais livre, e a quantidade demandada excede a quantidade ofertada pelo montante *AB*. Na escassez resultante, os consumidores correm para comprar mercadorias que não estão acessíveis naquele preço. Alguns viverão sem o bem; outros se tornarão fregueses do mercado, restaurado com a alcunha de "negro" ou "ilegal", ao pagar um prêmio pelo risco da punição que agora os vendedores correm. A característica principal de um preço máximo é a fila, o interminável "alinhamento" por mercadorias que não são bastam para abastecer as pessoas no final da fileira. Todos os tipos de subterfúgio são inventados por indivíduos que desesperadamente buscam chegar ao equilíbrio aproximado pelo mercado. Acordos "por debaixo dos panos", subornos, favoritismos para clientes antigos etc., são características inevitáveis de um mercado algemado pelo preço máximo[1].

É preciso notar que, mesmo se o estoque de mercadorias estiver imobilizado para um futuro próximo e a linha de oferta seja vertical, esta escassez artificial continuará a evoluir, e advirão todas essas consequências. Quanto mais "elástica" for a oferta, isto é, mais recursos se deslocarão da produção e mais agravada, *ceteris paribus*, será a escassez. Se o controle de preço é "seletivo", ou seja, imposto a um ou alguns produtos, a economia não será tão universalmente desarranjada como se estivesse sob uma máxima geral, mas a escassez artificial criada em determinada linha sempre será ainda mais pronunciada, já que os empresários e administrado-

---

[1] O suborno se faz necessário em um governo que proíbe a troca; o suborno é a venda, por um funcionário do governo, da permissão de prosseguir com as trocas.

res podem alterar a produção e venda de outros produtos (de preferência, substitutos). Os preços dos substitutos vão subir à medida que a demanda "excedente" é canalizada nessa direção. À luz deste fato, o motivo típico do governo para o controle seletivo de preço – "devemos impor controles sobre este produto contanto que a oferta seja pequena" – revela-se um erro quase ridículo, pois a verdade é precisamente o inverso: o controle de preço *cria* uma escassez artificial do produto, que continua, *enquanto* o controle existir – de fato, se torna ainda pior à medida que os recursos continuem a se deslocar para outros produtos.

Antes de examinar outros efeitos da máxima geral de preços, analisemos as consequências de um controle de preço *mínimo*, ou seja, a imposição de um preço acima do estipulado pelo livre mercado. Isto pode ser representado pela Figura 2.

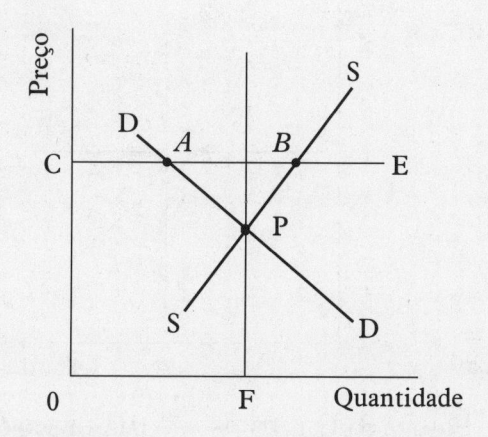

FIGURA 2: EFEITO DE UM CONTROLE DE PREÇO MÍNIMO

SS e *DD* e são, respectivamente, as curvas de oferta e demanda. *0C* é o preço controlado e *FP* o preço de equilíbrio do mercado. No *0C*, a quantidade demandada é menor do que a quantidade ofertada pelo montante *AB*. Assim, enquanto o efeito de um preço máximo é criar uma escassez artificial, um preço mínimo cria um excedente artificial que não é vendido. *AB* é o excedente não vendido. O excedente não vendido existe até mesmo se a linha *SS* for vertical, mas uma oferta mais elástica irá, *ceteris paribus*, agravar o excedente. Mais uma vez, o mercado não é livre. Os preços artificialmente elevados atraem recursos para aquela área, embora, ao mesmo tempo, desencorajem a demanda do comprador. No controle seletivo de preço, os recursos irão deixar outras áreas nos quais servem melhor aos proprietários e aos consumidores, e se transferirão para esta área, onde produzirão em demasia e, como resultado, sofrerão consequentes perdas.

Isso mostra como a intervenção, ao agir indevidamente no livre mercado, provoca prejuízos empresariais. Empresários produzem com base em certos critérios: preços, taxa de juros etc., estabelecidos pelo livre mercado. Os intervencionistas que seguem esses critérios adulterados destroem o ajuste e causam prejuízos, bem como fazem uma alocação errônea dos recursos que satisfazem os desejos do consumidor.

Em geral, a máxima de preço total desloca a economia por inteiro e impede que os consumidores desfrutem dos bens substitutos. A máxima geral de preço normalmente é imposta com a intenção explícita de "evitar a inflação" – invariavelmente enquanto o governo aumenta em muito a oferta de moeda. A máxima de preço total equivale a impor um mínimo sobre o poder de compra da unidade monetária, o *PCU* (ver Figura 3).

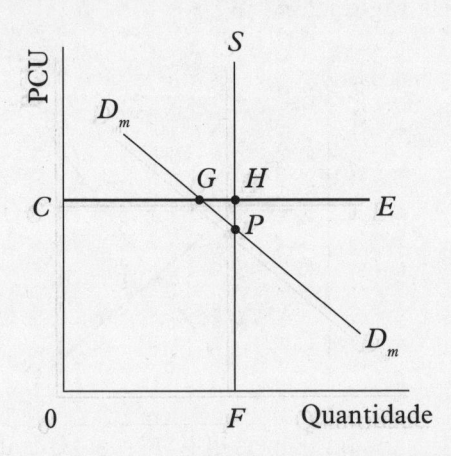

FIGURA 3: EFEITO DA MÁXIMA DE PREÇO TOTAL

0F é a reserva monetária da sociedade. $D_m D_m$ a demanda social por moeda. *FP* é o equilíbrio do PCU (poder de compra da unidade monetária) estabelecido pelo mercado. Um PCU mínimo imposto acima do mercado (*0C*) prejudica o "mecanismo" de ajuste do mercado. No *0C*, a reserva monetária excede a moeda demandada. Como resultado, as pessoas possuem uma quantia de moeda *GH* em "excedente não vendido". Tentam vender a moeda comprando bens, mas não conseguem. A moeda está anestesiada. Até que o ponto mantido seja o preço total máximo imposto pelo governo, uma parte do dinheiro dos indivíduos se torna inútil, pois não pode ser trocado. Contudo, inevitavelmente ocorre uma luta insensata, em que cada um espera que *seu* dinheiro possa ser usado[2]. Favoritismo, direcio-

---

[2] Ironicamente, a destruição pelo governo de parte do poder aquisitivo das pessoas ocorre sempre

namentos, subornos etc, inevitavelmente abundam, assim como há uma grande pressão para que o "mercado negro" (isto é, *o* mercado) forneça uma via para a moeda excedente.

Um preço geral mínimo é equivalente a um controle *máximo* sobre o PCU. Isso dá inicio a uma demanda excedente, não satisfeita por moeda sobre a reserva monetária disponível – especificamente, na forma de fundos de bens não vendidos em todas as áreas.

Os princípios do controle de preço mínimo e máximo se aplicam a *todos* os preços, podendo ser: bens de consumo, bens de capital, serviços de trabalho e terra, ou o "preço" da moeda em relação aos outros bens. Aplicam-se, por exemplo, às leis de salário mínimo. Quando uma lei de salário mínimo é eficiente, ou seja, quando impõe um salário acima do valor de mercado por um tipo de trabalho (valor acima do produto do valor marginal descontado do trabalhador), a oferta de serviços de trabalho excede a demanda, e esse "excedente não vendido" de serviços de trabalho significa *desemprego involuntário em massa*. Índices seletivos de salário mínimo, em oposição aos índices gerais, criam desemprego em determinadas indústrias e tendem a perpetuar esses prejuízos, ao atrair a mão de obra por valores mais elevados. A mão de obra é, por fim, forçada a ser menos remunerada e a seguir linhas menos produtivas e de menor valor. O resultado é o mesmo caso um verdadeiro salário mínimo seja imposto pelo estado ou por um sindicato trabalhista.

Nossa análise dos efeitos do controle de preço se aplica também, como Ludwig von Mises expôs brilhantemente, ao controle do preço ("taxa de câmbio") de uma moeda em relação à outra[3]. Isso foi, em parte, visto na Lei de Gresham, mas poucos perceberam que essa Lei é meramente um caso específico da lei geral de efeito dos controles de preço. Talvez essa falha se deva à formulação enganosa da Lei de Gresham, a qual é geralmente expressa como: "Moeda ruim tira de circulação a moeda boa". Tomado pelo valor nominal, este é um paradoxo que viola a regra geral do mercado de que os melhores métodos para satisfazer os consumidores tendem a prevalecer sobre os piores. Até mesmo aqueles que geralmente são a favor do livre mercado têm usado esse dito para justificar um monopólio estatal da cunhagem de ouro e de prata. Na verdade, a Lei de Gresham deveria expressar: "Moeda supervalorizada pelo estado tirará de circulação a moeda subvalorizada pelo estado." Toda vez que o estado

---

depois do governo ter injetado dinheiro novo na economia e usado para os próprios interesses. O prejuízo que o governo estabelece ao povo é, portanto, duplo:(1) tira recursos por meio da inflação da moeda; e (2) depois do dinheiro ter passado pelo povo, parte da utilidade do mesmo é destruída.
[3] MISES, Ludwig von. *Human Action*. New Haven: Yale University Press, 1949. pp. 432 n., 447, 469, 776.

estabelece um valor ou preço arbitrário de uma moeda em relação à outra, institui um eficiente controle de preço mínimo sobre uma moeda e controle máximo sobre outra, estando os "preços" relacionados uns com os outros. Essa foi, por exemplo, a essência do bimetalismo. Durante o bimetalismo, uma nação reconhecia ouro e prata como moedas, mas estabelecia entre elas um preço arbitrário, ou taxa de câmbio. Quando esse preço arbitrário diferiu do preço de livre mercado, o que certamente iria acontecer (e tal discrepância se tornou muito mais provável com o passar do tempo e o preço do livre mercado fora mudando, ao passo que preço arbitrário do governo permanecera o mesmo), uma moeda foi se tornando supervalorizada e outra subvalorizada pelo governo. Assim, suponhamos que um país tenha usado ouro e prata como moeda, e o governo estabelecera a taxa entre essas moedas de 16 onças de prata para uma onça de ouro; e que o preço de mercado, à época do controle de preços, talvez de 16:1, mudasse então para 15:1. Qual teria sido o resultado? A prata estaria, neste momento, sendo arbitrariamente subvalorizada pelo governo, e o ouro arbitrariamente supervalorizado. Em outras palavras, a prata seria forçada a ficar mais barata do que realmente é em relação ao ouro no mercado, e o ouro, obrigado a ficar mais caro do que realmente é em relação à prata. O governo impôs, em termos relativos, um preço máximo à prata e um preço mínimo ao ouro.

Nesse momento ocorrerão as mesmas consequências de qualquer controle de preço eficiente. Com um preço máximo sobre a prata (e um preço mínimo sobre o ouro), a demanda de ouro por prata no câmbio excede a demanda da prata por ouro. O ouro demandará o excedente não vendido da prata, embora a prata se torne escassa e fique fora de circulação. A prata se retirará para outro país ou área onde possa ser trocada pelo preço do livre mercado; e o ouro, por sua vez, ingressará no país. Se o bimetalismo estiver em todo o mundo, então a prata irá para o "mercado negro", e as trocas abertas ou oficiais serão feitas apenas com ouro. Portanto, nenhum país pode, na prática, manter um sistema bimetálico, pois uma moeda estará sempre sub ou supervalorizada em relação à outra. A moeda supervalorizada sempre tirará de circulação a subvalorizada.

É possível mudar, por decreto do governo, de moeda em espécie para um papel-moeda fiduciário. De fato, quase todos os governos do mundo fizeram isso. Como resultado, cada país tem se encarregado da própria moeda. No livre mercado, cada moeda fiduciária tenderá à troca com outra de acordo com as oscilações em suas respectivas paridades de poder de compra. Entretanto, suponhamos que a Moeda X tenha uma avaliação arbitrária imposta pelo governo na taxa de câmbio com a Moeda Y. Assim, suponhamos a troca de cinco unidades de X por uma unidade de Y no livre mercado. Agora, suponhamos que o País X sobrevalorize artificialmente a sua moeda e estabeleça uma taxa de câmbio fixa de três Xs para um Y. Qual seria o resultado? O estabelecimento de um preço mínimo sobre os Xs em relação a Y, e um preço máximo sobre os Ys em relação a X. Consequentemente, todos lutarão para trocar a moeda X por Y pelo preço baixo para Y e, portanto, lucrarão no mercado. Há uma demanda excessiva de Y em termos de X, e um excedente de X em relação a Y. E aqui está a explicação para aquela suposta "escassez misteriosa do dólar", que assolou a Europa depois da Segunda Guerra Mundial. Os governos europeus, todos, supervalorizaram suas moedas nacionais em relação aos dólares americanos. Como uma consequência do controle de preço, os dólares se tornaram escassos em relação à moeda europeia, que acabou na excessiva busca por dólares, não os encontrando.

Outro exemplo do controle de preço relativo à moeda é visto no antigo problema da moeda nova *versus* moeda antiga. Nesse particular cresceu o costume de cunhar moedas com alguma *denominação* designando seu peso em espécie em termos de alguma unidade de medida. Por fim, para "simplificar" as coisas, os governos começaram a decretar que as moedas antigas eram iguais às moedas recém-cunhadas da mesma dominação no que tangia ao valor.[4] Desse modo, suponhamos que uma moeda de prata de 20 onças tenha sido declarada igual em valor a uma moeda antiga que, agora, pesa 18 onças. O que se seguiu foi o resultado inevitável do controle de preço. O governo subvalorizou arbitrariamente as moedas novas e supervalorizou as antigas. Moedas novas eram muito baratas, e as antigas muito caras. Como resultado, as novas moedas desapareceram de circulação rapidamente, ao sair para o estrangeiro ou permanecerem inativas no país de origem, fazendo com que as moedas antigas ganhassem espaço. Isso provou ser desanimador para a cunhagem estatal, que não conseguiu manter as moedas em circulação, não importando quantas havia cunhado[5].

Os efeitos espantosos da Lei de Gresham são, em parte, devidos a um tipo de intervenção adotado por quase todos os governos – leis de curso forçado da moeda. Em qualquer momento, há uma massa de contratos de dívidas não saldados na sociedade, que representam transações de créditos que começaram no passado e que têm conclusão prevista no futuro. A responsabilidade dos agentes judiciais é fazer valer esses contratos. Por

---

[4] Talvez uma das razões fosse que os monopólios de cunhagem estatal, em vez de servir os consumidores com a moeda desejada, arbitrariamente designavam poucas denominações que cunhariam e colocariam em circulação. Uma moeda de peso um pouco menor era, então, tratada como importuna.
[5] Um exemplo atual da impossibilidade de manter moedas subvalorizadas em circulação é o desaparecimento do dólar de prata, do meio dólar e de outras moedas que circularam nos Estados Unidos na década de 1960. Ver: RICKENBACKER, William F. *Wooden Nickels*. New Rochelle: Arlington House, 1966.

imprecaução, foi desenvolvida a prática de exigir nos contratos que o pagamento fosse feito em "moeda" sem especificar qual tipo de moeda. Então, governos sancionaram leis de curso legal, estabelecendo o que deveria ser entendido por "moeda" mesmo com os credores e devedores dispostos a estabelecer outra coisa. Quando o estado decreta como moeda algo além do que as partes de uma transação têm em mente, acontece a intervenção, e as consequências da Lei de Gresham começam a surgir; especificamente, supõem a existência do sistema bimetálico supramencionado. Quando os contratos, originalmente, foram celebrados, o ouro valia cerca de 16 onças de prata; agora vale apenas 15. Entretanto, as leis de curso legal especificam a "moeda" como sendo equivalente a 16:1. Como resultado de tais leis, as pessoas pagam todas dívidas em ouro supervalorizado. As leis de curso legal reforçam as consequências do controle da taxa de câmbio, e os devedores ganham um privilégio à custa dos credores[6].

As *leis da usura* são outra forma de improvisar um controle de preço no mercado. Essas leis estipulam uma máxima legal para as taxas de juro, proibindo qualquer transação de empréstimo em uma taxa mais elevada. A quantidade e proporção da poupança e a taxa de juros do mercado são basicamente determinados pela taxa de preferência temporal dos indivíduos. Uma lei da usura eficaz age como outra máxima – para induzir uma falta de serviços; pois as preferências temporais – e, portanto, as taxas de juros "naturais" – permanecem as mesmas. O fato destas taxas de juros passarem a ser ilegais significa que poupadores marginais – aqueles que possuíam as preferências temporais mais elevadas – nesse momento deixam de poupar, e a quantidade de poupança e investimento na economia declina. Isso resulta em baixa produtividade e baixos padrões de vida no futuro. Algumas pessoas param de poupar, outras gastam mais e consomem o próprio capital. A amplitude em que isso acontece depende da eficácia das leis da usura, isto é, do quanto elas prejudicam e distorcem as relações voluntárias de mercado.

As leis da usura são concebidas, ao menos aparentemente, para ajudar o tomador, em especial o de maior risco, que é "forçado" a pagar altas taxas de juros para compensar o risco adicional. Contudo, são precisamente estes tomadores os mais prejudicados pelas leis da usura. Se a máxima legal não for muito baixa, não haverá um sério declínio na poupança agregada. Mas, o máximo *está* abaixo da taxa do mercado para os tomadores que apresentam mais risco aos emprestadores (onde o fator empreendedorístico dos juros tem mais peso), consequentemente, estão privados de todas as facilidades de crédito. Quando o juro é voluntário, o credor poderá cobrar taxas de juros muito altas por seus empréstimos, e qualquer indivíduo,

---

[6] Sobre leis de curso forçado, ver: LORD FARRER. *Studies in Currency 1898*. London: Macmillan & Co., 1898. p. 43; MISES, *Human Action*. pp. 432 n., 444, 447.

portanto, poderá pedir emprestado se puder pagar o preço. Onde o juro é controlado, muitos candidatos a tomador ficarão completamente privados de crédito[7].

As leis da usura não somente diminuem a poupança disponível para empréstimo e investimento, como também criam uma "escassez" artificial de crédito, uma condição perpétua em que há uma demanda excessiva por crédito na taxa legal. Em vez de recorrer àqueles que são mais aptos e eficazes, o crédito terá que ser "racionado" pelos credores de uma maneira artificial e não econômica.

Apesar de raramente ter havido taxas mínimas de juros impostas pelo governo, seus efeitos são semelhantes à taxa de controle máxima; pois sempre que as preferências temporais e taxas de juros naturais declinam, essa condição é refletida no aumento de poupanças e investimentos. Mas quando o governo impõe uma taxa legal mínima, as taxas de juros são impedidas de baixar, e as pessoas não são capazes de atravessar a fase de valorização nos investimentos, o que elevaria os preços dos fatores. As taxas de juros mínimas, portanto, tolheriam também o desenvolvimento econômico e impediriam um crescimento dos padrões de vida. Tomadores marginais, do mesmo modo, seriam forçados para fora do mercado e ficariam privados de crédito.

À medida que o mercado ilegalmente se reafirma, as taxas de juros sobre os empréstimos serão mais elevadas para compensar o risco extra de ficar preso às leis da usura.

Para resumir nossa análise das consequências do controle de preço: diretamente, a utilidade de, ao menos, uma das pares envolvida numa troca será prejudicada pelo controle. Uma análise mais ampla revela que as consequências ocultas, mas igualmente certeiras, são apenas as de prejudicar um número substancial de pessoas que *pensaram* que iram ganhar utilidade por meio dos controles impostos. O propósito declarado de um controle de preço máximo é beneficiar o consumidor, assegurando a oferta a um preço mais baixo; ainda que o resultado objetivo seja impedir muitos consumidores de adquirir determinado bem. O intuito anunciado de um controle de preço mínimo é assegurar preços mais elevados aos negocian-

---

[7] Nos últimos anos, tem sido espalhado o mito de que as leis de usura na Idade Média eram justificáveis porque lidavam com o tomador de empréstimos; e não com empresas produtivas. Ao contrário, é precisamente o tomador incerto (aquele que mais "precisa" do empréstimo) que é mais prejudicado pelas leis da usura, pois fica privado de crédito. Sobre leis da usura, ver: BLITZ, Rudolph C. & LONG, Millard F. "The Economics of Usury Regulation". In: *Journal of Political Economy*, December, 1965, pp. 608-19.

tes; ainda que a consequência seja impedir muitos negociantes de vender qualquer de seus excedentes. Além do mais, o controle de preços distorce a produção e alocação de recursos e fatores na economia, prejudicando mais uma vez a maior parte dos consumidores. E não devemos esquecer o exército de [8]burocratas, que tem de ser financiado pela intervenção binária da tributação, e deve administrar e aplicar uma miríade de regulamentos. Esse exército, sozinho, retira um grande número de pessoas do trabalho produtivo e os fazem parasitar aqueles remanescentes que ainda produzem – o que beneficia os burocratas, mas prejudica o restante da população. Está é, por certo, a consequência da criação de um exército burocrático para propósitos intervencionistas.

2
CONTROLE DE PRODUTO: PROIBIÇÃO

Outra forma de intervenção triangular é a interferência direta na natureza produção, e não na relação de troca. Isso ocorre quando o governo proíbe qualquer produção ou venda de certo produto. A consequência é o prejuízo para todas as partes envolvidas: os consumidores, que perdem utilidade porque não podem comprar o produto e satisfazer os desejos imediatos; e os produtores, que são impedidos de ganhar uma remuneração mais alta nessa área e, portanto, tem de se contentar com ganhos menores noutros lugares. Tal perda não é suportada nem tanto pelos empresários, que ganham com ajustes efêmeros, ou pelos de capitalistas, que tendem a ganhar uma taxa de juros uniforme em todos os setores da economia, mas é sentida no modo como é experimentada pelos trabalhadores e proprietários de terra, que sempre têm de aceitar rendas mais baixas. Os únicos que se beneficiam do regulamento são os próprios burocratas do governo – em parte, pelos impostos sobre empregos gerados que a regulação cria, e talvez, igualmente, da satisfação em reprimir os outros, usando de sua força coercitiva. Ao passo que, com o controle de preço, o indivíduo pode ao menos estabelecer um caso *prima facie* em que uma *parte* dos envolvidos numa troca – produtores ou consumidores – seja beneficiada, caso este que não pode ser estabelecido na *proibição*, em que *ambas* as partes envolvidas, produtores e consumidores, invariavelmente, perdem.

Em muitos casos de proibição de produtos, uma pressão inevitável naturalmente se desenvolve para o reestabelecimento do mercado ilegal, isto

---

[8] É interessante destacar que o aumento do "crime organizado" não ocorre por invasões de pessoas ou de propriedade (no direito natural, *mala per se*), mas como tentativas de tirar vantagem das proibições do governo para satisfazer as vontades dos consumidores e produtores de forma mais eficiente (*mala prohibita*). Empresários deste tipo são os geralmente menosprezados "negociantes do mercado negro" ou "extorsionários".

é, como um "mercado negro". Como no caso do controle de preço, um mercado negro cria dificuldades por ser ilegal. A oferta do produto será mais escassa, e o preço do produto ficará mais elevado para compensar os produtores do risco que correm por violar a lei; e quanto mais rigorosas forem as proibições e penas, mais escasso será o produto e mais elevado o preço. Além do mais, a ilegalidade dificulta o processo da distribuição de informação entre os consumidores (por meio da propaganda, por exemplo) a respeito da existência do mercado. Como resultado, a organização do mercado será muito menos eficiente, o serviço ao consumidor sofrerá um declínio em qualidade, e os preços serão novamente mais elevados do que seriam num mercado legal. O prêmio sobre o sigilo no "mercado negro" também milita contra empresas de grande escala, que estão propensas a se tornar mais visíveis e, desse modo, mais vulneráveis à aplicação da lei. As vantagens de uma organização eficiente de grande escala estão, portanto, perdidas, prejudicando o consumidor e aumentando os preços devido à diminuição da oferta[9]. Paradoxalmente, a proibição pode servir como um modo de conceder um privilégio monopolista aos negociantes do mercado negro, já que provavelmente estes são empreendedores bem diferentes daqueles que seriam bem-sucedidos num mercado legal; pois, no mercado negro, as recompensas resultam da habilidade de contornar a lei ou de subornar os funcionários do governo.

Existem vários tipos de proibições. Há a *proibição absoluta*, em que o produto é completamente ilegal. Há também formas de *proibição parcial*: um exemplo é o *racionamento*, em que o consumo além de certa quantidade é proibido pelo estado. O resultado claro do racionamento é prejudicar os consumidores e diminuir o padrão de vida de todos. Já que o racionamento estabelece uma máxima legal para itens de consumo específicos, também distorce o padrão de gasto dos consumidores. Os bens que sofrem menos ou nenhum racionamento são comprados em maiores quantidades, ao passo que os consumidores teriam preferido comprar mais dos bens racionados. Dessa maneira, os gastos do consumidor são forçados, coercitivamente, aos bens que sofrem menos racionamento. Além disso, os tickets de racionamento dão espaço a um novo tipo de quase-moeda; as funções da moeda no mercado são enfraquecidas e atrofiadas, e a confusão impera. A principal função da moeda é ser comprada pelos produtores e gasta pelos consumidores; mas, sob racionamento, os consumidores são impedidos de usar seu dinheiro na totalidade e bloqueados de usar seus dólares para gerir e alocar fatores de produção. Eles também têm de usar

---

[9] O modo como funciona o sistema de racionamento (assim como o sistema socialista, em geral) nunca foi representado tão vividamente como no seguinte romance: HAZLITT, Henry. *The Great Idea*. New York: Appleton-Century-Crofts, 1951. Reeditado como: HAZLITT, Henry. *Time Will Run Back*. New Rochelle: Arlington House, 1967.

cupons de racionamento arbitrariamente estabelecidos e distribuídos. – um tipo ineficiente de moeda dupla. O padrão de gastos do consumidor é particularmente distorcido, e já que os cupons de racionamento não são transferíveis, as pessoas que não querem a marca X não têm a permissão de trocar esses cupons por bens que outros indivíduos não querem[10].

Prioridades e *alocações* estabelecidas pelo governo são outro tipo de proibição, assim como são outra mixórdia no sistema de preços. Compradores eficientes são impedidos de adquirir bens, ao passo que os ineficientes acham que podem adquirir uma infinidade. Empresas eficientes não estão mais autorizadas a obter fatores ou recursos das ineficientes; as empresas eficientes são, na verdade, incapacitadas e as ineficientes, subsidiadas. As prioridades do governo, mais uma vez, introduzem basicamente outra forma de moeda dupla.

Leis de limite de horas impõem uma ociosidade obrigatória e proíbem o trabalho. São um ataque direto à produção, prejudicando o trabalhador que quer trabalhar, reduzindo seus ganhos, e baixando os padrões de vida de toda a sociedade[11]. As *Leis de Conservação,* que também impedem a produção e causam o declínio dos padrões de vida, serão discutidas mais amplamente mais adiante. De fato, as concessões de privilégios monopolistas, que serão discutidas na próxima seção, também são proibições, já que concedem o privilégio de produção a alguns, proibindo outros de produzir.

3
Controle de Produção:
Concessão de Privilégio Monopolista

Em vez de tornar absoluta a proibição do produto, o governo pode proibir a produção e a venda, com exceção de determinada empresa ou empresas. Tais empresas são, portanto, especialmente privilegiadas pelo governo para se encarregarem de uma linha de produção; assim, este tipo de proibição é uma *concessão de privilégios especiais*. Se a concessão for a um indivíduo ou empresa, é uma concessão *monopolista*; se for para vários indivíduos ou empresas, é uma concessão *quase monopolista ou oligopolista*. Ambos os tipos de concessão podem ser chamadas *monopolistas*. É óbvio que a concessão beneficia o monopolista ou o quase-monopolista, pois os

---

[10] Sobre Direito do Trabalho e o número máximo de horas que se pode trabalhar, ver: HUTT, W. H. "The Factory System of the Early Nineteenth Century". In: HAYEK, F .A. (Ed.). *Capitalism and the Historians*. Chicago: University of Chicago Press, 1954. pp. 160-88.
[11] Para a refutação das teorias de monopólio no livre mercado ver capítulo 10 de: ROTHBARD. *Man, Economy, and State*.

concorrentes são impedidos à força de entrar naquele setor; também é evidente que os possíveis concorrentes são prejudicados e forçados a aceitar uma remuneração menor em setores menos eficientes e com menor valor de produtivo. Os consumidores são, do mesmo modo, prejudicados, pois são impedidos de adquirir os produtos dos concorrentes, os quais prefeririam, caso pudessem escolher livremente; e esse dano ocorre independente de qualquer efeito da concessão sobre os preços.

Conquanto uma concessão monopolista possa conferir privilégios de maneira aberta e direta e excluir rivais, nos dias de hoje é muito mais provável que seja escondida ou indireta, camuflada como uma espécie de penalidade aos concorrentes, e representada como favorável ao "bem-estar geral". Contudo, os resultados das concessões monopolistas são as mesmas, sejam elas diretas ou indiretas.

A teoria de preço monopolista é ilusória quando aplicada ao livre mercado, mas se aplica completamente ao caso das concessões monopolistas ou quase-monopolistas. Pois *neste caso*, temos uma distinção identificável – não a falsa distinção entre "competitivos" e "monopólio", ou preço "monopolista" – mas a distinção entre o *preço de livre mercado* e o *preço de monopólio*; pois o preço do livre mercado é, em concepção, identificável e definível, ao passo que o "preço competitivo" não é[12]. O monopolista, como um recebedor dos privilégios de monopólio, será capaz de alcançar um preço monopolista para o produto se sua curva de demanda for inelástica, ou suficientemente menos elástica, acima do preço do livre mercado. No livre mercado, *toda* curva de demanda é *elástica* acima do preço do livre mercado; caso contrário a empresa teria um incentivo para aumentar o preço e a receita. Mas as concessões de privilégios monopolistas tornam a curva de demanda do consumidor menos elástica, pois fica privado de produtos substitutos advindos de outros possíveis concorrentes.

No lugar em que a curva de demanda da empresa permanece muito elástica, o monopolista não colherá *ganho de monopólio* de sua concessão. Consumidores e concorrentes continuarão em prejuízo por causa do impedimento imposto às suas trocas, mas o monopolista não irá ganhar, pois o preço e a renda não serão mais altos do que antes. Por outro lado, se a sua curva de demanda é, agora, inelástica, então ele institui um preço de monopólio para aumentar a própria receita. A produção terá de ser restrita para fazer jus ao maior preço. A restrição de produção e o maior preço do produto prejudicam o consumidor. Em comparação com as condições do

---

[12] Para uma discussão interessante, embora incompleta, de muitas dessas medidas (uma área enormemente negligenciada pelos economistas) ver: MACHLUP, Fritz. *The Political Economy of Monopoly*. Baltimore: Johns Hopkins Press, 1952. pp. 249-329.

livre mercado, não podemos mais dizer que a restrição da produção (tal como em um cartel voluntário) beneficia o consumidor chegando ao ponto de maior valor produtivo; pelo contrário, os consumidores são prejudicados por que sua livre escolha teria resultado no preço do livre mercado. Por causa da força coercitiva aplicada pelo estado, os consumidores não podem, livremente, adquirir bens de todos os que estão dispostos a vender. Em outras palavras, qualquer tentativa de aproximação *rumo* ao preço de equilíbrio do livre mercado e ao ponto de produção para qualquer produto beneficia o consumidor e, portanto, beneficia também o produtor. Qualquer movimento que se *distancie* do livre mercado e da produção prejudica o consumidor. O preço de monopólio resultado de uma concessão de privilégios monopolistas leva o preço para longe do livre mercado; diminui a produção e aumenta os preços além do que seria estabelecido caso os consumidores e produtores pudessem efetuar as trocas livremente.

Não podemos usar *aqui* o argumento que a restrição de produção é voluntária porque os consumidores tornam a própria curva de demanda inelástica. Os consumidores são totalmente responsáveis por suas curvas de demanda apenas no *livre mercado;* e apenas *esta* curva de demanda pode ser tratada como uma expressão de suas escolhas voluntárias. Uma vez que o governo começa a proibir trocas e conceder privilégios, não há mais ação totalmente voluntária. Consumidores são forçados, querendo ou não, a lidar com o monopolista para comprar um determinado conjunto de bens.

Todos os resultados que os teóricos do monopólio de preço atribuíram erroneamente aos cartéis voluntários, *de fato*, aplicam-se às concessões monopolísticas feitas pelo governo. A produção é restrita e os fatores mal alocados. É verdade que os fatores não específicos são novamente liberados para produção noutros lugares. Mas agora podemos dizer que esta produção irá satisfazer menos os consumidores do que as condições do livre mercado; além do mais, os fatores ganharão menos em outras ocupações.

Os *lucros de monopólio* nunca podem ser duradouros, já que lucros são efêmeros, e todos acabam por reduzir-se a um retorno de juros uniforme. No longo prazo, os retornos de monopólio são imputados a algum *fator*. Qual é o fator que está sendo monopolizado neste caso? É óbvio que este fator é o *direito* de entrar na indústria. No livre mercado, esse direito é ilimitado para todos; aqui, no entanto, o governo concedeu privilégios especiais de entrada e venda, e são esses privilégios especiais ou direitos que são responsáveis pelo ganho monopolístico extra. Por isso o monopolista recebe um ganho de monopólio, não por ser dono de algum fator produtivo, mas pelo privilégio especial concedido pelo governo. E este ganho não desaparece no longo prazo como ocorre com os lucros; ele é permanente, dura por todo o tempo em que o privilégio permanecer e as avaliações do consumidor continuarem como estão. O ganho de monopólio, é claro, tenderá a ser capitalizado no ativo da empresa, de modo que os próximos proprietários, que investiram na empresa após o privilégio ser concedido e a capitalização ter ocorrido, estarão ganhando apenas os juros de retorno, geralmente uniformes, sobre os investimentos.

Toda essa discussão se aplica aos *quase-monopolistas*, bem como aos monopolistas. Os quase-monopolistas têm alguns concorrentes, mas o número é restrito pelo privilégio do governo. Cada quase-monopolista terá agora uma curva de demanda traçada de modo diferente para *seu* produto no mercado e que também será afetada de maneira diferente pelo privilégio. Aqueles quase-monopolistas de quem as curvas de demanda se tornaram inelásticas irão colher ganhos de monopólio; e aqueles cujas curvas permanecem muito elásticas não colherão nenhum ganho do privilégio. *Ceteris paribus*, é claro, um monopolista está mais propenso a ter um ganho de monopólio do que um quase-monopolista; mas se cada um deles terá um ganho, e quanto irão ganhar, dependerá puramente dos dados de cada caso concreto.

Devemos observar mais uma vez o que dissemos acima: que mesmo onde nenhum monopolista ou quase-monopolista pode chegar a um preço de monopólio, os consumidores continuarão sendo prejudicados porque são impedidos de comprar dos produtores mais eficientes ou cuja produção é de maior valor. A produção é, assim, restrita, e o declínio no rendimento (particularmente dos rendimentos produzidos de modo mais eficiente) aumenta os preços ao consumidor. Se o monopolista ou quase--monopolista também alcançarem um preço de monopólio, o dano ao consumidor e a má alocação da produção será redobrada.

Uma vez que concessões de monopólio ou quase monopólio totais seriam, em geral, consideradas altamente prejudiciais ao povo, os governos descobriram uma variedade de métodos para conceder tais privilégios indiretamente, bem como uma variedade de argumentos para justificar essas medidas. Contudo, todos produzem os resultados comuns as concessões de monopólios, de quase-monopólios ou de preços monopolistas, quando obtidos.

Os tipos importantes de *concessões monopolistas* (monopólio e quase--monopólio) são as seguintes: (1) *cartéis* impostos pelo governo nos quais cada empresa em determinada indústria é forçada a participar; (2) *cartéis virtuais* impostos pelo governo, como as cotas de produção impostas pela politica norte-americana de agricultura; (3) *licenças,* que exigem obediência às regras governamentais antes que um homem ou uma empresa sejam autorizados a entrar em determinada linha de produção, e que também exigem o pagamento de uma taxa – um pagamento que serve como penalidade para as pequenas empresas com menos capital; (4) *padrões de "qualidade"*, que proíbem a competição e por meio dos quais o governo (não os consumidores) define os produtos de "baixa qualidade"; (5) *tarifas* e outras medidas que cobram uma *penalidade fiscal* aos competidores que estão fora de uma dada região geográfica; (6) *restrições de imigração*, que proíbem a competição de trabalhadores, bem como de empreendedores, que, de outro modo, passariam para outra região geográfica do mercado mundial; (7) *leis de trabalho infantil*, que proíbem a competição trabalhista de operários abaixo de determinada idade; (8) *leis de salário mínimo*, que ao causar o desemprego dos trabalhadores menos produtivos, os excluem da concorrência do mercado de trabalho; (9) *leis de limite de horas*, que forçam um desemprego parcial àqueles trabalhadores que estão dispostos a trabalhar por mais horas; (10) *sindicalismo obrigatório,* tal como a Lei de Wagner-Taft-Hartley impõe, que causa desemprego entre os trabalhadores com cargos inferiores ou de pouca influência política no sindicato; (11) *recrutamento militar obrigatório,* que força muitos jovens a sair do mercado de trabalho; (12) qualquer tipo de penalidade governamental, sobre qualquer forma de organização industrial ou de mercado, como as *leis antitrustes*, impostos especiais *sobre redes de lojas, impostos de renda corporativos,* leis de *fechamento das empresas* em horas específicas ou proibição dos *ambulantes ou vendedores de porta em porta;* (13) *leis de conservação,* que restringe a produção à força; (14) *patentes,* em que inventores independentes, que posteriormente chegam a determinado processo, são impedidos de entrar em certo campo de produção[13],[14].

A - Cartéis Compulsórios

Os cartéis compulsórios são a ação forçada de todos os produtores de uma indústria em uma única organização, ou numa simulação de organização. Em vez de ser diretamente impedida de participar de uma determinada indústria, as empresas são forçadas a obedecer quotas de produção máximas impostas pelo governo. Tais cartéis, invariavelmente, andam de mãos dadas com um programa governamentalmente imposto de controle de preços mínimos. Quando o governo vem a percebe que o controle de preço mínimo, por si só, irá levar a um excedente que não será vendido e a uma situação difícil na indústria, impõe restrições de quota de produção aos produtores. Não é somente essa ação que prejudica os consumidores ao restringir o produto e diminuir a produção;

---

[13] Subvenções, é claro, penalizam competidores que não recebem o subsídio e, portanto, têm um decisivo impacto monopolista. Contudo, são mais bem discutidas como parte do orçamento, na intervenção binária do governo.

[14] MACHLUP. *The Political Economy of Monopoly.* Sobre licenças, ver também: BARBER, Thomas H. *Where We Are At.* New York: Charles Scribners' Sons, 1950. pp. 89-93; STIGLER, George J. *The Theory of Price.* New York: Macmillan & Co., 1946. p. 212; GELLHORN, Walter. *Individual Freedom and Governmental Restraints.* Baton Rouge: Louisiana State University Press, 1956. pp. 105-51, 194-210.

a produção deve sempre ser feita por certas firmas designadas pelo estado. Independentemente de como as quotas são alcançadas, elas são arbitrárias; e conforme o tempo passa, distorcem mais e mais a estrutura de produção que tenta se ajustar às demandas do consumidor. Empresas novas e eficientes são impedidas de servir aos consumidores, e as empresas ineficientes são preservadas, pois são isentas pelas antigas quotas da necessidade de adequar-se à uma competição superior. Cartéis compulsórios criam um refúgio no qual as empresas ineficientes prosperam em detrimento das eficientes e dos consumidores.

B - Licenças

Pouca atenção tem sido dada às licenças; ainda que constituam uma das imposições monopolistas mais importantes (e crescentes) da atual economia norte-americana. As licenças restringem deliberadamente a oferta de trabalho e de empresas nas ocupações licenciadas. Várias regras e requisitos são impostos para trabalhar no ofício ou para entrada em um determinado ramo de negócios. Aqueles que não conseguem preencher os requisitos têm a entrada impedida. Além disso, aqueles que não conseguem pagar o preço da licença têm a entrada barrada. As altas taxas de licenciamento põem grandes obstáculos no caminho dos concorrentes com pouco capital inicial. Algumas licenças, como aquelas exigidas para a venda de bebidas alcoólicas e para táxis, em alguns casos, impõem um limite absoluto no número de empresas e de negócios. Essas licenças são negociáveis, de modo que qualquer outra nova empresa deve comprar de uma empresa mais antiga que queira abandonar o negócio. Rigidez, ineficiência, e falta de adaptabilidade para mudar conforme os desejos do consumidor ficam evidentes neste sistema. O mercado de direitos de licença demonstra também o fardo que tais licenças são para os novatos. O professor Fritz Machlup (1902-1983) ressalta que a administração governamental das licenças está, quase inalteradamente, nas mãos dos membros do comércio, e compara o sistema, forçosamente, às guildas "autogeridas" da Idade Média[15].

Certificados de utilidade e necessidade são exigidos de empresas nas indústrias – tais como ferrovias, companhias aéreas, etc – regulamentadas por comissões governamentais. Esses certificados agem como licenças, mas são geralmente muito mais difíceis de conseguir. Tal sistema exclui possíveis estreantes nesses campos, e concedem um privilégio monopolista às empresas que permanecem; além do mais, estão submetidos às ordens detalhadas de

---

[15] Um exemplo notório do papel de uma comissão em banir competidores eficientes de determinada indústria é a decisão da Diretoria da Aeronáutica Civil em fechar a Trans-American Airlines, apesar de um registro perfeito de segurança. A Trans-American foi pioneira em redução de taxas nos serviços de companhias aéreas. Sobre a Diretoria da Aeronáutica Civil (sigla CAB, em inglês) ver: PELTZMAN, Sam. "CAB: Freedom from Competition". In: *New Individualist Review*, Spring, 1963, pp. 16-23.

uma comissão. Já que tais ordens dispõem em contrário ao que manda o livre mercado, invariavelmente resultarão numa ineficiência imposta e em prejuízo aos consumidores[16].

As licenças para os *trabalhadores*, de maneira distinta das licenças empresariais, diferem da maioria das outras concessões monopolistas, que *podem* conferir um *preço de monopólio*; pois a licença anterior *sempre* confere um *preço restricionista*. Os sindicatos ganham salários restricionistas ao restringir a oferta de trabalho em uma profissão. Aqui, mais uma vez, prevalecem as mesmas condições: outros fatores são forçosamente excluídos e, já que o monopolista não *é dono* destes fatores excluídos, não está perdendo nenhuma receita. Visto que uma licença sempre restringe a entrada em um campo, ela sempre diminui a oferta e aumenta os preços, ou salários. A razão pela qual uma concessão de monopólio para uma *empresa* nem *sempre* aumenta o preço, é que as empresas sempre podem expandir ou restringir a produção à vontade. Licenciamento de mercearias não reduz necessariamente a demanda total, pois não impede a ampliação infinita das empresas *licenciadas* de gêneros alimentícios, que podem assumir a inatividade criada pela exclusão de possíveis concorrentes. Todavia, além de horas trabalhadas, a restrição da entrada no mercado de trabalho reduz sempre a oferta total do trabalho. Assim, licenças ou outras concessões de monopólio às empresas podem ou não conferir um preço monopolista – dependendo da elasticidade da curva de demanda; ao passo que as licenças aos trabalhadores *sempre* estabelecem um preço restricionista aos licenciados.

C - Padrões de Qualidade e Segurança

Um dos argumentos favoritos para leis de licenciamento e outros tipos de *padrão de qualidade* é que o governo deve "proteger" os consumidores, assegurando que trabalhadores e empresas vendam bens e serviços da mais alta qualidade. A resposta, claro, é que a "qualidade" é um termo muito flexível e relativo, decidido pelos consumidores ao agirem livres no mercado. O consumidor decide de acordo com o próprio gosto e interesse, e particularmente de acordo com o preço que deseja pagar pelo serviço. Pode muito bem ser, por exemplo, que a permanência por certo número de anos num tipo específico de escola forme os médicos mais qualificados (apesar de ser difícil de ver por que motivo o governo protege o povo dos demonstradores não licenciados de produtos de beleza ou de encanadores sem ensino médio ou com menos de dez

---

[16] Não é extraordinário que ouçamos reclamações contínuas sobre uma "escassez" de médicos e professores, mas raramente ouvimos reclamações sobre escassez de profissões sem licença. Sobre licença em medicina, ver: FRIEDMAN, Milton. *Capitalism and Freedom*. Chicago: University of Chicago Press, 1963. pp. 149-60; KESSEL, Reuben A. "Price Discrimination in Medicine". In: *Journal of Law and Economics*, October, 1958, pp. 20-53.

anos de experiência). Mas aos proibir a prática da medicina das pessoas que não cumprem tais requisitos, o governo está prejudicando os consumidores que passariam a contratar os serviços de concorrentes ilegais, e está protegendo médicos "qualificados", mas de menor valor produtivo, da concorrência externa, bem como concede preços restricionistas aos médicos que restam[17]. Os consumidores são impedidos de escolher tratamentos de menor qualidade para enfermidades pouco graves por um preço menor, e também são impedidos de escolher médicos que tenham uma teoria médica diferente da autorizada pelas escolas de medicina aprovadas pelo governo.

Quantas dessas exigências são projetadas para "proteger" a saúde do povo, e quanto é usado para restringir a concorrência, pode ser aferido pelo fato de que dar atendimento médico livremente, sem licença, é raramente uma violação à lei. Apenas a *venda* de atendimento médico exige licença. Já que alguém pode ser prejudicado, se não mais, pelo atendimento médico gratuito do que pela compra do atendimento, o propósito da regulamentação é claramente restringir a concorrência, e não o de salvaguardar o público[18].

Outros padrões de qualidade na produção têm efeitos ainda mais prejudiciais. Impõem definições governamentais dos produtos e exigem que as empresas aperfeiçoem as especificações estabelecidas por tais definições. Assim, o governo define o "pão" como algo que possui certa composição. Supostamente, isso é uma salvaguarda contra "adulteração", mas na verdade o que se proíbe é a *melhoria*. Se o governo define um produto de determinada maneira, ele proíbe a mudança. Uma mudança, para ser aceita pelos consumidores, *tem* de ser uma melhoria: absoluta ou em forma de um preço mais baixo. Contudo, pode levar um bom tempo, ou até mesmo a eternidade, para persuadir a burocracia do governo a mudar as exigências. Nesse meio tempo, a concorrência é prejudicada, e melhorias tecnológicas são bloqueadas[18]. Padrões de "qualidade", ao mudar as decisões sobre qualidade dos consumidores para os arbitrários quadros de governo, impõem rigidez e monopolização no sistema econômico.

Na economia livre, haveria variados meios de obter compensação por danos diretos ou "adulteração" fraudulenta. Não é necessário nenhum sistema de "padrões" de governo ou exército de fiscais administrativos. Se um homem comprou comida adulterada, então o vendedor claramente cometeu fraude, violando o contrato de vender a comida. Assim, se *A* vende o café da manhã para *B*, e, na verdade, lhe entrega palha, *A* comete um ato ilegal de fraude co-

---

[17] Para uma excelente análise do funcionamento dos padrões compulsórios de qualidade em um caso concreto, ver: BAUER, P. T. *West African Trade*. Cambridge: Cambridge University Press, 1954. pp. 365-75.
[18] Para estudos de caso dos efeitos de tais padrões de "qualidade", ver: ALEXANDER, George J. *Honesty and Competition*. Syracuse: Syracuse University Press, 1967.

municando a *B* que está vendendo comida, enquanto está vendendo palha. Isto é punível pelos Tribunais regidos pelo "direito libertário", ou seja, o código legal de uma sociedade livre que proibiria todas as invasões a indivíduos ou propriedades. À perda do produto e o preço, acrescido de danos convenientes (pagos à *vítima*, não ao estado), seria incluída a punição da fraude. Não é preciso nenhum administrador para impedir as vendas não fraudulentas se um homem simplesmente vende o que chama de "pão", e isso corresponde à *definição comum* de pão dos consumidores, e não à alguma especificação arbitrária. Contudo, se o homem *especifica* a composição do pão, está sujeito à ser processado se estiver mentindo. É necessário enfatizar que o crime não é a mentira *per se* ;mentira é um problema moral que não se encontra sob a proteção da defesa do livre mercado, mas é a *quebra de um contrato* – que toma a propriedade de outra pessoa sob falsos pretextos e, assim, essa pessoa pode vir a ser considerada culpada por fraude. Se, por outro lado, o produto adulterado prejudicar a saúde do comprador (como, por exemplo, comida envenenada), o vendedor é responsabilizado e pode ser processado por prejudicar e agredir a pessoa do comprador[19].

Outro tipo de controle de qualidade é a suposta "proteção" dos investidores. As regulamentações da SEC (Comissão Norte-americana de Valores Imobiliários), força as novas empresas a vender ações para, por exemplo, obedecer a determinadas regras, emitir documentação, etc. O efeito líquido é criar dificuldades para as empresas novas e particularmente para as pequenas, restringindo-lhes a aquisição de capital, conferindo, desse modo, um privilégio monopolista às empresas já existentes. Os investidores são proibidos de investir em determinados empreendimentos de risco. São as regulamentações da SEC, as chamadas "leis blue-sky"*, que restringem a entrada de novas empresas e impedem o investimento em outras que estão em risco, mas que poderiam ser bem-sucedidas. Mais uma vez, é dificultada a eficiência nos negócios e serviços ao consumidor[20].

Códigos de segurança são outros tipos comuns de padrões de qualidade. Prescrevem os detalhes da produção e banem as diferenças. O método do livre mercado de lidar, por exemplo, com o desmoronamento de um prédio que

---

[19] Sobre adulteração e fraude, ver a argumentação definitiva de Wordsworth Donisthorpe (1847-1914) em: DONISTHORPE, Wordsworth *Law in a Free State*. London: Macmillan & Co., 1895. pp. 132-58. *
N. do T.: *Blue-sky laws* é a denominação comum para as leis estaduais norte-americanas antifraudes que regulam a oferta e venda de seguros. Exigem o registro de todos os tipos de seguros ofertados, bem como das corretoras de bolsas de valores e das operações de corretagem. Em cada estado a aplicação dessas leis é administrada por agências reguladoras, que também amparam as causas de investidores privados.
[20] Algumas pessoas que aderem ao livre mercado apoiam a SEC e regulamentações semelhantes por "aumentarem o espírito moral da competição". Certamente, elas *restringem* a competição, mas não podemos dizer que "aumentam o espírito moral" até a moralidade ser, de fato, definida. Como podemos definir a moralidade em produção, a não ser como um serviço eficiente ao consumidor? E como pode alguém ser "moral" se foi impedido à força de agir de outra maneira?

matou várias pessoas, é mandar o proprietário do prédio para a cadeia por homicídio culposo. Contudo, o livre mercado pode não aprovar um código de "segurança" arbitrário, promulgado antes de qualquer crime. O sistema atual *não* trata o proprietário do prédio como um possível assassino pelo desmoronamento do prédio; em vez disso, apenas o faz pagar o somatório dos danos. Desse modo, a violação à pessoa fica relativamente impune e não há o que temer. Por outro lado, os códigos administrativos se proliferam, e os resultados gerais impedem grandes melhorias na indústria da construção e, assim, conferem privilégios monopolistas aos prédios já existentes, em comparação com inovadores concorrentes em potencial[21]. Escapar dos códigos de segurança por meio de subornos, permite que o verdadeiro agressor (o construtor cuja propriedade cause danos à alguém) continue impune e sem pagar um tostão.

Alguém poderia objetar que, no livre mercado, as agências de defesa devem esperar as pessoas serem prejudicadas para, só *após, punir* o crime, em vez de impedi-lo. É verdade que no livre mercado apenas atos manifestos podem ser punidos. Não há tentativas de tiranizar qualquer pessoa tendo por base a possibilidade de ser evitado algum crime futuro. Na teoria da "prevenção", qualquer tipo de invasão à liberdade individual pode ser, e na verdade deve ser, justificada. É certamente um procedimento absurdo tentar "impedir" umas poucas invasões futuras cometendo invasões permanentes contra todos[22].

Regulamentações de segurança são também impostas aos contratos de trabalho. Trabalhadores e empregadores são impedidos de fechar o contrato de admissão caso as regras governamentais não sejam obedecidas. O resultado é uma perda imposta a ambos, que têm sua liberdade de contratar negada, e que precisam se voltar para outros trabalhos menos remunerativos. Os fatores são, portanto, distorcidos e mal alocados em relação a satisfação máxima do consumidor e ao retorno máximo. A indústria torna-se menos produtiva e flexível.

Outro uso para "regulamentações de segurança" é impedir concorrência geográfica, isto é, manter os consumidores comprando bens de produtores eficientes localizados em outras áreas geográficas. Analiticamente, há pouca distinção entre concorrência em geral e em determinado local, já que a localização é simplesmente uma das muitas vantagens ou desvantagens que a empresa concorrente possui. Desse modo, governos estatais organizaram cartéis obrigatórios sobre o leite, que estabelecem preços mínimos e restringem a produção, e são cobrados embargos sobre importações de leite fora do estado, sob o pretexto de "segurança". O efeito, claro, é cortar a concorrência e per-

---

[21] A indústria da construção é constituída de modo tal que muitos trabalhadores são empresários quase independentes. Códigos de segurança, portanto, compõem o restricionismo dos sindicatos de construção.
[22] Podemos acrescentar aqui que no livre mercado total até mesmo o critério de "perigo claro e eminente" seria uma definição demasiado vaga e subjetiva para um ato punível.

mitir preços de monopólio. Além do mais, exigências de segurança que vão muito além daquelas impostas por empresas locais são muitas vezes exigidas de produtos que procedem de fora do estado[23].

D – TARIFAS

As *tarifas* e várias formas de quotas de importação proíbem, total ou parcialmente, a concorrência geográfica para vários produtos; é concedido um preço quase-monopolista e, de maneira geral, monopolista às empresas domésticas. As tarifas prejudicam os consumidores dentro da região "protegida", que são impedidos de comprar dos concorrentes mais eficientes por um preço menor. Elas também prejudicam as empresas estrangeiras mais eficientes, além de consumidores de todas as regiões, que são privados das vantagens da especialização geográfica. Em um livre mercado, os melhores recursos tendem a ser alocados segundo as locações de maior valor produtivo. Bloquear o comércio inter-regional irá forçar os fatores a obter menos remuneração por tarefas menos eficientes e de menor valor produtivo.

Os economistas têm dedicado muita atenção a "teoria do comércio internacional" – uma atenção muito além de sua importância analítica. Já que, no livre mercado, não haveria de modo algum uma teoria aparte para o "comércio internacional" – e o livre mercado é o local dos problemas analíticos fundamentais. A análise das situações intervencionistas consiste, simplesmente, em comparar seus efeitos ao que teria ocorrido no livre mercado. "Nações" podem ser importantes política e culturalmente, mas no plano econômico surgem apenas como consequência da intervenção governamental, seja na forma de tarifas ou de outras barreiras ao comércio geográfico, ou como algum modo de intervenção monetária[24].

As tarifas inspiraram uma profusão de especulação e argumentação econômica. Os argumentos a favor das tarifas têm algo em comum: todos tentam provar que os consumidores das regiões protegidas *não* são explorados pelas tarifas. Todos esses esforços são em vão. Há muitos argumentos. Os argumentos típicos são preocupações sobre a continuação de uma "balança comercial desfavorável". Mas, cada indivíduo decide a respeito do que compra e, portanto, determina se seu balanço deve ser "favorável" ou "desfavorável"; "desfavorável" é um termo enganoso, pois qualquer compra é a ação mais *favorável* ao indivíduo no momento. O mesmo é verdade para o balanço consolidado de uma região ou país. Não pode haver um balanço "desfavorável" ao comércio

---

[23] Ver: STIGLER. *The Theory of Price*. p. 211.
[24] Ver: GEORGE, Henry. *Protection or Free Trade*. New York: Robert Schalkenbach Foundation, 1946, pp. 37-44. Sobre livre comércio e proteção, ver: YEAGER, Leland B. & TUERCK, David. *Trade Policy and The Price System*. Scranton: International Textbook Co., 1966.

de uma região, a não ser que os comerciantes assim o façam, vendendo as reservas de ouro ou tomando empréstimos de outros (sendo tais empréstimos concedidos voluntariamente pelos credores).

Os argumentos absurdos dos que defendem as tarifas podem ser vistos quando levamos a ideia de tarifa até sua conclusão lógica – digamos, no caso de dois indivíduos, Jones e Smith. Este é um uso válido argumentação *reductio ad absurdum* porque os efeitos qualitativos são os mesmos quando uma tarifa é imposta a uma nação inteira assim como quando é imposta sobre uma ou duas pessoas; a diferença é apenas de grau[25]. Suponhamos que Jones tenha uma fazenda, a "Jones' Acres", e o Smith trabalhe para ele. Ao se impregnar de ideias a favor das tarifas, Jones estimula Smith a "comprar" a "Jones' Acres". "Mantenha o dinheiro na Jones' Acres", "não seja explorado pela enxurrada de produtos feitos com mão de obra estrangeira que estão fora da Jone's Acres", e máximas semelhantes se tornam o lema dos dois homens. Para ter certeza que o propósito deles seja alcançado, Jones cobra uma tarifa de 1.000% sobre as importações de todos os bens e serviços vindos "de fora", ou seja, de outro lugar que não seja a fazenda. Como resultado, Jones e Smith veem o tempo livre, ou os "problemas de desemprego" desaparecerem à medida que trabalham noite e dia para suprir a produção de todos os bens que desejam. Muitos bens não conseguem suprir de jeito nenhum; outros conseguem, depois de séculos de esforços. É verdade que colhem as promessas dos protecionistas: a "autossuficiência", embora a "suficiência" seja mera subsistência e não um padrão de vida confortável. O dinheiro é "mantido em casa", e eles podem pagar um ao outro preços e salários *nominais* muito altos, mas os homens descobrem que o real valor de seus salários, em termos de bens, cai drasticamente.

Estamos, na verdade, de volta à situação das economias de troca ou isoladas de Robinson Crusoé e Sexta-feira. E isso é, de fato, o que os *princípios da tarifa* representam. Tal princípio é um ataque ao livre mercado, e seu objetivo lógico é a autossuficiência de produtores individuais; é uma meta que, se realizada, espalharia a pobreza para todos, e a morte para muitos, da atual população mundial. Seria um regresso da civilização à barbárie. Uma tarifa leve em uma região maior, talvez seja apenas um impulso neste sentido, mas não deixa de *ser* um impulso, e os argumentos usados para justificar a tarifa aplicam-se da mesma maneira a um retorno para a "autossuficiência" selvagem[26,27].

---

[25] O impacto de uma tarifa é claramente maior quanto menor for a área geográfica dos comerciantes que abrange. Uma tarifa que "proteja" o mundo todo não teria sentido, ao menos até que outros planetas sejam incluídos em nosso mercado comercial.

[26] Os defensores da tarifa não vão querer levar o raciocínio a esse ponto, já que fica claro que todas as partes perderão drasticamente. Com tarifas mais baixas, por outro lado, os "oligopolistas" protegidos por tais tarifas podem ganhar mais (a curto prazo) do que perdem por serem consumidores, ao explorar os consumidores domésticos.

[27] Nosso exemplo com os dois homens é semelhante à ilustração usada na severa crítica sobre proteção

Uma das passagens mais entusiásticas da análise de Henry George (1839-1897) a respeito da tarifa protecionista é a discussão sobre o termo "proteção".

> Proteção significa impedimento [...] O que esta proteção por meio de tarifas impede ? O comércio [...] Mas o comércio, de cuja "proteção" tenta nos preservar e defender, não é, como as enchentes, terremotos ou tornados, algo que acontece sem intervenção humana. O comércio envolve a ação humana. Não há necessidade de preservar ou se defender do comércio, a não ser que haja homens que queiram e tentem comercializar. Quem, então, são os homens cujos esforços de comerciar nos preservam e defendem da "proteção"? [...] o desejo de uma parte, por mais forte que seja, não pode, por si, trazer o comércio. Para cada comércio deve haver duas partes que, de fato, desejam comercializar, e cujas ações são recíprocas. Ninguém pode comprar a não ser que haja alguém disposto a vender e ninguém pode vender a não ser que haja outro disposto a comprar. Se os norte-americanos não querem comprar bens estrangeiros, estes bens não poderiam ser vendidos aqui mesmo que não houvesse tarifa. A causa eficiente do comércio que nossa tarifa deseja impedir é o desejo dos norte-americanos de comprar bens estrangeiros, não o desejo dos produtores estrangeiros de vendê-los. [...] Se não é dos estrangeiros que a proteção nos preserva e defende, é de nós mesmos que o faz[28].

Ironicamente, as possibilidades de exploração das tarifas protecionistas de longo prazo são muito menores do que as que derivam de outras formas de concessão monopolista; pois apenas empresas que estão *dentro* de uma determinada região são protegidas, no entanto, qualquer um tem permissão para estabelecer uma empresa por lá – até mesmo os estrangeiros. Como resultado, outras empresas, de dentro ou de fora da região, rumarão para a indústria e área protegidas, até que, finalmente, o ganho de monopólio desapareça, apesar de continuar a má distribuição da produção e o prejuízo aos consumidores. No longo prazo, portanto, uma tarifa *per se* não estabelece um benefício duradouro mesmo para os beneficiários imediatos.

---

feita por Frédéric Bastiat (1801-1850). Ver: BASTIAT, Frederic. *Economic Sophisms*. Princeton: D. Van Nostrand, 1964. pp. 202-09, 242-50. Ver também a famosa "petição dos fabricantes de vela" e o "conto chinês" em: Idem. *Ibidem.*, pp. 56-60, 182-86. Ver também a crítica sobre tarifa em GEORGE, Henry. *Protection or Free Trade*. pp. 51-54; PERRY, Arthur Latham. *Political Economy*. New York: Charles Scribners' Sons, 1892. p. 509.

[28] GEORGE, Henry. *Protection or Free Trade*. pp. 45-46. Também sobre livre comércio e proteção, *ver* C.F. Bastable, *The Theory of International Trade*. London: Macmillan & Co., 2ª ed., 1897. p. 128–56; e Perry, *Political Economy*, pp. 461–533.

Muitos escritores e economistas, que são a favor do livre comércio, reconheceram a validade do "argumento da indústria nascente" em favor da tarifa protecionista. Poucos comerciantes livres, de fato, objetaram o argumento além do aviso de que a tarifa pode continuar para além da fase "nascente" da indústria. Esta resposta, de fato, reconhece a validade do argumento da "indústria nascente". Com a exceção da analogia totalmente falsa e enganosa, que compara uma indústria recém-estabilizada a um recém-nascido indefeso, que precisa de proteção, a essência do argumento é afirmada por Frank William Taussig (1859-1940):

O argumento é que, enquanto o preço do artigo protegido é temporariamente aumentado pelo imposto, no fim, o preço fica mais baixo. A concorrência começa. [...] e traz um preço menor no final. [...] Essa redução no mercado interno vem apenas com o lapso temporal. No início, o produtor nacional tem dificuldades, e não consegue enfrentar a concorrência estrangeira. No final, aprende a produzir de um modo mais vantajoso e, em seguida, pode colocar o artigo no mercado com um valor tão barato quanto o produtor estrangeiro, ou até mesmo mais barato[29].

Assim, os concorrentes mais antigos são acusados de ter habilidades e capital adquiridos historicamente, que os possibilitam ganhar de qualquer novo concorrente. A proteção sensata do governo concedida às novas empresas irá, desse modo, no longo prazo, promover a concorrência em vez de impedi-la.

> O argumento da indústria nascente inverte a conclusão verdadeira a partir de uma premissa correta. O fato de o capital já ter sido pago nos locais mais antigos, de fato, dá uma vantagem às empresas antigas, mesmo se hoje, à luz do conhecimento atual e das necessidades dos consumidores, os investimentos tivessem sido feitos em novos locais. Mas a questão é que precisamos sempre trabalhar com uma dada situação, com o capital que nos foi deixado, por investimentos, pelos nossos antepassados. O fato de nossos antepassados terem cometido erros – do ponto de vista do nosso conhecimento superior atual – é lamentável, mas devemos sempre fazer o melhor com o que temos. Não começamos e nunca começaremos a investir do zero; na verdade, se o fizéssemos, estaríamos na situação de Robinson Crusoé, enfrentando a terra de mãos vazias e sem quaisquer apetrechos herdados. Portanto, devemos fazer uso das vantagens que nos foram dadas pelo capital

---

[29] TAUSSIG, F. W. *Principles of Economics*. New York: Macmillan & Co., 2ª edição, 1916. p. 527.

investido no passado. O subsídio de novas fábricas prejudicaria os consumidores, pois os privaria das vantagens do capital historicamente dado.

Na verdade, se as perspectivas de longo prazo da nova indústria são tão promissoras, por que a iniciativa privada, sempre à procura de oportunidade para investimento rentável, não entra no novo campo ? Apenas porque os empresários perceberam que tal investimento não seria econômico, ou seja, desperdiçaria capital, terra e trabalho que poderiam ser investidos de outro modo para satisfazer os desejos mais urgentes do consumidor. Como afirma Mises:

> A verdade é que a implantação de um uma indústria nova só é economicamente vantajosa se a superioridade da nova localização for tão grande que supere as desvantagens resultantes do fato de abandonar os bens de capital inconversíveis e intransferíveis que foram investidos nos estabelecimentos já existentes. Se for esse o caso, as novas indústrias poderão competir com sucesso com as antigas, sem qualquer proteção do governo. Se não for esse o caso, a proteção que lhes é assegurada é um desperdício, mesmo que seja apenas temporário e que a nova indústria possa viver mais tarde pelos seus próprios meios. A tarifa aduaneira praticamente equivale a um subsídio que os consumidores são obrigados a pagar como compensação pelo emprego de fatores escassos de produção em substituição aos bens de capital ainda utilizáveis que serão sucateados, e pelo fato desses fatores escassos terem sido desviados de outros empregos nos quais prestariam serviços mais valorizados pelos consumidores. [...] Na ausência de tarifas protetoras, a migração de indústrias [para lugares melhores] é adiada até que os bens de capital investidos nas instalações existentes se tenham desgastado ou tornado obsoletos em virtude de um desenvolvimento tecnológico tal, que torne indispensável a sua substituição por equipamentos novos[30].

Logicamente, o argumento da indústria nascente precisa ser aplicado ao comércio interlocal e inter-regional, bem como ao internacional. A incapacidade disto ser percebido é uma das razões para a persistência do argumento. Ampliado de maneira coerente, o argumento, na verdade, implicaria ser possível a existência de *qualquer* nova empresa, bem como seu crescimento em oposição à concorrência de empresas mais antigas,

---
[30] MISES. *Human Action*. p. 506.

onde quer que estas se localizem. As novas empresas, afinal, têm a própria e peculiar vantagem de equilibrar o capital investido das empresas antigas. As novas empresas podem começar com os equipamentos mais recentes e mais produtivos, assim como escolher melhores localizações. As vantagens e desvantagens de uma nova empresa devem ser pesadas pelos empresários, em cada caso, para descobrir o curso mais rentável e, portanto, o mais vantajoso[31].

E - Restrições de Imigração

Os trabalhadores também podem pedir concessões geográficas de oligopólio na forma de *restrições de imigração*. No livre mercado, a tendência inexorável é equalizar os padrões salariais para o mesmo valor produtivo de trabalho no mundo inteiro. Esta tendência depende de dois modos de ajuste: as empresas afluindo de regiões com salários mais altos para os salários mais baixos, e os trabalhadores saindo das regiões de baixos salários para as de salário mais alto. As restrições de imigração são uma tentativa de granjear um padrão de salários *restricionistas* para os habitantes de uma região. Constituem uma restrição em vez de um monopólio porque (*a*) na força de trabalho, cada trabalhador é dono de si mesmo. Portanto, os restricionistas não têm controle sobre toda a oferta de trabalho; e (*b*) a oferta de trabalho é grande em relação a possível variação nas horas de um trabalhador individual, ou seja, um trabalhador não pode, como um monopolista, tirar proveito da restrição aumentando sua produção para compensar a folga e, portanto, a obtenção de um preço mais alto não é determinado pela elasticidade da curva de demanda. Um preço mais alto é obtido, em todo caso, pela restrição da oferta de trabalho. Há uma conectividade por todo o mercado de trabalho; estes estão ligados entre si em diferentes profissões, e o *padrão geral de salário* (em comparação com o padrão em indústrias específicas) é determinado pela oferta total de todo trabalho, se comparada com as várias curvas de demanda para diferentes tipos de trabalho em indústrias distintas. Uma redução da oferta total de trabalho em uma região tenderá a mudar todas as curvas de demanda para fatores de trabalho individual à esquerda, aumentando, desse modo, os salários em todo lugar.

Restrições de imigração, assim, podem resultar em salários restricionistas para *todas* as pessoas dentro da área restrita, apesar dos maiores ganhos relativos serem claramente *daqueles que concorreram diretamente no mercado de trabalho com possíveis imigrantes*. Ganham graças aos excluídos, que são forçados a aceitar trabalhos de menor remuneração nos países de origem.

---

[31] Ver também: CURTISS, W. M. *The Tariff Idea*. Irvington-on-Hudson: Foundation for Economic Education, 1953. pp. 50-52.

Nem toda área geográfica, obviamente, ganhará com as restrições de imigração – somente a área com os salários mais altos. Aqueles que estão em áreas que recebem um salário relativamente menor devem se preocupar com imigração: nestas áreas a pressão é para emigração[32]. As áreas que recebem um salário mais elevado ganham esta posição por meio de um grande investimento de capital *per capita*, se comparada a outras regiões; e agora os trabalhadores nessa área tentam resistir à redução de salários que seria decorrente de um influxo de trabalhadores estrangeiros.

Barreiras de imigração conferem ganhos à custa de trabalhadores estrangeiros. Poucos moradores da área se preocupam com isso[33]. Entretanto, criam outros problemas. O processo de equalização de salários, embora deficiente, continuará na forma de uma exportação de investimento de capital para países estrangeiros de baixos salários. A insistência em salários altos no país de origem cria mais e mais um incentivo para capitalistas internos investirem no estrangeiro. No final, a equalização do processo será, de qualquer maneira, efetivada, a não ser pela localização de recursos que será completamente distorcida. Muitos trabalhadores e muito capital serão alocados no estrangeiro, e muito pouco no país de origem, em relação à satisfação dos consumidores mundiais. Em segundo lugar, os cidadãos deste país podem muito bem perder mais como consumidores com as barreiras de imigração se comparados ao que ganham como trabalhadores; pois as barreiras de imigração (*a*) impedem a divisão internacional de trabalho, a localização mais eficiente de produção e população, etc, e (*b*) a população no país de origem pode muito bem ser abaixo da população "ideal" para a área. Um aumento da população poderia estimular uma elevação da produção em massa e especialização e, desse modo, criar uma renda real *per capita*. No longo prazo, é claro, a equalização continuaria ocorrendo, mas talvez em um nível mais elevado, especialmente se os países mais pobres estiverem "superpopulosos" se comparados ao número adequado de habitantes. Em outras palavras, os países mais bem remunerados devem ter uma população *menor* do que a renda real adequada *per capita*, e os países que recebem um salário menor devem ter um excesso de população *acima* do adequado. Neste caso, *ambos* os países aproveitariam salários maiores por meio da imigração, apesar dos países com salários menores ganharem mais.

Está na moda falar na "superpopulação" de alguns países, como a Chi-

---

[32] Muitos estados impuseram *restrições de emigração* aos cidadãos. Estes estados não são monopolistas; estão provavelmente motivados por um desejo de manter pessoas que contribuem com impostos e em idade de serviço militar dentro da jurisdição estatal.

[33] É instrutivo estudar os argumentos dos membros "internacionalistas" do Congresso que defendem mudanças nas restrições norte-americanas à imigração. As mudanças propostas não sugerem de maneira alguma a remoção das barreiras.

na e a Índia, e afirmar que os terrores maltusianos de prementes da população sobre o estoque de comida estão se tornando realidade nessas áreas. Este é um pensamento falacioso, e deriva do foco nos "países" em vez de no mercado mundial como um todo. É falacioso afirmar que há uma superpopulação em *algumas* partes do mercado e em outras não. A teoria de "super" ou "subpopulação" (em relação a um máximo arbitrário de renda real por pessoa) aplica-se adequadamente ao mercado como um todo. Se uma parte do mercado estiver "sub" e outra "super" populosa, o problema decorre, não da indústria ou da reprodução humana, mas das barreiras artificiais do governo à migração. A Índia está superpopulosa apenas porque os cidadãos não mudam de país, ou porque outros governos não os admitem. No primeiro caso, portanto, os indianos fazem uma escolha voluntária: aceitar um salário menor em troca de um grande ganho psíquico de viver na Índia. Os salários são equalizados internacionalmente apenas se incorporarmos tais fatores psíquicos no padrão salarial. Além do mais, se outros governos proibirem a entrada dos indianos, o problema não tange absolutamente a "superpopulação", mas a barreiras coercitivas levantadas contra migração de pessoas[34].

A perda para todos, como consumidores, causada pela obstrução da divisão inter-regional do trabalho e o lugar eficiente da produção, não deveria ser negligenciada, ao considerar os efeitos das barreiras à imigração. O *reductio ad absurdum*, apesar de não ser tão devastadora como no caso das tarifas, é também relevante aqui. Como Cooley and Poirot ressaltam:

> Se isso parecer erguer uma barreira ao longo das linhas nacionais de fronteira para aqueles que veem oportunidades melhores por aqui do que em seus países de origem, por que não deveríamos erguer barreiras semelhantes entre os estados e os municípios da nação? Por que um trabalhador mal remunerado [...] deve poder migrar de uma loja falida de buggies em Massachusetts para uma loja de automóveis em ascensão na cidade de Detroit. [...] Competiria com os cidadãos de Detroit por comida, vestuário e moradia. Estaria disposto a trabalhar por menos do que a média salarial de Detroit, "incomodando o mercado de trabalho" de lá [...]. De qualquer forma, seria um nativo de Massachusetts e, portanto, este estado deveria arcar com toda a "responsabilidade por seu bem-estar". Estes são problemas que devemos ponderar, mas nossa resposta honesta para isso se reflete nas ações [...]. Preferimos andar em carros do que em buggies. Seria uma tolice tentar comprar

---

[34] Defensores do "livre mercado" que também defendem restrições de imigração raramente enfrentam as conclusões de suas posições. Ver no presente capítulo o Apêndice B, sobre "Coerção e *Lebensrau*".

um automóvel ou qualquer outra coisa no livre mercado e, ao mesmo tempo, negar para qualquer indivíduo a oportunidade de ajudar a produzir essas mesmas coisas que queremos.[35]

Os defensores das leis de imigração que temem a redução dos próprios padrões de vida estão, na verdade, errando o alvo. Implicitamente, acreditam que neste momento sua área geográfica excede o ponto populacional adequado. O que realmente temem, portanto, não é tanto a imigração, mas *qualquer* crescimento populacional. Por coerência, portanto, teriam de defender o controle de natalidade obrigatório, para abrandar o ritmo de crescimento da população desejado pelos pais individuais.

F - Leis de Trabalho Infantil

As *leis de trabalho infantil* são um claro exemplo das restrições impostas à contratação de algum trabalho para o benefício do salário restritivo dos demais trabalhadores. Em uma época de muita discussão sobre o "problema do desemprego", muitos dos que se preocupam com o desemprego também defendem as leis do trabalho infantil, que coercitivamente *impedem* a contratação de um grupo inteiro de trabalhadores. As leis de trabalho infantil, portanto, correspondem a *desemprego compulsório*. O desemprego compulsório, naturalmente, reduz a oferta geral de trabalho e aumenta os salários de forma restritiva assim como a conexidade do mercado de trabalho difunde os efeitos por todo o mercado. A criança não apenas é impedida de trabalhar, mas também a renda das famílias com crianças é arbitrariamente reduzida pelo governo, e famílias sem filhos ganham em detrimento das famílias com filhos. As leis de trabalho infantil penalizam as famílias com crianças pelo período em que elas permanecem financeiramente dependentes dos pais que é, desse modo, prolongado.

As leis de trabalho infantil, ao restringir a oferta de trabalho, reduzem a produção da economia e, portanto, tendem a reduzir o padrão de vida de todos na sociedade. Além do mais, as leis não têm nem ao menos o efeito benéfico que o controle de natalidade compulsório poderia trazer para a redução populacional, quando os habitantes estão acima da média ótima; pois o número total da população não é reduzido (a não ser pelos efeitos indiretos da punição a crianças), mas a população *ativa* é reduzida. Para reduzir a população ativa enquanto a população dos *consumidores* permanece inalterada é necessário reduzir o padrão de vida geral.

---

[35] COOLEY Oscar W. & POIROT, Paul. *The Freedom to Move*. Irvington-Hudson: Foundation for Economic Education, 1951. pp. 11-12.

As leis de trabalho infantil podem tomar a forma de proibição pura e simples ou a da exigência de "documentos de trabalho" e de todos os tipos de burocracia antes de um jovem poder ser contratado, o que tem, parcialmente, o mesmo efeito. As leis do trabalho infantil são também encorajadas pelas *leis de frequência escolar obrigatória*. Obrigar uma criança a permanecer em uma escola pública ou em uma escola certificada pelo estado até certa idade tem o mesmo efeito de proibir sua contratação e preservar trabalhadores adultos de concorrentes mais jovens. A frequência obrigatória, contudo, vai ainda mais além, obrigando uma criança a usar certo serviço – educação escolar – quando ela ou seus pais poderiam preferir outra coisa, impondo assim, adicionalmente, uma perda de utilidade para essas crianças[36,37].

G - Serviço Militar Obrigatório

Raramente percebemos que *o recrutamento militar obrigatório* é um meio eficaz de concessão de privilégio monopolista e imposição de salários restricionistas. O recrutamento miliar obrigatório, como as leis do trabalho infantil, retira da competição uma parte da força trabalhista no mercado de trabalho – neste caso, exclui membros adultos e saudáveis. A remoção forçada e trabalho obrigatório nas forças armadas com pagamento apenas nominal, aumenta os salários daqueles que restaram, especialmente nas áreas que concorrem mais diretamente com os empregos dos homens convocados. Naturalmente, a produtividade geral da economia também declina, compensando os aumentos entre, ao menos, alguns dos trabalhadores. Mas, como em outros casos de concessão monopolista, alguns dos privilegiados irão ganhar, provavelmente, com a ação governamental. De maneira direta, o recrutamento militar obrigatório é um método pelo qual o governo pode recrutar, coercitivamente, trabalho por salários menores

---

[36] Para uma análise brilhante das *Factory Acts* (Lei das Fábricas) contra o trabalho infantil britânico no início do século XIX, ver o já citado ensaio: HUTT, W. H. "The Factory System of the Early Nineteenth Century". In: HAYEK, F .A. (Ed.). *Capitalism and the Historians*. Ver também: COLEMAN, D. C. "Labour in the English Economy of the Seventeenth Century". In: *The Economic History Review*, April, 1956, p. 286.

[37] Uma notícia de jornal ilustra a ligação entre as leis do trabalho infantil e os salários restricionistas para adultos – de modo particular para os sindicatos.

    Pela colaboração de cerca de 26.000 merceeiros, além de sindicatos operários, centenas de adolescentes *terão a chance de ganhar dinheiro* no verão, divulgou ontem o Subcomissário de Polícia, James B. Nolan, presidente da Liga Atlética da Polícia. [...] O programa foi organizado pela PAL (sigla de Liga Atlética da Polícia, em inglês), com a ajuda da *Grocer Graphic*, um jornal comercial. Raymond Bill, editor do jornal comercial, explicou que centenas de mercearias podem empregar um, e em alguns casos, dois ou três garotos em trabalhos temporários que não interferem nas vagas para empregados sindicalizados. (*New York Daily News*, July 19, 1955; trechos em itálico destacados por mim).

Ver também: GOODMAN, Paul. *Compulsory Mis-Education and the Community of Scholars*. New York: Vintage Books, 1964. p. 54.

que os de mercado – que o preço que teria de pagar para induzir o recrutamento de um exército voluntário[38].

H - Leis de Salário Mínimo e Sindicalismo Obrigatório

O desemprego compulsório é alcançado, indiretamente, por intermédio das *leis de salário mínimo*. No livre mercado, o salário de todos tendem a ser estabelecidos descontado o valor da produtividade marginal. Uma lei de salário mínimo significa que aqueles cujos *PVMDs* (Produto de Valor Marginal Descontado) estão abaixo do mínimo permitido, são *impedidos de trabalhar*. O trabalhador estava disposto a aceitar o emprego, e o empregador a contratá-lo. Todavia, o decreto do estado impede que essa contratação aconteça. O desemprego compulsório, desse modo, exclui da competição os trabalhadores marginais e aumenta os salários dos outros trabalhadores. Assim, ainda que o *objetivo* anunciado da lei de salário mínimo seja melhorar a renda dos trabalhadores marginais, o efeito real é precisamente o inverso – é torná-los não empregáveis nas taxas legais de salário. Quanto mais elevado for o salário mínimo em relação aos padrões do mercado, maior será o desemprego resultante[39].

Sindicatos visam salários restricionistas, os quais em uma escala parcial causam distorções na produção, salários menores para aqueles que não são membros, muito desemprego e, em uma escala geral, levam a grandes distorções e permanente desemprego em massa. Ao obrigar a aplicação das regras de produção restritiva, em vez de permitir que trabalhadores aceitem voluntariamente as regras de trabalho estabelecidas pelo empresário no uso de sua propriedade, os sindicatos reduzem a produtividade geral e, portanto, os padrões de vida da economia. Qualquer incentivo governamental aos sindicatos, tal como é imposto pela Lei de Wagner-Taft--Hartley, leva a um regime de salários restritivos, prejuízo para a produção e o desemprego geral. O efeito indireto sobre o emprego é semelhante àquele da lei de salário mínimo, exceto que menos trabalhadores são afetados e, desse modo, o sindicato reforçou o salário mínimo que é imposto.

I - Subsídios para o Desemprego

Os *benefícios do governo para os desempregados* são um meio importante de subsidiar o desemprego causado pelos sindicatos ou pelas leis de salá-

---

[38] Ver também: MILLER III, James C. (Ed.). *Why the Draft?* Baltimore: Penguin Books, 1968.
[39] Sobre as leis de salário mínimo, ver: BROZEN, Yale & FRIEDMAN, Milton. *The Minimum Wage: Who Pays* Washington: The Free Society Association, 1966. Ver também: PETERSON, John M. & STEWART JR., Charles T. *Employment Effects of Minimum Wage Rates*. Washington: American Enterprise Institute, August, 1969.

rio mínimo. Quando salários restritivos levam ao desemprego, o governo entra em ação para impedir que os trabalhadores desempregados prejudiquem a unidade sindical e os salários impostos pelo sindicato. Ao receber os benefícios para desempregados, a massa dos potenciais competidores dos sindicatos é excluída do mercado de trabalho, permitindo assim, a extensão indefinida das políticas sindicais. E esta exclusão de trabalhadores do mercado de trabalho é financiada pelos contribuintes – o povo em geral.

J - Penalidades aos Modelos de Mercado

Qualquer forma de *penalidade* governamental em um tipo de produção ou organização de mercado prejudica a eficiência do sistema econômico e impede a remuneração máxima dos fatores, assim como a máxima satisfação dos consumidores. Os mais eficientes são penalizados e, indiretamente, os produtores menos eficientes recebem subsídios. Isso tende não só a reprimir os modelos de mercado que são eficientes na adaptação da economia às mudanças nas avaliações dos consumidores e aos recursos disponíveis, mas serve também para perpetuar modelos ineficientes. Há muitas maneiras pelas quais o governo concedeu privilégios quase-monopolistas para produtores ineficientes ao impor penalidades específicas aos eficientes. *Impostos específicos para redes de lojas* dificultam as redes e prejudicam os consumidores em benefício dos concorrentes ineficientes; inúmeros decretos *proibindo vendedores ambulantes* destroem um modelo eficiente de mercado e empreendedores eficientes em benefício dos concorrentes menos eficientes, todavia politicamente influentes; *leis de limitação de horas para o encerramento das atividades das empresas* prejudicam os concorrentes dinâmicos que desejam permanecer abertos, e impedem os consumidores de aumentar sua utilidade no tempo padrão das compras; *impostos de renda corporativos* impõem um fardo extra sobre as empresas, penalizando os modelos eficientes de mercado e privilegiando os concorrentes; as *exigências do governo de determinados relatórios* das empresas impõem restrições artificiais sobre pequenas empresas com capitais relativamente pequenos, e constituem uma concessão indireta de privilégios para concorrentes de grandes empresas[40].

Todas as formas de regulamentação governamental de empresas, na verdade, penalizam a concorrência eficiente e concedem privilégios monopolistas para as ineficientes. Um exemplo importante é a regulação de *seguradoras*, particularmente aquelas que vendem seguros de vida. O segu-

---

[40] O imposto retido na fonte é um exemplo de medida de "guerra" que agora parece ser uma parte indestrutível do nosso sistema tributário; obriga as empresas a ser captadoras de imposto para o governo sem receber nada por isso. É, portanto, um tipo de intervenção binária que penaliza, particularmente, as pequenas empresas, que são sobrecarregadas desproporcionalmente, dadas as condições gerais de seus negócios.

ro é um empreendimento especulativo, como qualquer outro, mas baseado na certeza relativamente maior da mortalidade biológica. Tudo que é necessário para o seguro de vida são os *prêmios do seguro* serem cobrados em quantidade suficiente para pagar as prestações aos beneficiários atuarialmente esperados. No entanto, as seguradoras têm, estranhamente, se lançado em operações de investimento, alegando que precisam levantar uma reserva líquida tão alta que seja quase suficiente para pagar todos os benefícios, caso metade da população morresse imediatamente. São capazes de acumular tais reservas pela cobrança de prêmios muito maiores do que seria necessário para a simples proteção de seguro. Além do mais, ao cobrar prêmios constantes ao longo dos anos, são capazes de eliminar gradualmente os próprios riscos e colocá-los sobre os ombros dos segurados involuntários (por meio dos valores acumulados de resgate em dinheiro de suas apólices). Além do mais, as empresas, não os segurados, ficam com o lucro sobre o investimento das reservas. As seguradoras têm sido capazes de cobrar e recolher prêmios absurdamente altos, exigidos por tais apólices, pois os governos estatais têm proibido, em nome da proteção ao consumidor, qualquer possibilidade de concorrência das seguradoras sem provisões cuja taxas são baixas. Como resultado, foi concedido, pelo governo, um privilégio especial às empresas que são, simultaneamente, seguradoras e firmas de "investimentos".

K - Leis Antitruste

Pode parecer estranho ao leitor que um dos mais importantes controles governamentais sobre as competições eficientes e, portanto, concessões de quase-monopólio, são as *leis antitruste*. Poucas pessoas, economistas ou não, questionaram o princípio das leis antitruste, particularmente agora que constam, há alguns anos, nos códigos legais. Como é verdade para muitas outras medidas, a avaliação das leis antitruste não procedeu de uma análise da natureza ou das consequências necessárias, mas de uma reação superficial quanto aos propósitos anunciados. A crítica principal dessas leis é que "não foram longe o bastante". Alguns dos mais incisivos ao proclamar a crença no "livre mercado" têm sido mais clamorosos em exigir severas leis antitruste e a "quebra de monopólios". Mesmo os economistas mais "direitistas" têm criticado, com cautela, certos procedimentos antitruste, sem ousar atacar o princípio das leis *per se*.

A única definição viável de monopólio é uma concessão de privilégios pelo governo[41]. Isto torna mais claro a impossibilidade do governo *declinar* o monopólio por meio de leis punitivas. A única maneira de o governo de-

---

[41] Para uma análise mais elaborada, ver o capítulo 10 de: ROTHBARD. *Man, Economy, and State.*

clinar o monopólio, se for o *desideratum*, é eliminar suas próprias concessões monopolistas. As leis antitruste, portanto, no mínimo não "declinam o monopólio". O que realizam, de fato, é a imposição de um assédio contínuo e arbitrário nas empresas eficientes. A lei nos Estados Unidos é formulada em termos vagos e indefinidos, permitindo que a Administração e os tribunais omitam definir antecipadamente o que é e o que não é um crime "monopolista". Considerando que o direito anglo-saxão se baseou em uma estrutura de definições claras de crime, conhecidos de antemão e detectáveis pelo júri após o devido processo legal, as leis antitruste prosperam na imprecisão deliberada e decisões judiciais *ex post facto*. Nenhum empresário sabe quando cometeu um crime e quando não o cometeu, e nunca saberá, a não ser que o governo, talvez depois de outra mudança em seus critérios a respeito do crime, aborde e processe o indivíduo. Os efeitos destas regras arbitrárias e descobertas de "crimes" *ex post facto* são múltiplos; a iniciativa privada é prejudicada, os empresários têm medo e são subservientes às regras arbitrárias dos funcionários públicos; e a empresa é impedida de ser eficiente no serviço ao consumidor. Já que as empresas tendem sempre a adotar essas práticas e a escala de atividade que aumenta os lucros e a renda, além de servir os consumidores da melhor maneira, qualquer assédio à prática comercial por parte do governo pode apenas comprometer a eficiência da empresa e recompensar as ineficientes[42].

Entretanto, é inútil clamar simplesmente por definições legais mais claras para a prática monopolista, pois a imprecisão da lei resulta da impossibilidade de estabelecer uma definição irrefutável de monopólio no mercado; por isso, a caótica mudança do governo de um critério de monopólio injustificável para outro: tamanho da empresa, "falta" de substitutos, cobrança de preço "muito alto" ou "muito baixo", ou o mesmo do concorrente, numa fusão que "diminui substancialmente a concorrência" etc. Todos esses critérios não fazem sentido. Um exemplo seria o critério de *redução substancial da concorrência*. Isso implicitamente pressupõe que a "concorrência" é uma espécie de *quantidade*. Mas não é; a concorrência é um processo pelo qual indivíduos e empresas ofertam bens no mercado sem o uso da força[43]. Preservar a "concorrência" não significa ditar arbitrariamente que certo número de empresas, de certo tamanho, deva existir em uma indústria ou área; significa fazer com que os homens sejam livres para competir (ou não) sem restrições pelo uso da força.

A lei de Sherman original ressaltou o "conluio" na "restrição ao co-

---

[42] Ver: SCOVILLE, John W. & SARGENT, Noel. *Fact and Fancy in the T.N.E.C. Monographs*. New York: National Association of Manufacturers, 1942. pp. 298-321, 671-74.
[43] HAYEK, F. A. "The Meaning of Competition". In: *Individualism and Economic Order*. Chicago: University of Chicago Press, 1948.

mércio". Neste ponto, mais uma vez, não há nada anticompetitivo *per se* num cartel, pois não há diferença, em conceito, entre um cartel, uma fusão ou a formação de uma empresa; todas são partilhas voluntárias de bens em uma empresa para servir aos consumidores de maneira eficiente. Se o "conluio" deve ser impedido, e os cartéis devem ser quebrados pelo governo, ou seja, se para manter uma competição for necessário destruir a *co-operação*, então os "antimonopolistas" precisam defender a proibição total de todas as corporações e parcerias. Apenas empresas privadas individuais seriam toleradas. Além do fato de que esta competição compulsória e co-operações proibidas dificilmente sejam compatíveis com o "livre mercado" que muitos defensores da lei antitruste professam advogar, a ineficiência e baixa produtividade decorrentes da proibição do capital partilhado, mandariam uma boa parte da economia da civilização para a barbárie.

Pode ser dito que um indivíduo que se tornou ocioso em vez de trabalhar "reprime" o comércio, embora ele *simplesmente não esteja engajado* no comércio, e não o "reprime". Se os defensores das leis antitruste desejam evitar o ócio, que é o desdobramento lógico do conceito de William Harold Hutt (1899-1988) da soberania dos consumidores, então deveriam aprovar uma lei forçando o trabalho e tornando o lazer ilegal – uma condição certamente muito próxima da escravidão[44]. Mas se limitarmos a definição de "restrição" para reprimir o comércio de *outros*, então claramente não haverá, de modo algum, limitação de comércio no livre mercado – e apenas o *governo* (ou outra instituição que use de violência) poderá limitar o comércio; e *uma das formas visíveis de tal restrição é a própria legislação antitruste*.

Uma das poucas argumentações concludentes dos princípios antitruste nos últimos anos é a de Isabel Paterson (1886-1961). Como a Sra. Peterson afirma:

> A Standard Oil não restringe o comércio; foi até os confins da Terra para criar um mercado. Podemos dizer que estas empresas "limitaram o comércio" quando o comércio que disponibilizam não existiria até que produzissem e vendessem os bens? Será que os fabricantes de automóveis ficaram limitados de comerciar no período em que venderam 50 milhões de carros quando antes não havia nenhum carro? [...]. Certamente [...] nada mais absurdo poderia ter sido imaginado do que se concentrar fixamente nas corporações americanas, que criaram e continuaram, em uma magnitude crescente, um volume e variedade de comércio tão vastos que fazem toda a produção

---

[44] As leis municipais contra "vadiagem" ou "mendicância" são certamente um começo nesta direção e são usadas para impor trabalho forçado às partes mais pobres da população.

prévia e troca parecer um pequeno estande rural, e chamar esse desempenho de "restrição ao comércio", estigmatizando--o, mais tarde, como um crime![45]

E a Sra. Paterson conclui:

> O governo não pode "restaurar a concorrência" ou "garanti--la". O governo é o monopólio, e tudo que podemos fazer é impor limitações que podem resultar no monopólio, quando vão tão longe a ponto de exigir permissão para o indivíduo se envolver na produção. Esta é a essência da sociedade estamental. Um atavismo para uma legislação de castas na lei antitruste passou despercebida [...] os políticos [...] tinham garantido uma lei em que fosse impossível ao cidadão saber de antemão o que constituía um crime, e que fez, portanto, todo o esforço produtivo sujeito a punição, se não à condenação certa[46].

No início dos "problemas da lei antitruste", Paul de Rousiers (1857-1934) comentou:

> De modo direto, a formação de trustes não é induzida pela ação natural das forças econômicas, assim como dependem de proteção artificial (como as tarifas), o método mais eficaz de ataque é simplesmente reduzir, na maior escala possível, o número e a força desses acidentes protecionistas. Podemos atacar condições artificiais, mas somos impotentes quando nos opomos às condições naturais [...]. Os Estados Unidos até agora têm seguido, exatamente, métodos opostos, culpando as forças econômicas que tendem a concentrar certa indústria, e incorporando tais questões por uma legislação antitruste, uma série de medidas inteiramente artificiais. Assim, não há de haver entendimento entre empresas concorrentes, etc. Os resultados foram lamentáveis – restrição violenta das iniciativa frutíferas. [...] [a legislação] não atinge o resto do mal; aumenta, em vez de restringir, as condições artificiais e, finalmente, regula e complica as coisas cujas supremas necessidades são a simplificação e a remoção de restrições[47].

---

[45] PATERSON, Isabel. *The God of the Machine*. New York: G. P. Putnam's Sons, 1943. pp. 172, 175. Ver também: SCOVILLE & SARGENT. *Fact and Fancy in the T.N.E.C. Monographs*. pp. 243-44.
[46] PATERSON, Isabel. *The God of the Machine*. pp. 176-77.
[47] ROUSIERS, Paul de. *Les Industries Monopolisées aux Etats-Unis*. Citado em: MOLINARI, Gustave de. *The Society of Tomorrow*. New York: G. P. Putnam's Sons, 1904. p. 194.

L - Declaração de Ilegalidade da Inclusão do Valor do Frete no Preço

Um exemplo importante dos efeitos de monopólio de um programa supostamente projetado para *combater* o monopólio é a decisão dos tribunais de tornar ilegais os preços acrescidos de frete. No livre mercado, uniformidade de preço significa uniformidade *em cada centro de consumo*, e não uniformidade em cada fábrica. No segmento de *commodities*, onde os custos de frete são uma grande parte do preço final, esta distinção se torna importante, e muitas empresas adotam a uniformidade de preço, permitindo que as empresas mais longe de um centro de consumo "absorvam" alguns custos de frete, a fim de competir com empresas locais. Uma das formas de absorção de frete é o chamado "preços de entrega". Refrear essa prática "monopolista" e praticamente decretar que cada empresa deve cobrar preços uniformes "na fábrica", não só impede a concorrência interlocacional em tais indústrias, mas confere um privilégio monopolista artificial às empresas locais. A cada empresa local é concedida a área da própria localização, com um porto definido pelo custo de frete das cidade rivais, dentro do qual podem cobrar dos clientes um preço de monopólio.

As empresas mais capazes de absorver os custos de frete e prosperar em um mercado mais amplo são penalizadas e impedidas de fazê-lo. Além disso, as vantagens do custo decrescente de um mercado em grande escala e produção em grande escala são eliminados, já que cada empresa se limita a uma pequena abrangência. As empresas locais são alteradas, e forçadas a se aglomerar perto de grandes zonas de consumo, apesar das vantagens maiores que outras localizações ofereceram a tais empresas[48]. Além disso, essa decisão penaliza as pequenas empresas, uma vez que somente as grandes firmas podem se dar ao luxo de construir muitas filiais para competir em cada área[49].

M - Leis de Conservação

As *leis de conservação* limitam o uso de recursos não renováveis e forçam os proprietários a investir na manutenção de recursos "naturais" renováveis. O efeito em ambos os casos é semelhante: a restrição da produção presente por um suposto benefício de produção futura. Isso fica óbvio no

---

[48] Ver: *United States Steel Corporation, T.N.E.C. Papers*. New York: U.S. Steel Corp., 1940. II, 102-35.
[49] Ver: SIMON, William M. "The Case Against the Federal Trade Commission". In: *University of Chicago Law Review*, 1952, pp. 320-22. Sobre pontos fundamentais, ver também: SCOVILLE & SARGENT. *Fact and Fancy in the T.N.E.C. Monographs*. pp. 776-82; LEEMAN, Wayne A. "Review of Paul Giddens' *Standard Oil Company* (Indiana)". In: *American Economic Review*, Setembro, 1956, p. 733; DEWEY, Donald. "A Reappraisal of F.O.B. Pricing and Freight Absorption". In: *Southern Economic Journal*, July, 1955, pp. 48-54.

caso dos recursos não renováveis; agentes também são compelidos a manter recursos renováveis (tais como árvores) quando poderiam estar mais lucrativamente envolvidos em outras formas de produção. Neste último caso há uma dupla distorção: os fatores são forçosamente deslocados para a produção futura e também são forçados a determinado *tipo* de produção futura – a substituição desses determinados recursos[50].

É nítido que um dos propósitos das leis de conservação é forçar a proporção consumo-poupança (investimento) para mais abaixo do que preferiria o mercado. As alocações voluntárias das pessoas, feitas segundo suas preferências temporais são violentamente alteradas, e relativamente mais investimento é introduzido à força na produção para consumo futuro. Em suma, o estado decide que a presente geração deve servir para alocar mais recursos no futuro do que deseja fazer; pois este serviço do estado é tido como "previdente", comparado à "visão curta" dos indivíduos livres. No entanto, presume-se que recursos não renováveis devam ser usados em algum momento, e sempre deve haver um certo equilíbrio entre a produção presente e futura. Por que o apelo da geração presente pesa tão pouco na balança? Por que a futura geração é tão mais merecedora a ponto de obrigar a presente geração a carregar um fardo maior? O que o futuro tem de tão especial para que sempre mereça um tratamento tão privilegiado?[51] De fato, já que o futuro provavelmente será mais rico do que o presente, o inverso deve se aplicar! O mesmo raciocínio serve para todas as tentativas de mudança na proporção de preferência temporal do mercado. Por que o futuro deve ser capaz de impingir maiores sacrifícios no presente do que o presente está disposto a suportar? Ademais, após um breve período de anos, o futuro será o presente. Deverão as futuras gerações, então, também se limitar na produção e no consumo por conta de um outro fantasma de "futuro"? Não devemos esquecer que o propósito de toda atividade produtiva são bens e serviços que irão e poderão ser consumidos apenas *em algum presente*. Não existe base racional para penalizar o consumo em um presente e privilegiar *um futuro presente*; e há ainda menos razão para limitar *todos* os presentes em favor de um "futuro" ilusório que nunca surgirá e sempre desaparecerá no horizonte. Todavia, este é o propósito das leis de conservação. Leis de conservação são, na verdade, leis que prometem um "paraíso na Terra"[52].

---

[50] Economistas têm negligenciado quase por completo, até bem recentemente, as leis de conservação, deixando a área para os românticos conservacionistas. No entanto, ver as brilhantes análises: SCOTT, Anthony. "Conservation Policy and Capital Theory". In: *Canadian Journal of Economics and Political Science*, November, 1954, pp. 504-13; SCOTT, Anthony. *Natural Resources: The Economics of Conservation*. Toronto: University of Toronto Press, 1955. Ver também: MISES. *Human Action*. pp. 652-53.
[51] O professor Anthony D. Scott ressalta que essa atitude tem por base a visão desdenhosa e insustentável de que as futuras gerações não terão competência para tomar conta de si mesmas, como acontece na geração atual. Ver: SCOTT. *Natural Resources*. p. 94.
[52] Como o professor Scott pergunta com sagacidade: Por que concordar em *"preservar os recursos para*

Indivíduos no mercado decidem a respeito da estrutura temporal na alocação dos fatores de acordo com o rendimento estimado que seus recursos trarão no presente em comparação com o uso futuro. Em outras palavras, tenderão, a qualquer tempo, maximizar o valor presente dos bens imobiliários ou de capital[53]. A estrutura temporal da renda do aluguel dos bens é determinada pela taxa de juros, que por sua vez, é determinada pelas relações de preferência temporal de todos os indivíduos no mercado. A preferência temporal, além das demandas estimadas específicas para cada bem, irá determinar as alocações dos fatores para cada uso. Já que uma baixa preferência temporal irá significar mais investimento em futuros bens para os consumidores, isso também significará mais "conservação" dos recursos naturais. Uma alta preferência temporal levará a menos investimentos e maior consumo no presente e, consequentemente, a menos "conservação"[54].

A maioria dos argumentos conservacionistas revela quase nenhuma familiaridade com a economia. Muitos supõem que os empreendedores são imprevidentes e usariam displicentemente os recursos naturais somente para se encontrarem, num certo momento, de repente, sem nenhuma propriedade. Apenas o sábio e previdente estado poderia antever tal sangria. O absurdo desse argumento é evidente quando notamos que o valor atual dos bens imóveis do empreendedor depende dos futuros aluguéis de seus recursos. Mesmo se o próprio empreendedor fosse inexplicavelmente ignorante, o mercado não seria e a valoração (isto é, a avaliação de especialistas interessados com dinheiro em risco) tenderá a refletir corretamente o valor. De fato, é tarefa do empreendedor prever, e ele é recompensado pela previsão correta ao obter lucro. Será que os empreendedores no mercado têm menos capacidade de prever do que burocratas confortavelmente metidos no confisco do dinheiro dos contribuintes?[55]

---

que permaneçam como seriam na ausência dos usuários humanos?" (SCOTT. "Conservation Policy and Capital Theory". p. 513). E em outro trabalho: *"A maioria de nosso progresso se deu ao converter recursos naturais em formas mais desejáveis de riqueza. Se o homem tivesse valorizado os recursos naturais acima do próprio produto, teria, sem dúvida, permanecido um selvagem, praticando o 'conservacionismo'"* (SCOTT. *Natural Resources*. p. 11). Se a lógica das tarifas é destruir o mercado, então a lógica das leis de conservação é destruir toda produção e consumo humanos.

[53] A rigor, investidores tentarão maximizar suas "taxas internas de retorno", mas ao maximizar o valor presente ficará bem perto de nossos propósitos. Sobre a diferença entre os dois objetivos entre a perspectiva "austríaca" *versus* o pensamento "neo-clássico", ver: GABOR, André & PEARCE, I. F. "A New Approach to the Theory of the Firm". In: *Oxford Economic Papers*, October, 1952, pp. 252-65.

[54] Em alguns casos, contudo, preferências temporais mais baixas e uma atividade maior de investimento irá esgotar os recursos naturais em um ritmo mais rápido, se houver uma demanda particularmente grande para utilização na nova atividade. Provavelmente, isso é verdadeiro para recursos como carvão e óleo. Ver: SCOTT. *Natural Resources*. pp. 95-97.

[55] Empreendedores com pouca capacidade de previsão são rapidamente expulsos das posições que ocupam por perdas. É irônico que a "situação dos *Okies*" na década de 1930, amplamente divulgada como um pretexto para implementação de leis de conservação e resultante do "capitalismo cruel", na verdade, originou-se de maus empreendedores (os emigrantes *Okies*) que lavraram terras improdutivas e sem valor. O investimento forçado de "conservação" nessas terras impróprias ou o subsídio do

Outro erro cometido pelos conservacionistas é admitir uma determinada tecnologia para todo o período. Os seres humanos usam quaisquer recursos à disposição, e ao aumentar o conhecimento tecnológico, os tipos de recursos utilizáveis se multiplicam. Se temos menos toras de madeira disponíveis que as gerações passadas, também precisamos menos de tais toras, pois *nós* descobrimos outros materiais que podem ser usados na construção e como combustível. As gerações passadas tinham petróleo no solo em abundância, mas para *eles* o petróleo não tinha valor e, por isso, não era um recurso. Os avanços modernos nos ensinaram como usar o petróleo e nos permitiu produzir equipamento para tal propósito. Nossos recursos petrolíferos, por conseguinte, *não são* fixos; são infinitamente maiores do que aqueles das gerações passadas. A conservação artificial irá prolongar desperdiçadamente recursos para além do tempo de obsolescência.

Quantos escritores verteram lágrimas pela brutal devastação capitalista das florestas norte-americanas! No entanto, está claro que as terras norte-americanas tem tido usos que produzem mais valor do que as madeireiras, e por essa razão, a finalidade da terra se desviou para os fins que melhor satisfaziam os desejos do consumidor[56]. Quais padrões os críticos podem criar para substituir os antigos? Caso pensem que muitas florestas já foram devastadas, como podem obter um padrão quantitativo para determinar quanto é esse "muito"? Na verdade, é impossível chegar a tal padrão, assim como é impossível chegar a quaisquer padrões quantitativos para uma ação do mercado fora do mercado. Qualquer tentativa de fazê-lo será arbitrária e não terá o apoio de nenhum princípio racional.

Os Estados Unidos é a terra natal das leis de conservação, em especial, em favor de seu "domínio público". Em um sistema de livre-mercado total, não existiria algo como uma propriedade governamental de domínio público. As terras simplesmente permaneceria sem dono até que pela primeira vez, e depois disso poderia ser comprado primeiro usuário e de seus her-

---

governo aos emigrantes teriam agravado um deslocamento que o mercado rapidamente eliminou. [N. do T.: A situação dos emigrantes de Oklahoma é retratada no romance *As Vinhas de Ira* (1939) de John Steinbeck (1902-1968). A notoriedade alcançada por esse romance, alvo de grandes premiações e transformado em filme de mesmo nome, dirigido por John Ford (1894-1973) em 1940, agravou a ideia da necessidade de combater o "capitalismo selvagem"].
Grandes erosões no solo americano, além disso, originam-se da falha em preservar os plenos direitos de propriedade privada da terra. Fazendeiros arrendatários, que se mudam em poucos anos, muitas vezes sugam o capital, propriedade do senhorio, e desperdiçam os recursos, na falta da aplicação correta de disposições contratuais que exigem a devolução das terras intactas aos proprietários. Ver: SCOTT. *Natural Resources*. pp. 118, 168.
[56] Um típico querelante conservacionista foi Daniel Jay Brown (1804-1867) que, na obra *The Sylva Americana* de 1832, preocupado com o consumo da madeira, questionou: *"De onde vamos tirar a provisão de maneira daqui a cinquenta anos para que nossa Marinha continue a existir?"* Citado em: SCOTT. *Natural Resources*. p. 37. Scott percebe também que os críticos nunca parecera se dar conta que a madeira de uma nação pode ser adquirida no exterior. Ver: SCOTT. "Conservation Policy and Capital Theory".

deiros ou cessionários.[57] As consequências da propriedade governamental do domínio público serão examinadas mais adiante. Agora podemos apresentar algumas delas. Quando o governo é proprietário do bem imóvel e permite que indivíduos privados o utilizem livremente, o resultado é, por certo, uma exploração excessiva e desperdiçada do recurso. Para que esse recurso seja utilizado, são empregados mais fatores que no livre-mercado, já que os únicos ganhos para os usuários são os imediatos e, caso esperem, outros usuários irão exaurir o recurso limitado. O uso livre de um recurso governamental dá início, verdadeiramente, a uma "guerra de todos contra todos", ao passo que cada vez mais usuários, ávidos por gratuidades, tentam explorar o recurso escasso. Ter um recurso escasso e fazer com que todos acreditem (por conta da dádiva do uso gratuito) que a oferta é ilimitada causa o uso excessivo do recurso, favoritismo, filas emblemáticas, etc. Um exemplo notável foram as terras de pastagem do Oeste norte-americano na última metade do século XIX. O governo impediu os pecuaristas de comprar e cercar a terra, e insistiu que as terras fossem mantidas como "pastos abertos" de propriedade do governo. O resultado foi o uso excessivo do pasto e seu esgotamento prematuro[58]. Outro exemplo é a rápida deterioração da indústria da pesca. Já que a ninguém é permitido ser dono de qualquer parcela de mar, ninguém vê sentido em preservar o valor do recurso, pois cada pessoa é beneficiada pelo uso rápido, antes dos competidores[59].

Dificilmente o arrendamento é uma forma superior de uso das terras. Se o governo é dono da terra e a arrenda aos pecuaristas e aos madeireiros, mais uma vez não há incentivo para o arrendatário preservar o valor do recurso, já que ele não é dono. É do maior interesse do arrendatário usar o recurso de modo tão intenso quanto possível *no presente*. Por isso, arrendar sempre destrói excessivamente os recursos naturais.

---

[57] Esse sistema foi mal elaborado pela *Homestead Law* [Lei da Propriedade Rural], de 1862. Contudo, essa lei impôs um tamanho máximo e sem sentido às fazendas, que poderiam ser demarcadas pelo primeiro usuário. Tal limitação resultou na abolição da lei que levava a ocupação ainda mais ao Oeste, onde a área mínima necessária ao pastejo do gado ou das ovelhas era muito maior que o máximo permitido pela lei antiga. Além do mais, a limitação máxima e a exigência de que a terra fosse usada para agricultura levou à grande "destruição" das florestas que os conservacionistas hoje deploram, e por isso impedem que grandes trechos da mata sejam propriedades privadas.
[58] Ver: PEFFER, E. Louise. *The Closing of the Public Domain*. Stanford: Stanford University Press, 1951. pp. 25-27. Sobre as vantagens de propriedade privada para pastagens, ver a petição da Associação dos Criadores de Gado, de março de 1902, citada em: PEFFER. *The Closing of the Public Domain*. pp. 78-79. Ver também: HAYS, Samuel P. *Conservation and the Gospel of Efficiency*. Cambridge: Harvard University Press, 1959. pp. 50-51. A falha do governo em estender os princípios de propriedade rural para grandes áreas teve outro importante efeito social: levou a constantes disputas entre os usuários – criadores de gado e outros proprietários, que vieram depois e exigiram sua "parte justa" da terra livre.
[59] Para uma análise esclarecedora sobre direitos de propriedade privada em locais de pesca, ver: TULLOCK, Gordon. *The Fisheries*. Columbia: University of South Carolina Bureau of Business and Economic Research, February, 1962. Ver também: SCOTT, Anthony. "The Fishery, A Sole Resource". In: *Journal of Political Economy*, Abril, 1955; SCOTT. *Natural Resources*. pp. 117-29.

Ao contrário, se indivíduos privados fossem comprar todas as terras e recursos, então seria do maior interesse dos proprietários *maximizar o valor presente* de cada recurso. A deterioração excessiva do recurso iria diminuir o valor de capital no mercado. Diante da preservação do valor de capital do recurso como um todo, o dono do recurso equilibra a renda a ser obtida do seu uso no presente. O equilíbrio é determinado, *ceteris paribus*, pela preferência temporal e por outras preferências do mercado[60]. Se indivíduos privados podem só usar a terra mas não possuí-la, o equilíbrio está destruído, e o governo proporcionou um incentivo ao uso excessivo no presente.

Não só o *propósito* declarado das leis de conservação – amparar o futuro à custa do presente – é ilegítimo, e os argumentos a seu favor são inválidos, como a conservação compulsória não atingirá nem mesmo seu objetivo. O futuro já está provisionado pelo investimento e poupanças do presente. As leis de conservação irão, de fato, coagir o maior investimento em recursos naturais: ao usar outros recursos para manter recursos renováveis e ao forçar um estoque ainda maior de recursos esgotáveis. Mas o investimento *total* é determinado pelas preferências temporais dos indivíduos e isso não terá mudado. As leis de conservação, então, realmente *não* aumentam o total das provisões para o futuro; simplesmente mudam a direção do investimento de bens de capital, construções, etc, para os recursos naturais. Por meio de tais leis é imposto um modelo de investimento ineficiente e distorcido na economia[61].

Dada a natureza e consequências das leis de conservação, por que alguém defenderia esse tipo de legislação? As leis de conservação, devemos notar, têm um aspecto muito "prático". Elas restringem a produção, isto é, o uso de um recurso por força e assim, criam um privilégio monopolístico, que leva a um preço restricionista para os proprietários desse recurso ou dos recursos substitutos. As leis de conservação podem ser monopolizadores mais eficazes que as tarifas porque, como já vimos, as tarifas permitem novas entradas e produção ilimitada por parte dos competidores domésticos[62]. As leis de conservação, por outro lado, servem para cartelizar o fator terra e restringir completamente a produção, ajudando, assim, a garantir ganhos monopolistas permanentes (e contínuos) para os proprietários. Estes ganhos monopolistas, é claro, tenderão a ser

---

[60] A grande demanda de produtos aumenta o valor dos recursos e, portanto, os investimentos nos recursos são estimulados, bem como a preservação e exploração. Recursos de custo de oferta alto serão agora aproveitados, aumentando o crescimento da oferta efetiva de produtos no mercado. Ver: SCOTT. *Natural Resources*. p. 14.

[61] Ver: SCOTT. *Natural Resources*. pp. 21-22.

[62] Há outra semelhança entre tarifas e leis de conservação; ambas desejam a autossuficiência nacional, e ambas tentam promover indústrias nacionais ou locais por meio de intervenção coercitiva no livre mercado.

capitalizados como um aumento no valor capital da terra. A pessoa que posteriormente compra o fator monopolizado, então, irá simplesmente ganhar a taxa de lucro padrão no investimento, apesar do ganho monopolístico estar incluído em seus lucros.

As leis de conservação, portanto, também devem ser vistas como outorga de privilégios monopolísticos. Um eminente exemplo é a política do governo norte-americano desde o fim do século XIX de "reservar" vastos trechos de "domínio público" – isto é, de várias propriedades de terra governamentais[63]. Reservar significa que o governo mantém terras em sua propriedade e abandona a política anterior de manter o domínio aberto para cessão para proprietários privados já estabelecidos no local. Florestas, em especial, são reservadas ostensivamente com o propósito de conservação. Qual é o efeito de retirar trechos imensos de madeira da produção? Conferir privilégio monopolístico, e portanto, estabelecer um *preço restricionista*, nas terras privadas competidoras e e na madeira concorrente.

Vimos que a limitação da oferta de trabalho proporciona um salário restricionista aos trabalhadores privilegiados (ao passo que os trabalhadores impedidos de trabalhar por índices salariais dos sindicatos, por licenças ou por leis de imigração devem encontrar empregos que pagam menos e com menor valor produtivo em outros locais). Um privilégio monopolista ou quase-monopolista para a produção de capitais ou de bens de consumo, por outro lado, deve ou não conferir um preço monopolista, dependendo da configuração das curvas de demanda para as empresas individuais, bem como os custos. Já que uma empresa pode contrair ou expandir a oferta à vontade, estabelece a oferta sabendo que ao diminuir a produção para chegar a um preço monopolista, também deve diminuir a soma total de bens vendidos[64]. O trabalhador não deve se preocupar com tais considerações (com exceção de uma variação insignificante na exigência das horas totais de serviço de cada trabalhador). E o que dizer do proprietário de terras privilegiado? Será que alcançará um preço restricionista definido ou um possível preço monopolista? A característica primordial de um pedaço de terra é que ele não pode ser aumentado pelo trabalho, se é aumentável, então, é um bem de capital, não imóvel. O mesmo, de fato, se aplica ao trabalho que em todos, exceto em longos períodos de tempo, pode ser tomado como fixo na oferta total. Já que o trabalho, na sua totalidade,

---

[63] Para uma análise da propriedade de terra do governo e propriedade governamental em geral, ver mais adiante.

[64] No livre mercado, a curva de demanda para *cada empresa* no equilíbrio deve ser elástica acima do preço de equilíbrio; caso contrário, a empresa reduziria a produção. É claro que isso não significa que a curva de demanda para *a indústria toda* deva ser elástica. Quando nos referimos a um possível preço de monopólio, a curva de demanda consultada por cada empresa monopolista é própria de cada empresa.

não pode ser aumentado (a não ser, como já notamos, em relação as horas de trabalho por dia), as restrições do governo na oferta de emprego – as leis de trabalho infantil, as barreiras de imigração etc – confere, por isso, um aumento restricionista do salário aos trabalhadores remanescentes. Bens de capital ou de consumo podem ser aumentados ou diminuídos, de modo que as empresas privilegiadas devem levar em conta suas curvas de demanda. A terra, por outro lado, não pode ser aumentada; a restrição da oferta de terra, portanto, também confere um preço restricionista da terra acima do preço do livre-mercado[65]. O mesmo é verdade para o esgotamento dos recursos naturais, que não podem ter a oferta aumentada e são, portanto, considerados parte da terra. Se o governo força a retirada da terra ou de recursos naturais para fora do mercado, inevitavelmente diminui a oferta disponível no mercado e, do mesmo modo, confere um ganho monopolista e um preço restricionista aos proprietários de terra e de recursos remanescente. Além de todos os outros efeitos, as leis de conservação forçam a mão de obra a abandonar as boas terras e, em vez disso, cultivar as terras improdutivas remanescentes. Esta mudança coercitiva diminui a produtividade marginal do trabalho e, consequentemente, reduz o padrão geral de vida.

Voltemos à política do governo de reserva de áreas florestadas produtoras de madeira. Isso outorga um preço restricionista e um ganho monopolista sobre as terras que permanecem em uso. Os mercados de terras são específicos e não possuem a mesma conexidade geral dos mercados de trabalho. Assim, o aumento do preço restricionista está confinado muito mais a terras que competem diretamente, ou que poderão competir, com a retirada das terras "reservadas". No caso da política de conservação norte-americana, os beneficiários particulares são (a) as estradas de ferro do Oeste, cujas terras foram concedidas; (b) os madeireiros que ainda existem. As estradas de ferro construídas em concessões de terra receberam imensos subsídios em terra do governo: não só servidões de passagem para as estradas, mas trechos de vinte e quatro quilômetros para cada lado da linha férrea. As reservas de terras públicas governamentais aumentaram enormemente o preço recebido pelas estradas de ferro quando posterior-

---

[65] Outro exemplo de criação governamental de um monopólio de ganho em terras foi citado pelo economista georgista, Mason Gaffney:
  "Os governos municipais em todo o país mantém deliberadamente terras improdutivas fora do mercado, com o objetivo confesso de 'proteger' o preço de outras terras". Gaffney cita o presidente da *American Society of Planning Officials* aconselhando que um terço vacante de terras urbanas seja *"mais ou menos removida da propriedade privada"* para manter os valores das terras para os proprietários dos dois terços restantes. Gaffney conclui: *"Seguindo esse conselho, muitos governos locais e municipais evitam que terras livres de impostos voltem a ser utilizadas"*. Ver: GAFFNEY, Mason. "Vituperation Well Answered". In: *Land and Liberty*, December, 1952, p. 126. Artigo reimpresso como um dos capítulos do seguinte livro: HEATH, Spencer. *Progress and Poverty Reviewed*. New York: The Freeman, 2ª edição, 1953.

mente venderam a terra para os novos habitantes da região. As estradas de ferro receberam, assim, outra benesse do governo – dessa vez em forma de um ganho monopolista, às expensas dos consumidores.

As estradas de ferro não ignoravam as vantagens monopolistas que lhes seriam conferidas pelas leis de conservação. De fato, as estradas de ferro foram os "anjos" financeiros de todo o movimento conservacionista. Desse modo, escreve a professora E. Louise Peffer (1898-1978):

> Havia um fundamento preciso para a acusação de que as ferrovias estavam interessadas na revogação [de várias leis que permitiam a transferência fácil do que era domínio público para as mãos dos posseiros privados]. A Associação Nacional de Irrigação, que era a defensora mais vigorosa da reforma das leis de terra fora da Administração, era financiada, em parte, pelas estradas de ferro transcontinentais e pelas estradas de ferro de Burlington e Rock Island, recebendo cerca de US$ 39,000.00 por ano de um orçamento total de US$ 50,000.00. O programa dessa associação e das ferrovias, como anunciado por James J. Hill (1838-1916) [um preeminente magnata das estradas de ferro] era praticamente mais requintado do que o dos [principais conservacionistas][66].

Os donos de madeireiras também compreenderam os ganhos que aufeririam com a "conservação" das florestas. O próprio presidente Theodore Roosevelt (1858-1919) anunciou que "os grandes usuários de madeira estão promovendo o movimento de preservação das florestas". Como um estudioso do problema afirmou:

> As serrarias e as madeireiras [...] chegaram a uma harmônica cooperação com Gifford Pinchot (1865-1946) [o líder da conservação das florestas] logo em 1903 [...]. Em outras palavras, o governo, ao privar as áreas de floresta de entrar e sair do mercado ajudaria a valorizar as áreas privadas de extração de madeira[67].

---

[66] PEFFER. *The Closing of the Public Domain*. p. 54. O senador Henry C. Hansbrough (1848-1933) ressaltou também que as ferrovias pagaram anualmente US$ 45,000.00 para a principal revista conservacionista *The Talisman*, e financiou o *lobby* conservacionista de Washington. Ver: HANSBROUGH, H. C. *The Wreck: An Historical and Critical Study of the Administrations of Theodore Roosevelt and William Howard Taft*. New York: The Neale Publishing Company, 1913. p. 52.
[67] COX, J. H. *Organization of the Lumber Industry in the Pacific Northwest, 1889-1914*. (Ph.D. Dissertation). Oakland: University of California, 1937, pp. 174-77. Citado em: PEFFER. *The Closing of the Public Domain*. p. 57. Ver também: HAYS, Samuel P. *Conservation and the Gospel of Efficiency*.

N - Patentes[68]

Uma *patente* é uma concessão de privilégio monopolista por parte do governo aos primeiros descobridores de certos tipos de invenções[69]. Alguns defensores das patentes afirmam que elas não são privilégios de monopólio, mas simplesmente direitos de propriedade em invenções, ou mesmo em "ideias". Mas, no livre mercado, ou no libertarianismo, o direito de todos à propriedade é defendido sem patentes. Se alguém tiver uma ideia ou plano e produz algo que, posteriormente, é roubado de sua casa, o roubo é uma ação ilegal diante da lei geral. Por outro lado, as patentes realmente invadem os direitos de propriedade dos descobridores *independentes* de uma ideia ou uma invenção que calham de fazer a descoberta após o detentor da patente. Estes inventores e inovadores são impedidos pela força de empregar as próprias ideias e os próprios bens. Além disso, em uma sociedade livre, o inventor pode comercializar o seu invento e registrar os "direitos autorais", impedindo, assim, os compradores de revender o mesmo produto ou uma réplica.

As patentes, portanto, invadem em vez de defender os direitos de propriedade. A falácia do argumento de que as patentes protegem os direitos de propriedade das ideias é demonstrado pelo fato de que nem todos, mas apenas certos tipos de ideias originais e alguns tipos de inovações, são considerados legalmente patenteáveis. Numerosas ideias novas nunca são tratadas como passíveis de uma concessão de patente.

Outro argumento comum sobre patentes é que a "sociedade" simplesmente faz um contrato com o inventor para comprar seu segredo, de modo que a "sociedade" terá o uso da invenção. Mas, primeiramente, a "sociedade" poderia pagar um subsídio ou preço direto para o inventor; mas isso não precisaria impedir todos os futuros inventores de comercializar *as próprias* invenções neste domínio. Em segundo lugar, não há nada na livre economia que impeça qualquer indivíduo ou grupo de indivíduos de comprar invenções secretas dos criadores. Nenhuma patente monopolista é, portanto, necessária.

O argumento mais popular a respeito de patentes entre os economistas é o utilitário, de que uma patente por certo número de anos é necessária para incentivar uma quantidade suficiente de despesas de pesquisa para as invenções e inovações em novos processos e produtos.

---

[68] Sobre patentes e direitos autorais, ver: ROTHBARD. *Man, Economy, and State*. pp. 745-54.
[69] A patente foi instituída na Inglaterra, pelo Rei Charles I (1600-1649), como um meio evidente de fugir da proibição parlamentar de outorga de monopólios em 1624.

Este é um argumento curioso, porque surge imediatamente a pergunta: Por qual padrão devemos julgar se as despesas de pesquisa são "muitas", "poucas", ou apenas suficientes? Na sociedade, os recursos são limitados e podem ser utilizados para incontáveis fins alternativos. Por quais padrões determinamos que certos usos são "excessivos", que outros são "insuficientes" etc? Alguém se dá conta de que há pouco investimento no Arizona, mas grande quantidade na Pensilvânia. Essa pessoa, indignada, afirma que o Arizona merece "mais investimento". Mas com base em quais padrões essa pessoa pode justificar tal afirmação? O *mercado* tem um padrão racional: os rendimentos mais elevados e os maiores lucros, pois estes só podem ser concretizados por meio de um serviço máximo ao consumidor. Este princípio de serviço máximo para os consumidores e produtores (ou seja, para todos), regula a aparentemente misteriosa alocação de recursos no mercado: quanto se deve dedicar a uma empresa ou outra; a uma área ou outra; para o presente ou o futuro; para um ou outro bem, ou para a pesquisa em vez de outras formas de investimento. O observador que critica essa alocação pode não ter padrões racionais para decidir; tem apenas um capricho arbitrário. Isto é particularmente verdadeiro no que tange à crítica das relações de produção, se comparadas à interferência ao consumo. Alguém que ralha com os consumidores por comprarem muitos cosméticos pode ter, bem ou mal, alguma base racional para crítica. Mas alguém que acha que mais ou menos de um determinado recurso deva ser utilizado de uma determinada maneira, ou que as empresas são "demasiado grandes" ou "muito pequenas", ou que muito ou pouco é gasto em pesquisa ou investido em uma nova máquina, não pode ter base racional para a sua crítica. As empresas, em suma, produzem para um mercado, guiadas pelas avaliações dos consumidores desse mercado. Observadores externos pode criticar as avaliações finais dos consumidores se quiserem – contudo, se interferirem no consumo com base nessas avaliações, impõem uma perda de utilidade aos consumidores – mas não podem criticar legitimamente os *meios*, as alocações de fatores, pelos quais estas conclusões são alcançadas.

Os fundos de capital são limitados, assim como todos os outros recursos, e devem ser alocados para usos diversos, um dos quais é a despesa com pesquisa. No mercado, as decisões racionais são feitas em relação à definição de gastos com pesquisa, em conformidade com as melhores expectativas empreendedoras de retornos futuros. Subsidiar as despesas com pesquisa por meio de coerção restringiria a satisfação dos consumidores e dos produtores no mercado.

Muitos defensores das patentes acreditam que os processos normais da concorrência no mercado não incentivam suficientemente a adoção de novos processos, e que, portanto, as inovações devem ser promovidas de forma coercitiva por parte do governo. Mas o mercado decide sobre a taxa de introdução de novos processos, assim como decide sobre a taxa de industrialização de uma nova área geográfica. Na verdade, esse argumento sobre patentes é muito semelhante ao argumento em favor das tarifas da "indústria nascente" – de que os procedimentos de mercado não são o bastante para autorizar a introdução de novos processos adequados. E novamente a resposta é a mesma: as pessoas devem equilibrar a produtividade superior dos novos processos com o custo de instalação, ou seja, confrontá-los com a vantagem adquirida do processo antigo que ainda está em funcionamento. Conferir privilégios especiais coercitivos à inovação descartaria, desnecessariamente, fábricas úteis já existentes e imporia uma carga excessiva sobre o consumidor.

Também não é por qualquer meio auto-evidente que as patentes incentivam um aumento na quantidade absoluta de despesas em pesquisa. Mas, certamente, podemos dizer que as patentes distorcem a alocação de fatores no *tipo* de pesquisa realizada. Por certo tempo, é verdade que o *primeiro* inventor se beneficia do privilégio, e é também verdade que os concorrentes são excluídos da produção na área da patente por muitos anos. E já que uma patente posterior pode estar baseada numa anterior, relacionadas no mesmo campo, os concorrentes podem muitas vezes ser desencorajados, indefinidamente, por despesas futuras em pesquisas na área geral abrangida pela patente. Além disso, o próprio titular de patente é desencorajado a realizar uma pesquisa neste domínio, pois o privilégio lhe permite satisfação por todo o período da patente, com a garantia de que nenhum concorrente transgredirá seu domínio. O estímulo competitivo para novas pesquisas são eliminados. Os gastos com pesquisa são, portanto, superestimulados nos estágios iniciais, antes que alguém tenha uma patente e seja *indevidamente restrito* no período após a patente ser recebida. Além disso, algumas invenções são consideradas patenteáveis, enquanto outras não são. O sistema de patentes tem o efeito adicional de estimular artificialmente as despesas em pesquisa nas áreas *patenteáveis*, ao passo que restringe artificialmente a pesquisa em áreas *não patenteáveis*.

Desse modo, Arnold Plant (1898-1978) resumiu o problema dos gastos com pesquisa competitiva e inovações:

> Não podemos presumir que os inventores deixariam de ser empregados no caso dos empreendedores perderem o monopólio sobre o uso das invenções. As empresas os empregariam hoje para a produção de invenções não patenteadas, e não o fariam apenas pelo lucro assegurado pela prioridade. Na competição efetiva [...] nenhuma empresa pode se dar ao luxo de ficar atrás dos concorrentes. A reputação de uma empresa depende da sua capacidade de se manter à frente, ser a primeira

no mercado com novas melhorias em seus produtos e novas reduções em seus preços[70].

Por fim, é claro, o próprio mercado oferece um caminho rápido e eficaz para aqueles que sentem que não há despesas suficientes sendo feitas em determinadas direções no livre mercado. *São livres para realizar esses gastos por conta própria.* Aqueles que gostariam de ver mais invenções sendo criadas e exploradas podem se unir e subsidiar tais esforços da maneira que acharem melhor. Ao fazê-lo, iriam, como consumidores, adicionar recursos nas áreas de pesquisa e invenção. E não estariam, então, forçando outros consumidores a perder utilidade, ao conferir subsídios monopolistas e distorcer a alocação do mercado. As despesas voluntárias passariam a fazer parte do mercado e ajudariam a expressar a avaliação do consumidor final. Além disso, os inventores subsequentes não ficariam restritos. Os aliados das invenções poderiam realizar seus objetivos sem o estado e sem impor prejuízos à massa de consumidores.

As patentes, como qualquer concessão de monopólio, conferem privilégios a um e restringem a entrada de outros, o que desvirtua o padrão da livre concorrência na indústria. Se o produto for suficientemente demandado pelo público, o titular da patente será capaz de alcançar um preço de monopólio. Os titulares de patentes, em vez de comercializar as próprias invenções, podem escolher (1) a venda dos privilégios para outrem ou (2) a conservação do privilégio da patente, mas resguardada a venda de licenças para outras empresas, permitindo-as comercializar as invenções. O privilégio da patente, desse modo, torna-se um ganho monopolista capitalizado. A tendência será a venda ao preço da capitalização do esperado ganho monopolista futuro, a ser derivado do preço. O licenciamento é equivalente ao aluguel do capital, e a tendência de venda da licença é por um preço igual à soma descontada da renda do aluguel que a patente ganhará pelo período da licença. Um sistema de licenciamento geral é equivalente a um imposto sobre a utilização de um novo processo, salvo que é o *titular da patente* quem recebe o imposto em vez do governo. Este imposto restringe a produção, se comparado ao livre mercado, aumentando, assim, o preço do produto e reduzindo o padrão de vida do consumidor. Além disso, distorce a alocação de recursos, mantendo os agentes fora desses processos e forçando-os a entrar em campos de menor valor produtivo.

A maioria dos críticos atuais das patentes critica não as patentes em si, mas ao suposto "abuso monopolista" que fazem delas. Não conseguem

---

[70] PLANT, Arnold. "The Economic Theory concerning Patents for Inventions". In: *Economica*, Fevereiro, 1934. p. 44.

perceber que a própria patente é o monopólio e que, quando um privilégio monopolista é concedido à alguém, não deve ser motivo de surpresa nem indignação quando a pessoa faz pleno uso do privilégio.

O - Concessões e "Utilidade Pública"

As concessões geralmente são outorgas de permissão dadas pelo governo para a utilização das ruas. Onde as concessões são *exclusivas* ou restritas, são outorga de privilégios de monopólio ou quase-monopólio. Onde são de caráter *geral* e não exclusivo, no entanto, não podem ser chamadas de monopólio; visto que a questão das concessões é complicada pelo fato do governo ser *dono* das ruas e, portanto, deve dar permissão antes que alguém faça uso delas. Naturalmente, em um mercado verdadeiramente livre, as ruas seriam privadas, não de propriedade governamental, e o problema das concessões não surgiriam.

O fato do governo dever dar permissão para o uso das ruas é citado para justificar as rigorosas regulamentações governamentais dos "serviços de utilidade pública", muitos dos quais (como água ou empresas de energia elétrica) devem utilizar as ruas. Os regulamentos são, portanto, tratados como um *quid pro quo* voluntário. Mas para isso, ignoram o fato de que a propriedade governamental das ruas é em si um ato de intervenção permanente. A regulamentação dos serviços de utilidade pública, ou de qualquer outro setor, desencoraja o investimento nestas indústrias, privando, assim, os consumidores de satisfazer melhor seus desejos, pois distorce a alocação de recursos do livre-mercado. Os preços fixados abaixo do livre mercado criam uma escassez artificial dos serviços de utilidade pública; os preços fixados acima daqueles determinados pelo livre mercado impõem restrições e um preço de monopólio sobre os consumidores. As taxas de retorno garantidas isentam os serviços de utilidade pública da livre disputa das forças de mercado e impõem encargos sobre os consumidores ao distorcer as alocações do mercado.

Além disso, o próprio termo "utilidade pública" é um absurdo. *Todo* bem é útil "para o público", e quase todo o bem, se pegarmos um bom pedaço da oferta como a unidade, pode ser considerado "necessário". Qualquer designação de alguns setores como "utilidade pública" é totalmente arbitrária e injustificada[71].

---

[71] Sobre os absurdos inerentes ao conceito exato de "utilidade pública" e a impossibilidade de definição, bem como para uma crítica excelente a regulamentação da utilidade pública pelo governo, ver: DEWING, Arthur S. *The Financial Policy of Corporations*. New York: Ronald Press, 5ª edição, 1953. I, pp. 309-10, bem como o restante do capítulo.

P - O Direito de Domínio Eminente (ou Desapropriação)

Em comparação com as concessões, que podem ser gerais e irrestritas (contanto que a organização central de força continue a ser dona das ruas), o *direito de domínio eminente* não pode ser generalizado. Se fosse, então o caos realmente aconteceria, pois quando o governo concede um privilégio de domínio eminente (como tem feito nas ferrovias e muitas outras empresas), praticamente concede uma licença para roubar. Se todos tivessem o direito de domínio eminente, todo homem seria legalmente habilitado a obrigar a venda da propriedade que gostaria de comprar. Se *A* fosse obrigado a vender a propriedade para *B* por vontade deste último, e *vice-versa*, então não poderia ser chamado de dono de sua propriedade. Todo o sistema de propriedade privada seria, então, descartado em favor de uma sociedade de pilhagem mútua. A poupança e a acumulação de bens para si e para os próprios herdeiros seriam severamente desencorajadas, e o saque desenfreado reduziria ainda mais severamente qualquer propriedade restante. A civilização rapidamente voltaria à barbárie, e os padrões de vida dos bárbaros prevaleceriam.

O próprio governo é o detentor original do "direito de domínio eminente", e o fato de poder despojar qualquer detentor de propriedade à vontade é prova de que, na sociedade atual, o direito à propriedade privada é apenas instituído de maneira superficial. Certamente ninguém pode dizer que a inviolabilidade da propriedade privada é protegida pelo governo. E quando o governo concede esse poder a uma determinada empresa, está conferindo o privilégio de tomar a propriedade à força.

Evidentemente, o uso desse privilégio distorce muito a estrutura de produção. Em vez de ser determinado pela troca voluntária, autonomia individual e satisfação eficaz dos desejos do consumidor, os preços e a alocação dos recursos produtivos são, nesse momento, determinados pela força bruta e favorecimento do governo. O resultado é uma superexpansão dos recursos (um *mau investimento*) em umas empresas ou setores privilegiados e um subinvestimento em outras. Em qualquer momento, como já enfatizamos, há uma quantidade limitada de capital – uma oferta limitada de todos os recursos – que podem ser empregados em investimento. O aumento obrigatório do investimento em uma área só pode ser alcançado por um declínio arbitrário do investimento em outras áreas[72].

---

[72] Inevitavelmente, alguém mostrará a má situação da empresa ferroviária ou rodoviária que deve pagar, "taxas extorsivas" aos que são "apenas" proprietários ao longo do caminho de sua ferrovia ou rodovia. No entanto, essas mesmas pessoas não reclamam (e bem o fazem) do fato dos valores da propriedade terem crescido enormemente nas áreas centrais das cidades, beneficiando, portanto, alguém que vem a ser "apenas" proprietário. O fato é que toda propriedade está disponível para quem quer que a encontre ou a compre. Se o dono da propriedade é penalizado nesses casos, por causa de sua especulação, então todos os empreendedores devem ser penalizados pelos corretos prognósticos de

Muitos defensores do domínio eminente alegam que "a sociedade", em última análise, tem o direito de utilizar qualquer terreno para "os próprios" fins. Sem saber, têm, assim, reconhecido a validade de um dos principais fundamentos da plataforma do já citado Henry George: que cada pessoa, em virtude do nascimento, tem direito à sua alíquota de terra dada por Deus[73]. Contudo, na verdade, uma vez que a "sociedade" não exista como entidade, é impossível para cada indivíduo traduzir o seu teórico direito à alíquota sobre a verdadeira propriedade[74]. Portanto, a propriedade do imóvel transfere-se, não a "todos", mas ao governo, ou aos indivíduos a quem ele privilegia de modo especial.

Q - Suborno de funcionários públicos

Por ser ilegal, *o suborno de funcionários públicos* praticamente nem é mencionado nas obras econômicas. A ciência econômica, entretanto, deveria analisar todos os aspectos de troca mútua, sejam essas trocas legais ou ilegais. Vimos acima que o "suborno" de uma empresa *privada* não é suborno de modo algum, mas apenas o pagamento do preço de mercado pelo produto. O suborno de funcionários públicos é também um *preço* para o pagamento de um serviço. Que serviço é este? É a incapacidade de fazer cumprir a legislação governamental que se aplica, particularmente, à pessoa que paga a propina. Em suma, a aceitação de suborno é equivalente à venda de autorização para ingressar num determinado ramo de negócios. A aceitação de um suborno é, portanto, praxeologicamente idêntica à venda de uma *licença* do governo para iniciar um negócio ou profissão. E os efeitos econômicos são semelhantes aos de uma licença. Não existe diferença econômica entre a compra de uma permissão governamental para produzir via a aquisição de uma licença ou mediante o pagamento de funcionários públicos de maneira informal. O que o subornador recebe, portanto, é uma licença oral e informal para produzir. O fato de diversos funcionários do governo receberem o dinheiro nos dois casos é irrelevante para nossa discussão.

A extensão da atuação de uma licença informal como concessão de privilégio monopolista depende das condições sob as quais ela é concedida.

---

eventos futuros. Além disso, progresso econômico imputa ganhos a fatores originais – terra e trabalho. Tornar a terra artificialmente barata é induzir ao uso excessivo; e o governo está, portanto, impondo, na verdade, um preço máximo na terra em questão.

[73] Salvo a tese de domínio eminente estar em um terreno ainda mais incerto, já que os georgistas ao menos isentam, ou tentam isentar, da reivindicação social as *melhorias* que o proprietário fez.

[74] Veja abaixo sobre o mito da propriedade pública. Como Benjamin R. Tucker (1854-1939) mostrou anos atrás, a tese georgista de "direitos iguais" (ou domínio eminente) leva, logicamente, *não* à um imposto único, mas ao direito que cada pessoa tem em apropriar-se da sua parte teórica do valor da terra dos outros. A apropriação estatal deste valor se torna, portanto, o roubo absoluto de *outras* reivindicações individuais em vez de uma reivindicação justa do dono das terras, apenas. Ver: TUCKER, Benjamin R. *Individual Liberty*. New York: Vanguard Press, 1926. pp. 241-42.

Em alguns casos, o funcionário aceita um suborno de alguém e, na realidade, lhe concede um monopólio de uma determinada área ou serviço; em outros casos, o funcionário poderá conceder a licença informal para quem estiver disposto a pagar o preço necessário. O primeiro é um exemplo de uma clara concessão de monopólio, seguido por um possível preço monopolista; neste último caso, o suborno age como um imposto *lump-sum* (imposto fixo per capita), penalizando os concorrentes mais pobres que não podem pagar. São forçados a deixar os negócios por conta do sistema de suborno. No entanto, devemos lembrar que o suborno é uma consequência da proibição de uma determinada linha de produção e, portanto, serve para atenuar alguma perda de utilidade imposta aos consumidores e produtores por meio da proibição governamental. Dado o estado da proibição, o suborno é o principal meio pelo qual o mercado se reafirma; o suborno leva a economia mais perto à situação de livre mercado[75].

Na verdade, é preciso distinguir entre um *suborno invasivo* e um *suborno defensivo*. O suborno defensivo é o que temos discutido, ou seja, é proibida a compra de uma permissão para produzir conforme uma atividade. Por outro lado, um suborno para obter uma permissão exclusiva ou quase exclusiva, impedindo os outros de entrar em campo, é um exemplo de um suborno invasivo, um pagamento para a concessão de privilégio monopolista. O primeiro é um movimento significativo *em direção ao* livre mercado; o último é um movimento *para longe* dele.

R - Política monopolista

Os historiadores econômicos muitas vezes perguntam sobre a extensão e a importância do monopólio na economia. Quase todas essas pesquisas são equivocadas, porque o conceito de monopólio nunca foi definido de modo convincente. Neste capítulo, traçamos os tipos de monopólio e quase-monopólios, bem como seus efeitos econômicos. É claro que o termo "monopólio" aplica-se corretamente apenas às concessões governamentais de privilégio, diretos e indiretos. Aferir, verdadeiramente, o grau de monopólio em uma economia significa estudar o grau e a extensão do privilégio monopolista e quase-monopolista concedidos pelo governo.

A opinião pública norte-americana é tradicionalmente "contra monopólios", ainda que claramente seja não só inútil, mas profundamente irônico, recorrer ao governo para "buscar uma política positiva contra os

---

[75] O mesmo é verdade a respeito da licença oficial: um pagamento empresarial por uma licença é o único meio de ela existir. Uma empresa licenciada não pode ser marcada como uma parte disposta ao privilégio monopolista, ao menos que tenha ajudado no *lobby* para o estabelecimento ou continuação das leis de licenciamento, como acontece com muita frequência.

monopólios". Evidentemente, o necessário para abolir o monopólio é que o governo anule as próprias criações.

Certamente, é verdade que em muitos casos, senão em todos, as empresas ou trabalhadores privilegiados trabalharam para receber a concessão de monopólio. Mas ainda é verdade que não poderiam se tornar quase--monopolistas, *se não fosse pela intervenção do estado*; é, portanto, a ação do estado que deve assumir a responsabilidade principal[76].

Finalmente, deve ser suscitada a questão: Será que as corporações são meros privilégios de concessão monopolista? Alguns defensores do livre mercado foram persuadidos a aceitar este ponto de vista da *The Good Society*, de Walter Lippmann (1889-1974)[77]. Contudo, deve ter ficado claro em virtude das argumentações anteriores que as corporações definitivamente não são privilégios monopolistas; são associações livres de indivíduos que congregam os seus capitais. No mercado puramente livre, tais homens simplesmente anunciariam aos credores que sua responsabilidade é *limitada* ao capital investido especificamente na corporação e que, além disso, os fundos pessoais não são responsáveis pelas dívidas, como seriam em regime de parceria. Em seguida, cabe aos vendedores e financiadores dessa corporação decidir se vão ou não fazer negócio. Se o fizerem, seguem, então, por conta e risco. Desse modo, o governo não *concede* às empresas um privilégio de responsabilidade limitada; qualquer coisa anunciada e livremente contratada com antecedência é um *direito* de um indivíduo livre, não um privilégio especial. Não é necessário que os governos concedam patentes para as corporações[78].

---

[76] Historiadores, contudo, errarão muito caso ignorem a motivação monopolista da aprovação de tais medidas pelo estado. Historiadores favoráveis ao livre mercado muitas vezes negligenciam esse problema e, assim, ficam completamente vulneráveis às acusações da oposição de que são "apologistas do capital monopolista". É claro que, na verdade, os defensores do livre mercado são a favor dos negócios, como são a favor de *qualquer* relação voluntária, *apenas* quando é exercida *no* livre mercado. Eles se opõem às concessões governamentais de privilégio monopolista para negócios ou outros, pois nessa medida, os negócios não são mais livres, mas cúmplices do estado coercitivo.
Sobre responsabilidade dos negócios em intervenções geralmente tidas como "antimercadológicas", ver: KOLKO, Gabriel. *The Triumph of Conservatism*. Glencoe: The Free Press, 1963; KOLKO, Gabriel. *Railroads and Regulations, 1877-1916*. Princeton: Princeton University Press, 1965. Ver também: WEINSTEIN, James. *The Corporate Ideal in the Liberal State: 1900-1918*. Boston: Beacon Press, 1968.
[77] LIPPMANN, Walter. *The Good Society*. New York: Grosset e Dunlap, 3ª edição, 1943. p. 277.
[78] É verdade que a responsabilidade limitada por atos ilícitos é um privilégio especial ilegitimamente conferido, mas isso não ganha grande destaque em meio a todas as responsabilidades de qualquer corporação.

Apêndice A
Sobre cunhagem privada

A enunciação errônea e comum da Lei de Gresham (*"Moeda ruim tira de circulação a moeda boa"*) têm sido frequentemente utilizada para criticar o conceito de cunhagem privada como impraticável e, assim, usado para defender a antiga monopolização da cunhagem estatal. No entanto, como vimos, a Lei de Gresham aplica-se ao efeito da política governamental, e não ao livre mercado.

O argumento usado com mais frequência contra a cunhagem privada é que o povo seria sobrecarregado de cunhagens fraudulentas e seria forçado a testar muitas vezes as moedas no peso e na proporção da liga de metal. O carimbo do governo sobre a moeda supõe a certificação da proporção da liga e do peso. A longa história de abuso da certificação por parte dos governos é bem conhecida. Além disso, o argumento não é exclusivo para a cunhagem. Isso já é bastante revelador. Em primeiro lugar, os cunhadores que certificam de modo fraudulento o peso ou proporção da liga nas moedas serão processados por fraude, assim como fraudadores são processados hoje em dia. Aqueles que *falsificarem* as certificações dos cunhadores privados e bem-estabelecidos, terão destino semelhante daqueles que falsificam dinheiro hoje. Os inúmeros produtos das empresas dependem do peso e da pureza. As pessoas igualmente irão preservar sua riqueza, testando o peso e a pureza das suas moedas, como o fazem com as barras de ouro e prata, ou irão cunhar moedas com cunhadores privados que tenham estabelecido uma reputação de probidade e eficiência. Estes cunhadores colocarão *seus* selos nas moedas, e os melhores cunhadores logo serão destaque como moedeiros e ensaiadores de moedas cunhadas anteriormente. Assim, a prudência comum, o crescimento da boa vontade para com as empresas honestas e eficientes, e ações judiciais contra a fraude e a falsificação seriam suficientes para estabelecer um sistema monetário ordenado. Existem numerosas indústrias, onde a utilização de instrumentos de peso e proporção precisos é essencial, e um engano poderia ter importância maior do que um erro envolvendo moedas. No entanto, a prudência e o processo seletivo de mercado das melhores empresas, juntamente com um processo judicial contra a fraude, têm facilitado a aquisição e utilização de um maquinário mais frágil, sem qualquer sugestão, por exemplo, de que o governo deva nacionalizar a indústria de máquinas operatrizes a fim de garantir a qualidade dos produtos.

Outro argumento contra a cunhagem privada é que a padronização de denominações da moeda é mais conveniente do que permitir a diversidade de moedas resultante de um sistema livre. A resposta é que, se o mercado achar a padronização mais conveniente, as cunhagens privadas serão guiadas pela demanda do consumidor para limitar a cunhagem a certas denominações padrão. Por outro lado, caso seja preferida uma maior variedade, os consumidores exigirão e obterão uma gama mais diversificada de moedas. Sob o monopólio da cunhagem governamental, os desejos dos consumidores de várias denominações são ignorados, e a padronização é compulsória e não de acordo com a demanda do público[79].

Apêndice B
Coerção e *Lebensraum*

Tarifas e barreiras à imigração como causa de guerra parecem ser coisas muito longe de nosso estudo, mas, na verdade, essa relação pode ser analisada praxeologicamente. Uma tarifa A imposta pelo governo A impede que um exportador residente no território do governo B realize uma venda. Além disso, uma barreira de imigração imposta pelo governo A impede a migração de um morador de B. Ambas as imposições são realizadas por intermédio de coerção. Tarifas são muitas vezes debatidas como um prelúdio para a guerra; o argumento menos compreendido é o de *Lebensraum* (espaço vital). A "superpopulação" de um determinado país (à medida que não seja o resultado de uma escolha voluntária em permanecer na terra natal, ao preço de um baixo padrão de vida) é sempre o resultado de uma barreira de imigração imposta por outro país. Podemos pensar que essa barreira é apenas "doméstica". Mas será que é? Com que direito o governo de um território proclama o poder de manter outras pessoas fora dele? Em um sistema puro de livre mercado, apenas os donos de propriedades individuais têm o direito de manter as pessoas fora de sua propriedade. O poder governamental baseia-se na suposição implícita de que o governo é *dono* de todo o território que governa. Só então pode manter as pessoas fora desse território.

Aqueles que acreditam no livre mercado e na propriedade privada, mas que ainda defendem barreiras à imigração, estão presos em uma contradição insolúvel. Podem pensar assim apenas se admitirem que o estado é o dono de todas as propriedades; mas, nesse caso, simplesmente não existem propriedades verdadeiramente privadas em tal sistema. Num verdadeiro sistema de livre mercado, tal como descrito acima, apenas os primeiros cultivadores teriam direito à propriedade sem dono; as propriedades que nunca foram utilizadas permanece-

---

[79] Ver: SPENCER, Herbert. *Social Statics*. New York: D. Appleton, 1890. pp. 438-39. Para exemplos históricos de cunhagem particular bem sucedida, ver: BARNARD, B. W. "The Use of Private Tokens for Money in the United States". In: *Quarterly Journal of Economics*, 1916-1917, pp. 617-26; CONANT, Charles A. *The Principles of Money and Banking*. New York: Harper & Bros.,1905. I, pp. 127-32; SPOONER, Lysander. *A Letter to Grover Cleveland*. Boston: Benjamin R. Tucker, 1886. p. 79.

riam sem dono até que alguém as usasse. Atualmente, o estado possui todas as propriedades não utilizadas; mas é claro que isso é totalmente incompatível com o livre mercado. Em um mercado verdadeiramente livre, por exemplo, seria inconcebível que uma agência australiana pudesse surgir, reivindicando a "propriedade" sobre as vastas extensões de terras improdutivas naquele continente, usando a força para impedir pessoas de outros lugares a entrar e cultivar a terra. Além disso, seria inconcebível que um estado pudesse manter pessoas de outras áreas fora da propriedade, mesmo que o dono da propriedade "nacional" desejasse que elas a utilizassem. Ninguém além do próprio dono da propriedade individual teria soberania sobre sua parcela da propriedade.

Capítulo IV
A Intervenção Binária: Tributação

1
Introdução: Receitas e Despesas Governamentais

UM AGENTE INTERVENCIONISTA, TAL como o governo, deve despender capital; na economia monetária, isso significa gastar dinheiro. Este dinheiro só pode derivar das *receitas* (ou renda). A principal parcela da receita (e a razão desse agente ser denominado intervencionista) deve vir de duas fontes: no caso do governo, da *tributação* e da *inflação*. A tributação é uma arrecadação coercitiva que o governo extrai da população; a inflação é a questão essencialmente fraudulenta de supostos recibos de depósito de dinheiro, ou dinheiro novo. A inflação, que apresenta seus próprios problemas específicos, já foi abordada noutro local[1]. O presente capítulo põe em foco a tributação.

Estamos examinando, sobretudo, o governo, uma vez que empiricamente é a principal organização de intervenção coercitiva. No entanto, nossa análise, na verdade se aplicará a todas as organizações coercitivas. Se o governo planeja o orçamento de suas receitas e despesas, os criminosos também o fazem; se um governo arrecada impostos, os criminosos retiram a típica cobrança coercitiva; se um governo emite moeda fiduciária ou *fiat-money*, os criminosos podem falsificar. Devemos entender que, praxeologicamente, não há diferença entre a natureza e os efeitos da tributação e inflação, de um lado, e de outro, roubos e falsificação. Ambos interferem, coercitivamente, no mercado para beneficiar um conjunto de pessoas em detrimento de outro. Entretanto, o governo impõe sua jurisdição sob uma área ampla e opera geralmente sem perturbações. Os criminosos, ao contrário, por vezes impõem sua jurisdição sob uma área restrita e levam, com muito custo, uma existência incerta. Contudo, mesmo esta distinção nem sempre é verdadeira. Em várias partes de diversos países, grupos criminosos ganham o consentimento passivo da maioria da população em determinada área e estabelecem o que corresponde aos governos efetivos, ou estados, dentro de um território. A diferença entre o governo e um grupo de criminosos, então, é uma questão de grau e não de gênero, e,

---
[1] Ver: ROTHBARD. *Man, Economy, and State*. pp. 989-1023.

muitas vezes, um se sobrepõe ao outro. Consequentemente, um governo derrotado em uma guerra civil pode, muitas vezes, assumir a posição do grupo criminoso e se aferrar a uma pequena área do país. E não há diferença praxeológica entre os dois[2].

Alguns escritores acreditam que apenas as *despesas* do governo, e não as *receitas*, constituem um ônus para o restante da sociedade. No entanto, o governo não pode gastar dinheiro até que o obtenha como receita – não importando se a receita é proveniente de tributação, inflação ou empréstimos públicos. Em contrapartida, toda a receita é despendida. A receita pode diferir da despesa somente em casos raros de *deflação* de parte dos fundos governamentais (ou entesouramento do governo, se o padrão for simplesmente espécie). Neste caso, como veremos abaixo, as receitas não são totalmente um ônus, mas as despesas governamentais são mais onerosas do que indicaria o valor monetário, porque a proporção *real* das despesas governamentais em relação à renda nacional terá aumentado.

Quanto ao restante do capítulo, admitiremos que não existe a tal deflação fiscal e, portanto, todas as elevações nos impostos estão conjugadas com aumentos nas despesas governamentais.

2
Encargos e Benefícios da Tributação e Despesas

Como indicou John C. Calhoun, de maneira brilhante (ver o segundo capítulo da presente obra), existem dois grupos de indivíduos em uma sociedade: os *pagadores de impostos* e os *consumidores de impostos* – aqueles que são sobrecarregados pelos impostos e aqueles que se beneficiam deles. Quem é sobrecarregado pela tributação? A resposta direta e imediata é:

---

[2] O notável título, *Taxation is Robbery* [Tributação é roubo], de um panfleto de Frank Chodorov (1887-1966) é, portanto, praxeologicamente, preciso. Ver: CHODOROV, Frank. *Taxation is Robbery*. Chicago: Human Events Associates, 1947. O texto foi reimpresso em: CHODOROV, Frank. *Out of Step*. New York: Devin-Adair, 1962. pp. 216-39. Como dizia Chodorov:
> Um estudo histórico da tributação conduz, inevitavelmente, a pilhagem, o tributo e o resgate – o objetivo econômico de conquista. Os barões que levantaram barreiras de pedágio junto ao Reno eram cobradores de impostos. Eram, portanto, as gangues que "protegiam", por uma tarifa forçada, as caravanas que se dirigiam aos mercados. Os dinamarqueses que regularmente se convidavam para ir à Inglaterra, permaneciam como visitas indesejadas até saldarem as dívidas e chamavam a tarifa de *Danegeld* [literalmente, "a dívida dos dinamarqueses"]; por um bom tempo essa foi a base dos impostos ingleses sobre propriedade. Os colonizadores romanos introduziram a ideia de que o que fosse coletado dos povos submetidos a eles era apenas um pagamento para manter a lei e a ordem. Durante muito tempo, os colonizadores normandos coletaram tributos dos ingleses de todos os modos possíveis, mas quando, por processos naturais, a mistura dos dois povos resultou em uma nação, as coletas foram regularizadas pelo costume e pela lei e foram chamadas de impostos (CHODOROV. *Out of Step*. p. 218).

aqueles que pagam os impostos. Adiaremos as perguntas sobre a *transferência* dos encargos tributários para outra seção.

Quem se beneficia da tributação? Está claro que os beneficiários principais são aqueles que, em tempo integral, vivem à custa desse rendimento, por exemplo, os políticos e a burocracia. Estes são governantes em tempo integral. Devemos ter claro que independentemente da natureza jurídica, os burocratas não pagam imposto algum; eles consomem os impostos[3]. Os beneficiários adicionais da receita governamental na sociedade são aqueles subsidiados pelo governo, estes são os regentes parciais. Geralmente, o estado não consegue obter o apoio passivo da maioria, a menos que acrescente os funcionários em tempo integral, isto é, seus membros, juntamente com partidários subsidiados. A contratação de burocratas e o subsídio de outros é essencial para a obtenção de apoio passivo da maioria de uma grande parcela da população. Se o estado conseguir consolidar uma grande parcela de adeptos ativos para sua causa, poderá contar com a ignorância e apatia do restante do público a fim de obter a adesão passiva da maioria e reduzir ao mínimo quaisquer oposições ativas.

O problema da disseminação de despesas e benefícios é, entretanto, mais complicado quando o governo gasta dinheiro nas próprias atividades e empreendimentos. Neste caso, age como um *consumidor* de fontes (como, por exemplo, despesas militares, obras públicas etc.) e coloca o dinheiro da tributação em circulação ao gastá-lo em fatores de produção. Imaginemos, à título de esclarecimento, que o governo cubra impostos da indústria pesqueira de bacalhau e utilize o rendimento desses impostos em equipamento bélico. O receptor primário do dinheiro é o fabricante bélico que, por sua vez, paga os fornecedores e os proprietários dos fatores de produção originais, dentre outros. Enquanto isso, a indústria pesqueira de bacalhau, privada de capital, reduz sua demanda por fatores de produção. Em ambos os casos, os encargos e os benefícios se espargem na economia. A demanda do "consumidor", devido à coerção do estado, foi deslocada da indústria pesqueira para a indústria bélica. O resultado impõe perdas em curto prazo para a indústria pesqueira e seus fornecedores e ganhos em curto prazo para a indústria bélica e seus fornecedores. Como as variações das despesas retrocedem cada vez mais, o impacto acaba por cessar, sendo mais potente nos pontos de contato primários, isto

---

[3] Se um burocrata recebe um salário de $ 5.000 por ano e paga $ 1.000 em "impostos" ao governo, é um tanto óbvio que ele está recebendo simplesmente um salário de $ 4.000 e não paga imposto algum. Os chefes do governo escolheram simplesmente um dispositivo de contabilidade complexo e enganoso na tentativa de fazer parecer que o burocrata pague os impostos da mesma forma que qualquer outro homem com a mesma renda. O acordo da ONU, em que todos os seus empregados estão isentos de qualquer imposto de renda, é muito mais sincero.

é, nas indústrias pesqueira e bélica. Entretanto, em longo prazo, todas as empresas e indústrias recebem um retorno uniforme, e quaisquer ganhos ou perdas são imputados retroativamente aos fatores originais. Os fatores inespecíficos ou conversíveis tenderão a se deslocar da indústria pesqueira para a indústria bélica[4]. Os fatores originais não-conversíveis e puramente específicos permanecerão para suportar todos os encargos da perda e para amealhar os lucros, respectivamente. Até mesmos os fatores inespecíficos arcarão com as perdas e obterão os lucros, embora em um grau inferior. O principal efeito de tal mudança, entretanto, será sentido pelos proprietários dos fatores específicos originais, principalmente proprietários das duas indústrias. A tributação é compatível com o equilíbrio, e, portanto, traçaremos efeitos em longo prazo da tributação e despesa dessa maneira[5]. No curto prazo, é claro, os empreendedores sofrem as perdas e obtém os lucros devido ao deslocamento na demanda.

Toda a despesa governamental de recursos é uma forma de despesa de *consumo*, no sentido de que o dinheiro é despendido em diversos items porque os funcionários do governo assim determinam. As compras devem, portanto, ser chamadas de despesa de consumo dos funcionários do governo. É verdade que os funcionários não consomem o produto diretamente, *mas os seus desejos* alteram o padrão de produção de fabricação dos bens, e, portanto, podem ser chamados de "consumidores"[6]. Como veremos mais adiante, toda a conversa de "investimento" governamental é enganosa.

A tributação sempre tem efeito duplo: (1) distorce a alocação de recursos na sociedade, de modo que os consumidores não possam satisfazer as próprias vontades de maneira eficaz, e (2) pela primeira vez, rompe a "distribuição" da produção. O que nos remete ao "problema da distribuição".

---

[4] A mudança não será, necessariamente, ou mesmo provavelmente, da indústria pesqueira de bacalhau para a indústria bélica de modo direto. Em vez disso, os fatores de produção irão mudar da indústria pesqueira de bacalhau para outras indústrias relacionadas, e da indústria bélica para outras do mesmo ramo de negócio.
[5] O efeito difusor da inflação difere do efeito sobre tributação de duas maneiras: (a) *não* é compatível com um equilíbrio no longo prazo, e (b) o dinheiro novo sempre beneficia a primeira metade dos recebedores de dinheiro e penalizam a última metade. A disseminação da tributação tem o mesmo efeito num primeiro momento, mas o deslocamento altera a incidência no cálculo final.
[6] Por outro lado, já que os funcionários do governo geralmente não consomem os produtos de maneira direta, muitas vezes *acreditam* que estão agindo em nome dos consumidores. Portanto, suas escolhas são suscetíveis a um enorme grau de erro. Alec Nove (1915-1994) apontou que, se essas escolhas fossem simplesmente preferências dos próprios planejadores do governo como consumidores, eles não deveriam, como fazem, no momento, perceber que podem cometer e cometem *erros* graves. Assim, as escolhas feitas pelos funcionários do governo nem sequer possuem a virtude de satisfazer suas *próprias* preferências de consumo. Ver: NOVE, Alec. "Planners' Preferences, Priorities, and Reforms". In: *Economic Journal*, June, 1966, pp. 267-77.

O primeiro ponto está claro, o governo obriga os consumidores a ceder parte da renda ao estado, que por sua vez, oferece os recursos dos próprios consumidores. Consequentemente, os consumidores são sobrecarregados, o padrão de vida deles é reduzido e a alocação de recursos é deturpada e passa de satisfação do consumidor para a satisfação dos objetivos do governo. Uma análise mais detalhada dos efeitos de distorção dos diferentes tipos de impostos será apresentada mais adiante. O ponto essencial é aquilo que muitos economistas buscam, *um imposto neutro*, ou seja, um imposto que deixará o mercado exatamente igual ao que estava sem a tributação, e isso sempre será uma quimera. Nenhum imposto pode ser verdadeiramente neutro, todos causarão distorção. A neutralidade só pode ser obtida em um genuíno livre mercado, em que as receitas do governo sejam oriundas apenas de compras voluntárias[7].

Afirma-se com frequência que "o capitalismo resolveu o problema da produção" e que agora o estado deve interferir para "resolver o problema da distribuição". Seria difícil conceber uma formulação mais equivocada, pois o "problema da produção" nunca será resolvido até que estejamos no Jardim do Éden. Ademais, *não há* "problema de distribuição" no livre mercado. Na verdade, não há *nenhuma* "distribuição"[8]. No livre mercado, o ativo monetário do indivíduo foi adquirido precisamente porque seus serviços e os serviços de seus antecessores foram comprados por outros. Não há processo de distribuição, exceto a produção e a troca de mercado. Consequentemente, o próprio conceito de "distribuição" como algo apartado se torna sem sentido. Uma vez que o processo do livre mercado beneficia todos os participantes do mercado e eleva a utilidade social, segue-se diretamente que os "resultados distributivos" do livre mercado – o padrão de renda e riqueza – também eleva a utilidade social e, na verdade, *maximiza-a* em qualquer momento. Quando o governo retira de Pedro e oferece para Paulo, *cria* um processo de distribuição à parte e um "problema" de distribuição. A renda e a riqueza não fluirão simplesmente do serviço prestado no mercado, agora fluem de um privilégio especial criado pela coerção do estado. A riqueza é agora *distribuída* aos "exploradores" à custa dos "explorados"[9].

O ponto crucial é que a extensão da distorção de recursos e o ganho dos saqueadores da produção do estado são diretamente proporcionais ao nível

---

[7] Dois outros tipos de receita são consonantes com a neutralidade e um livre mercado total: *multas para os criminosos*, e a *venda de produtos fabricados em prisões*. Ambos são métodos para fazer o criminoso pagar o custo de sua própria detenção.
[8] Ver: ROTHBARD. "Toward a Reconstruction of Utility and Welfare Economics". pp. 250-51.
[9] Pode-se argumentar que, enquanto os burocratas são unicamente exploradores e não produtores, outros grupos subsidiados também podem ser produtores. No entanto, a exploração dos demais grupos se estende até o ponto em que deixam de ser pagadores de impostos e passam a ser consumidores de impostos. As outras atividades produtivas não vêm ao caso.

da tributação e despesas do governo na economia, se comparadas ao nível de renda e riqueza privadas. É um argumento relevante de nossa análise – em oposição às tantas outras discussões sobre o assunto – que o impacto mais importante dos resultados de tributação não se dê tanto no gênero do imposto mas do valor. É o *nível total* de tributação da renda do governo em comparação à renda do setor privado que é a consideração mais importante. Deu-se muita importância na literatura ao gênero de imposto – caso se trate de imposto sobre a renda, progressivo ou proporcional, imposto sobre as vendas, gastos fiscais, entre outros. Embora importante, o gênero está subordinado à consequência do nível total de tributação.

3
A Incidência e os Efeitos da Tributação

Parte I: Impostos sobre as Rendas

A - Imposto Geral sobre as Vendas e as Leis de Incidência

Um dos problemas mais antigos relacionado à tributação é: *Quem paga os impostos?* A resposta parece clara, uma vez que o governo sabe de quem cobra os impostos. O problema, no entanto, não é quem paga os impostos *imediatamente*, mas quem os paga no longo prazo, ou seja, se o imposto pode ou não ser "transferido" do pagador imediato de impostos para outra pessoa. Esta transferência ocorre se o pagador imediato de impostos for capaz de elevar o preço de venda para cobrir os impostos e, consequentemente, "transferir" o imposto ao comprador, ou se é capaz de reduzir o preço de compra de algo que compra e, por conseguinte, "transfere" o imposto a outro vendedor.

Além deste problema da *incidência* da tributação, há o problema de análise de outros efeitos econômicos de vários tipos e valores de impostos.

A primeira lei de incidência pode ser estabelecida imediatamente, e é um tanto radical: *Nenhum imposto pode ser transferido para outrem*. Em outras palavras, nenhum imposto pode ser transferido do vendedor para o comprador e, em seguida, para o consumidor final. Mais adiante, veremos como isso se aplica especificamente para os impostos sobre as vendas e os produtos industrializados, que, em geral, acreditamos que sejam transferidos. Consideramos ordinariamente que quaisquer impostos sobre as vendas ou produção elevam o custo da produção e, portanto, são transferidos como um aumento no preço para o consumidor. Os preços, no entanto, nunca são determinados pelos custos de produção, mas o que acontece na verdade é o oposto. O preço de um bem é determinado pelo seu estoque total existente e a demanda determinada para o bem no mercado. No entanto, a demanda determinada não é de forma alguma afetada pelos impostos. O preço de venda é definido em qualquer empresa no ponto máximo de receita líquida, e qualquer preço elevado, devido à demanda determinada, simplesmente reduzirá a receita líquida. Um imposto, portanto, *não poderá* ser transferido ao consumidor.

É verdade que um imposto *pode* ser transmitido, em certo sentido, se o imposto fizer com que a oferta do bem sofra uma redução, e, portanto, apresente uma elevação de preço no mercado. Este processo dificilmente poderá ser chamado de transferência *per se*, pois a transferência significa que o imposto seja repassado com pouca ou nenhuma dificuldade ao produtor. Se alguns produtores entram em falência para que o imposto seja "transferido", dificilmente se tratará de "transferência" no sentido próprio, mas algo que deve ser posto na categoria de outros *efeitos* da tributação.

O *imposto geral sobre as vendas* é o exemplo clássico de imposto sobre os produtores que acreditamos ser transferido a outrem. O governo, digamos, determina um imposto de 20% sobre todas as vendas no varejo. Suponhamos que o imposto possa ser igualmente aplicado em todos os ramos de vendas[10]. Para a maioria das pessoas parece óbvio que o comerciante simplesmente aumentará em 20% os preços de venda e figurará apenas como uma agência de cobrança não remunerada para o governo. Mas, o problema não é assim tão simples. De fato, como vimos, não há razão alguma para acreditar que os preços possam ser elevados. Os preços já estão no ponto de receita líquida máxima, o estoque não foi diminuído, e a demanda determinada não sofreu alterações. Portanto, os preços não podem ser elevados. Além disso, se olharmos para o conjunto geral de preços, estes são determinados pela oferta e a demanda por moeda. Para que o conjunto de preços sofra uma elevação, deve haver um aumento na oferta de moeda, uma redução na determinação da demanda por moeda, ou ambos. No entanto, nenhuma dessas alternativas ocorreu. A demanda por moeda para ser mantida em encaixe não diminuiu, a oferta de bens disponíveis por moeda não diminuiu, e a oferta de moeda se manteve constante. Não há como se obter um aumento geral de preços[11].

---

[10] Normalmente, é claro, não pode, e o resultado será equivalente a um imposto sobre consumo específico para alguns tipos de venda, consumo ou produção, mas não sobre outros.

[11] Considerando que um imposto parcial sobre vendas ou consumo acabará por provocar uma queda na oferta e, portanto, um aumento no preço do produto, não há nenhum modo pelo qual os recursos possam escapar de um *imposto geral*, a não ser na improdutividade. Uma vez que, como veremos, um imposto sobre vendas é um imposto sobre a renda, o aumento do custo de oportunidade do ócio pode levar alguns trabalhadores à improdutividade e, assim, diminuir a quantidade de bens produzidos. Nessa margem sutil, os preços *irão* subir. Ver o pioneiro artigo: BROWN, Harry Gunnison. "The Incidence of a General Sales Tax". In: MUSGRAVE, R. A. & SHOUP, C. S. (Eds.). *Readings in the Economics of Taxation*. Homewood: Richard D. Irwin, 1959. pp. 330-39. Esse foi o primeiro ataque moderno à falácia de que os impostos sobre vendas são um passo adiante, mas infelizmente Harry Gunnison Brown (1880-1975) enfraqueceu as implicações dessa tese no final do artigo.

Deve estar bastante evidente que, caso os negócios fossem capazes de transferir os aumentos dos impostos para o consumidor por meio de aumento nos preços, eles já teriam aumentado os preços e não teriam esperado pelo incentivo do aumento dos impostos. As empresas não determinam deliberadamente os preços no valor de venda mais baixo que encontram. Se o estado da demanda permitisse preços mais altos, as empresas teriam se aproveitado desse fato muito antes. Podemos alegar que o aumento de impostos sobre as vendas é *geral* e, portanto, que todas as empresas conjuntamente podem transferir o imposto. Cada empresa, no entanto, segue uma curva de demanda para o *próprio* produto, e nenhuma dessas curvas de demanda sofreu alterações. Um aumento de impostos nada faz para tornar mais rentáveis os preços altos.

O mito de que um imposto sobre vendas pode ser transferido é comparável ao mito de que um aumento salarial sindical compulsório pode ser transferido para os preços mais elevados, de modo a "provocar inflação". Não há como elevar o conjunto geral de preços, e o único resultado desse aumento salarial artificial será o desemprego em massa [12].

Muitas pessoas são iludidas pelo fato do preço pago pelo consumidor necessariamente *incluir* o imposto. Quando alguém vai assistir a um filme e encontra a informação de que o ingresso custa $1,00, cobrindo o "preço" de 85¢ e o imposto de 15¢, tende a pensar que o imposto foi simplesmente acrescentado ao "preço". Mas o preço é $1,00, e não 85¢, sendo esta soma, o rendimento obtido pela empresa após os impostos. Esse rendimento pode ter sido *reduzido* para permitir o pagamento de impostos.

Na verdade, este é precisamente o efeito de um imposto geral sobre as vendas. O impacto imediato reduz a receita bruta das empresas pelo valor do imposto. No longo prazo, é claro, as empresas não podem pagar o imposto, portanto, a perda na receita bruta torna a ser imputada nos juros ativos pelos capitalistas e nos salários e rendas auferidos por fatores originais: trabalho e terra. A diminuição na receita bruta das empresas de varejo torna a se refletir na diminuição da demanda por produtos de todas as firmas que estão hierarquicamente acima . Todas as empresas, no entanto, ganham, no longo prazo, um mero retorno uniforme dos juros.

Eis que surge a diferença entre o imposto geral sobre vendas e, digamos, um imposto de renda de pessoa jurídica. Não houve mudança no arranjo de preferência temporal ou em outros componentes da taxa de juros. Enquanto o imposto sobre a renda obriga um retorno do percentual de juros mais baixo, o imposto sobre as vendas pode e será transferido, completamente, do investi-

---

[12] Obviamente, se a oferta de moeda é aumentada e o crédito é expandido, os preços podem subir para que os salários não permaneçam acima dos produtos de valor marginal descontado.

mento para os fatores de produção originais. O resultado de um imposto geral de vendas é uma redução geral das receitas líquidas provenientes de fatores originais: para todos os salários e aluguéis. Os impostos sobre as vendas foram *transferidos retroativamente* para os rendimentos dos fatores originais. Todo o fator original de produção não obtém mais o produto do valor marginal descontado. Ora, os fatores originais obtêm *menos* do que os seus *PVMDs* (Produto de Valor Marginal Descontado), a redução consiste em impostos sobre as vendas pagos ao governo.

Neste momento, é necessário integrar esta análise de incidência do imposto geral sobre as vendas com a nossa análise anterior dos benefícios e ônus da tributação. Isto é realizado ao lembrarmos que os lucros da tributação são, por sua vez, usados pelo governo[13]. Se o governo gasta o dinheiro com recursos para as próprias atividades ou simplesmente transfere o dinheiro para os indivíduos que subsidia, o resultado é a *transferência* de consumo e de demanda de investimento das mãos de empresas privadas para o governo ou para indivíduos subsidiados pelo governo pelo montante da arrecadação tributária. Nesse caso, o imposto incidiu, por fim, sobre a *receita* dos fatores originais, e o dinheiro foi transferido deles para o governo. O rendimento do governo e/ou daqueles por ele subsidiados foi elevado em detrimento dos que foram tributados e, portanto, as demandas de consumo e investimento no mercado foram transferidas dos pagadores de impostos para o governo na proporção dos impostos. Como consequência, o valor da unidade monetária permanerá inalterado (excetuada a diferença das demandas por moeda entre os pagadores de impostos e os consumidores dos impostos), porém o arranjo de preços será modificado conforme as alterações de demanda. Assim, se o mercado tem gasto muito na área de vestuário, e o governo utiliza a receita principalmente na compra de armas, haverá uma queda nos preços das roupas, um aumento nos preços de armamentos e uma tendência para fatores não específicos cambiarem de vestuário para a produção de armamentos.

Por fim, não haverá, como poderíamos supor, uma queda proporcional de 20% nos rendimentos de todos os fatores originais como resultado do imposto geral sobre as vendas de 20%. Os fatores específicos nas indústrias, que perderam negócios como resultado da transferência da demanda privada para a demanda governamental, perderão proporcionalmente mais rendimentos. Os fatores específicos nas indústrias que ganham na demanda perderão proporcionalmente menos, e alguns poderão ganhar muito e até completamente, como resultado da alteração. Os fatores inespecíficos não serão tão afetados proporcionalmente, mas ganharão e per-

---

[13] Se o governo não gasta toda a sua receita, então a deflação é adicionada ao impacto da tributação. Para uma análise mais sistemática, ver a explicação mais adiante.

derão conforme a diferença que a mudança concreta na demanda criar na produtividade de valor marginal.

O entendimento de que os impostos nunca podem ser transferidos é consequência da adesão ao modelo "austríaco" de análise de valor, isto é, os preços são determinados pelas demandas finais por estoque, e de modo algum pelo "custo de produção". Infelizmente, todas as discussões anteriores a respeito da incidência de tributação foram marcadas por um excesso do "custo de produção"da teoria clássica e o fracasso na adoção da coerente abordagem "austríaca". Os próprios economistas austríacos nunca aplicaram suas doutrinas à teoria de incidência de tributação, de modo que essa discussão se torna inovadora.

A doutrina da transferência, na verdade, foi levada a uma conclusão lógica, e absurda, de que os produtores transferem os impostos aos consumidores, e os consumidores, por sua vez, os transferem aos empregados, e assim por diante *ad infinitum*, e por fim, ninguém paga imposto algum[14].

Devemos notar, com atenção, que o imposto geral sobre as vendas é um exemplo evidente do *fracasso da tributação sobre o consumo*. Normalmente supomos que o imposto sobre as vendas penaliza mais o consumo do que a renda ou o capital. No entanto, sabemos que o imposto sobre as vendas reduz não apenas o consumo, mas a *receita* dos fatores originais. O *imposto geral sobre as vendas é um imposto sobre a renda*, ainda que acidental, uma vez que não há como uniformizar tal impacto nas classes assalariadas. Muitos economistas "de direita" defenderam a tributação geral sobre as vendas, em oposição à tributação sobre a renda, alegando que a tributação nas vendas tributa o consumo e não a poupança. Muitos economistas "de esquerda" se opõe à tributação sobre as vendas pela mesma razão. Ambos estão errados, o imposto sobre as vendas é um imposto sobre a renda, embora seja mais fortuito e de incidência incerta. O principal efeito do imposto geral sobre as vendas será o mesmo do imposto de renda, ou seja, reduzir o consumo *e* o investimento na poupança dos pagadores de impostos[15]. Na

---

[14] Ver, por exemplo: SELIGMAN, E. R. A. *The Shifting and Incidence of Taxation*. New York: Macmillan & Co., 2ª edição, 1899. pp. 122-33.
[15] Frank Chodorov, no livro *The Income Tax: Root of All Evil* (New York: Devin-Adair, 1954), deixa de indicar que outro tipo de imposto seria "melhor", do ponto de vista do livre mercado, que o imposto de renda. Ficará claro a partir da nossa argumentação que há, na verdade, poucos impostos que não são tão ruins quanto o imposto de renda, do ponto de vista de um defensor do livre mercado. Certamente, as vendas ou impostos parciais de consumo não se aplicam ao caso. Chodorov, além disso, certamente está errado quando chama o imposto sobre a renda e sobre a herança de *incomparáveis* negações do direito de propriedade individual. Qualquer imposto infringe os direitos de propriedade, e não há nada em um "imposto indireto" que faça com que qualquer violação seja menos clara. É verdade que um imposto de renda obriga o sujeito a manter registros e divulgar suas relações pessoais, impondo uma perda adicional de utilidade. O imposto sobre vendas, no entanto, também força a ma-

verdade, uma vez que, como veremos, o imposto sobre a renda, devido a sua natureza, incide mais severamente sobre o investimento na poupança do que sobre o consumo, chegamos à conclusão importante e paradoxal de que o imposto sobre o *consumo* também recairá muito mais *nos investimentos e na poupança*, na incidência final.

B - Impostos Parciais sobre Venda ou Consumo de Bens: Outros Impostos sobre a Produção

O imposto parcial sobre a venda ou produto específico é um imposto cobrado sobre *alguns*, e não todos os bens consumíveis. A principal distinção entre este e os impostos gerais sobre as vendas é que este último, *em si*, não deturpa as alocações produtivas no mercado, uma vez que o imposto é cobrado proporcionalmente sobre venda de todos os produtos finais. Um imposto específico parcial, por outro lado, obviamente, deturpa as alocações no mercado à medida que as despesas governamentais dos rendimentos diferem em estrutura das demandas privadas uma vez ausentes os impostos. O imposto específico sobre venda ou consumo também tem este efeito e, *além do mais*, prejudica a indústria especificamente tributada. O imposto não pode ser transferido adiante, mas tende a ser transferido regressivamente, para os fatores de trabalho na indústria. Agora, porém, o imposto exerce pressão sobre fatores inespecíficos e empresários para que deixem o setor tributado e entre em outros setores não-tributados. *Durante o período de transição*, o imposto poderá ser adicionado ao custo. Como o preço, no entanto, não pode ser diretamente elevado, as empresas marginais no setor serão expulsas do negócio e buscarão melhores oportunidades em outros lugares. O êxodo dos fatores inespecíficos e, talvez, das empresas, da indústria tributada *reduzem o estoque do bem que será produzido*. Esta redução no estoque, ou oferta, aumentará o preço de mercado do bem, considerando a determinação de demanda dos consumidores. Deste modo, há uma espécie de "transferência indireta" no sentido de que o preço da mercadoria para o consumidor, por fim, sofrerá uma elevação. No entanto, como já dissemos, não é apropriado chamá-lo de "transferência", um termo mais apropriado para uma migração fácil e direta de um imposto para o preço.

Como resultado, todos no mercado sofrem por causa do imposto específico sobre a produção, consumo ou venda de bens. Os fatores inespecíficos devem se transferir para as áreas de menor renda, uma vez que um produto de valor marginal descontado é inferior nesta área, os fatores específicos são particularmente atingidos duramente, e os consumidores sofrem conforme as alocações dos fatores e as estruturas de preço são deturpadas em comparação

---

nutenção de registros; a diferença, mais uma vez, é de grau e não de espécie, pois aqui a extensão desta supervisão cobre apenas os lojistas do varejo em vez da maior parte da população.

à alocação que teria satisfeito seus desejos. A oferta de fatores nas indústrias tributadas se torna excessivamente baixa, e o preço de venda nesta indústria se torna muito alto; enquanto a oferta de fatores em outras indústrias se tornam excessivamente amplas, e os preços de seus produtos muito baixos.

Além destes efeitos específicos, o imposto específico, como podemos ver, também tem o mesmo efeito geral que *todos os outros impostos*, uma vez que o padrão das demandas do mercado é distorcido do desejo do setor privado para os desejos do governo ou dos subsidiados pelo governo segundo o influxo de impostos.

Muito já foi escrito sobre a *elasticidade* da demanda em relação à incidência de tributação. Sabemos que o arranjo de demanda para uma empresa é *sempre* elástico caso esteja acima do preço de livre mercado. E o custo de produção não é algo fixo, mas é *determinado* pelo preço de venda. O mais importante, uma vez que a curva de demanda para um bem esteja sempre caindo, qualquer diminuição no estoque elevará o preço de mercado, e qualquer aumento no estoque reduzirá o preço, independentemente da elasticidade da demanda para o produto. A elasticidade da demanda é um tema que merece apenas um papel relativamente menor na teoria econômica[16].

Em suma, um imposto específico (a) prejudica os consumidores da mesma forma que todos os impostos o fazem, pela transferência de recursos e demandas dos consumidores privados para o estado; e (b) prejudica os consumidores e produtores em sua própria maneira ao distorcer as alocações, preços e receitas de mercado; mas (c) não pode ser considerado um *imposto* sobre o consumo, no sentido do imposto ser transferido aos consumidores. O imposto específico sobre a produção, consumo ou venda de bens é também um imposto sobre a renda, só que neste caso o efeito não é geral, porque o impacto recai mais fortemente sobre os fatores específicos para a indústria tributada.

Qualquer imposto parcial sobre a produção terá efeitos semelhantes a um imposto específico. Um imposto de licença aplicado a uma indústria, por exemplo, ao conceder um privilégio monopolista para empresas com uma grande quantidade de capital, restringirá a oferta do produto e aumentará o preço. Os fatores e os preços serão alocados de maneira inapropriada como um imposto específico. Destaca-se deste, no entanto, a concessão indireta de privilégio monopolístico que *beneficiará* os fatores específicos semi-monopolizados, capazes de permanecer no setor.

---

[16] Talvez a razão da popularidade imerecida do conceito de elasticidade é que os economistas precisam empregá-lo na vã procura por leis e medidas quantitativas na economia.

C - Efeitos Gerais da Tributação sobre a Renda

Na economia dinâmica real, a *renda monetária* consiste em salários, aluguéis, juros e lucros, contrabalançados por perdas. (Os aluguéis também são capitalizados no mercado, de modo que a renda deles seja resolúvel em juros e lucros, excetuadas as perdas). O *imposto sobre a renda* é projetado para incidir sobre toda a renda líquida. Vimos que os impostos sobre as vendas e os impostos específicos sobre produção, consumo ou venda de bens, na verdade, recaem sobre alguns rendimentos de fatores original. Em geral, isso tem sido ignorado, e, talvez, uma das razões seja o fato das pessoas estarem acostumadas a pensar na tributação sobre a renda como algo uniformemente imposto sobre todos os rendimentos de mesmo montante. Mais tarde, veremos que a uniformidade de tal imposição tem sido amplamente considerada um importante "princípio geral de justiça" para a tributação. Na verdade, essa uniformidade não existe ou precisa existir. Os impostos específicos e os impostos sobre as vendas, como vimos, não são uniformemente aplicados, mas são compelidos a alguns recebedores de renda e não a outros da mesma classe de renda. Devemos reconhecer que o *imposto sobre a renda oficial*, o imposto que é geralmente conhecido como o "imposto de renda", não é de modo algum a única forma em que a renda é, ou pode ser, tributada pelo governo[17].

Um imposto sobre a renda não pode ser transferido para nenhuma outra pessoa. O próprio contribuinte suporta o ônus. Recebe os lucros de sua atividade empresarial, os juros de preferência temporal, e outros rendimentos da produtividade marginal, e nenhum pode ser aumentado para cobrir o imposto. A tributação sobre a renda reduz a renda monetária e a renda real de todos os pagadores de impostos e, consequentemente, o padrão de vida. A renda do trabalho será mais cara, a do ócio é mais barata, de modo que tenderá trabalhar menos. O padrão de vida de todos, sob a forma de bens permutáveis, entrará em declínio. Para refutar tal ideia vale dizer que muito disso resultou da elevação da utilidade marginal da moeda de cada uma das as pessoas, ao passo que os ativos monetários caíam, devendo existir portanto, um aumento da utilidade marginal da reduzida renda obtida do corrente custo laboral. Em outras palavras, é verdade que o mesmo trabalho, atualmente, gera menos dinheiro, mas esta mesma redução na renda também pode aumentar a utilidade marginal de uma unidade de moeda na medida em que a utilidade marginal da renda total *aumentará*, e o trabalhador será induzido a *trabalhar mais* como resultado do imposto de renda. Isso pode ser verdade em alguns casos, e nesse caso,

---

[17] Mesmo o imposto sobre renda oficial, dificilmente, é uniforme, pois é entremeado de encargos adicionais e isenções. Mais adiante, neste livro, discutiremos o assunto de maneira mais aprofundada ao tratar da uniformidade de tributação.

não há nada de misterioso ou contrário à análise econômica. No entanto, isso dificilmente será uma bênção para o homem ou para a sociedade, pois caso se trabalhe mais, o tempo livre é perdido, e o padrão de vida das pessoas será mais baixo por causa dessa perda coercitiva.

No livre mercado, em suma, os indivíduos estão sempre equilibrando a renda em dinheiro (ou renda real em bens permutáveis) com a renda real na forma de atividades de lazer. Ambos são componentes básicos do padrão de vida. Quanto maior o rendimento em bens permutáveis, de fato, maior será a utilidade marginal de uma unidade de tempo de lazer (bens não permutáveis) e, proporcionalmente, mais vão "usar" a renda sob a forma de lazer. Não é surpreendente, portanto, que uma renda coercitivamente menor possa forçar as pessoas a trabalhar mais. Seja qual for o efeito, o imposto diminui o nível de vida dos contribuintes, quer privando-os de lazer ou de bens permutáveis.

Além de penalizar os trabalhos em relação ao tempo livre, o imposto de renda também penaliza o trabalho pago em *dinheiro* em relação ao trabalho com retorno em espécie. Obviamente, uma vantagem relativa é atribuída a um trabalho feito por uma recompensa não monetária. As mulheres que trabalham são penalizadas se comparadas às donas de casa; as pessoas tendem a trabalhar para as próprias famílias em vez de entrar no mercado de trabalho etc. As atividades do tipo "faça você mesmo" são estimuladas. Em suma, o imposto de renda tende a provocar uma redução na especialização e uma repartição do mercado e, portanto, um retrocesso nos padrões de vida[18]. Crie um imposto de renda bastante alto, e o mercado se desintegrará completamente: veremos triunfar as condições econômicas primitivas.

O imposto de renda confisca uma determinada parcela da renda da pessoa, deixando-a livre para alocar o restante entre consumo e investimento. Podemos pensar que, uma vez que pressupomos arranjos de preferência temporal como um dado, a proporção de consumo para o investimento em poupança – e a taxa de juros natural – não serão afetados pelo imposto sobre a renda. Mas não é assim que funciona. A renda real do contribuinte e o valor dos seus ativos monetários foram reduzidos. Quanto menor o nível dos ativos monetários reais de um homem, maior será a sua taxa de preferência temporal (considerando o arranjo de preferência temporal) e maior a proporção de seu consumo em relação às despesas de investimento. A posição do contribuinte pode ser vista no diagrama da Figura 4.

---

[18] Ver: HARRISS, C. Lowell. "Public Finance". In: HALEY, Bernard F. (Ed.). *A Survey of Contemporary Economics*. Homewood: Richard D. Irwin, 1952. Volume II, p. 264. Para um exemplo prático, ver: BAUER, P.T. "The Economic Development of Nigeria". In: *Journal of Political Economy*, October, 1955, pp. 400ss.

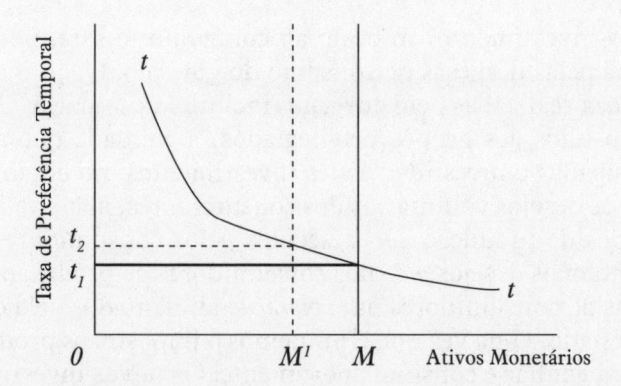

FIGURA 4. TABELA DA RELAÇÃO PREFERÊNCIA-TEMPO INDIVIDUAL

A Figura 4 é uma representação do arranjo de preferência temporal do pagador de impostos *individual* relacionada aos ativos monetários. Digamos que a posição inicial do pagador de impostos é um estoque de $0M$; tt é a sua curva de preferência temporal. A *taxa de preferência temporal efetiva*, determinando a proporção do consumo em relação aos investimentos de é $t1$. Neste momento, o governo faz incidir um imposto sobre a renda, reduzindo os ativos monetários iniciais do princípio do seu período de gastos para $0M1$. A taxa de preferência temporal efetiva é agora maior, em $t2$. Vimos que os ativos monetários *reais* do indivíduo, bem como os nominais, devem decair para que o resultado ocorra. Se houver deflação, o valor da unidade monetária aumentará brutalmente em proporção, e, no longo prazo, a proporção de preferência temporal, *ceteris paribus*, não serão alteradas. No caso da tributação sobre a renda, no entanto, não haverá alteração no valor da unidade monetária, já que o governo gastará o produto da tributação. Como resultado, os ativos monetários reais do pagador de impostos, assim como os nominais decairão na mesma medida.

Podemos objetar que os funcionários do governo ou as pessoas que recebem ajudas governamentais recebem uma quantidade de dinheiro adicional, e a queda na proporção das preferências temporais dessas pessoas pode muito bem compensar, ou equilibrar, o aumento da taxa do lado dos pagadores de impostos. Não podemos concluir, então, que o índice social de preferência temporal se elevará, e que a poupança-investimento sofrerá particular redução. As despesas do governo, no entanto, constituem desvio de recursos de fins privados para fins públicos. Uma vez que o governo, por definição, deseja tal desvio, esta é uma despesa *de consumo* por parte do governo[19]. A redução na renda (e, portanto, no consumo *e* na

---

[19] Esses gastos são comandados pelo governo, e não pela ação livre dos indivíduos. Eles, portanto,

poupança-investimento) imposta ao contribuinte será, por isso, contrabalançada pelas despesas de consumo do governo. Quanto às despesas de *transferência* realizadas pelo governo (incluindo os salários dos burocratas e dos subsídios aos grupos privilegiados), é verdade que algumas delas serão poupadas e investidas. Estes investimentos, no entanto, não representarão os desejos voluntários dos consumidores, mas sim investimentos em campos de produção *não* desejados pelos consumidores *da produção*. Representam os desejos, *não* dos consumidores de produção no livre mercado, mas de consumidores da *exploração* alimentados pela coerção unilateral do estado. Uma vez que eliminemos o imposto, os produtores ficarão livres para ganhar e consumir novamente. Os novos investimentos surgidos a partir das demandas dos especialmente privilegiados passarão a ser *maus investimentos*. De qualquer forma, a quantia consumida pelo governo garante que o efeito da tributação sobre a renda deva elevar as taxas de preferência temporal e reduzir a poupança-investimento.

Alguns economistas defendem que a tributação sobre a renda reduz a poupança e os investimentos na sociedade de uma terceira maneira. Afirmam que a tributação sobre a renda, devido a sua natureza, impõe uma taxa "dupla" sobre poupança e investimento em comparação ao consumo[20]. O raciocínio é o seguinte: a poupança e o consumo não são verdadeiramente simétricos. Toda a poupança é direcionada para a pessoa desfrutar de maior consumo no futuro. Caso contrário, não haveria nenhuma razão para se poupar dinheiro. A poupança é a abstenção de um possível consumo presente em troca de uma expectativa de aumento do consumo, em algum momento no futuro. Ninguém quer bens de capital simplesmente por serem bens[21]. São apenas a personificação de um consumo maior no futuro. Poupança e investimento são como uma vara feita por Robinson Crusoé para obter mais maçãs no futuro; o resultado será um aumento do consumo posterior. Assim, a determinação de um imposto sobre a renda penaliza excessivamente a poupança e o investimento se comparado ao consumo[22].

---

podem apenas satisfazer a utilidade (ou espera-se que satisfaçam) dos funcionários do governo, e não tem como ter certeza se mais alguém obtém satisfação. Os keynesianos, ao contrário, classificam todas as despesas de uso dos recursos governamentais como "investimento", sobre o fundamento de que estes, como despesas de investimento, são "independentes", e não passivamente vinculados à renda por meio de uma "função" psicológica.

[20] Deste modo, ver: FISHER, Irving & FISHER, Herbert W. *Constructive Income Taxation*. New York: Harper & Bros., 1942. "Dupla" é usado no sentido de *duas* instâncias, e não de "duas vezes" na aritmética.

[21] Embora haja muito mérito na crítica do professor John F. Due desta opinião geral, ele está incorreto em acreditar que as pessoas possam possuir capital por amor ao capital. Se as pessoas, por causa da incerteza a respeito do futuro, desejam guardar riqueza de modo a estar sempre à disposição e aliviar o risco, irão mantê-la na forma mais comercializável – saldos de caixa. O capital é muito menos comercializável e só é desejado para frutificar como bens de consumo e para auferir os lucros da venda destes bens. Ver: DUE, John F. *Government Finance*. Homewood: Richard D. Irwin, 1954. pp. 123-25, 368.

[22] Em geral, esses economistas continuam a defender a tributação do consumo como a única renda

Esta linha de raciocínio está correta na explicação do processo de investimento-consumo. Sofre, no entanto, de um grave defeito: é irrelevante para os problemas de tributação. É verdade que poupar é um agente produtivo. No entanto, todos sabem que é precisamente por isso que as pessoas poupam. Contudo, mesmo sabendo que a poupança é um agente produtivo, as pessoas não poupam *toda* a sua renda. Por quê? Devido a sua preferência temporal para o consumo no presente. Todo indivíduo, considerando a renda atual e a escala de valores, aloca a renda na proporção que mais deseja entre consumo, investimento, e além do seu saldo de caixa. Qualquer outra alocação satisfaria os seus desejos em menor grau e reduziria a sua posição na própria escala de valor. Assim, não há razão para dizer que um imposto sobre a renda, penaliza em especial a poupança e o investimento; penaliza todo o padrão de vida do indivíduo, abrangendo o consumo atual, o consumo futuro, e seu saldo de caixa. Não penaliza *per se* a poupança mais do que as outras áreas de alocação de renda.

Há uma outro modo, no entanto, em que um imposto sobre a renda impõe, de fato, um encargo especial sobre a poupança. Os juros recebidos da poupança-investimento, como todos os demais ganhos, estar sujeito ao imposto de renda. A taxa de juros líquidos recebida, portanto, é inferior à taxa de livre mercado. O retorno não está em conformidade com as preferências temporais do livre mercado; ao contrário, o retorno compulsoriamente mais baixo induz as pessoas a alinharem suas economias de investimento e poupança com o retorno reduzido. Em suma, as poupanças e investimentos marginais, que no momento não são lucrativos a uma taxa mais baixa, não serão realizados.

O argumento de Fischer-Mill acima é um exemplo de uma tendência curiosa entre os economistas geralmente dedicados ao livre mercado, uma vez que não estão dispostos a considerar a proporção de consumo com relação aos investimentos como ideal. O argumento econômico para o livre mercado é que as alocações de mercado tendem, em todos os pontos, a ser ótimas em relação aos desejos do consumidor. Os economistas que defendem o livre mercado reconhecem este fator na maioria das áreas da economia, mas por alguma razão, mostram predileção e ternura especial com a poupança e o investimento, se comparados ao consumo. Tendem a acreditar que um imposto sobre a poupança, no livre mercado, é muito mais invasivo do que um imposto sobre o consumo. É verdade que a poupança abrange o consumo futuro. Contudo, as pessoas escolhem, voluntariamente, entre o consumo presente e o futuro, de acordo com as preferências temporais, e esta escolha voluntária é a escolha ideal. *Qualquer imposto*

"real". Para uma discussão mais aprofundada de tal imposto sobre o consumo, ver mais adiante.

que incida particularmente sobre o consumo, portanto, é uma distorção e invasão do livre mercado assim como um imposto sobre a poupança. Afinal, não há nada que seja especialmente sagrado no ato de poupar; a poupança é simplesmente o caminho para o consumo futuro. Mas poupança e investimento *não são* mais importantes do que o consumo presente, sendo a alocação entre os dois determinada pelas preferências temporais dos indivíduos. O economista que apresenta mais preocupação com a poupança do livre mercado do que com o consumo do livre mercado está implicitamente defendendo a interferência estatal e uma distorção imposta de alocação de recursos em favor de um maior investimento e menor consumo. O defensor do livre mercado deve se opor com o mesmo fervor à distorção imposta da proporção de consumo-investimento em *qualquer* das direções[23].

Na verdade, vimos que a tributação sobre a renda, por outras vias, tende a distorcer a alocação de recursos em mais consumo e menos poupança ou investimento, e vimos anteriormente que as *tentativas* de se taxar o consumo na forma de tributação sobre as vendas ou produção deve falhar e acabar na tributação sobre a renda.

D - Formas Especiais de Tributação sobre a Renda

(1) Impostos sobre os salários

Um imposto sobre os salários é um imposto de renda que não pode ser afastado do assalariado. Não há ninguém para quem possa transferi-lo, especialmente o funcionário, que sempre tende a ganhar uma taxa de juros uniforme. Na verdade, há *impostos indiretos* sobre os salários que são transferidos para o *assalariado* na forma de rendas salariais mais baixas. Um exemplo é a parte da previdência social ou de seguro-desemprego, que incide *sobre o empregador*. A maioria dos funcionários acreditam que escaparam completamente desta parte do imposto, a parte que o empregador paga. Estão totalmente enganados. O empregador, como vimos, *não pode* transferir o imposto para o consumidor. Na verdade, uma vez que o imposto é cobrado proporcionalmente sobre os salários pagos, o imposto é *deslocado inteiramente* para os empregados. A parte do empregador é simplesmente um imposto recolhido à custa de uma redução do salário líquido dos trabalhadores.

---

[23] Assim, um dos argumentos conservadores padrão contra o imposto de renda *progressivo* (ver mais adiante) é que a poupança seria tributada em maior proporção do que o consumo; muitos destes escritores deixam o leitor com a inferência de que se o consumo (presente) fosse muito mais tributado, tudo estaria tudo bem. No entanto, o que há de tão importante em relação ao consumo *futuro*, contraposto ao *presente*, e qual princípio esses economistas adotam que lhes permitem alterar pela força as proporções das relações voluntárias de preferência temporal entre o presente e o futuro?

(2) Imposto de Renda de Pessoa Jurídica

A tributação sobre os rendimentos líquidos das empresas impõe um imposto "duplo" sobre os proprietários das empresas: uma vez na renda oficial da "pessoa jurídica" e outra no remanescente da renda líquida distribuída entre os proprietários. O imposto adicional não pode ser transferido para o consumidor, pois já que é cobrado sobre o lucro líquido em si, dificilmente pode ser transferido retroativamente. Tem o efeito de prejudicar a renda das empresas, em oposição às rendas de outras formas de mercado (propriedade única, sociedades, entre outros), penalizando assim as empresas eficientes e incentivando as ineficientes. Os recursos são transferidos das eficientes para as ineficientes até que a taxa esperada de retorno líquido esteja equalizada em toda a economia – a um nível inferior ao que estava originalmente. Visto que o retorno de juros é violentamente menor do que antes, o imposto penaliza a poupança e o investimento, bem como uma configuração eficiente de mercado[24].

A penalidade, ou "dupla-tributação", característica dos impostos sobre a renda das pessoas jurídicas poderia ser eliminada somente ao abolir o imposto e tratar quaisquer rendas líquidas decorrentes de pessoa jurídica como uma renda *pro rata* para os acionistas-proprietários. Em outras palavras, uma empresa seria tratada como uma sociedade, e não de acordo com a ficção absurda de que é algum tipo de entidade real à parte, funcionando além das ações dos verdadeiros proprietários. Os rendimentos provenientes da empresa, obviamente, se acumulam proporcionalmente às quotas dos proprietários. Alguns escritores têm alegado que os acionistas realmente não recebem os rendimentos sobre os quais eles seriam taxados. Portanto, suponhamos que a *Star Corporation* aufira um lucro líquido de $100,000 em um determinado período, e que tenha três sócios – Jones, com 40% das ações; Smith, com 35% das ações, e Robinson, que possui 25% das ações. Os acionistas majoritários, ou representantes da gestão, decidem guardar "na empresa" $ 60,000 como ganhos "não-distribuídos", pagando apenas $ 40,000 como dividendos. Perante a lei corrente, o lucro líquido de Jones da *Star Corporation* é considerado como $16,000 dólares, o de Smith como $ 14,000, e o de Robinson como $ 10,000: a "empresa" está registrada como $ 100,000. Cada uma destas entidades é, então, tributada sobre essas quantias. No entanto, visto que não existe uma entidade corporativa real separada dos proprietários, a renda seria mais adequadamente registrada da seguinte forma: Jones com $ 40,000, Smith com $ 35,000,

---

[24] Alguns escritores têm salientado que a pena reduz o consumo futuro em relação ao que poderia ter sido, reduzindo o fornecimento de bens e aumentando os preços aos consumidores. No entanto, isto dificilmente pode ser chamado de "transferência", mas sim de uma manifestação do efeito final do imposto para reduzir os padrões de vida dos consumidores tendo por base o nível do livre mercado.

Robinson com $ 25,000. O fato desses acionistas não *receberem* efetivamente o dinheiro não é um problema, pois ocorre aqui o equivalente a alguém que ganha dinheiro e o mantém na conta corrente, sem se preocupar em tirá-lo e usá-lo. Os juros que se acumulam em qualquer conta bancária de poupança são considerados como renda e, consequentemente, são taxados e não há nenhuma razão pela qual os ganhos "não-distribuídos" não devam ser considerados como renda individual da mesma forma.

O fato da renda total das empresas ser primeiramente taxada e, depois, "distribuída" como receita de dividendos para ser taxada novamente, incentiva uma outra distorção em termos de investimento e organização de mercado. Essa prática incentiva os acionistas a não distribuírem uma maior proporção dos lucros, ao contrário do que teriam feito no livre mercado. Os ganhos são "congelados" e retidos ou investidos de forma rentável em relação à satisfação dos desejos dos consumidores. Há duas formas possíveis de contestar a réplica que diz que isto ao menos incentiva o investimento: (1) de que uma distorção em favor do investimento se trata, antes de mais nada, de uma distorção da alocação de mercado ideal, e (2) de que o "investimento" não é incentivado, mas sim o *investimento congelado* pelos proprietários de modo a retornar para as empresas originais em detrimento dos investimentos móveis. Isto distorce e torna ineficiente o padrão e a alocação dos fundos de investimentos, tendendo a congelá-los nas empresas originais, e desencorajando, assim, a difusão de fundos para diferentes áreas. Afinal, os dividendos não são necessariamente consumidos: podem ser reinvestidos em outras empresas e em outras oportunidades de investimento. O imposto de renda das pessoas jurídicas dificulta consideravelmente o ajuste da economia para as mudanças dinâmicas nas condições.

(3) Tributação sobre lucro "excessivo"

Este imposto é cobrado sobre parte da renda líquida das empresas quando um valor maior do que o da renda base é obtido. Tal valor é chamado de "excessivo". Um imposto-penalidade sobre a renda "excessiva" das empresas afeta e prejudica diretamente a normalização da economia. O lucro impelido pelos empresários é a força motriz que ajusta, estima e coordena o sistema econômico, de modo a maximizar a renda do produtor e aumentar as chances de satisfação do consumidor. Por intermédio desse processo, os maus investimentos podem ser consideravelmente minimizados e os bons prognósticos incentivados, por exemplo, é possível harmonizar a produção antecipada e os desejos do consumidor na data de lançamento do produto final no mercado. Atacar os lucros "duplamente" perturba e dificulta todo o processo de normalização do mercado. Tal imposto penaliza o empreendedorismo eficiente. Além disso, ajuda a congelar os padrões de mercado e as posições empresariais da forma como eram em épocas anteriores, o que distorce a economia cada vez mais com o passar do tempo. Não há justificativa econômica para a tentativa de congelar os padrões de mercado em moldes de épocas anteriores. Quanto maiores as mudanças nos dados econômicos, mais importante se torna a *não* tributação dos lucros "excessivos" – ou qualquer receita "excedente". Caso contrário, a adaptação às novas condições será bloqueada justamente quando a normalização rápida é necessária. É difícil encontrar um imposto que seja mais indefensável de vários pontos de vista do que este.

(4) O Problema do Ganho de Capital

Muitas discussões em voga giram em torno da pergunta: O ganho de capital pode ser considerado renda? Parece evidente que sim. Na verdade, o ganho de capital é uma das principais formas de renda. A bem da verdade, *o ganho de capital é o mesmo que lucro*. Aqueles que desejam a uniformidade na tributação de renda teriam, portanto, que incluir os ganhos de capital, já que todas as formas de lucro monetário são consideradas na categoria de rendimento tributável[25]. Usando como exemplo a *Star Corporation*, descrita acima, vamos considerar o Tempo 1 como o período imediato após a empresa ganhar $ 100,000 líquidos e pouco antes de decidir onde alocaria essa renda. Em suma, é o momento de decisão. Ela lucrou $ 100,000[26]. Por conseguinte, o capital no Tempo 1 teve um aumento de $ 100,000. Os acionistas, no total, obtiveram um ganho de capital de $ 100,000, mas esse número também representa o lucro total. Agora, a *Star Corporation* mantém $ 60,000 e distribui $40,000 em dividendos. Para simplificar, vamos supor que os acionistas consumam essa quantidade. Qual é a situação no Tempo 2 após a alocação? Em comparação à situação inicial, digamos no Tempo 0, descobrimos que o valor do capital da *Star Corporation* aumentou sessenta mil dólares. Essa é, sem dúvida, parte da renda dos acionistas. Ainda assim, se a uniformidade na tributação de renda é desejada, não há necessidade de aplicar um imposto sobre isso, pois a renda de $ 100,000 dos acionistas já estaria sujeitas a taxas.

O mercado de ações sempre tende à dar um reflexo exato do valor do capital de uma empresa; poderíamos pensar, portanto, que o valor das

---

[25] Não se deve inferir que o presente autor é defensor de uma tributação uniforme. Uniformidade, de fato, doravante será duramente criticada como um ideal *impossível* de ser alcançado. (Um objetivo ético absolutamente impossível de ser realizado é uma meta absurda; a este ponto podemos nos dedicar, não à exortação ética, mas à crítica praxeológica da possibilidade de alcançar certos objetivos éticos). No entanto, é analiticamente mais conveniente considerar vários tipos de imposto de renda relacionados para uniformizar o tratamento de toda a renda.

[26] Por uma questão de conveniência, supomos que esta renda é o lucro puro, e que a renda de juros já foi descartada. Apenas o lucro puro aumenta valor do capital, pois na economia em constante mudança, não haverá uma economia líquida, e o rendimento dos juros serão apenas para manter a estrutura da renda de capital intacta.

ações da empresa aumentaria, em conjunto, em $ 60,000. Em um mundo dinâmico, no entanto, o mercado de ações reflete as antecipações de lucros futuros e, portanto, os valores serão diferentes *daqueles* contidos nos balanços feitos posteriormente pela empresa. Além disso, o empreendedorismo, somado aos lucros e às perdas, refletirá nas avaliações do mercado de ações, bem como nas empresas diretamente. Uma empresa pode lucrar pouco agora, mas um empreendedor de visão adquirirá ações de outros com menos visão. Um aumento no preço lhe dará um ganho de capital líquido e isso seria um reflexo de sabedoria empresarial ao administrar o capital. Uma vez que seria administrativamente impossível identificar os lucros da empresa, o melhor – do ponto de vista da tributação de renda uniforme – seria *não* cobrar imposto sobre a renda das empresas, mas sim sobre os seus ganhos de capital dos acionistas. Qualquer ganho que os proprietários tenham será refletido em ganhos de capital de qualquer forma, então a tributação da renda empresarial em si se torna desnecessária. Por outro lado, a tributação da renda empresarial, ao isentar o ganho de capital, excluiria da "renda" os ganhos empresariais no mercado de ações. No caso de parcerias e de empresas individuais, que não são adquiridas em ações, a renda dos proprietários seria, por certo, taxada diretamente. A tributação da renda empresarial (ou seja, os lucros que vão para os acionistas) *e* dos ganhos de capital resultariam em uma dupla tributação sobre os empresários eficientes. Um imposto de renda genuinamente uniforme, então, não cobraria de acordo com a renda geral do acionista, mas sim de acordo com o ganho de capital de suas ações no mercado.

Se os lucros das empresas (ou ganhos de capital) estão sujeitos à cobrança, as perdas comerciais ou perdas de capital são negativas, dedutíveis de rendimentos alcançados por qualquer indivíduo em particular.

Qual é o problema da terra e da habitação? Aqui, há a mesma situação. Proprietários ganham anualmente e isso pode ser incluído na renda líquida, como se fossem os lucros das empresas. No entanto, o ramo imobiliário, apesar de não ser dado a participação acionária, tem também um mercado de capitais florescente. A terra é capitalizada e os valores de capital aumentam ou diminuem no mercado de capitais. É claro que, mais uma vez, o governo tem uma alternativa caso deseje impor uniformidade ao imposto de renda pessoal: tanto pode fixar o imposto sobre o lucro líquido dos imóveis como pode desistir e fixar um imposto sobre o aumento dos valores capitais dos imóveis. Se a primeira opção for colocada em prática, os ganhos e perdas empresariais feitas no mercado de capitais serão omitidas, bem como o regulador e antecipador do investimento e da demanda; se ambas as opções são escolhidas, o governo impõe uma dupla tributação de imposto sobre essa forma de negócio (ramo imobiliário). A melhor solução (mais uma vez, dentro do contexto de um imposto uniforme sobre a renda) é a fixação de um imposto sobre o ganho de capital menos a perda de capital sobre o valor das propriedades.

Devemos enfatizar que um imposto sobre ganhos de capital é, na verdade, um imposto sobre a renda apenas quando é cobrado sobre *capitais adquiridos*, em vez de ganhos *realizados* ou perdas de capital. Em outras palavras, se as ações de um homem têm aumentado durante um determinado período, de trezentas onças de ouro para quatrocentas onças, o seu rendimento é de cem onças de ouro, mesmo que ele tenha vendido a ação para "levar" o lucro. Em qualquer período, seu ganho consiste não apenas no que ele pode gastar. Situação análoga é a dos lucros não distribuídos de uma empresa, que, como vimos, devem ser incluídos no acúmulo de renda de cada acionista. Tributar ganhos *realizados* e perdas introduz grandes distorções na economia, o que faz com que os investidores nunca queiram vender as ações, mas deixá-las para as futuras gerações. Qualquer venda exigiria que o antigo proprietário pagasse os impostos acumulados sobre os ganhos de capital durante todo o período. O efeito "congela" o investimento nas mãos de uma pessoa e, em particular, de uma família por gerações. O resultado é a rigidez na economia e o fracasso do mercado de responder de forma flexível, as mudanças contínuas e inevitáveis nos dados. Conforme o passar do tempo, os efeitos distorcidos da rigidez econômica tendem a piorar.

Outro grave entrave nos resultados do mercado de capitais é que uma vez que o ganho de capital é "levado" ou realizado, o imposto de renda sobre esse ganho em particular é realmente muito maior e não uniforme, pois os ganhos de capital são acumulados durante um período longo de tempo, e não apenas no ponto de venda. Mas o imposto de renda é baseado apenas no rendimento realizado a cada ano. Em outras palavras, um homem percebe que seu ganho em um determinado ano vai gerar uma taxa muito maior do que o "justificável", se considerar a renda real adquirida durante o ano. Suponhamos, por exemplo, que um homem compra um bem por 50 e o seu valor de mercado aumenta 10 a cada ano, até que finalmente ele vende por 90, depois de quatro anos. Durante três anos, sua renda de 10 não é cobrada, ao passo que no quarto ano, é cobrado por um rendimento de 40 quando sua renda foi de apenas 10. O imposto final, portanto, é tributado sobre o capital acumulado, e não sobre a renda[27]. O incentivo para manter o investimento paralisado torna-se, portanto, ainda maior[28].

---

[27] Para uma discussão a respeito de tributação sobre capital acumulado, ver minha argumentação adiante.
[28] Ver: DUE. *Government Finance*. p. 146.

Há, naturalmente, grandes dificuldades em qualquer imposto sobre ganhos de capital acumulados, mas, como veremos, há muitos obstáculos insuperáveis em *qualquer* tentativa de estabelecer imposto de renda uniforme. As estimativas de valor do mercado representariam o maior problema. Apreciações são sempre simples conjecturas e não haveria como saber se o valor apurado foi o correto.

Outra dificuldade insuperável decorre de mudanças no poder aquisitivo da unidade monetária. Se o poder aquisitivo caiu pela metade, em seguida, uma mudança no valor do capital de um bem de 50 para 100 não representa um ganho real de capital; simplesmente reflete a *manutenção do capital real*, conforme dobrarem os valores nominais. Claramente, um valor nominal constante do capital, quando os outros preços e valores dobram, refletiria uma grande *perda* de capital – uma queda pela metade no valor real do capital. Para refletir os ganhos ou perdas no rendimento, então, o ganho de uma pessoa – ou perda de capital – teria que ser corrigido segundo a evolução do poder aquisitivo da moeda. Assim, uma queda no poder aquisitivo tende a resultar no exagero da renda empresarial e, consequentemente, levar a um consumo de capital. Mas se os ganhos ou perdas de capital de uma pessoa devem ser corrigidos para a evolução do poder aquisitivo da moeda a fim de indicar o verdadeiro rendimento durante um determinado período, que padrões podem ser usados para tal correção? As mudanças no poder aquisitivo *não podem* ser medidas. Qualquer "índice" utilizado seria puramente arbitrário. Independentemente do método adotado, portanto, a uniformidade na tributação da renda não é possível, pois uma medição precisa da renda não pode ser obtida[29].

Assim, temos a questão controversa: "O ganho capital pode ser considerado renda?". A resposta é enfaticamente sim, desde que (1) a correção seja feita pelas mudanças no poder aquisitivo da unidade monetária e (2) o valor *acumulado*, em vez do ganho de capital realizado, seja considerado. Na verdade, sempre que as empresas são de propriedade dos acionistas (e credores), os ganhos dessas ações e títulos irão fornecer um guia mais completo a respeito das rendas obtidas do que o rendimento real líquido da empresa. Se for desejado tributar os rendimentos uniformemente, então, os impostos teriam de ser cobrados somente sobre os primeiros. Para tributar ambos, seria "bitributar" a mesma renda.

---

[29] Outro problema na cobrança de imposto sobre ganhos de capital acumulados é que a receita não é obtida diretamente em dinheiro. A tributação uniforme da renda em espécie, bem como da renda psíquica, enfrenta problemas insuperáveis, como veremos mais adiante. No entanto, assim como pode haver impostos sobre os equivalentes monetários imputados da renda em espécie, pode haver também os impostos sobre ganhos de capital acumulados.

O professor Harold M. Groves (1897-1969), embora concorde que os ganhos de capital fazem parte da renda, lista diversas razões para dar tratamento preferencial aos ganhos de capital[30]. Quase todas se aplicam à tributação sobre os ganhos *realizados*, em vez de sobre os ganhos *acumulados*. O único caso relevante é aquele em que "os ganhos e perdas de capital não são regularmente recorrentes, como são a maioria dos outros rendimentos". Mas *não há* renda "regularmente recorrente". Os lucros e perdas, é claro, são voláteis, sendo baseados no empreendedorismo especulativo e adaptações às novas condições. Mas ninguém defende que os lucros não são renda. Todos os outros rendimentos são flexíveis também. Ninguém tem uma renda garantida no livre mercado. Os recursos de todos estão sujeitos a alterações conforme as condições e os dados do mercado. Essa divisão entre os rendimentos e ganhos de capital é uma ilusão; e é demonstrada pela confusão na classificação dos rendimentos dos autores. A renda de um ano provém de cinco anos de trabalho em um livro ou de um aumento no "valor de capital" do autor? Deveria ser evidente que essa distinção não tem nenhuma importância[31].

Ganhos de capital *são* lucro. E o valor *real* dos ganhos de capital total na sociedade será igual ao total dos lucros agregados. O lucro aumenta o valor do capital do proprietário, ao passo que uma perda o diminui. Além disso, não há como surgir outras fontes de reais ganhos de capital. E as economias dos indivíduos? Economias individuais, desde que não sejam agregadas aos balanços financeiros, viram investimentos. As compras de capital levam a ganhos de capital para os acionistas. Poupanças agregadas levam a ganhos de capital agregados. Mas também é verdade que os lucros globais podem existir apenas quando há uma poupança líquida agregada. Assim, *lucros puros agregados, os ganhos de capital total e a poupança líquida agregada* andam de mãos dadas na economia. A falta de economias leva a um prejuízo agregado e a uma perda de capital total.

Em suma, *se* a intenção é tributar de maneira uniforme (esse objetivo será analisado criticamente mais adiante), o procedimento correto seria considerar os ganhos de capital como equivalentes à renda *quando corrigidos* por conta de mudanças no poder aquisitivo da unidade monetária, além de considerar perdas de capital como renda negativa. Alguns críticos afirmam que seria discriminatório corrigir o capital devido a mudanças de preços sem que o mesmo seja feito com a renda, mas essa objeção foge do foco. Se o desejo é tributar a *renda* em vez de capital acumulado, é neces-

---

[30] GROVES, Harold M. *Financing Government*. New York: Henry Holt, 1939. p. 181.
[31] A renda irregular gera o mesmo problema do ganho de capital irregular. A dificuldade pode ser desfeita em ambos os casos pela solução sugerida de renda média durante vários anos e pelo pagamento anual dos impostos dentro da média.

sário corrigir as mudanças no poder aquisitivo da moeda. Por exemplo, o capital, em vez da renda, é tributado durante a inflação.

(5) É POSSÍVEL HAVER IMPOSTO SOBRE O CONSUMO?

Temos visto que as tentativas de cobrar imposto sobre o consumo por intermédio das vendas e de impostos específicos são infrutíferas e, inexoravelmente, resultam em um imposto sobre os rendimentos. Irving Fisher (1867-1947) sugeriu um plano engenhoso para um *imposto sobre o consumo*: uma cobrança direta semelhante ao imposto de renda do indivíduo, exigindo retornos anuais etc. A base para o imposto do indivíduo, porém, seria a sua renda menos os acréscimos líquidos ao seu capital ou balanço financeiro, além de subtrações líquidas naquele período – ou seja, os gastos em consumo. A despesa individual, então, seria tributada da mesma forma que a renda é atualmente[32]. Podemos ver a falácia do argumento de Fisher: que somente um imposto sobre o consumo seria um imposto de renda verdadeiro e que o imposto de renda ordinário constitui uma tributação dupla sobre as poupanças. Esse argumento coloca um peso maior na poupança do que o mercado, já que o mercado tem consciência da importância de economizar e alocar as despesas da melhor maneira. Eis o problema que temos de enfrentar: será que esse imposto proposto por Fisher realmente teria o efeito pretendido e tributaria apenas o consumo?

Vamos imaginar um senhor Jones, com uma renda anual de 100 onças de ouro. Durante o ano, ele gasta 90% (ou 90 onças) em consumo e poupa 10% (ou 10 onças). Se o governo impõe um imposto de renda de 20% em cima dele, deverá pagar 20 onças no final do ano. Supondo que o seu consumo permaneça o mesmo (e deixando de lado o fato de que haverá um aumento da proporção gasta em consumo, porque um indivíduo com menos bens tem uma *taxa* de preferência-temporal mais alta), a proporção entre o consumo e o investimento ainda será de 90:10. Jones passará a gastar 72 onças em consumo e 8 em investimento.

Agora, suponhamos que *em vez de* um imposto de renda, o governo aplicasse um imposto de 20% em cima do consumo anual. Fisher afirmou que esse imposto seria cobrado apenas sobre o consumo, mas isso está incorreto, já que as poupanças e o investimento estão baseados unicamente na possibilidade de consumo futuro. Como o consumo futuro também será taxado, em equilíbrio, pela mesma taxa que o consumo presente, é evidente que o ato de economizar não recebe nenhum incentivo[33]. Ainda

---

[32] FISHER & FISHER. *Constructive Income Taxation*.
[33] Nem o *acúmulo de bens* recebe qualquer incentivo especial, pois o entesouramento deve resultar finalmente no consumo. É verdade que a manutenção de saldos de caixa em si gera um benefício, mas

que seja desejável ao governo incentivar a poupança em detrimento do consumo, tributar o consumo não teria o mesmo impacto. Como o consumo futuro e o presente serão taxados de igual modo, não haverá nenhuma mudança em favor das poupanças. De fato, haverá uma *mudança em favor do consumo*, na medida em que uma quantidade menor de dinheiro provoca um aumento na taxa de preferência para bens presentes. Deixando de lado essa mudança, a perda de fundos levaria a uma realocação/redução de economias, assim como aconteceria com o consumo. Qualquer pagamento de fundos para o governo reduz necessariamente o lucro líquido remanescente e, como a preferência temporal do sujeito continua a mesma, ele reduz proporcionalmente a poupança *e* o consumo.

Isto irá ajudar a vermos como o fenômeno funciona aritmeticamente. Podemos usar a seguinte equação simples para resumir a posição de Jones:

(1) Lucro Líquido = Lucro Bruto – Imposto
(2) Consumo = 0,90 Lucro Líquido
(3) Imposto de Consumo = 0,20

Com renda bruta igual a 100 e resolvendo as três equações, temos o seguinte resultado: Lucro Líquido = 85, Imposto = 15, Consumo = 76.

Podemos agora resumir na seguinte tabulação o que aconteceu com Jones na incidência de um imposto de renda e de um imposto sobre o consumo:

Evento	Renda Bruta	Imposto	Renda Líquida	Consumo	Investimento de Poupança
20% Imposto de Renda	100	20	80	72	8
20% Imposto de Consumo	100	15	85	76	9

Vemos, assim, esta importante verdade: um imposto sobre o consumo é sempre modificado para se tornar um imposto de renda, embora em uma escala menor. De fato, um imposto sobre o consumo de 20% passa a ser equivalente a um imposto de renda de 15%. Esse é um argumento muito importante contra o plano. A tentativa de Fisher para tributar apenas o imposto sobre o consumo provavelmente falhará; o imposto é transferido pelo indivíduo até que se torne um imposto de renda, embora seja de um valor inferior ao valor do imposto de renda equivalente.

---

a *base* para esses saldos é sempre a perspectiva de consumo futuro.

Assim, a conclusão mais surpreendente em nossa análise: *não pode haver só imposto sobre o consumo*; todos os impostos sobre o consumo se transformam, de uma forma ou de outra, em impostos sobre a renda. Claro, como é o caso do imposto sobre o consumo direto: o efeito da taxa é *descontado*. E aqui, talvez, esteja a pista que justifica a predileção dos economistas do livre mercado pelos impostos sobre o consumo. Seu charme, em última análise, consiste no desconto –a mesma taxa de imposto sobre o consumo tem o efeito de uma taxa *menor* de imposto de renda. A carga tributária sobre a sociedade e o mercado é menor[34]. Essa redução da carga tributária pode ser um objetivo muito louvável, mas deve ser declarada como tal. Devemos considerar, também, que o problema não reside no *tipo* de imposto cobrado, mas na carga de impostos sobre os indivíduos na sociedade.

Devemos repensar agora as nossas conclusões ao admitir o caso de *desentesouramento* ou da *despoupança*, que tínhamos excluído da discussão. Na medida em que o desentesouramento ocorre, o consumo se esvai e não a renda, pois a pessoa que gasta a poupança consome a riqueza anteriormente acumulada e não renda atual. O imposto de Fisher, assim, puncionaria o consumo da riqueza acumulada, que permaneceria não tributada pelo imposto de renda normal.

4
A INCIDÊNCIA E OS EFEITOS DA TRIBUTAÇÃO

PARTE II: OS IMPOSTOS SOBRE O CAPITAL ACUMULADO

Em certo sentido, *todos* os impostos são impostos sobre o capital. A fim de pagar um imposto, um homem deve guardar dinheiro. Essa é uma regra universal. Se o ato de poupar aconteceu com antecedência, então o imposto reduziu o capital investido na sociedade. Se o ato de poupar não aconteceu antes, podemos dizer que o imposto reduziu uma poupança em *potencial*. Poupança em potencial dificilmente é o mesmo que capital acumulado, no entanto, podemos considerar um imposto sobre a renda atual separadamente do imposto sobre o capital. Mesmo que o indivíduo tenha sido obrigado a economizar para pagar o imposto, a economia é tão atual quanto a renda e, portanto, podemos fazer a distinção entre os impostos sobre a poupança e renda *atuais* e os impostos sobre capital *acumulado* nos períodos anteriores. Na verdade, já que não pode haver impostos sobre o consumo, exceto quando há o gasto da poupança, quase todos os impostos

---

[34] Da mesma maneira, o interessante do imposto sobre as vendas é que não pode ser progressivo, reduzindo assim o peso da tributação da renda sobre as classes mais altas.

viram impostos sobre a renda *ou* impostos sobre o capital acumulado. Já analisamos o efeito do imposto sobre a renda. Vamos analisar agora os impostos sobre o capital acumulado.

Aqui encontramos um caso genuíno de "dupla tributação". Quando a poupança *atual* é tributada, a acusação de dupla tributação é questionável, pois as pessoas estão alocando a nova renda atual recém produzida. O capital acumulado, ao contrário, é a nossa herança do passado; é o acúmulo de ferramentas, equipamentos e recursos a partir dos quais derivam o padrão de vida. Tributar esse capital é reduzir o estoque de capital, desencorajar substituições, bem como novas acumulações, e empobrecer a sociedade no futuro. É possível também que o consumo no mercado dite o consumo de capital voluntário. Nesse caso, as pessoas empobrecerão deliberadamente no futuro, a fim de viver melhor no presente. Mas quando o governo obriga tal situação, a distorção de escolhas do mercado é particularmente grave, pois o padrão de vida de todos na sociedade será totalmente reduzido e isso *inclui*, talvez, alguns dos consumidores de impostos – os funcionários públicos e outros destinatários privilegiados. Ao invés de viver de renda produtiva atual, o governo e os seus "favoritos" mergulham no capital acumulado da sociedade, matando, assim, a galinha dos ovos de ouro.

A tributação do capital, portanto, difere consideravelmente do imposto de renda. Aqui, o *tipo* é tão importante quanto o nível. Um imposto de 20% sobre o capital acumulado terá um efeito muito mais devastador de empobrecimento do que um imposto de renda de 20%.

A - Tributação sobre as Transferências Gratuitas: Heranças a Doações

O recebimento de doações tem sido muitas vezes considerado como renda simples. Deveria ser óbvio, no entanto, que o beneficiário não produziu nada em troca pelo dinheiro recebido; na verdade, não é um rendimento da produção atual, mas uma transferência de propriedade do capital acumulado. Qualquer imposto sobre o recebimento de doações é, então, um imposto sobre o capital. Isso ocorre particularmente com *heranças*, pois a agregação de capital é transferida para um herdeiro e, claramente, o legado não vem da renda atual. Um imposto sobre a *herança*, portanto, é simplesmente um imposto sobre o capital. O impacto é devastador, porque (a) grandes quantias serão envolvidas, uma vez que, em determinado ponto nas gerações, *todas as parcelas* da propriedade devem passar aos herdeiros e (b) a perspectiva de um imposto sobre a herança acaba com o incentivo e a capacidade de poupar e construir uma suficiência familiar. O imposto sucessório é talvez o exemplo mais devastador de um simples imposto sobre o capital próprio.

Um imposto sobre doações e heranças tem o efeito adicional de penalizar a caridade e a preservação dos laços familiares. É irônico que alguns dos mais fervorosos na defesa de tributação de doações e heranças são os primeiros a afirmar que não haveria caridade "suficiente", caso o livre mercado fosse deixado à própria sorte.

B - Imposto sobre a Propriedade

Um imposto sobre a propriedade é um imposto cobrado sobre o valor da propriedade e, por conseguinte, sobre o capital acumulado. Há muitos problemas específicos referentes à tributação da propriedade. Em primeiro lugar, o imposto depende de uma *avaliação* do valor do imóvel e a taxa de imposto é aplicada ao valor avaliado. Mas, considerando que uma venda *real* da propriedade geralmente não ocorre, não há como as avaliações serem feitas com precisão. Como todas as avaliações são arbitrárias, a estrada é aberta ao favoritismo, à fraude e à corrupção.

Outro ponto fraco da tributação da propriedade atual é que os impostos tributam tanto a propriedade "real" quanto a "intangível". O imposto sobre a propriedade, ao mesmo tempo, *soma* as avaliações "reais" e "intangíveis"; assim, o valor líquido dos credores da propriedade é somado ao passivo dos devedores. Imóveis em dívida são, portanto, duplamente tributados em comparação a outro bem. Caso tenhamos A e B, e cada um deles possui um pedaço de propriedade no valor de $10,000; mas temos também C, que tem um título no valor de $ 6,000 sobre a propriedade de B. Portanto, B é estimado num total de $16,000 e taxado de acordo[35]. Assim, o uso do sistema de crédito é penalizado e a taxa de juros paga aos credores é elevada para permitir a multa extra.

Uma peculiaridade do imposto sobre propriedade é ser atribuído à propriedade em si e não à *pessoa* que a possui. Como resultado, o imposto é transferido no mercado de uma forma especial, conhecida como *imposto de capitalização*. Suponhamos, por exemplo, que a taxa de preferência temporal social ou a taxa de juros natural seja de 5%. Esse valor representa os ganhos em todos os investimentos em equilíbrio e a taxa tende a 5% quando o equilíbrio é atingido. Suponhamos que um imposto incida sobre *uma* propriedade particular ou sobre um conjunto de propriedades, por exemplo, em um casa no valor de $ 10,000. Antes que esse imposto fosse instituído, o proprietário arrecadava $ 500 por ano na propriedade. Um imposto anual de 1% agora é cobrado, forçando o proprietário a pagar $ 100 por ano para o governo. O que vai acontecer agora? O proprietário vai

---

[35] Ver: GROVES. *Financing Government*. p. 64.

ganhar $ 400 por ano em seu investimento. O lucro líquido será de 4%. Evidentemente, ninguém vai continuar a investir 4% nessa propriedade enquanto puder ganhar 5% em outras. O que vai acontecer? O proprietário *não* poderá passar o seu imposto adiante ao aumentar o valor do aluguel do imóvel. Os ganhos da propriedade são determinados pelo valor da produtividade final e o imposto sobre a propriedade *não* aumenta o seu mérito ou poder aquisitivo. Na verdade, ocorre o inverso: o imposto reduz o valor do capital da propriedade para permitir que os proprietários tenham um retorno de 5%. A preferência do mercado pela uniformidade abaixa o valor do capital da propriedade para possibilitar um retorno sobre o investimento. O valor capital do imóvel irá cair para $ 8,333, para que os retornos futuros sejam de 5%[36].

No longo prazo esse processo de redução do valor do capital é imputado retroativamente, recaindo principalmente sobre os proprietários de terra. Suponhamos que um imposto sobre a propriedade incida sobre um bem de capital ou um conjunto de bens de capital. A renda de um bem de capital pode ser dividida em salários, lucros, juros e aluguel da terra. Um valor menor de bens de capital transferiria os recursos para outros lugares. Os trabalhadores envolvidos na produção desse produto em particular com salários mais baixos, mudariam para empregos com melhor remuneração; capitalistas investiriam em um campo mais remunerador e assim por diante. Como resultado, os trabalhadores e empresários seriam capazes de desfazer-se do imposto sobre a propriedade, os empregados sofrendo à proporção que os *PVMDs* (Produto de Valor Marginal Descontado) deles fossem mais altos nesta ocupação que no mais bem pago dos empregos posteriores. Os consumidores, naturalmente, sofreriam por conta da má alocação coercitiva dos recursos. Aquele que suportaria o maior encargo, então, seria o proprietário da terra. Portanto, o processo de capitalização do imposto aplica-se mais in-

---

[36] O valor do capital final não é de $8,000, uma vez que o imposto sobre propriedade é cobrado em 1% do valor final. O imposto não permanece em 1% do valor do capital inicial de $10,000. O valor do capital irá cair para $8,333. O pagamento do imposto sobre propriedade será de $ 83, o rendimento líquido anual será de $ 417, e uma *taxa* de rendimento anual de 5% no capital de $8,333.
A fórmula algébrica para chegar a este resultado é a seguinte: Se C é o valor do capital a ser determinado, i é a taxa de juros, e R a renda anual da propriedade, quando nenhum imposto entra em cena até então:
$$iC = R$$
Quando um imposto sobre propriedade é cobrado, o retorno líquido será a renda menos o passivo anual, T, ou:
$$iC = R - T$$
Neste imposto sobre propriedade, postulamos uma taxa fixa sobre o valor do imóvel, de modo que:
$$iC = R - tC$$
Onde t é igual à taxa de imposto sobre o valor da propriedade. Em transposição:
$$C = R / i + t$$
O valor do capital novo é igual à renda anual dividida pela taxa de juros, mais a taxa fiscal. Consequentemente, o valor do capital é impulsionado abaixo do seu valor original, sendo os maiores (*a*) a taxa de juro e (*b*) a taxa fiscal.

tegralmente a um imposto de propriedade sobre a terra. A incidência recai sobre o proprietário da terra "original", ou seja, quem era o proprietário na época em que o imposto foi fixado. Não só o proprietário paga o imposto anual (um imposto que ele não pode transferir) enquanto for o dono, mas também sofre uma perda de valor do capital. Se o senhor Smith é o proprietário da referida propriedade, não só paga $ 83 por ano em impostos, mas o valor do capital de sua propriedade também cai de $ 10,000 para $ 8,333. Smith absorve notoriamente todos os prejuízos quando vende o imóvel.

E o que dizer dos proprietários que o sucederão? Compram a propriedade por $ 8,333 e ganham 5% de lucro, apesar de continuarem a pagar $ 83 por ano ao governo. A expectativa do pagamento do imposto anexada à propriedade, portanto, foi *capitalizada* pelo mercado e levada em conta ao se chegar ao seu valor de capital. Como resultado, os futuros proprietários são capazes de passar a incidência total do imposto sobre a propriedade para o proprietário original; não "pagam" o imposto exatamente, mas suportam os encargos.

A capitalização do imposto é uma etapa de um processo pelo qual o mercado ajusta-se aos encargos que se apresentam. Aqueles que o governo deseja que paguem ônus, podem evitar fazê-lo por conta da resiliência do mercado ao adaptar-se às novas imposições. Os proprietários originais da terra, no entanto, são especialmente sobrecarregados pelo imposto sobre a propriedade.

Alguns autores sustentam que, no local onde ocorreu a capitalização dos impostos seria injusto que o governo reduzisse ou removesse o imposto, porque tal ação seria um "presente gratuito" aos proprietários atuais dos imóveis que iriam receber um aumento contrabalançeado no valor do capital. Esse é um argumento curioso. Tem por base a identificação falaciosa da *remoção do encargo* com *subsídio*. Remover o encargo, todavia, é um movimento na direção das condições do livre mercado, ao passo que o segundo é um movimento que *afasta* tais condições. Além disso, o imposto sobre a propriedade, enquanto não sobrecarregar os futuros proprietários, desvaloriza o valor capital da propriedade para abaixo do valor que o imóvel teria no livre mercado e, portanto, desestimula o emprego de recursos nessa propriedade. A remoção do imposto sobre a propriedade seria realocar recursos em benefício dos consumidores.

A capitalização do imposto e sua incidência sobre os proprietários de terra ocorre apenas quando o imposto sobre a propriedade é *parcial* e não universal – em uma parcela das propriedades e não sobre a totalidade. Um verdadeiro imposto geral sobre propriedade iria reduzir a taxa de rendimento advinda de todos os investimentos e, assim, reduziria a taxa de juros em vez de reduzir o valor do capital. Nesse caso, o retorno de ambos proprietários (proprietários originais e futuros) é igualmente reduzido e não há sobrepeso sobre o proprietário original.

Um imposto sobre propriedade geral e uniforme, sobre todos os valores de propriedade, irá – como um imposto sobre a renda – reduzir o retorno de juros. Isso penalizará a poupança, reduzindo o capital de investimento e causando uma diminuição dos salários reais abaixo do nível do livre mercado[37].

Finalmente, um imposto sobre a propriedade necessariamente distorce a alocação de recursos na produção. Prejudica aquelas linhas de produção em que é alta a relação entre capacidade instalada por valor obtido nas vendas e faz com que recursos se desloquem desses para campos menos "capitalistas". Assim, um investimento em processos produtivos de alto nível é desencorajado e o padrão de vida é reduzido. As pessoas vão investir menos em habitação, o que tem uma carga tributária relativamente pesada e transferem o investimento para bens de consumo menos duráveis, distorcendo, assim, a produção e a satisfação dos consumidores. Na prática, o imposto sobre a propriedade tende a ser desigual entre as duas linhas. É claro, diferenças geográficas na tributação de imóveis e em estímulos para fugir dos impostos pesados[38] irão distorcer os locais da produção, afastando-a das zonas que maximizariam a satisfação dos consumidores.

C - Imposto sobre a Riqueza Individual

Apesar de um imposto sobre a riqueza individual não ter sido colocado em prática, ele nos oferece um tema interessante para análise. Tal imposto incidiria sobre os indivíduos, em vez de recair sobre a propriedade e taxaria um certo porcentual da riqueza líquida total, excluindo as dívidas. Seria semelhante ao imposto de renda e ao imposto sobre o consumo que Fisher propõe. Um imposto dessa natureza constituiria um imposto puro sobre o capital e incluiria no seu âmbito os saldos de caixa, que escapam da tributação da propriedade. Isso evitaria muitas dificuldades na questão do imposto sobre a propriedade, como a dupla tributação da propriedade real e tangível e a inclusão de dívidas como propriedade. No entanto, haveria ainda a impossibilidade de avaliar com precisão os valores de propriedade.

---

[37] Sobre capitalização dos impostos, ver: SELIGMAN. *Shifting and Incidence of Taxation*. pp. 181-85, 261-64. Ver também: DUE. *Government Financing*. pp. 382-86.
[38] Esta distorção de localização resultaria de todas as outras formas de impostos. Assim, uma maior taxa de imposto de renda na região A do que na região B induziria os trabalhadores a mudar-se de A para B, visando equalizar as taxas salariais líquidas após impostos. A locação da produção é distorcida se comparada ao livre mercado.

Um imposto sobre a riqueza individual não poderia ser capitalizado, uma vez que o imposto não seria atribuído a uma propriedade, que poderia ser descontado pelo mercado. O imposto sobre o rendimento individual não poderia ser *transferido*, embora isso pudesse ter *efeitos* importantes. Como o imposto seria pago com a renda regular, teria o efeito de um imposto de renda: diminuiria os fundos privados e penalizaria a poupança e os investimento. Mas, também teria o efeito *adicional* da tributação sobre o capital acumulado.

A quantidade de capital acumulado que seria tomada pelo imposto dependeria dos dados concretos e das avaliações dos indivíduos. Vamos postular, por exemplo, dois indivíduos: Smith e Robinson. Cada um tem uma riqueza acumulada de $ 100,000. Smith, no entanto, também ganha $ 50,000 por ano e Robinson (por causa da aposentadoria ou outros motivos) ganha apenas $ 1,000 por ano. Suponhamos que o governo faça incidir um imposto anual de 10% sobre a riqueza de cada indivíduo. Smith poderá ser capaz de pagar $10,000 anualmente com a sua renda regular, sem redução da riqueza acumulada, embora esteja claro que com o crédito tributário reduzido, vai querer reduzir a riqueza o máximo possível. Robinson, por outro lado, *deverá* pagar o imposto vendendo suas posses, assim reduzindo a riqueza acumulada.

É claro que o imposto sobre a fortuna impõe uma multa pesada sobre a riqueza acumulada e que, portanto, o efeito do imposto será reduzir o capital acumulado. Não há alternativa mais rápida para promover o consumo de capital e gerar o empobrecimento do que penalizar a acumulação de capital. Apenas a herança de capital acumulado diferencia a nossa civilização e os nossos padrões de vida da civilização e do padrão de vida dos homens primitivos; e um imposto sobre a riqueza eliminaria rapidamente essa diferença. O fato de um imposto sobre a riqueza não poder ser capitalizado significa que o mercado não pode, como no caso do imposto sobre propriedade, reduzir e amortecer seu efeito após o impacto do golpe inicial.

5
A Incidência e os Efeitos da Tributação

Parte III: O Imposto Progressivo

De todos os modelos de distribuição de impostos, o imposto progressivo foi o que gerou a maior controvérsia. No caso do imposto progressivo, os economistas conservadores que se opõem a ele têm apresentado uma posição ofensiva, pois até mesmo os defensores admitem, ainda que relutantemente, que o imposto progressivo diminui os incentivos e a produtividade. Assim, os maiores defensores do imposto progressivo por razões de "equidade" admitem que o grau e a intensidade da progressão devem ser limitados por questões de produtividade. As principais críticas que foram levantadas contra a tributação progressiva são: (a) reduz a poupança da comunidade, (b) reduz o incentivo ao trabalho e ao ganho e (c) constitui um "roubo dos ricos por parte dos pobres".

Para avaliar essas críticas, voltemo-nos para uma análise dos efeitos do princípio da progressão. O imposto progressivo impõe uma tributação a quem ganha mais. Em outras palavras, age como uma *penalidade* sobre o serviço ao consumidor – ao mérito no mercado. Rendimentos no mercado são determinados pelo serviço ao consumidor na produção e alocação de fatores de produção; e variam diretamente de acordo com a extensão de tais serviços. Aplicar sanções às pessoas que têm servido aos consumidores é prejudicar não apenas tais pessoas, mas os consumidores também. Um imposto progressivo está, portanto, relacionado à destruição dos incentivos. Prejudica a mobilidade de emprego e dificulta, enormemente, a flexibilidade do mercado em servir os consumidores. Irá, consequentemente, reduzir o padrão de vida *geral*. O resultado da progressão – rendimentos equalizados coercitivamente – causará, como vimos, uma reversão rumo à barbárie. Também não há dúvida de que a tributação de renda progressiva reduzirá os incentivos ao ato de poupar, porque as pessoas não ganharão o retorno do investimento consoante com suas preferências temporais; os rendimentos serão tributados. Como as pessoas ganharão muito menos do que suas preferências temporais garantiriam, as poupanças ficarão num nível muito mais baixo do que ficariam no livre mercado.

Assim, a acusação dos conservadores de que o imposto progressivo reduz os incentivos ao trabalho e à poupança estão corretas e, na verdade, essa ideia é geralmente subestimada porque não há percepção suficiente de que esses efeitos derivem *a priori* da natureza da própria progressão. Devemos lembrar, entretanto, que a tributação *proporcional* induzirá muitos a efeitos parecidos com aqueles causados por qualquer imposto que vá além da igualdade ou do princípio de custo. A tributação proporcional também penaliza o capaz e o poupador. É verdade que a tributação proporcional não terá muitos dos efeitos deformadores da progressão, como o impedimento do esforço progressivo de um faixa de renda para outra. Mas a tributação proporcional também impõe encargos pesados conforme ocorra a ascensão de renda. E isso também prejudica o ganho e a poupança.

Um segundo argumento contra o imposto de renda progressivo – e aquele que talvez seja utilizado mais amplamente – é o de que ao tributar a renda dos mais ricos, a *poupança*, em particular, é reduzida, afetando assim a sociedade como um todo. Esse argumento baseia-se no pressuposto plausível de que os ricos, proporcionalmente, economizam mais que os pobres. No entanto, como já indicado acima, esse é um argumento extremamente fraco, especialmente para os partidários do livre mercado. É legítimo criticar uma medida por forçar desvios das alocações de livre-mercado para alocações arbitrárias, mas dificilmente pode ser legítimo simplesmente criticar uma medida por reduzir economias *per se*. Por que o consumo possui menos mérito do que a poupança? A alocação de cada um no mercado é simplesmente uma questão de preferência temporal. Isso significa que *qualquer* desvio compulsório da proporção de poupança do mercado impõe uma perda de utilidade, e isso é verdade, *seja qual for* a direção do desvio. Uma medida governamental que pode induzir um aumento das poupanças e uma diminuição no consumo não está, então, menos sujeita à crítica do que uma medida que levaria a um maior consumo e a uma poupança menor. Dizer de outra maneira seria criticar as escolhas do livre mercado e implicitamente defender medidas do governo para forçar mais poupança por parte do público. Se fossem coerentes, portanto, esses economistas conservadores teriam que defender a tributação dos pobres para subsidiar os ricos pois, nesse caso, presumivelmente a poupança iria aumentar e o consumo iria diminuir.

A terceira objeção é de cunho político e ético: "os pobres roubam os ricos". A insinuação é que o homem pobre que paga 1% dos seus rendimentos em impostos está "roubando" o homem rico que paga 80%. Sem julgar os méritos ou deméritos do roubo, podemos dizer que isso é inválido. *Ambos* os cidadãos estão sendo roubados, mas pelo governo. O fato de que um é roubado em maior proporção não elimina o fato de que ambos estão sendo prejudicados. Poderíamos objetar que os pobres recebem um subsídio líquido que vem do produto dos impostos, pois o governo gasta dinheiro para servir ao pobre. No entanto, esse não é um argumento válido. O verdadeiro *ato* de roubo é cometido pelo governo, e não pelos pobres. Em segundo lugar, o estado pode gastar o seu dinheiro, como veremos a seguir, em muitos projetos diferentes. O estado é capaz de consumir produtos, subsidiar alguns ou todos os ricos ou subsidiar alguns ou todos os pobres. A tributação progressiva não acarreta *por si só* que "os pobres" em massa serão subsidiados. Se *alguns* dos pobres são subsidiados, outros podem não ser, e estes últimos ainda serão contribuintes líquidos em vez de consumidores e serão "roubados" junto com os ricos. A extensão dessa privação será menor para um pagador de impostos pobre do que para um rico. Uma vez que há menos ricos do que pobres, estes últimos podem ser as maiores vítimas do "roubo" dos impostos. Em contrapartida, a burocracia estatal, como vimos, não paga nenhum imposto[39].

---

[39] Sobre o verdadeiro alcance do pagamento de impostos pelas classes de renda mais baixa nos E.U.A. atualmente, ver: KOLKO, Gabriel. *Wealth and Power in America*. New York: Frederick A. Praeger,

Este equívoco da incidência do "roubo" e o argumento falho a respeito da poupança, que dentre outros motivos, levaram a maioria dos economistas conservadores e dos escritores a enfatizarem enormemente a importância da *progressividade* na tributação. Na verdade, o *nível* de tributação é muito mais importante do que a progressividade, para determinar a distância que uma sociedade se afastou de um livre mercado. Um exemplo esclarecerá a importância relativa dos dois. Vamos comparar duas pessoas e ver como elas são cobradas sob dois sistemas diferentes de tributação. Smith ganha $ 1,000 por ano e Jones ganha $ 20,000 por ano. A tributação na Sociedade A é proporcional para todos em 50%. Na Sociedade B, a tributação é acentuadamente progressiva: as taxas são 0,5% para $ 1,000 de renda e 20% para a renda de $ 20,000. A tabulação a seguir mostra quanto cada um vai pagar de impostos nas diferentes sociedades:

	Sociedade A	Sociedade B
Smith ($ 1,000)	$ 500	$ 5
Jones ($20,000)	$ 10,000	$ 4,000

Agora, podemos perguntar tanto aos pagadores de impostos ricos quanto aos pobres: *Em que sistema de tributação você está melhor? Ambos* iriam escolher sem hesitações a Sociedade B, onde a estrutura de taxas é muito mais progressiva, mas o nível de tributação para cada homem é menor. Alguns podem objetar que o total de impostos cobrados na Sociedade A é muito maior. Mas essa é precisamente a questão! A questão é que os ricos não protestam contra a *progressividade* das taxas, mas contra o *alto nível* das tarifas impostas sobre ele, o que os leva a preferir a progressividade quando as taxas são mais baixas. Isso demonstra que não é o pobre que "rouba" os ricos pelo *princípio da progressividade* do imposto; é o estado que "rouba" ricos e pobres por meio de qualquer imposto. E isso indica que os economistas conservadores, na verdade, se opõem aos altos níveis de tributação e não à progressão, quer eles percebam ou não. E a objeção real à progressão é que abre as comportas para *altos níveis* de tributação dos ricos. No entanto, essa perspectiva nem sempre será percebida. É possível – e ocorreu muitas vezes – que uma estrutura de taxas seja mais progressiva e mesmo assim mais baixa do que uma estrutura menos progressiva. Como medida prática, no entanto, a progressividade é necessária no imposto alto porque os cidadãos de baixa renda podem se revoltar contra as taxas de imposto muito altas, caso fossem impostas a todos da mesma forma. Por outro lado, muitas pessoas podem aceitar um imposto alto se tiverem certeza de que os ricos pagariam uma quantia maior[40].

1962. Capítulo 2.
[40] Ver: JOUVENEL, Bertrand de. *The Ethics of Redistribution*. Cambridge: Cambridge University Press, 1952.

Vimos que o igualitarismo forçado irá provocar uma reversão rumo à barbárie e que medidas nesse sentido resultarão em deslocamentos do mercado e diminuição dos padrões de vida. Muitos economistas, especialmente os membros da "Escola de Chicago", acreditam que defendem o "livre mercado" e, mesmo assim, não consideram a tributação como algo conectado ao mercado ou como uma intervenção no processo de mercado. Esses escritores acreditam fervorosamente que, no mercado, cada indivíduo deve ganhar os lucros e o valor marginal da produtividade que o consumidor deseja pagar, a fim de conseguir uma alocação satisfatória dos fatores produtivos. No entanto, não veem a contradição em defender a tributação drástica e subsídios. Acreditam que isso pode alterar a "distribuição" de renda sem diminuir a eficiência das alocações produtivas. Dessa forma, contam com algo equivalente a "ilusão monetária" keynesiana: um *imposto ilusório*, uma crença de que os indivíduos organizarão suas atividades de acordo com sua renda *bruta* em vez de *líquida* (após impostos). Esse é um erro palpável. Não há motivo para que as pessoas não estejam conscientes em relação aos impostos e não aloquem seus recursos e energias de acordo com o que sabem. A modificação via tributação irá atrapalhar todas as alocações do mercado – a movimentação de trabalho, o espírito empreendedor etc. O mercado é uma imensa conexão, com todas as vertentes interligadas, e deve ser analisado como tal. A forma predominante na economia de cortar o mercado em compartimentos isolados – "a empresa", alguns agregados holísticos "macroscópicos", trocas de mercado, impostos etc. – distorce a discussão acerca de cada um desses compartimentos e falha ao tentar apresentar uma imagem fiel das interrelações do mercado.

6
A Incidência e os Efeitos da Tributação

Parte IV: O "Imposto Único" sobre o aluguel da terra

Refutamos alhures os vários argumentos que fazem parte da construção de Henry George: a ideia de que a "sociedade" possui a terra originalmente e que cada recém-nascido tem "direito" a uma parte alíquota; o argumento moral de que um aumento no valor dos terrenos seria um "incremento imerecido" devido a causas externas; e a doutrina de que a "especulação" em terrenos retém perniciosamente o uso de terras produtivas. Aqui vamos analisar a famosa proposta georgista: o "imposto único", ou a expropriação de 100% do aluguel da terra[41].

---

[41] Ver: ROTHBARD, Murray N. *The Single Tax: Economic and Moral Implications*. Irvington-on-Hudson: Foundation for Economic Education, 1957. Ver também: ROTHBARD, Murray N. *A Reply to Georgist Criticisms*. (mimeographed). Irvington-on-Hudson: Foundation for Economic Education, 1957.

Uma das primeiras coisas que devem ser ditas sobre a teoria de Henry George é que chama a atenção para um importante problema – a questão da terra. A teoria econômica atual tende a tratar a terra como parte do capital e negar de modo veemente a existência de uma categoria separada para a terra. Em tal ambiente, a tese georgista serve para recordar um problema esquecido, apesar das doutrinas serem falaciosas.

Grande parte da discussão a respeito da tributação sobre o aluguel da terra tem sido confundida pelo indubitável estímulo à produção, que não resultaria deste imposto, mas a partir da *eliminação de todas as outras formas de tributação*.

Henry George discorreu de modo eloquente sobre o efeito nocivo que a tributação tem sobre a produção e a troca. No entanto, estes efeitos podem ser facilmente removidos por intermédio da completa eliminação da tributação, assim como alterando todos os impostos sobre o aluguel da terra. [42] Na verdade, aqui será demonstrado que a tributação sobre o aluguel da terra também dificulta e distorce a produção. Qualquer efeito benéfico que do imposto único possa ter sobre a produção viria apenas a partir da eliminação de outros impostos, e não da imposição deste. Os dois atos devem ser conceitualmente distintos.

Um imposto sobre o aluguel da terra teria o efeito de um imposto sobre a propriedade, como descrito acima, ou seja, não poderia ser mudado, e seria "capitalizado", com o peso da carga inicial sobre o proprietário original, e os futuros proprietários escapariam de qualquer encargo, por causa da queda no valor capital da terra. Os georgistas propõem a implantação de somente um imposto anual de 100% sobre o aluguel da terra.

---

[42] Henry George praticamente admitiu o seguinte:
Abolir a tributação que, ao agir e reagir, neste momento dificulta cada engrenagem das trocas e pressiona toda forma de indústria, seria como remover um imenso peso de uma poderosa mola. Imbuída de uma energia renovada, a produção iniciaria uma nova vida, e o comércio receberia um estímulo que seria sentido na mais remota artéria. O método atual de tributação [...] opera na energia e na indústria, na habilidade, e na economia, como uma penalidade sobre essas naturezas. Se trabalhei duro e construi uma boa casa, enquanto tu te contentaste em viver num casebre, agora o coletor de impostos vem anualmente fazer-me pagar uma multa sobre minha energia e atividade, taxando-me mais do que a ti. Se eu poupei enquanto desperdiçaste, serei multado, ao passo que tu estarás isento [...]. Dizemos que queremos capital, mas se alguém o acumula, ou o traz para nós, o acusaremos como se estivéssemos lhe concedendo um privilégio [...]. Abolir esses impostos seria retirar o enorme peso da tributação do setor produtivo [...]. Em vez de dizer para o produtor, como é feito agora, "Quanto mais acrescentas à riqueza geral, tanto mais deverás ser tributado!". O estado diria ao produtor, "Seja tão trabalhador, econômico e empreendedor quanto quiser, e terás a plena recompensa [...]. Não deverás ser tributado por adicionar à riqueza agregada" (GEORGE, Henry. *Progress and Poverty*. New York: Modern Library, 1929. pp. 434-35).

Um problema crítico que o imposto único não poderia refutar é a dificuldade de estimar o valor do aluguel da terra. A essência do regime fiscal único é o de tributar apenas o aluguel da terra e deixar todos os bens de capital livres de impostos. Mas é impossível fazer essa divisão. Os georgistas têm rejeitado esta dificuldade meramente como pragmática, mas é uma falha teórica também. Como no caso de qualquer imposto sobre a propriedade, é impossível avaliar com precisão o valor, porque a propriedade não foi vendida, de fato, no mercado durante o período.

O imposto sobre a terra enfrenta um problema adicional que não pode ser resolvido: como distinguir quantitativamente entre essa parcela da renda bruta de uma área territorial que vai para o solo e a parte que se torna juros e salários. Visto que a terra em uso é muitas vezes amalgamada com o investimento de capital e os dois são comprados e vendidos em conjunto, esta distinção entre eles não pode ser feita.

Mas a teoria georgista enfrenta dificuldades ainda mais graves, pois seus defensores alegam que a virtude positiva do imposto consiste no estímulo à produção. Aos críticos hostis, destacaram que o imposto único (se pudesse ser cobrado com precisão) não iria desencorajar os aumentos de capital e a manutenção da propriedade de terra; mas, então, começam a argumentar que o imposto único *forçaria* o uso de terras não utilizadas. Isto é tido como uma das grandes vantagens do imposto. No entanto, se a terra não está sendo usada, *não* ganha nenhuma renda bruta que seja; se não ganha renda bruta, então, obviamente, não obtém renda líquida da terra. Terras não utilizadas não obtêm renda, e, portanto, não ganham o aluguel da terra que poderia ser tributado. Não pagariam impostos em uma operação *coerente* do sistema georgista! Uma vez que não seriam tributadas, seu uso não poderia ser forçado.

A única explicação lógica para este erro dos georgistas se concentra no fato de que muitas terras não utilizadas têm um *valor de capital* – um preço para venda no mercado – mesmo que elas não obtenham renda no uso corrente. Pelo fato das terras não utilizadas terem um valor de capital, os georgistas aparentemente deduzem que devam ter algum tipo anual de renda "real" da terra. No entanto, esta afirmação é incorreta, e repousa sobre uma das partes mais frágeis do sistema georgista: a insuficiente apreciação do papel do tempo[43]. O fato das terras não utilizadas terem hoje um valor de capital significa simplesmente que o mercado *espera* obter renda no futuro. O valor de capital da terra, assim como de qualquer outra coisa, é igual e determinado pela soma das rendas futuras aguardadas, descontado da taxa de juros. Mas essas não são rendas auferidas neste instante! Portanto, qualquer tributação sobre as terras não utilizadas viola o próprio princípio georgista de um imposto único sobre o aluguel da terra, pois excede esse limite e penaliza ainda mais a propriedade da terra e o capital fiscal acumulado, que tem de ser sacado para pagar o imposto.

Qualquer *aumento* no valor do capital de terras não utilizadas, então, não reflete uma renda atual; reflete apenas uma melhoria das expectativas das pessoas sobre rendas futuras. Suponhamos, por exemplo, que as rendas futuras obtidas de um local improdutivo são tais que, se todos soubessem, o atual valor do capital do terreno seria de $ 10,000. Suponhamos ainda que esses fatos não sejam amplamente conhecidos e, portanto, o preço de decisão seja de $ 8,000. Jones, por ser um empreendedor de visão, julga corretamente a situação e compra o local por $ 8,000. Se todos perceberem imediatamente o que Jones previu, o preço de mercado subirá agora para $ 10,000. O ganho de capital obtido por Jones de $ 2,000 é o *lucro* por seu julgamento certeiro, e não os ganhos da taxa atual.

A assombração georgista é a terra não utilizada. O fato da terra não estar sendo usada, afirmam, é pela "especulação imobiliária", e à esta especulação imobiliária atribuem quase todos os males da civilização, incluindo recessões do ciclo econômico. Os georgistas não percebem, já que o trabalho é escasso em relação à terra, que a terra submarginal *deve* permanecer não usada. A visão de terras não utilizadas enfurece os georgistas, que veem a capacidade produtiva sendo desperdiçada e os padrões de vida reduzidos. Terras não utilizadas devem, no entanto, ser reconhecidas como benéficas, pois, significa que chegamos ao ponto em que toda terra está sendo utilizada. Isso significaria que o trabalho tornou-se abundante em relação à terra e que o mundo finalmente entrou no terrível estágio superpopulacional em que algum trabalhador tem de permanecer ocioso porque não há emprego disponível.

---

[43] O próprio Henry George dificilmente pode ser responsabilizado pela débil apreciação do fator tempo, pois só pôde recorrer às teorias econômicas clássicas que tinham o mesmo defeito. De fato, comparativamente a escola clássica, George realizou avanços em muitas áreas da teoria econômica. A Escola Austríaca, com a análise definitiva do tempo, mal havia iniciado quando George formulou sua teoria. Há menos justificativa para seguidores modernos do georgismo que têm ignorado todos os avanços em economia desde 1880. Sobre as contribuições de Henry George, ver: YEAGER, Leland B. "The Methodology of George and Menger". In: *American Journal of Economics and Sociology*, April, 1954, pp. 233-39.

O presente escritor costumava pensar sobre a curiosa preocupação georgista com a terra não utilizada, ou "retida", como a causa da maioria dos problemas econômicos até encontrar vestígios em uma passagem reveladora da obra georgista:

> Não falta capital nos países "pobres".
> A maioria de nós aprendeu que o povo da Índia, China, México e outras nações chamadas subdesenvolvidas são pobres porque não têm capital. Uma vez que, como vimos, o capital nada mais é do que a riqueza, e riqueza nada mais do que a energia humana combinada com a terra de uma forma ou de outra, a ausência de capital muitas vezes sugere que há uma escassez de terras ou de trabalho em países atrasados como Índia e China. Mas isso não é verdade, pois estes países "pobres" têm muitas vezes mais terra e trabalho do que usam. [...] Inegavelmente, têm tudo o que precisam – terra e trabalho – para produzir tanto capital quanto os povos de qualquer outro lugar[44].

E assim, uma vez que estes países pobres têm abundância de terra e trabalho, segue-se que os proprietários de terra devem estar impedindo a utilização da terra. Só isso poderia explicar o baixo padrão de vida.

Aqui uma falácia georgista crucial é exposta claramente: a ignorância do verdadeiro papel do *tempo* na produção. Leva tempo para poupar, investir e construir bens de capital, e tais bens de capital incorporam um encurtamento do período básico necessário para adquirir bens de consumo. Índia e China estão com falta de capital porque há escassez de tempo. Partem de um baixo nível de capital e, portanto, levaria muito tempo para chegar a um nível de capital elevado por meio das próprias economias. Mais uma vez, a dificuldade georgista decorre do fato de que sua teoria foi formulada antes da ascensão da economia "austríaca" e que os georgistas nunca reavaliaram sua doutrina à luz deste desenvolvimento[45].

Como indicamos anteriormente, a especulação imobiliária desempenha uma função social útil. Coloca a terra nas mãos dos mais experientes e a desenvolve de acordo com o desejo dos consumidores. E bons terrenos não permanecerão improdutivos – acarretando, assim, em perda do aluguel da terra para o proprietário, a menos que espere uma melhor utilização estar iminentemente disponível. A alocação de terras para os usos

---

[44] GRANT, Phil. *The Wonderful Wealth Machine*. New York: Devin-Adair, 1953. pp. 105-07.
[45] Para uma crítica da teoria peculiar dos juros, ver: BÖHM-BAWERK, Eugen von. *Capital and Interest*. New York: Brentano's, 1922. pp. 413-20, especialmente p. 418 sobre a capitalização de terras não utilizadas.

mais produtivos, portanto, requer todas as virtudes de qualquer tipo de empreendimento do mercado[46].

Uma das deficiências mais surpreendentes na literatura econômica é a falta de crítica efetiva à teoria georgista. Economistas tanto têm contemporizado, compreendido mal o problema, bem como, em muitos casos, reconhecido o mérito econômico da teoria, mas sofismado as implicações políticas ou as dificuldades práticas. Tal tratamento brando tem contribuído enormemente para a longevidade persistente do movimento georgista. Uma razão para essa fraqueza na crítica da doutrina é que a maioria dos economistas admitiu um ponto crucial dos georgistas, ou seja, que um imposto sobre o aluguel da terra não iria desencorajar a produção e não teria efeitos econômicos nocivos ou distorcidos. Ao conferir mérito econômico ao imposto, a crítica deve se voltar a outras considerações políticas ou práticas. Muitos escritores, ao tropeçar nas dificuldades do programa de um único imposto integral, têm defendido a tributação de 100% dos *incrementos* futuros sobre o aluguel da terra. Os georgistas trataram devidamente tais medidas parciais com desprezo. Uma vez que a oposição admita a inocuidade econômica de um imposto do aluguel da terra, as outras dúvidas devem parecer relativamente menores.

O problema econômico crucial do imposto único é, portanto, o seguinte: Será que um imposto sobre o aluguel da terra tem efeitos distorcivos e impeditivos? É verdade que o proprietário da terra não executa nenhum serviço produtivo e será, portanto, que um imposto que recaia sobre ele não impedirá ou distorcerá a produção? A renda fundiária tem sido chamada de "excedente econômico", que deve ser tributado, qualquer que seja o valor, sem efeitos colaterais. Muitos economistas tacitamente concordaram com tal conclusão e concordaram que um proprietário de terras possa executar um serviço produtivo apenas como melhorador, ou seja, como produtor de bens de capital sobre a terra.

No entanto, esta afirmação central do pensamento georgista negligencia a realidade. O proprietário de terra executa um serviço produtivo muito importante. Leva produtividade para diversas terras e a as distribui para

---

[46] O professor Frank H. Knight (1885-1972) afirma:
> Os homens detêm "especulativamente" a terra para uma valorização esperada. Este é um serviço social, que tende a colocar a propriedade nas mãos daqueles que sabem lidar melhor com a terra para que se torne mais valorizada. [...] Obviamente, não precisam mantê-la não utilizada para obter a valorização, e não o farão, se houver possibilidade de uso remunerado. [...] Se a terra que tem valor para o uso não é usufruída pelo proprietário, isso se deve à incerteza sobre como ela deve ser usada, e está na espera de que a situação se esclareça ou evolua. Naturalmente, um proprietário não deseja fazer um grande investimento na montagem de um plano de utilização que não prometa amortização antes que alguma nova situação exija um plano diferente. (KNIGHT, Frank H. "The Fallacies in the 'Single Tax'". In: *The Freeman*, August 10, 1953, pp. 810-11).

os que oferecem o maior valor produtivo. Não devemos ser enganados pelo fato do estoque físico de terra ser fixo em todos os momentos. No caso da terra, como de outros bens, não é apenas o bem físico que é transmitido, mas um pacote completo de serviços em conjunto, dentre os quais está o serviço de *transferência da posse* do proprietário para o posseiro. A terra não só existe; deve ser tornada útil ao usuário pelo proprietário. (Um homem pode realizar ambas as funções, quando a terra é "verticalmente integrada")[47].

O proprietário obtém rendas mais altas ao alocar os terrenos para usos de maior valor produtivo, ou seja, para os usos mais desejados pelos consumidores. Particularmente, não devemos esquecer a importância da localização e do serviço produtivo do proprietário da terra em garantir os locais mais produtivos para cada uso específico.

A visão de que dar utilidade às terras e decidir sobre a localização não é realmente "produtivo", é um vestígio da antiga visão clássica de que um serviço que não "cria" algo fisicamente tangível não é "realmente" produtivo[48]. Na verdade, esta função é tão produtiva quanto qualquer outra, e particularmente vital. Dificultar e destruir essa função traria efeitos graves sobre a economia.

Suponhamos que o governo de fato coletasse um imposto de 100% sobre o aluguel da terra. Quais seriam os efeitos econômicos? Seriam desapropriados os atuais proprietários de terra, e o valor de capital da terra cairia para zero. Uma vez que os proprietários do local não poderiam obter rendas, a terra perderia o valor no mercado. A partir de então, os locais estariam *livres*, e o proprietário do solo teria de pagar o aluguel anual da terra para o Tesouro Nacional.

Mas, uma vez que toda a renda fundiária é desviada para o governo, *não há nenhuma razão para que os proprietários cobrem qualquer aluguel*. O

---

[47] Spencer Heath afirma: *"A terra em si não serve os homens civilizados mais do que o alimento em si. Ambos lhes servem"* (HEATH, Spencer. *How Come That We Finance World Communism?* [mimeografado]. New York: Science of Society Foundation, 1953. p. 3). Ver também: HEATH, Spencer. *Rejoinder to "Vituperation Well Answered" by Mason Gaffney*. New York: Science of Society Foundation, 1953.

[48] Ver: HEATH, Spencer. *Progress and Poverty Reviewed*. New York: The Freeman, 1952. pp. 7-10. Comentando sobre Henry George, Spencer Heath afirma:
>Mas onde quer que diga respeito aos serviços de proprietários de terras, é firme em afirmar que todos os valores são físicos. [...] No intercâmbio de serviços realizados pelos [proprietários], na distribuição social dos locais e recursos, não há produção física envolvida; portanto, é incapaz de ver que eles têm o direito a alguma participação na repartição dos serviços não coercitivos de distribuição ou de câmbio. [...] Exclui toda a criação de valores pelos serviços prestados na distribuição [de terra] por contrato livre e de troca, que é a única alternativa tanto para uma distribuição de terra violenta e desordenada, como para a arbitrária e tirânica. (HEATH. *Progress and Poverty Reviewed*. pp. 9-10).

arrendamento do solo vai cair a zero também, e os aluguéis, portanto, serão livres. Assim, um efeito econômico do imposto único é que, longe de prover todas as receitas do governo, não renderia receita alguma!

O imposto único, então, torna as terras *livres* quando na verdade não são livres e ilimitadas, mas escassas. Qualquer *bem* é sempre escasso e, portanto, deve sempre comandar um preço de acordo com a demanda e a oferta disponível. Os únicos "bens livres" no mercado não são *bens* de modo algum, mas condições abundantes de bem-estar humano que não são o objeto da ação humana.

O efeito deste imposto, então, é enganar o mercado e levá-lo a acreditar que as terras são livres quando decididamente não o são. O resultado será o mesmo de qualquer caso de controle de preço máximo. Em vez de impor um preço alto e, portanto, ser alocada ao melhor ofertante, os locais de maior valor produtivos serão arrematados pela primeira pessoa que aparecer e desperdiçados, uma vez que não haverá pressão para que os melhores locais sejam utilizados de maneira mais eficiente. As pessoas correrão para solicitar e usar os melhores solos, ao passo que ninguém irá querer usar os menos produtivos. No livre mercado, os locais menos produtivos custam menos ao locatário; se não custam menos do que os melhores solos (ou seja, se são livres), então ninguém irá querer usá-los. Assim, em uma cidade, as melhores terras, ou as de valor potencialmente mais produtivo, estão na área dos "centros urbanos", e estas, consequentemente, ganham e valem aluguéis mais elevados do que os locais menos produtivos, ainda que sejam úteis, nas áreas periféricas. Se o projeto de Henry George entrasse em vigor, não só haveria completa má distribuição de terras para usos menos produtivos, mas também uma grande superlotação nas áreas centrais, bem como subpopulação e subutilização das áreas periféricas. Se os georgistas acreditam que o imposto único acabaria com a superlotação das áreas centrais, estão gravemente enganados, pois o contrário poderia ocorrer.

Além disso, suponha que o governo estabeleça um imposto de *mais* de 100% sobre os aluguéis do solo, como os georgistas realmente visionam, forçando o uso das terras "não utilizadas". O resultado seria a má aplicação, agravada e esbanjada, de trabalho e capital. Já que o trabalho relativo à terra é escasso, o uso obrigatório de terras não utilizadas distribuiria, de modo incorreto e dispendioso, o trabalho e o capital, forçando o trabalho nas terras mais pobres e, portanto, menos trabalho nas terras melhores.

De qualquer forma, o resultado do imposto único seria um caos localizacional, com o desperdício e má distribuição em toda parte; a superlotação iria prevalecer, e os locais mais pobres seriam ou usados em demasia, ou subutilizados, e completamente abandonados. A tendência geral seria em direção à subutilização dos locais mais pobres por conta da precipitação induzida para os melhores locais. Como em condições de controle de preços, o uso das melhores terras seria decidido pelo favoritismo, filas etc., em vez da capacidade econômica. Como a localização está contida na produção de *todos* os bens, o caos de localização introduziria um elemento caótico em todas as áreas de produção e, talvez, arruinasse o cálculo econômico também, pois um elemento importante a ser calculado – a localização – seria afastado da esfera do mercado.

À esta afirmação, os georgistas responderiam que os proprietários não seriam autorizados a cobrar os aluguéis, porque o exército de assessores do governo definiria os valores adequados. Mas isso dificilmente aliviaria o problema; na verdade, agravaria a situação de muitas maneiras; poderia produzir receitas e verificar alguns excessos de demanda dos usuários da terra, mas ainda não forneceria razão e incentivo alguns para os *proprietários* de terra executarem a função privativa de alocar as terras de forma eficiente. Além disso, se a avaliação é difícil e arbitrária em qualquer momento, será muito mais caótica quando o governo tiver de estimar cegamente, na ausência de *qualquer* mercado arrendatário, o aluguel para cada pedaço de terra! Esta seria uma tarefa impossível e desanimadora, e os desvios resultantes dos valores dos aluguéis no livre mercado comporiam o caos, com super e subutilização, bem com as alocações errôneas. Sem vestígio algum de mercado, não só os proprietários de terras seriam privados de qualquer incentivo para a distribuição eficiente das terras; não haveria maneira alguma de *descobrir* se as alocações foram eficientes ou não.

Finalmente, a completa fixação do aluguel por parte do governo seria o equivalente à quase nacionalização da terra, com todo o enorme desperdício e caos que afligem qualquer tipo de negócio governamental – ainda maior em um negócio que irá permear todos os cantos da economia. Os georgistas afirmam não defender a nacionalização da terra, já que a propriedade permaneceria *de jure* nas mãos de particulares. Os rendimentos desta propriedade, no entanto, se reverterão completamente para o estado. Henry George admitiu que o imposto único iria *"fazer a mesma coisa* [como a nacionalização da terra] *de forma mais simples, mais fácil e mais silenciosa"*[49]. O método de George, no entanto, seria, como vimos, nem simples, fácil, ou tranquilo. O imposto único deixaria propriedade *de jure* em mãos privadas, embora destrua completamente o propósito da propriedade, de modo que o imposto único dificilmente é um aprimoramento, ou difere muito, da nacionalização direta[50]. Claro

---

[49] GEORGE. *Progress and Poverty*. p. 404.
[50] Sobre a temática afirma o professor Knight:
Para cobrar tal aluguel, o governo, na prática, obrigaria o verdadeiro proprietário a usar a terra da

que, como veremos mais adiante, o estado também não tem nenhum incentivo ou meios para a distribuição eficiente. De qualquer forma, a terra, como quaisquer outros recursos, deve ser possuída e controlada por alguém, seja um proprietário privado ou o governo. Terras podem ser repartidas, por contrato voluntário ou por coerção governamental, e esta última é a tentativa do imposto único ou da nacionalização da terra[51,52].

Os georgistas acreditam que a propriedade ou controle por parte do estado significa que a "sociedade" irá possuir ou comandar a terra ou sua renda. Mas isso é falacioso. A sociedade ou o poder público não pode possuir nada, apenas um indivíduo ou um conjunto de indivíduos podem fazê-lo. (Isto será discutido mais adiante). De qualquer forma, no projeto georgista, não seria a sociedade, mas o estado que possuiria a terra. Em um dilema inevitável está o grupo de georgistas anti-estatistas, que desejam estatizar a renda fundiária e ainda, ao mesmo tempo, abolir a tributação. Frank Chodorov, um líder desse grupo, pôde oferecer apenas uma sugestão imperfeita de que o solo fosse municipalizado e não nacionalizado para evitar a perspectiva de que todas as terras de uma nação pudessem ser propriedade de um monopólio do governo central. No entanto, a diferença é de grau, não de espécie, os efeitos de propriedade governamental e monopólio fundiário regionais ainda aparecem, ainda que em inúmeras pequenas regiões, em vez de numa grande região[53].

Todo elemento no sistema georgista é, portanto, visto como falacioso. No entanto, as doutrinas georgistas atraem uma atenção considerável, mesmo agora, e, surpreendentemente, para muitos economistas e filóso-

---

melhor maneira, por isso prescreveria o uso em detalhes. Assim, já vemos que a vantagem da tributação sobre a socialização administrativa é praticamente nula. (KNIGHT. "The Fallacies in the 'Single Tax'". p. 809).

[51] Spencer Heath afirma:
> Devemos supor que a terra [...] se distribui sozinha? [...] Pode ser, e muitas vezes é, distribuída pelos administradores de uma penitenciária ou pelos membros da prefeitura eleitos pelo povo. [...] Como alternativa, numa sociedade livre, os locais e recursos devem ser, e quase sempre são, distribuídos pelo processo de livre contratação em que [...] o titular é a única primeira parte possível num contrato. Dele brota o serviço social de distribuição. O aluguel é sua recompensa automática, com seu valor definido e limitado pelo livre mercado. (HEATH. *How Come That We Finance World Communism?* p. 5). Ver também: HEATH, Spencer. *The Trojan Horse of "Land Reform"*. New York: [n.d.]. pp. 10-12; HEATH, Spencer. *Citadel, Market and Altar*. Baltimore: Science of Society Foundation, 1957.

[52] Frank Knight diz que no sonho georgista do direito incondicional de acesso à terra de todos os homens, 1°) *"todo mundo tem realmente esse direito, sujeito a condições competitivas, ou seja, deve pagar pela terra o devido valor"*, e que 2°) a única alternativa viável seria a de *"obter a permissão de algum agente político do governo"*. Pois, *"qualquer tentativa de dar a cada pessoa o direito incondicional de acesso ao solo seria estabelecer a anarquia, a guerra de todos contra todos, e obviamente não se assemelha a um confisco e distribuição de 'renda' ou o emprego para 'fins sociais'"*. (KNIGHT. "Fallacies in the 'Single Tax'". p. 810).

[53] CHODOROV, Frank. *The Economics of Society, Government, and the State*. (mimeografado). New York: Analysis Associates, 1946.

fos sociais outrora dedicados ao livre mercado. Há uma boa razão para esta atração, pois os georgistas, embora de uma forma completamente às avessas, chamam a atenção para um problema negligenciado: a questão da terra. *Existe* uma questão da terra, e as tentativas de ignorá-la não resolvem o problema. Contrário à doutrina georgista, no entanto, o problema da terra *não* decorre da propriedade da terra no livre mercado. Decorre da incapacidade de por em prática uma condição excelente de direitos de propriedade de livre mercado, a saber, que terra nova e sem dono se torne propriedade do primeiro usuário, e que daí em diante, se torne uma propriedade privada plena do primeiro usuário ou daqueles que receberem ou comprarem a terra dele. Este é o método do livre mercado; qualquer outro método de alocação de terras, novas e não utilizadas, para gerar propriedade emprega a coerção estatal.

Sob o regime de *"primeiro usuário, primeiro proprietário"*, os georgistas estariam errados ao afirmar que nenhum trabalho havia se mesclado com as terras naturais para justificar a propriedade privada do solo. Pois então, a terra não poderia ser apropriada, a menos que fosse utilizada pela primeira vez e pudesse ser originalmente apropriada para a posse apenas na proporção do uso. A "mescla" de trabalho com natureza pode assumir a forma de extração, preenchimento, limpeza, pavimentação ou preparação do local para o uso. O cultivo do solo é apenas um tipo possível de utilização[54]. A reivindicação de uso para a terra poderia ser certificada por tribunais caso qualquer disputa surgisse a respeito da titularidade.

Certamente a reivindicação do pioneiro como o primeiro a descobrir e usar a terra não é mais discutível do que qualquer outra reivindicação sobre o produto do trabalho. Frank Knight não exagera no exemplo quando afirma:

> A acusação de que nossos pioneiros adquiriram a terra sem nenhum propósito, roubando das futuras gerações sua herança de direito, não satisfizeram o argumento. Toda a doutrina foi inventada pelos homens da cidade que vivem em conforto, não por homens em contato com os fatos como proprietários ou arrendatários. [...] Se, mais tarde, a sociedade confiscasse o valor da terra, permitindo a retenção apenas de melhorias ou seu valor, ignoraria os custos do amargo sacrifício e discriminaria arbitrariamente uma série de proprietários de imóveis e

---

[54] A legislação americana de propriedade rural, ao tentar estabelecer um princípio de "primeiro usuário, primeiro dono", errou ao acreditar que apenas um certo tipo de agricultura fosse o uso legítimo para terra. Na verdade, qualquer atividade produtiva, incluindo pastagem ou assentamento de trilhos ferroviários, qualifica-se como *uso*.

outros grupos.⁵⁵

Problemas e dificuldades surgem sempre que o princípio de "primeiro usuário, primeiro proprietário" *não* é cumprido. Em quase todos os países, os *governos* têm reivindicado a propriedade da terra nova, nunca utilizada. *No livre mercado*, os governos nunca poderiam possuir terra originalmente. Este ato de apropriação por parte do governo já planta as sementes para a distorção das distribuições de mercado quando a terra é posta em uso. Assim, suponha que o governo dispõe de terras públicas para vendê-las em leilão pelo maior lance. Já que o governo não tem um direito de propriedade válido, tampouco o tem quem compra do governo. Se o comprador é o "dono", como muitas vezes acontece, mas não usa ou fixa residência à terra, então se torna um *especulador de terras* em sentido pejorativo. Pois o usuário verdadeiro, ao chegar, é forçado a alugar ou comprar a terra deste especulador, que não tem título válido para a área. Não pode ter título válido porque o título deriva do estado, que também não tinha título válido no sentido de livre mercado. Portanto, *algumas* das acusações que os georgistas levantaram contra a especulação da terra são verdadeiras, *não* porque a especulação imobiliária é ruim *per se*, mas porque o especulador chegou a possuir a terra, não por título válido, mas através do governo, que inicialmente atribuiu o título a si mesmo. De modo que, agora, o preço de venda (ou, alternativamente, o aluguel) pago pelo futuro usuário realmente se torna o pagamento de um *imposto* para a permissão de uso da terra. A venda governamental de terras não utilizadas torna-se semelhante à antiga prática de *impostos da agricultura*, em que um indivíduo pagaria ao estado pelo privilégio de coletar os impostos. O preço do pagamento, se livremente flutuante, tende a ser fixado no valor que tal privilégio confere.

A venda governamental das "próprias" terras não utilizadas aos especuladores, portanto, restringe o uso de novas terras, distorce a alocação de recursos, e mantém a terra fora do uso que teria não fosse pela penalidade "fiscal" de pagar um preço de compra ou renda para o especulador. Manter as terras fora de uso aumenta o valor marginal do produto e os aluguéis das terras remanescentes, além de diminuir o valor marginal da produção do trabalho, diminuindo assim os níveis salariais.

A afinidade do arrendamento com os impostos é ainda mais próxima no caso de concessões de terra "feudais". Vamos postular um caso típico dos primórdios feudais: uma tribo conquistadora invade um território de camponeses e estabelece um estado para governá-los. *Poderia* cobrar impostos e fazer que a este seguissem os lucros. Mas também poderia fazer algo mais, e é

---

⁵⁵ KNIGHT. "Fallacies in the 'Single Tax'". pp. 809-10.

importante notar que não há diferença essencial entre as duas possibilidades. Poderia dividir toda a terra em concessões individuais de "propriedade" para cada membro da tribo conquistadora. Então, em vez de ou adicionalmente a uma agência de tributação central, haveria uma série de agências regionais de *coleta de rendas*. Mas as consequências seriam exatamente as mesmas. Isto pode ser visto nitidamente nos países do Oriente Médio, onde os governantes são considerados pessoalmente donos dos territórios e, portanto, recolhem impostos na forma de "aluguéis" cobrados com base nessa propriedade.

As gradações sutis que ligam tributação e o arrendamento feudal foram lucidamente retratadas por Franz Oppenheimer:

> O camponês entrega uma parte do produto de seu trabalho, sem qualquer serviço equivalente em troca. "No princípio era a renda da terra".
> As formas sob as quais a renda fundiária é coletada ou consumida variam. Em alguns casos, os senhores, como um grupo ou comunidade fechados, se estabelecem em alguns assentamentos reforçados e consomem, como comunistas, o imposto dos camponeses. [...] Em alguns casos, cada guerreiro de origem nobre tem um pedaço definido de terra que lhe é atribuído: mas geralmente a produção deste ainda é, como em Esparta, consumido na "sissítia" [a refeição comum dos cidadãos], por associados de classe e companheiros de armas. Em alguns casos, a nobreza territorial está dispersa em todo o ambiente, cada homem alojado com os seguidores em um castelo reforçado, e consumindo, cada um por si, o produto do domínio ou das terras. Até esse momento, tais nobres não se tornaram proprietários de terras, no sentido de administrar suas propriedades. Cada um deles recebe imposto do trabalho dos dependentes, a quem os nobres nem guiam, nem fiscalizam. Este é o tipo de domínio medieval nas terras da nobreza germânica. Finalmente, o aristocrata se torna o dono e administrador dos emolumentos aristocráticos[56].

Claro, há diferenças consideráveis entre a especulação da terra por parte do comprador original do governo e uma concessão de terras feudais. No primeiro caso, o usuário acaba por comprar a terra do comprador original, e, uma vez que faz isso, o imposto é integralmente pago e desaparece. Daquele ponto em diante, prevalecem as alocações do livre mercado. Uma vez que a terra fique nas mãos do usuário, este, por assim dizer, "paga" um imposto de permissão, e, a partir daí, tudo procede em uma base de livre

---

[56] OPPENHEIMER. *The State*. pp. 83-84. Sobre a separação dos domínios feudais em subestados apartados, ver: OPPENHEIMER. *The State*. pp. 191-202.

mercado[57]. Ao contrário, o senhor feudal passa a terra aos herdeiros. Os verdadeiros posseiros têm agora de pagar um aluguel naquilo que, antes, não precisavam pagar. Este aluguel-imposto continua indefinidamente. Devido à extensão geralmente ampla da subvenção, bem como várias leis proibitórias, não é comum que o arrendatário, súdito do senhor feudal, compre as terras. Quando compram os próprios lotes, no entanto, a terra é a partir de então libertada do íncubo do imposto-permissão.

Uma acusação muitas vezes feita contra o mercado é a de que "toda" propriedade pode remontar a depredações coercitivas ou privilégios do estado, e, portanto, não há necessidade de respeitar os direitos de propriedade atuais. Pondo de lado a questão da precisão do argumento histórico, podemos afirmar que os traços históricos geralmente fazem pouca diferença. Suponhamos, por exemplo, que Jones roube dinheiro de Smith ou que adquira o dinheiro via expropriação e subsídio do estado. E suponhamos que não exista compensação: Smith e seus herdeiros morrem, e o dinheiro continue na família Jones. Nesse caso, o desaparecimento de Smith e herdeiros significa a dissolução das reivindicações dos titulares originais *naquele momento*, com base no princípio da "apropriação original" do direito tornar-se proprietário um bem sem dono. O dinheiro, portanto, reverte para a família Jones como propriedade legítima e absoluta[58].

Este processo de converter força em serviço, no entanto, não funciona onde as rendas pagas pela terra forem semelhantes à tributação regional. Os efeitos da especulação na terra original desaparecem à medida que os usuários compram a terra, mas a dissolução não ocorre onde são repassadas, ininterruptamente, as concessões de terras feudais, ao longo das gerações. Como Mises afirma:

> Em nenhum lugar e em nenhum momento a posse da terra em larga escala veio pelo trabalho das forças econômicas no mercado. É o resultado de um esforço político e militar. Fundada pela violência, tem sido mantida pela violência e apenas por isso. Assim que os latifúndios são atraídos à esfera de transações do mercado, começam a desintegrar-se, até que

---

[57] Devemos repetir que usuários diretos não seriam os únicos com permissão de possuir terras no livre mercado. A única condição seria a do uso como o *primeiro* princípio que leva a terra original e não utilizada *à posse*. Uma vez que a propriedade se reverta para o usuário, *então* este pode vender a terra para um especulador, deixá-la sem uso novamente etc, sem distorcer as alocações de mercado. O problema é a criação *original* de títulos válidos para a propriedade. Após o estabelecimento de títulos válidos, o proprietário pode, é claro, fazer o que quiser com a propriedade.
[58] Vamos supor que Smith e seus herdeiros morrem ou não possam ser localizados. Se forem encontrados, a propriedade justamente reverte-se a eles num sistema de livre mercado.

finalmente desaparecem por completo. Nem em sua formação, nem em sua manutenção, as causas econômicas agiram. As grandes fortunas territoriais não surgiram através da superioridade econômica da propriedade em larga escala, mas por meio da anexação violenta fora da área do comércio. [...] A origem não-econômica das fortunas territoriais é claramente revelada pelo fato de, como regra, a expropriação por que foram criadas de forma alguma altera o modo de produção. O antigo dono permanece no solo sob um título legal diferente e continua a produzir.[59]

7
Os Cânones da "Justiça" em Tributação

A - O Imposto Justo e o Preço Justo

Por séculos, antes da ciência da economia ser desenvolvida, os homens buscaram estabelecer um critério de "preço justo". De todas as inumeráveis, quase infinitas possibilidades entre as miríades de preços determinados diariamente, qual padrão deveria ser considerado "justo"? Aos poucos, percebeu-se que *não existe* um critério quantitativo de justiça que possa ser objetivamente determinado. Suponhamos que o preço dos ovos seja de 50¢ a dúzia, qual é o "preço justo"? É claro, mesmo para aqueles (como o presente escritor) que acreditam na possibilidade de uma ética racional, que não existe filosofia ética ou ciência que possa sujeitar-se a uma medida quantitativa ou critério de justiça. Se o Professor X diz que o preço "justo" dos ovos é de 45¢ e o Professor Y diz que é de 85¢, não há princípio filosófico que possa decidir entre eles. Mesmo os mais fervorosos antiutilitaristas terão de ceder neste ponto. Todas as argumentações contrárias se tornam um capricho puramente arbitrário.

A economia, ao traçar o padrão ordenado do processo de troca voluntária, deixou claro que o único critério objetivo para o preço justo é o *preço de mercado*. Pois o preço de mercado é, em todo momento, determinado de modo voluntário, com ações mutuamente acordadas por todos os seus participantes. É o objetivo resultante de avaliações subjetivas de cada indivíduo e ações voluntárias, e, portanto, é o único critério objetivo existente de "justiça quantitativa" nos preços.

Atualmente, quase ninguém busca explicitamente pelo "preço justo", e

---

[59] MISES, Ludwig von. *Socialism*. New Haven: Yale University Press, 1951. p. 375.

geralmente é reconhecido que qualquer crítica ética deve ser voltada qualitativamente à valorações dos consumidores, e não à estrutura quantitativa de preços que o mercado estabelece com base em tais valores. O preço de mercado é o preço justo, dado o padrão de preferências dos consumidores. Além disso, esse preço é apenas o concreto, o preço *real* de mercado, e não o preço de equilíbrio, que nunca pode ser estabelecido no mundo real, nem o "preço competitivo", que é uma invenção imaginária.

Se a busca do preço justo praticamente desapareceu das páginas das obras econômicas, por que a busca de um "imposto justo" continua com vigor inabalável? Por que os economistas, severamente científicos nos livros, de repente se tornam especialistas em ética *ad hoc* quando surge a questão dos impostos? Em nenhuma outra área de especialidade, o economista se torna mais ético de modo mais grandioso.

Não há nenhuma dificuldade em discutir conceitos éticos quando estes são necessários, desde que o economista perceba sempre (a) que a economia *não* pode estabelecer princípios éticos por si só –pode apenas fornecer, como dados, algumas leis existenciais para o especialista em ética ou ao cidadão; e (b) que a importação da ética deve ser fundamentada em um conjunto consistente e coerente de princípios éticos, e não simplesmente uma escapadela *ad hoc* do tipo "bem, todos devem concordar com isso [...]". Suposições amenas de concordâncias universais é um dos maus hábitos mais irritantes do economista travestido de especialista em ética.

Este livro não tenta estabelecer princípios éticos. No entanto, refuta os princípios éticos, na medida em que são insinuados *ad hoc,* e não analisados, em tratados econômicos. Um exemplo é a busca comum de "cânones da justiça" na tributação. A objeção principal a tais "cânones" é que os autores têm de estabelecer primeiro o que é justiça fiscal. Se isso não puder ser comprovado, e até agora não foi, então é claramente inútil a busca pelo "imposto justo". Se a tributação em si é injusta, então é claro que nenhuma distribuição de seus encargos, apesar de engenhosa, pode ser declarada justa. Este livro não apresenta doutrinas sobre a justiça ou injustiça da tributação. Mas exortamos os economistas a esquecerem o problema do "imposto justo" ou, pelo menos, a desenvolver um sistema ético abrangente antes de enfrentar tal problema novamente.

Por que os economistas não abandonam a busca do "imposto justo" como abandonaram a busca pelo "preço justo"? Uma das razões é que isso poderia lhes trazer implicações indesejáveis. O "preço justo" foi abandonado em favor do preço de mercado. Pode o "imposto justo" ser abandonado em favor do imposto de mercado? Claro que não, pois não há tributação no mercado, e, portanto, nenhum imposto pode ser estabelecido de modo a duplicar os padrões de mercado. Como veremos mais adiante, não existe algo como um "imposto neutro" – um imposto que deixará o mercado livre e tranquilo – assim como não existe tal coisa como moeda neutra. Economistas e outros podem tentar se aproximar da neutralidade, na esperança de atrapalhar o mercado o menos possível, mas nunca podem ser totalmente bem sucedidos.

B - Custos de Arrecadação, Conveniência e Certeza

Mesmo as máximas mais simples não devem ser dadas como certas. Dois séculos atrás, Adam Smith (1723-1790) estabeleceu quatro cânones de justiça na tributação que os economistas têm repetido desde então[60]. Um deles trata da distribuição do ônus da tributação, e isso será tratado em detalhes adiante. Talvez o mais "óbvio" tenha sido a recomendação de Adam Smith de que os custos da coleta devam ser mantidos em um "mínimo" e que os impostos sejam cobrados tendo em mente tal princípio.

Uma máxima óbvia e inofensiva? Claro que não; este "cânone de justiça" não é óbvio de modo algum. Pois o burocrata empregado na coleta de impostos tenderá a favorecer um imposto com custos administrativos *elevados*, necessitando de um maior número de empregos burocráticos. Por que deveríamos afirmar que o burocrata está obviamente equivocado? A resposta é que ele não está, e para chamá-lo de "equivocado" necessitamos de uma análise ética que nenhum economista se preocupou em empreender.

Um outro ponto: se o imposto é injusto por outros motivos, pode ser *mais justo ter* altos custos administrativos, pois então haverá menos possibilidade do imposto ser integralmente recolhido. Se for fácil cobrar o imposto, então o imposto pode causar mais danos ao sistema econômico e ocasionar maior distorção à economia de mercado.

O mesmo argumento pode ser usado para outro dos cânones de Smith: o de que um imposto deve ser cobrado de modo que o pagamento seja conveniente. Aqui, mais uma vez, a máxima parece óbvia, e certamente há muita verdade nisso. Mas, poderíamos insistir que o imposto devesse se tornar inconveniente para induzir as pessoas a se rebelarem e forçar uma redução do nível de tributação. Na verdade, este costumava ser um dos argumentos principais dos "conservadores" para um imposto sobre a renda em vez de um imposto indireto. A validade deste argumento é irrelevante;

---

[60] SMITH, Adam. *The Wealth of Nations*. New York: Modern Library, 1937. pp. 777-79. Ver também: HUNTER & ALLEN. *Principles of Public Finance*. pp. 137-40.

o argumento é que, em si, *não* está evidentemente errado e, portanto, este cânon não é mais simples e óbvio que os outros.

O último cânon de Smith acerca da tributação justa é que o imposto seja determinado e não arbitrário, para que o pagador de impostos saiba o que vai pagar. Aqui, novamente, uma análise mais aprofundada mostra que isso de modo algum é óbvio. Alguns podem argumentar que a *incerteza* beneficia o pagador de impostos, pois faz com que os requisitos sejam mais flexíveis e permite o suborno do coletor de impostos. Isso beneficia o pagador de impostos, visto que o preço do suborno é inferior ao imposto que teria de pagar. Além disso, não há nenhuma maneira de estabelecer certeza em longo prazo, pois as alíquotas podem ser alteradas pelo governo a qualquer momento. No longo prazo, a certeza da tributação é uma meta impossível.

Um argumento similar pode ser dirigido à opinião de que "deveria" ser difícil evadir. Se um imposto é oneroso e injusto, a *evasão* pode ser altamente benéfica para a economia e para a moral.

Assim, nenhum destes cânones tributários, supostamente auto-evidentes, são, de fato, cânones. Em determinados pontos de vista éticos, estão corretos, noutros, incorretos. A economia não pode decidir.

C - Distribuição da Carga Tributária

Até aqui, discutimos a tributação como é cobrada de *qualquer* indivíduo ou empresa. Agora devemos nos voltar para outro aspecto: a *distribuição* da carga de impostos entre as pessoas na economia. A maior parte da busca por "justiça" na tributação envolve o problema da "justa distribuição" deste fardo.

Vários cânones da justiça propostos serão discutidos nesta seção, seguidos da análise dos *efeitos* econômicos da distribuição fiscal.

1 - Uniformidade de Tratamento

a) Igualdade perante a Lei: A Isenção de Impostos

A uniformidade de tratamento tem sido defendida como um ideal por quase todos os escritores. Este ideal deve estar implícito no conceito de "igualdade perante a lei", que é mais bem formulado nos seguintes termos, "devem ser tratados da mesma maneira". Para a maioria dos economistas tal ideal pareceu autoevidente, e os únicos problemas levados em conta são os práticos de como definir exatamente quando uma pessoa é "como" as demais (problemas que, como veremos adiante, são insuperáveis).

Todos esses economistas adotam o objetivo de uniformidade, independentemente de qual princípio de "semelhança" defendam. Assim, o homem que acredita que todos devam ser tributados de acordo com a "capacidade de pagamento" também acredita que todos com a mesma capacidade devam ser tributados igualmente; aquele que crê que cada um deva ser tributado proporcionalmente à renda também defende que todas as pessoas com o mesmo rendimento devam pagar o mesmo imposto etc. desta forma, o ideal de uniformidade permeia a literatura a respeito de tributação.

No entanto, este cânone não é, de modo algum, óbvio, pois parece claro que a justiça da *igualdade de tratamento* depende antes de mais nada da *própria justiça de tratamento*. Suponhamos, por exemplo, que Jones, com sua comitiva, proponha-se a escravizar um grupo de pessoas. Devemos afirmar que a "justiça" exige que cada um seja escravizado *da mesma maneira*? E suponhamos que alguém tenha a sorte de escapar. Devemos condená-lo por esquivar-se da igualdade de justiça dada aos companheiros? É óbvio que a igualdade de tratamento não é cânone de qualquer justiça. Se uma medida é injusta, então é justo que tenha o *menor* efeito geral possível. A igualdade de tratamento *injusto* nunca pode ser acolhida como um ideal de justiça. Portanto, aquele que sustenta que um imposto seja cobrado de todos, deve primeiro estabelecer a justiça do imposto propriamente dito.

Muitos escritores denunciam isenções fiscais e abrem fogo contra a isenção de impostos, particularmente aqueles que os utilizam para obter isenções para si mesmos. Estes escritores incluem os defensores do livre mercado que tratam a isenção fiscal como um privilégio especial e a atacam como algo equivalente ao subsídio e, portanto, incompatível com o mercado livre. No entanto, a isenção de impostos ou de qualquer outro ônus *não é* equivalente a um subsídio. Há uma diferença fundamental. No caso deste último, a pessoa está recebendo esse subsídio especial tirado a força dos seus semelhantes; no caso da isenção fiscal, a pessoa *escapa* de um encargo imposto aos demais. Conquanto o primeiro seja obtido à custa dos concidadãos, o outro não é. No primeiro caso, o donatário é que participa da aquisição de ganhos ilícitos; no segundo, escapa de pagar um tributo aos saqueadores. Culpá-lo por escapar é equivalente a culpar o escravo por fugir de seu senhor. É claro que se um fardo é injusto, a responsabilidade deve ser conferida, *não* sobre o homem que escapa do fardo, mas, em primeiro lugar, sobre o homem ou os homens que impõem a carga. Se um imposto é, de fato, injusto, e alguns estão isentos disso, o clamor público não deve ser para *estender o imposto a todos*, mas, pelo contrário, para *estender a isenção a todos*. A isenção em si não pode ser considerada injusta, a menos que o imposto ou outro ônus seja estabelecido primeiramente como *justo*.

Assim, a uniformidade de tratamento *per se* não pode ser instituída como um cânone de justiça. Um imposto deve, primeiramente, ser reconhecido como justo; se é injusto, então a uniformidade é simplesmente a imposição de uma injustiça geral, e a isenção deve ser bem-vinda. Uma vez que o próprio fato da tributação seja uma interferência no mercado livre, é particularmente incongruente e incorreto por parte dos defensores do livre mercado ser a favor de uniformidade da tributação.

Uma das principais fontes de confusão para os economistas e outros que são favoráveis ao livre mercado é que a sociedade livre tem sido muitas vezes definida como uma condição de "igualdade perante a lei", ou como aquela que não confere "privilégio especial para ninguém". Como resultado, muitos transferiram esses conceitos para um ataque às isenções fiscais como um "privilégio especial" e uma violação do princípio da "igualdade perante a lei". Este último conceito dificilmente pode ser considerado um critério de justiça, pois depende da justiça da lei ou de "tratamento" em si. É esta suposta justiça, e não a igualdade, que é a característica principal do livre mercado. De fato, a sociedade livre é muito mais bem descrita por uma expressão como *"igualdade de direitos para defender a pessoa e a propriedade"* ou *"igualdade de liberdade"* em vez da vaga e enganosa expressão *"igualdade perante a lei"*[61].

Na literatura sobre tributação há muitas discussões ferozes sobre "lacunas", inferindo que qualquer rendimento ou área isentos de tributação devessem ser levados rapidamente ao seu domínio. Qualquer falha em "cobrir os meios de evasão" é tratada como imoral. Mas, como Mises incisivamente perguntou:

> O que é um "lacuna"? Se a lei não pune uma ação definida ou não tributa uma coisa definida, não é uma meio de evasão. É simplesmente a lei. [...] As isenções de imposto de renda em nosso imposto de renda não são lacunas [...]. Graças a essas lacunas este país ainda é um país livre[62].

b) A Impossibilidade da Uniformidade

À parte destas considerações, o ideal de uniformidade é *impossível* de alcançar. Vamos limitar nossa discussão sobre a uniformidade ao *imposto de renda*, por duas razões: (1) porque a grande maioria dos nossos impos-

---

[61] Esta discussão aplica-se à adoção do "Estado de Direito" [*Rule of Law*] pelo Professor Friedrich Hayek (1899-1992) como critério político básico. Ver: HAYEK, F. A. *The Constitution of Liberty*. Chicago: University of Chicago Press, 1960.
[62] MISES, Ludwig von. In: DIRECTOR, Aaron (Ed.). *Defense, Controls and Inflation: A Conference Sponsored by the University of Chicago Law School*. Chicago: University of Chicago Press, 1952. pp. 115-16.

tos é tributação de renda, e (2) porque, como vimos, a maioria dos outros impostos resume-se a impostos de renda, de qualquer maneira. Um imposto sobre o consumo termina em grande parte como um imposto sobre a renda em um grau inferior.

Há duas razões básicas para a uniformidade da tributação do rendimento ser um objetivo impossível. O primeiro decorre da própria natureza do estado. Vimos, ao discutir a análise de John C. Calhoun, que o estado deve separar a sociedade em duas classes, ou castas: a *casta dos pagadores de impostos* e a *casta dos consumidores de impostos*. Os consumidores de impostos é composto pela burocracia em tempo integral e os políticos no poder, bem como os grupos que recebem subsídios *líquidos*, ou seja, os que recebem mais do que aquilo que pagam ao governo. Estes incluem os recebedores de contratos do governo e dos gastos governamentais em bens e serviços produzidos no setor privado. Nem sempre é fácil detectar o subsídio líquido na prática, mas esta casta pode ser sempre conceitualmente identificada.

Assim, quando o governo cobra um imposto sobre os rendimentos privados, o dinheiro é transferido dos indivíduos privados para o governo, e dinheiro do governo, se gasto para consumo do governo em bens e serviços, para os salários de burocratas, ou como subsídios para grupos privilegiados, retorna para ser gasto no sistema econômico. É claro que o nível de despesa oriunda da tributação *deve distorcer* o padrão da despesa do mercado e transferir recursos produtivos para longe do padrão desejado pelos produtores e em direção àquele desejado pelos privilegiados. Esta distorção ocorre proporcionalmente ao montante da tributação.

Se, por exemplo, o governo taxa os fundos que teriam sido gastos em automóveis e acaba por gastá-los em armas, a indústria de armas e, no longo prazo, os fatores específicos da indústria de armas se tornarão consumidores de impostos líquidos, ao passo que uma perda especial é infligida à indústria automobilística e, finalmente, aos fatores específicos desse setor. É por causa de tais relações complexas que, como já foi mencionado, a identificação do subsidiado líquido, na prática, pode ser difícil.

No entanto, uma coisa sabemos sem dúvida. Os burocratas são consumidores tributários líquidos. Como assinalamos anteriormente, os burocratas *não podem pagar impostos*. Por isso, é inerentemente impossível aos burocratas pagar imposto de renda de maneira uniforme como todos os outros. E, portanto, o ideal do imposto de renda uniforme para todos é uma meta impossível. Repetimos que o burocrata que recebe $ 8.000 por ano de renda e, então, entrega $ 1.500 de volta ao governo, está envolvido em uma transação de escrituração simples sem importância econômica alguma (para além dos resíduos de papel e registros envolvidos), pois ele não paga e não pode *pagar* os impostos; simplesmente recebe $ 6,500 por ano do fundo fiscal.

Se é impossível ao imposto de renda ser uniforme por causa da natureza do próprio processo do imposto, a tentativa de fazê-lo também enfrenta outra dificuldade insuperável, a de tentar chegar a uma definição convincente de "renda". Deverá o lucro tributável incluir o valor monetário imputado aos serviços recebidos em espécie, tais como produtos agrícolas cultivados na própria fazenda? O que dizer a respeito do aluguel imputado por viver na própria casa? Ou os serviços imputados a uma dona de casa? Independentemente do curso tomado em qualquer destes casos, pode ser um bom argumento afirmar que os rendimentos tidos como tributáveis não são os corretos. E se for decidido imputar o valor dos bens recebidos em espécie, as estimativas devem ser sempre arbitrárias, uma vez que as vendas verdadeiras em dinheiro não foram feitas.

Uma dificuldade semelhante é suscitada pela questão de se a renda deveria ser ou não calculada pela média de renda de vários anos. As empresas que sofrem perdas e colhem os lucros são penalizadas em comparação àquelas com renda estável, a menos que, é claro, o governo subsidie parte da perda. Isso pode ser corrigido, permitindo um rateamento de renda por vários anos, mas aqui, novamente, o problema é insolúvel, porque há somente modos arbitrários para determinar o período temporal permitido para o rateamento. Se a taxa de imposto de renda é "progressiva", ou seja, se a taxa aumenta à medida que os ganhos crescem, então o erro em autorizar o rateamento penaliza o homem com uma renda irregular. Mas, novamente, permitir o rateamento irá destruir o ideal das atuais tarifas fiscais uniformes, além disso, se variar o período de rateamento, os resultados oscilarão.

Vimos que, para taxar apenas a renda é necessário retificar a evolução do poder de compra da moeda ao tributar ganhos de capital. Contudo, mais uma vez, qualquer índice ou fator de correção é puramente arbitrário, e a uniformidade não pode ser alcançada por causa da impossibilidade de assegurar a concordância geral a respeito da definição de renda. Por todas estas razões, o objetivo da uniformidade da tributação é impossível. Não é simplesmente difícil de ser alcançado na prática, é conceitualmente impossível e auto-contraditório. Por certo, qualquer objetivo ético que seja de realização *conceitualmente impossível* é uma meta absurda, e, portanto, qualquer movimento na direção desse objetivo também é absurdo[63].

---

[63] Dizer que um objetivo ético é *conceitualmente impossível* é completamente diferente de dizer que sua realização é "irreal" porque poucas pessoas o apoiam. O último não é, de forma alguma, um argumento contra um princípio ético. Impossibilidade conceitual significa que a meta não poderia ser alcançada *mesmo se* todos a visassem. Sobre o problema do "realismo" nos objetivos éticos, ver o brilhante artigo: PHILBROOK, Clarence E. "'Realism' in Policy Espousal". In: *American Economic*

É, desse modo, legítimo, e mesmo necessário, participar de uma crítica lógica (ou seja, praxeológica) dos objetivos éticos e sistemas quando são relevantes para a economia.

Tendo analisado o objetivo de uniformidade de tratamento, nos voltamos agora para os vários princípios que foram estabelecidos para dar conteúdo à ideia de uniformidade, para responder a pergunta: Uniformes em relação a quê? Os impostos devem ser uniformes com a "capacidade de pagamento", ou "sacrifício", ou "benefícios recebidos"? Em outras palavras, enquanto a maioria dos escritores admitem, um tanto impensadamente, que as pessoas na mesma faixa de renda devam pagar o mesmo imposto, qual princípio deve reger a distribuição de impostos *entre* os escalões tributários? O homem que faz $ 10,000 por ano deveria pagar tanto quanto, tão *proporcionalmente* quanto, mais do que, mais proporcionalmente que, ou menos que um homem que faz $ 5,000 ou $ 1,000 por ano? Em suma, as pessoas deveriam pagar uniformemente, de acordo com a "capacidade de pagamento", o sacrifício, ou algum outro princípio?

2 - O Princípio da "Capacidade de pagamento"

a) A Ambiguidade do Conceito

Este princípio estabelece que as pessoas devam pagar impostos de acordo com a sua "capacidade de pagamento". É geralmente admitido que o conceito de capacidade de pagar seja altamente ambíguo e não se mostra, de modo algum, um guia seguro para a aplicação prática[64]. A maioria dos economistas tem empregado o princípio para apoiar um programa de imposto de renda proporcional ou progressivo, mas isso não é suficiente. Parece claro, por exemplo, que a riqueza acumulada de uma pessoa afeta sua capacidade de pagamento. Um homem que ganha $ 5,000 durante um determinado ano, provavelmente, tem mais capacidade de pagar do que o vizinho que recebe a mesma quantia, se também tiver $ 50,000 no banco, ao passo que o vizinho não tem nada. No entanto, um imposto sobre o capital acumulado poderia causar um empobrecimento geral. Nenhum padrão claro pode ser encontrado para medir a "capacidade de pagamento". Tanto a riqueza como a renda teriam de ser consideradas, as despesas médicas teriam de ser deduzidas etc. Mas não existe um critério preciso para ser utilizado, e a decisão é necessariamente arbitrária. Desse modo, todas ou algumas despesas médicas deveriam ser deduzidas? E quanto às despesas para criação dos filhos? Ou as despesas com alimentos, roupas

---

Review, December, 1953, pp. 846-59.
[64] Ver: BLUM, Walter J. & KALVEN, JR., Harry. *The Uneasy Case for Progressive Taxation*. Chicago: University of Chicago Press, 1963. pp. 64-68.

e abrigo necessários para a "manutenção" do consumidor? O professor John F. Due tentou encontrar um critério para a capacidade de "bem-estar econômico", mas deve ficar claro que este conceito, sendo muito mais subjetivo, é ainda mais difícil de ser definido[65].

Adam Smith utilizou o conceito de capacidade para justificar o imposto de renda *proporcional* (tributação a um percentual de renda constante), mas o argumento utilizado é bastante ambíguo e se aplica ao princípio do "benefício" recebido bem como à "capacidade de pagamento"[66]. De fato, é difícil ver exatamente em que sentido a capacidade de pagamento cresce em proporção a renda. Um homem que ganha $ 10,000 por ano é "igualmente capaz" de pagar $ 2,000 como um homem que ganha $ 1,000 para pagar $ 200? Deixando de lado as qualificações básicas da diferença de riqueza, despesas médicas etc., em que sentido a "igual capacidade" pode ser demonstrada? Tentar definir capacidade proporcional de tal forma é um procedimento sem sentido.

John Ramsey McCulloch (1789-1864), numa passagem famosa, atacou a progressividade e defendeu a proporcionalidade da tributação:

> No momento em que abandones [...] o princípio cardeal de exigir de todos os indivíduos na mesma proporção dos rendimentos ou da propriedade, estarás no mar, sem leme ou bússola, e não há um montante de injustiça ou loucura que não possas cometer[67].

Aparentemente plausível, essa tese não é de forma alguma auto-evidente. De que forma a tributação *proporcional* é menos arbitrária do que qualquer padrão de tributação progressiva, ou seja, onde a taxa de impostos aumenta com a renda? Deve haver algum *princípio* que possa justificar a proporcionalidade; se este princípio não existe, então a proporcionalidade não é menos arbitrária do que qualquer padrão de tributação. Vários princípios foram propostos e serão abordados mais adiante, mas o ponto é que a proporcionalidade *per se* não é nem mais nem menos sólida do que

---

[65] DUE. *Government Finance*. p. 121.
[66] Adam Smith afirmou:
> Os súditos de cada estado devem contribuir para o sustento do governo, tanto quanto possível, na proporção das respectivas habilidades, ou seja, na proporção da receita que, respectivamente, desfrutam sob a proteção do estado. A despesa do governo com os indivíduos de uma grande nação é como a despesa de gestão dos arrendatários associados de uma grande propriedade, que são todos obrigados a contribuir de acordo com os respectivos interesses imobiliários. (SMITH. *Wealth of the Nations*. p. 777).

[67] McCULLOCH, J. R. *A Treatise on the Principle and Practical Influence of Taxation and the Funding System*. London, 1845. p. 142.

qualquer outra tributação.

Uma escola de pensamento tenta encontrar uma justificativa para um imposto progressivo por meio de um princípio de capacidade para pagar. Esta é a abordagem "aptidão" do professor Edwin Robert Anderson Seligman (1861-1939). Esta doutrina afirma que quanto mais dinheiro uma pessoa tem, é relativamente mais fácil para adquirir mais. Seu poder de obter dinheiro deve aumentar à medida que obtém mais: *"Pode se dizer que um homem rico esteja sujeito [...] a uma lei de retornos crescentes"*[68]. Portanto, uma vez que a habilidade aumenta mais rapidamente que a renda, um imposto de renda progressivo é justificado. Esta teoria é simplesmente inválida[69]. Dinheiro não "faz dinheiro", se assim fosse, então algumas pessoas seriam por agora possuidoras todas as riquezas do mundo. Para ser ganho, o dinheiro deve, continuamente, se justificar em verdadeiros serviços para os consumidores. O salário pessoal, juros, lucros e rendas são ganhos somente em conformidade com os serviços atuais, não os passados. O tamanho da fortuna acumulada é imaterial, e fortunas podem ser e são dissipadas quando os donos não conseguem reinvesti-las com sabedoria a serviço dos consumidores.

Como Walter J. Blum (1918-1994) e Harry Kalven Jr. (1914-1974) ressaltam, a tese de Seligman é um total absurdo quando aplicada a serviços pessoais, como a capacidade de trabalho. Só poderia fazer sentido quando aplicada às rendas dos bens, ou seja, o investimento em terras ou bens de capital (ou escravos, em uma economia escravista). Mas o retorno sobre o capital sempre tende à uniformidade, e qualquer desvio à uniformidade é especialmente devido a sábios e previdentes investimentos (lucros) ou investimentos especialmente imprevidentes (perdas). A tese de Seligman falaciosamente faria com que as taxas de retorno aumentassem em proporção ao montante investido.

Outra teoria sustenta que a capacidade de pagamento seja proporcional ao "excedente do produtor" de um indivíduo, ou seja, a "renda econômica", ou a quantidade de renda acima do pagamento necessário para continuar a produção. As consequências da tributação da renda de terras foram observadas anteriormente. Os "pagamentos necessários" para o trabalho são claramente impossíveis de se estabelecer; se alguém é questionado pelas autoridades fiscais sobre qual é o seu salário "mínimo", o que o impedirá de dizer que *qualquer* valor abaixo do salário atual fará com que ele se aposente ou mude de emprego? Quem pode provar o contrário? Além disso, mesmo

---

[68] SELIGMAN, E. R. A. *Progressive Taxation in Theory and Practice*. New York: Macmillan & Co., 2ª edição, 1908. pp. 291-92.
[69] Para uma excelente crítica da teoria Seligman, ver: BLUM & KALVEN. *Uneasy Case for Progressive Taxation*. pp. 64-66.

que pudesse ser determinado, esse "excedente" dificilmente é um indicador da capacidade de pagamento. Uma estrela de cinema pode ter praticamente zero de excedente, pois algum outro estúdio pode estar disposto a oferecer quase o mesmo que ela ganhe agora pelos serviços, ao passo que um coveiro deficiente pode ter um "superávit" muito maior, por ninguém estar disposto a contratá-lo. Geralmente, em uma economia avançada há pouco "excedente" deste tipo, pois a competição do mercado vai empurrar empregos alternativos e usos próximos ao produto de valor marginal descontado do fator em seu uso atual. Assim, seria impossível taxar qualquer "excedente" sobre o pagamento necessário da terra ou do capital uma vez que nenhum deles existe, e é praticamente impossível taxar o "excedente" do trabalho, pois a existência de um excedente considerável é raro, impossível de determinar, e, em todo caso, não há nenhum critério de capacidade de pagamento[70].

b) A Justiça do Padrão

A ideia extremamente popular da capacidade de pagamento foi consagrada por Adam Smith em seu cânone mais importante da tributação e, desde então, foi aceita cegamente. Embora muitas críticas tenham sido direcionadas à sua imprecisão inerente, quase ninguém criticou o princípio básico, apesar de ninguém realmente ter se baseado em um sólido argumento. O próprio Adam Smith não apresentou nenhum raciocínio para apoiar o princípio afirmado, e poucos o fizeram desde então. John F. Due, no texto sobre as finanças públicas, simplesmente aceita o princípio porque a maioria das pessoas acredita nele, ignorando assim a possibilidade de qualquer análise lógica de princípios éticos[71].

A única tentativa substancial para dar algum apoio racional ao "princípio da capacidade de pagamento" repousa numa comparação forçada de pagamentos de impostos com doações voluntárias a organizações de caridade. Assim escreve Harold Groves: *"Para centenas de empresas comuns (fundos de assistência social, Cruz Vermelha etc.) é esperado que as pessoas contribuam de acordo com os próprios recursos. O governo é uma dessas empresas comuns criada para servir os cidadãos como um grupo [...]"*[72]. Raramente vimos tantas falácias juntas em duas frases. Em primeiro lugar, o governo não é uma empresa comum, semelhante ao fundo de assistência social. *Ninguém pode demitir-se dele*. Ninguém, sob pena de prisão, pode chegar à conclusão de que esta "empresa de caridade" não está fazendo o trabalho corretamente e, portanto, parar com a sua "contribuição"; ninguém pode simplesmente perder o interesse e abandoná-lo. Se, como será visto mais adiante, o estado não pode

---

[70] Ver: BLUM & KALVEN. *Uneasy Case for Progressive Taxation*. pp. 67-68.
[71] DUE. *Government Finance*. p. 122.
[72] GROVES. *Financing Government*. p. 36.

ser descrito como um negócio, envolvido na venda de serviços no mercado, certamente é absurdo compará-lo a uma instituição de caridade. O governo é a própria negação da caridade, pois a caridade é singularmente um dom gratuito, um ato que flui livremente sem coação por parte do doador. A palavra "esperado", na frase de Groves é enganosa. Ninguém é forçado a dar a instituições de caridade quando não está interessado ou quando acredita que a instituição não está fazendo seu trabalho corretamente.

O contraste é ainda mais claro em uma frase de Merlin Hunter e Harry Allen:

> Contribuições de apoio à igreja ou ao fundo de assistência social são esperadas, não com base nos benefícios que recebem os membros individuais da organização, mas baseadas na capacidade de contribuir[73].

Mas isto é praxeologicamente inválido. A razão por que qualquer pessoa contribui, voluntariamente, com uma instituição de caridade é precisamente o *benefício* que obtém a partir disso, ainda que o *benefício* possa ser considerado apenas em um sentido subjetivo. Nunca pode ser medido. O fato do ganho subjetivo, ou benefício, de um ato é deduzível do fato de ter sido realizado. Deduz-se que cada pessoa que faz uma troca tenha sido beneficiada (pelo menos *ex ante*). *Da mesma forma*, uma pessoa que faz uma *doação* unilateral, se deduz que tenha se beneficiado (*ex ante*) ao fazer a doação. Caso não se beneficiasse, não teria feito a doação. Esta é outra indicação de que a praxeologia não admite a existência de um "homem econômico", pois o benefício de uma ação pode vir tanto de um bem ou um serviço recebido diretamente em troca, ou simplesmente do conhecimento de que outro alguém irá se beneficiar com uma doação. Doações para instituições de caridade, portanto, são feitas justamente com base no benefício para o doador, não com base em sua "capacidade de pagamento".

Além disso, se compararmos a tributação com o mercado, não encontramos base para seguir o princípio da "capacidade de pagamento". Pelo contrário, o preço de mercado (geralmente considerado o preço justo) é quase sempre uniforme ou tende a uniformidade. Os preços de mercado tendem a obedecer a regra do preço único em todo o mercado. Todos pagam um preço igual por um bem independentemente de quanto dinheiro tenha, ou da própria "capacidade de pagamento". De fato, se o princípio da "capacidade de pagamento" invadisse o mercado, não faria sentido algum adquirir a riqueza, pois todos teriam de pagar a mais por um produto em proporção ao dinheiro que possuíssem. A renda monetária seria

---

[73] HUNTER & ALLEN. *Principles of Public Finance*. pp. 190-91.

aproximadamente equilibrada, e, de fato, não haveria sentido algum em adquirir dinheiro, já que o poder de compra de uma unidade monetária jamais seria definitivo, mas cairia, para qualquer homem, em proporção à quantidade de dinheiro que ganhasse. Uma pessoa com menos dinheiro constataria simplesmente o poder de compra de uma unidade monetária crescendo em conformidade. Portanto, a menos que as fraudes e o mercado negro possam escapar dos regulamentos, instituir o princípio da "capacidade de pagamento" para os preços iria destruir o mercado por completo. A destruição do mercado e da economia monetária lançaria a sociedade de volta aos padrões de vida primitivos e, claro, eliminaria uma grande parte da população mundial atual, a qual é permitida uma vida de subsistência ou de padrão superior, em virtude da existência do mercado moderno e desenvolvido.

Além disso, deve ficar claro que a criação de renda e riqueza igual para todos (por exemplo, tributar todas as pessoas com um padrão maior que um determinado modelo de renda e riqueza, e subsidiar todos aqueles abaixo desse padrão) teria o mesmo efeito, já que não faria sentido trabalhar por dinheiro. Aqueles que gostam de trabalhar irão fazê-lo apenas "por diversão", ou seja, sem a obtenção de um retorno monetário. Igualdade forçada de renda e riqueza, portanto, levaria a economia de volta à barbárie.

Se os impostos fossem padronizados de acordo com os preços de mercado, então, os impostos seriam cobrados *igualmente* (*não* proporcionalmente) de todos. Como será visto adiante, a tributação igual difere em aspectos críticos dos preços de mercado, mas é uma aproximação muito mais exata a isso do que os impostos de acordo com a "capacidade de pagamento".

Finalmente, o princípio da "capacidade de pagamento" significa precisamente que o *capaz* é penalizado, ou seja, o mais aptos a servir às necessidades dos semelhantes. Penalizar a capacidade de produção e de serviços diminui a oferta de serviços – e em proporção à extensão dessa capacidade. O resultado será o empobrecimento, não só do capaz, mas do restante da sociedade, que se beneficia de seus serviços.

O princípio da "capacidade de pagamento", em suma, não pode ser simplesmente presumido; se é empregado, deve ser justificado pelo argumento lógico, e isso ainda precisa ser estipulado pelos economistas. Mais que uma regra evidente de justiça, o princípio da "capacidade de pagamento" assemelha-se sobremaneira ao princípio do ladrão de estradas de "roubar de onde há mais para ser roubado"[74].

---

[74] Ver: CHODOROV. *Out of Step*. p. 237. Ver também: CHODOROV, Frank. *From Solomon's Yoke to the Income Tax*. Hinsdale: Henry Regnery, 1947. p. 11.

3 - A Teoria do Sacrifício

Outra tentativa de estabelecer um critério de tributação justa foi objeto de uma literatura prolífera por muitas décadas, embora agora esteja saindo de moda. As muitas variantes da abordagem de "sacrifício" são semelhantes a uma versão subjetiva do princípio da "capacidade de pagamento". Todos repousam em três premissas gerais: (a) que a utilidade de uma unidade monetária de um indivíduo diminui à medida que aumenta seu estoque de dinheiro, (b) que essas utilidades possam ser comparadas interpessoalmente e, portanto, somadas, subtraídas etc. e (c) que todos tenham o mesmo planejamento de utilidade monetária. A primeira premissa é válida (mas só no sentido *ordinal*), mas a segunda e a terceira são absurdas. A utilidade marginal do dinheiro não diminui, mas é impossível comparar utilidades entre pessoas, fazendo crer que as avaliações de todos são idênticas. As utilidades não são quantidades, mas ordens subjetivas de preferência. Qualquer princípio para distribuir a carga fiscal que recai sobre tais pressupostos deve, portanto, ser declarado falacioso. Felizmente, de modo geral, esta verdade, agora, está presente na literatura econômica[75].

A teoria da utilidade e do "sacrifício" tem sido utilizada para justificar a tributação progressiva, embora a fiscalidade proporcional, por vezes, tenha sido defendida por tal motivo. Resumidamente, um dólar é acusado de "significar menos" ou valer menos na utilidade de um "homem rico" do que de um "homem pobre" ("rico" ou "pobre" na renda ou riqueza?), e, portanto, o pagamento de um dólar feito por um homem rico requer menos sacrifício subjetivo do que para um homem pobre. Portanto, o homem rico deve ser tributado a uma taxa mais elevada. Muitas teorias sobre a "capacidade de pagamento" são realmente teorias de sacrifício invertidas, uma vez que são expressas na forma de *capacidade de fazer sacrifícios*.

Uma vez que o cerne da teoria do sacrifício – comparações interpessoais de utilidade – é agora geralmente descartado, não devemos gastar muito tempo discutindo a doutrina do sacrifício em detalhes[76]. No entanto, vários aspectos desta teoria são interessantes. A teoria do sacrifício se divide em dois ramos principais: (1) o princípio do *igual sacrifício* e (2) O princípio do *sacrifício mínimo*. O primeiro afirma que todo homem deve

---

[75] A aceitação dessa crítica vem desde os escritos de Lionel Robbins (1898-1984) na década de 1930. Ver: ROBBINS, Lionel. "Interpersonal Comparisons of Utility". In: *Economic Journal*, December, 1938, pp. 635-41; ROBBINS, Lionel. *An Essay on the Nature and Significance of Economic Science*. London: Macmillan & Co., 2ª edição, 1935. pp. 138-41. Robbins era, naquela época, um economista decididamente "misesiano".

[76] Para uma crítica da teoria do sacrifício, ver: BLUM & KALVEN. *Uneasy Case for Progressive Taxation*. pp. 39-63.

igualmente se sacrificar para pagar impostos; o último, que a sociedade, como um todo, deve sacrificar uma parcela mínima. Ambas as versões abandonam completamente a ideia do governo como um fornecedor de benefícios e tratam o governo e tributação como pesos mortos, um sacrifício que deve ser suportado na melhor forma possível. Aqui temos um princípio de justiça deveras curioso – baseado em ajustamento ao prejuízo. Somos confrontados novamente com a *pons asinorum* que frustra todas as tentativas de estabelecer cânones de justiça para tributação – o próprio problema da justiça tributária. O proponente da teoria do sacrifício, ao abandonar, de forma realista, as suposições não comprovadas sobre benefícios da tributação, deve enfrentar e, em seguida, afundar-se na questão: Se a tributação é puro prejuízo, por que suportá-la?

A teoria da igualdade de sacrifício pede que um prejuízo semelhante seja imposto a todos. Como critério de justiça, isto é tão insustentável quanto clamar por igualdade de escravidão. Um aspecto interessante da teoria da igualdade de sacrifício, no entanto, é que não supõe, necessariamente, o imposto de renda progressivo! Apesar de presumir que o homem rico deva ser *mais* tributado *do que* o homem pobre, não significa necessariamente que o primeiro deva ser tributado *além do proporcional*. Na verdade, nem sequer estabelece que todos sejam tributados *proporcionalmente*! Em suma, o princípio da igualdade de sacrifício pode exigir que um homem que ganhe $ 10,000 seja mais tributado que um homem que ganhe $ 1,000, mas que não seja tributado necessariamente em uma porcentagem maior ou até mesmo proporcional. Dependendo da forma das várias "curvas de utilidade", o princípio da igualdade de sacrifício pode muito bem considerar a *tributação regressiva*, em que um rico paga mais em quantidade, porém proporcionalmente menos (por exemplo, o homem que ganha $ 10,000 pagaria $ 500, e o homem que ganha $1,000 pagaria $ 200). Quanto mais rapidamente a utilidade da moeda declinar, mais provável será a progressividade da curva de juros do "sacrifício idêntico". Uma lenta redução na relação da utilidade monetária exigiria a tributação regressiva. Os argumentos sobre a rapidez dos vários cronogramas de declínio da utilidade monetária não têm solução, porque, como vimos, toda a teoria é insustentável. Mas o ponto é que mesmo nas próprias bases, a teoria da igualdade de sacrifício não pode justificar a tributação progressiva nem a proporcional[77].

A teoria do sacrifício mínimo muitas vezes é confundida com a teoria da igualdade de sacrifício. Ambas repousam sobre o mesmo conjunto de falsos pressupostos, mas a teoria do sacrifício mínimo aconselha uma

---

[77] Para uma tentativa de estabelecer tributação proporcional com base no sacrifício idêntico, ver: SMITH, Bradford B. *Liberty and Taxes*. Irvington-on-Hudson: Foundation for Economic Education, [n.d.]. pp. 10-12.

tributação progressiva muito drástica. Suponhamos, por exemplo, que existam dois homens em uma comunidade, Jones acumulando $ 50,000, e Smith acumulando $ 30,000. O princípio do sacrifício social mínimo, que tem por base as três hipóteses descritas acima, declara: um dólar retirado de Jones impõe menos sacrifício do que um dólar tomado de Smith; daí, se o governo precisa de um dólar irá tirar de Jones. Mas suponhamos que o governo precise de dois dólares; o segundo dólar imporá menos sacrifício a Jones do que o primeiro dólar tomado de Smith, pois Jones ainda tem mais dinheiro do que Smith e, portanto, o sacrifício seria menor. Isto continua enquanto Jones tiver mais dinheiro do que Smith. Caso o governo precise de $ 20,000 em impostos, o princípio do sacrifício mínimo aconselha a tomar todos os $ 20,000 de Jones e zero de Smith. Em outras palavras, defende a tomada de todas as rendas mais altas até que as necessidades governamentais sejam satisfeitas[78].

O princípio do sacrifício mínimo depende, em grande parte, bem como a teoria da igualdade de sacrifício, da visão insustentável de que as relações de *utilidade monetária* sejam mais ou menos idênticas. Ambos repousam também numa falácia ainda maior, que agora deve ser refutada: que o "sacrifício" seja simplesmente o reverso da *utilidade monetária*. O sacrifício subjetivo na tributação não pode ser meramente o custo de oportunidade perdido do dinheiro pago; pode ser também aumentado pela *indignação moral* diante do procedimento fiscal. Assim, Jones pode se tornar tão moralmente indignado com o processo acima que o seu sacrifício marginal subjetivo rapidamente se torne muito grande, muito "maior" do que o sacrifício de Smith, se admitirmos, por um momento, que os dois possam ser comparados. Visto que o sacrifício subjetivo não é necessariamente ligado à utilidade monetária, podemos ampliar ainda mais o princípio. Consideremos, por exemplo, um anarquista filosófico que se oponha fervorosamente a todos os impostos. Suponhamos que seu sacrifício subjetivo no pagamento de qualquer imposto seja tão grande que quase chegue ao infinito. Neste caso, o princípio do sacrifício mínimo teria de isentar o anarquista de impostos, ao passo que o princípio da igualdade de sacrifício poderia lhe impor apenas uma quantidade infinitésima de impostos. De modo prático, então, o princípio de sacrifício teria de isentar o anarquista da tributação. Além disso, como o governo pode determinar o sacrifício subjetivo do indivíduo? Perguntando-lhe? Nesse caso, quantas pessoas iriam repetidamente proclamar a enormidade do sacrifício e assim escapar por completo do pagamento?

---

[78] Impulsionada à sua conclusão lógica em que o estado é convidado a estabelecer "a máxima satisfação social" – o reverso do sacrifício social mínimo – o princípio recomenda um igualitarismo absoluto obrigatório, com todos acima de certo padrão tributário, a fim de subsidiar todos os outros para chegarem a esse padrão. A consequência, como vimos, seria um retorno às condições de barbárie.

Da mesma forma, se dois indivíduos subjetivamente desfrutaram dos rendimentos idênticos de forma diferente, o princípio do sacrifício mínimo exigiria que o homem mais feliz fosse menos tributado, porque faz um sacrifício maior ao desfrutar de um imposto idêntico. Quem vai sugerir uma tributação mais pesada sobre o infeliz ou o asceta? E quem então vai abster-se de proclamar em alta voz o enorme prazer que desfruta com a própria renda?

É curioso que o princípio do sacrifício mínimo recomenda o inverso da teoria da capacidade de pagamento, o que, particularmente na variante de "estado de bem-estar", defende um imposto especial *sobre a felicidade* e um imposto menor sobre a *in*felicidade. Se este último princípio prevalecesse, as pessoas correriam para proclamar a própria infelicidade e um profundo ascetismo.

É claro que os proponentes da capacidade para pagar e das teorias de sacrifício falharam completamente em estabelecê-los como critério de impostos justos. Estas teorias também cometem um erro ainda mais grave. A teoria do sacrifício explicitamente, bem como a teoria da capacidade de pagamento, estabelece critérios para uma suposta ação em termos de sacrifício e de ônus[79]. O estado é tido como um peso para a sociedade, e a questão se torna apenas a justa distribuição da carga. Mas o homem está constantemente se esforçando para sacrificar o menos possível pelos benefícios que recebe por suas ações. No entanto, aqui é uma teoria que fala apenas em termos de sacrifício e de ônus, e apela para uma certa distribuição *sem demonstrar aos pagadores de impostos que estão sendo mais beneficiados do que prejudicados*. Uma vez que os teóricos não demonstram tal coisa, podem fazer o apelo apenas em termos de sacrifício – um procedimento praxeologicamente inválido. Uma vez que os homens sempre tentam encontrar os benefícios líquidos em um curso de ação, concluímos que a discussão em termos de sacrifício ou ônus não pode estabelecer um critério racional para a ação humana. Para ser válido praxeologicamente, um critério deve demonstrar um benefício líquido. É verdade, é claro, que os proponentes da teoria do sacrifício são muito mais realistas do que os proponentes da teoria do benefício (que discutiremos adiante), ao considerar o estado mais um ônus líquido sobre a sociedade que um benefício líquido; contudo isso dificilmente demonstra a *justiça* do princípio de sacrifício tributário. Muito pelo contrário.

---

[79] O princípio de capacidade de pagamento não está claro neste ponto. Alguns defensores baseiam seu argumento implicitamente no sacrifício, e outros, na necessidade de pagamento de benefícios cuja origem "não pode ser localizada".

4 - O Princípio do Benefício

O princípio do benefício difere radicalmente dos dois critérios anteriores da tributação. Pois os princípios da capacidade para pagar e do sacrifício partem completamente dos princípios de ação e dos critérios de justiça aceitos no mercado. No mercado, as pessoas agem livremente do modo que acreditam, o que lhes conferirá benefícios líquidos. O resultado dessas ações é o sistema de troca monetária, com a tendência inexorável em direção à uniformidade de preços e à alocação de fatores produtivos para satisfazer as demandas mais urgentes de todos os consumidores. No entanto, os critérios utilizados no julgamento da tributação diferem completamente dos que se aplicam a todas as outras ações no mercado. De repente, a livre escolha e os preços uniformes são esquecidos, e a discussão fica toda em termos de ônus, sacrifício etc. Se a tributação é apenas uma carga, não é de se admirar que a coerção deva ser exercida para mantê-la. O princípio do benefício, por outro lado, é uma tentativa de estabelecer uma contribuição fiscal com uma base semelhante ao preço de mercado, isto é, o *preço cobrado de acordo com o benefício recebido pelo indivíduo*. É uma tentativa de atingir a meta de um *imposto neutro*, que deixaria o sistema econômico aproximadamente como é no mercado livre. É uma tentativa de alcançar solidez praxeológica, estabelecendo um critério de pagamento com base no benefício e não sacrifício.

O grande abismo entre o benefício e outros princípios não foi originalmente reconhecido, devido à confusão de Adam Smith entre a capacidade de pagamento e os benefícios. Na citação já mencionada, Smith afirmou que todos recebem benefícios do estado em proporção à sua renda e que esta renda estabelece a capacidade de pagamento. Portanto, um imposto sobre a capacidade de pagar será simplesmente um *quid pro quo* em troca de benefícios conferidos pelo estado. Alguns escritores afirmaram que as pessoas se beneficiam do governo em proporção à renda, e outros se beneficiam em proporção *superior* à renda, justificando assim um imposto de renda progressivo. No entanto, esta utilização da teoria do benefício não faz sentido. Como os ricos colhem maior benefício proporcional, ou até mesmo mais do que proporcional, do governo do que os pobres? Poderiam fazê-lo apenas se o governo fosse *responsável* por essas riquezas por intermédio da concessão de privilégios especiais, tais como subsídios, concessão de monopólios etc. Caso contrário, como os ricos se beneficiam? Beneficiam-se do "bem-estar" e dos demais gastos distributivos, que tiram dos ricos para dar aos burocratas e aos pobres? Certamente não. Beneficiam-se de proteção policial? Ainda é ,precisamente, o rico que pode se dar ao luxo de pagar mais pela própria proteção e que, portanto, obteria menos benefício da proteção policial que o pobre. A teoria do benefício afirma que o rico se beneficia de mais proteção porque sua propriedade é mais valiosa, mas o custo da proteção pode ter pouca relação com o valor da propriedade. Uma vez que custa menos para vigiar um cofre de banco com cem milhões de dólares do que vigiar cem acres de terra no valor de $10 por acre, o fazendeiro pobre recebe um benefício de proteção do estado muito maior do que o rico proprietário de bens mobiliários. Nem seria relevante dizer que A ganha mais dinheiro do que B porque A recebe um maior benefício da "sociedade" e deveria, portanto, pagar mais impostos. Em primeiro lugar, todos são parte da sociedade. O fato de A ganhar mais do que B significa, simplesmente, que os serviços de A valem *individualmente* mais para seus compatriotas. Portanto, desde que A e B se beneficiem da mesma forma da existência da sociedade, o argumento contrário é muito mais preciso: que o *diferencial* entre eles é devido a uma superioridade do indivíduo na produtividade, e de forma alguma à "sociedade". Em segundo lugar, *a sociedade não é* o estado, e as possíveis reivindicações do estado devem ser validadas de forma independente.

Por isso, nem a tributação da renda proporcional, nem a progressiva pode ser defendida com base nos princípios de benefício. Na verdade, o inverso é verdadeiro. Se todos tivessem de pagar em conformidade com o benefício recebido, é claro que (a) os destinatários dos benefícios de "bem-estar" arcariam com os custos totais destes benefícios: os pobres teriam que pagar pelos próprios subsídios (incluindo, é claro, o custo extra do pagamento à burocracia para fazer as transferências), (b) os compradores de qualquer serviço público seriam os únicos contribuintes, de modo que os serviços públicos não poderiam ser financiados por um fundo fiscal geral, e (c) pela proteção da polícia, um homem rico pagaria *menos* do que um homem pobre, e menos em valores absolutos. Além disso, os proprietários de terra pagariam mais do que os proprietários de bens intangíveis, e os fracos e enfermos, que claramente se beneficiam mais da proteção policial que os fortes, teriam de pagar impostos mais altos que os fortes.

Torna-se imediatamente claro por que o princípio do benefício foi praticamente abandonado nos últimos anos. Pois é evidente que, se (a) os beneficiários da previdência social e (b) os recebedores de privilégios especiais, tais como concessões de monopólio, devem pagar de acordo com o benefício recebido, não haveria muito sentido em qualquer gasto governamental. E se cada um devesse pagar um montante igual ao benefício que recebeu ao invés de apenas proporcional (e teria de fazê-lo porque não haveria nenhum outro lugar para o qual o estado pudesse recorrer em busca de fundos), então o destinatário do subsídio não só não ganharia nada, como teria de pagar a burocracia pelo custo de manejo e transferência. O estabelecimento do princípio do benefício, portanto, resultaria no sistema do *laissez-faire*, com o governo estritamente limitado ao fornecimento de serviços de defesa. E a tributação para este serviço de defesa seria cobrada mais dos pobres e dos doentes que dos fortes e ricos.

À primeira vista, aquele que acredita no livre mercado e busca um imposto neutro, tende a se alegrar. Parece que o princípio do benefício é a resposta para os anseios. E este princípio está, de fato, mais próximo aos princípios do mercado do que os cânones afirmados anteriormente. No entanto, caso sigamos a análise mais de perto, será evidente que o princípio do benefício ainda está distante da neutralidade do mercado. No mercado, as pessoas não pagam de acordo com o benefício individual recebido; pagam um preço uniforme, que apenas induz o comprador marginal a participar da troca. O mais ávido não paga um preço mais elevado do que o menos ávido, o viciado em xadrez e o jogador indiferente pagaria o mesmo preço pelo mesmo tabuleiro de xadrez, e os entusiastas da ópera e os novatos no assunto pagariam o mesmo preço pelo mesmo bilhete de teatro. Os pobres e os fracos estariam mais ávidos por proteção, mas, comparativamente ao princípio do benefício, não pagariam mais no *mercado*.

Há ainda defeitos mais graves no princípio do benefício. Pois as trocas de mercado (a) demonstram benefício e (b) apenas constatam o *fato* do benefício sem avaliá-lo. A única razão pela qual sabemos que A e B se beneficiam de uma troca é por, voluntariamente, realizarem a troca. Desta forma, o mercado *demonstra* o benefício. Mas onde os impostos são cobrados e o pagamento é obrigatório, portanto, o benefício *nunca pode ser demonstrado*. Na realidade, a existência de coação dá ensejo à presunção oposta e supõe que o imposto não seja um benefício, mas um fardo. Se realmente fosse um benefício, a coerção não seria necessária.

Em segundo lugar, o benefício da troca não pode ser medido ou comparado interpessoalmente. O "excedente dos consumidores" derivado da troca é totalmente subjetivo, incomensurável, e não comparável cientificamente. Portanto, nunca saberemos o que são tais benefícios e, portanto, não pode haver nenhuma forma de distribuir os impostos em conformidade com eles.

Em terceiro lugar, no mercado, todos desfrutam do benefício líquido de uma troca. O benefício de uma pessoa não é igual ao custo, mas superior. Portanto, tributar o suposto benefício violaria completamente os princípios de mercado.

Finalmente, se cada pessoa fosse tributada de acordo com o benefício que recebe do governo, seria óbvio que, uma vez que o burocrata recebe todos os rendimentos a partir desta fonte, eles, como outros destinatários do subsídio e do privilégio, seriam obrigados *a devolver todo o seu salário para o governo*. A burocracia teria de prestar serviço sem receber pagamento.

Vimos que o princípio do benefício dispensaria todas as despesas de subsídios de qualquer tipo. Os serviços públicos teriam de ser vendidos diretamente aos compradores; mas nesse caso, não haveria espaço para a propriedade governamental, pois a característica de uma empresa do governo é ser iniciada a partir de fundos fiscais. A polícia e os serviços judiciais são frequentemente declarados, pelos proponentes do princípio do benefício, como inerentemente gerais e não especializados, de modo que precisariam ser adquiridos fora do fundo fiscal comum e não de usuários individuais. No entanto, como vimos, esse pressuposição é incorreta; tais serviços podem ser vendidos no mercado como quaisquer outros. Deste modo, mesmo na ausência de todas as demais deficiências do princípio do benefício, ainda assim, este não criaria justificação alguma para a tributação, pois todos os serviços *poderiam* ser vendidos no mercado diretamente aos beneficiários.

É evidente que, enquanto o princípio do benefício tenta satisfazer o critério do mercado de limitação do pagamento apenas aos beneficiários, uma falha deve ser apontada; tal princípio não pode servir como critério para um imposto neutro ou qualquer outro tipo de tributação.

5 - O Imposto Equitativo e o Princípio do Custo

A igualdade de tributação tem muito mais para ser recomendada que qualquer dos princípios acima, nenhum dos quais pode ser usado como um cânone de tributação. A "igualdade de tributação" significa apenas isso: um imposto uniforme sobre todos os membros da sociedade. Este também é chamado de imposto por cabeça, imposto de capitação, *imposto eleitoral* [*Poll Tax*] (o último termo, no entanto, é mais usado para descrever um imposto uniforme sobre o voto, o que acabou se tornando este imposto em vários estados americanos). Cada pessoa pagaria anualmente o mesmo valor de imposto ao governo. O imposto igual seria particularmente apropriado em uma democracia, com sua ênfase na igualdade perante a lei, igualdade de direitos e ausência de discriminação e de privilégio especial. Seria incorporar o princípio: "um voto, um imposto". Aplicaria-se adequadamente apenas aos serviços de proteção governamental, pois o governo estaria empenhado em defender a todos igualmente. Portanto, parece justo que cada pessoa deva ser tributada por igual em troca. O princípio da igualdade excluiria, assim como o princípio do benefício, todas as ações do governo, exceto a defesa, pois todos os outros gastos criariam um privilégio especial ou subsídio de algum tipo. Finalmente, o imposto idêntico seria muito mais neutro do que qualquer outro imposto estimado, pois tentaria estabelecer um "preço" igual para os mesmos serviços prestados.

Uma escola de pensamento se opõe a tal alegação e afirma que um imposto *proporcional* estaria mais próximo do imposto neutro que um imposto idêntico. Os proponentes desta teoria apontam que um imposto idêntico altera o padrão do mercado de distribuição de renda. Assim, se o indivíduo A ganha 1.000 onças de ouro por ano, B ganha 200 onças, C ganha 50 onças, e cada um dos três indivíduos paga 10 onças de ouro em impostos, então a *proporção relativa* do lucro líquido remanescente posterior aos impostos é alterada, e alterada no sentido de uma maior desigualdade. Um imposto proporcional de uma porcentagem fixa para os três deixaria a distribuição de renda constante e, portanto, seria relativamente neutro para o mercado.

Esta tese interpreta erroneamente o problema da neutralidade na tributação. O objeto da busca *não* é deixar a distribuição de renda como se não houvesse imposto. O objetivo é *afetar a "distribuição" da renda e todos os demais aspectos da economia, como se o imposto fosse realmente um preço de livre mercado*. E este é um critério muito diferente. Nenhum preço de mercado deixa, como antes, a "distribuição" da renda relativa. Se o mercado realmente se comportou desta maneira, não há vantagem em ganhar dinheiro, pois as pessoas terão de pagar preços proporcionalmente mais elevados por produtos de acordo com o nível de seus ganhos. O mercado tende à uniformidade de preços e, portanto, a preços iguais para serviços iguais. A tributação equivalente, portanto, seria muito mais neutra e constituiria maior aproximação a um sistema de mercado.

O critério de igualdade de impostos, no entanto, tem muitos defeitos graves, mesmo como via para um imposto neutro. Em primeiro lugar, o critério de mercado de preço igual para o mesmo serviço enfrenta o seguinte problema: o que é um "serviço idêntico"? O serviço de proteção policial é de magnitude muito maior na área de alta criminalidade urbana do que em vilarejos sossegados. Tal serviço vale muito mais no centro do crime, e, portanto, o preço pago tenderá a ser maior em uma área de alta criminalidade do que em uma área tranquila. É muito provável que, no mercado totalmente livre, a polícia e os serviços judiciais sejam vendidos como os seguros, com cada membro pagando prêmios de seguros regulares para recorrer aos benefícios de proteção quando necessário. É óbvio que um indivíduo em maior risco (como aquele que vive em uma área de crime alto) tenderia a pagar um prêmio mais elevado do que os indivíduos de outra área. Para ser neutro, então, um imposto teria que variar de acordo com os custos e não ser uniforme[80]. A tributação idênti-

---

[80] Isso não quer dizer que os "custos" determinem os "preços". O conjunto geral de preços finais determina o conjunto geral de preços de custo, mas *então* a viabilidade das empresas é determinada se o preço que as pessoas pagarão pelos produtos for suficiente ou não para cobrir os custos, determinados em todo o mercado. No equilíbrio, custos e preços serão todos iguais. Visto que o imposto é cobrado sobre os recursos gerais e, portanto, não pode ser equivalente ao preço de mercado, a única maneira de aproximar o preço de mercado é definir o imposto de acordo com os custos, já que os custos ao menos refletem os preços de mercado dos fatores não-específicos.

ca iria distorcer a alocação de recursos sociais de defesa. O imposto seria abaixo do preço de mercado nas áreas de criminalidade alta e acima do preço de mercado nas áreas pacíficas, e não teria, portanto, um déficit de proteção policial nas áreas perigosas e um excedente de proteção nas outras localidades.

Outra falha grave do princípio de igualdade de impostos é o mesmo que observamos em um princípio mais generalista de uniformidade: nenhum burocrata pode pagar impostos. Um "imposto idêntico" incidir sobre um burocrata ou político é uma impossibilidade, porque ele mesmo é um dos consumidores de impostos, e não pagador de impostos. Mesmo quando todos os outros subsídios são eliminados, o funcionário do governo continua sendo um obstáculo permanente no caminho do imposto igualitário. Como vimos, o "pagamento de impostos" do burocrata é simplesmente um dispositivo de contabilidade sem sentido.

Estas falhas no imposto idêntico nos fazem voltar ao cânone do último imposto remanescente: *o princípio do custo*. O princípio do custo seria aplicável como discorremos, com o governo criando o imposto conforme os custos, como os prêmios instituídos pelas companhias de seguros[81]. O princípio do custo constituiria a maior aproximação possível da neutralidade na tributação. No entanto, mesmo o princípio do custo tem falhas fatais que, definitivamente, não os deixarão ser levado em consideração. Em primeiro lugar, apesar de poder se estimar os custos dos fatores inespecíficos a partir do conhecimento do mercado, os custos dos fatores específicos não poderiam ser determinados pelo estado. A impossibilidade de calcular custos específicos decorre do fato de que os produtos das firmas custeadas pelos impostos não possuem preço real de mercado e, portanto, os custos específicos são desconhecidos. Como resultado, o princípio do custo não pode ser posto em prática de maneira precisa. O princípio do custo é ainda adulterado pelo fato do monopólio compulsório – como a proteção do estado – invariavelmente possuir custos mais elevados e vender serviços com qualidade inferior às empresas de defesa que concorrem livremente no mercado. Como resultado, os custos serão muito mais elevados do que no mercado, e, novamente, o princípio do custo não oferece

---

[81] Walter J. Blum e Harry Kalven Jr. mencionam o princípio do custo, mas casualmente o rejeitam como praticamente idêntico ao princípio do benefício:

Às vezes a teoria é proposta em termos de *custo* dos serviços públicos realizados para cada cidadão e não em termos dos *benefícios* recebidos por tais serviços. Este esclarecimento pode evitar a necessidade de medir benefícios subjetivos, mas pouco conta para a teoria. (BLUM & KALVEN. *Uneasy Case for Progressive Taxation*. p. 36, nota). Contudo, a maior crítica ao princípio do benefício é precisamente requerer a medida impossível do benefício subjetivo. O princípio do custo, juntamente com o princípio do benefício, prescinde de todos os gastos do governo, exceto os *laissez-faire*, uma vez que seria exigido de cada recebedor o pagamento do custo integral do serviço. Com relação ao serviço *laissez-faire* de proteção, no entanto, o princípio do custo é claramente muito superior ao princípio do benefício.

orientação para um imposto neutro.

Uma falha final, comum tanto às teorias tributárias de igualdade e de custos, é que em nenhum dos casos *o benefício é demonstrado* como acometendo o pagador de impostos. Embora o pagador de impostos seja displicentemente *presumido* como beneficiário do serviço, assim como faz no mercado, vimos que tal suposição não pode ser feita – que o uso da coerção pressupõe exatamente o contrário de muitos pagadores de impostos. O mercado exige um preço uniforme, ou a cobertura exata de custos, só porque o comprador voluntariamente compra o produto na expectativa de ser beneficiado. O estado, por outro lado, forçaria as pessoas a pagar o imposto, mesmo que não estejam dispostas a pagar voluntariamente o custo deste ou de qualquer outro sistema de defesa. Assim, o princípio do custo nunca pode fornecer um caminho para o imposto neutro.

6 - Tributação "Apenas para a Receita"

Um *slogan* popular entre muitos economistas "de direita" é que a tributação deve ser apenas "para receita", e não para fins sociais amplos. Aparentemente, este *slogan* é simples e evidentemente absurdo, já que todos os impostos são cobrados para receita. De que mais pode ser chamada a tributação, além de uma apropriação de fundos de particulares pelo estado para os próprios propósitos? Alguns autores, por conseguinte, alteraram o jargão dizendo: a tributação deve ser limitada a receita essencial para os serviços sociais. Mas quais são os serviços sociais? Para algumas pessoas, cada tipo concebível de despesa pública aparece como um "serviço social". Se o estado tira de A e dá a B, C pode aclamar o ato como um "serviço social", porque não gosta de algo do primeiro e prefere o último. Se, por outro lado, o "serviço social" é limitado pela "regra da unanimidade" a aplicar-se apenas àquelas atividades que servem para alguns indivíduos, sem o pagamento de outros, então o "impostos-apenas-para-receitas" é simplesmente um termo ambíguo para os princípios de benefício ou de custos.

7 - O Imposto Neutro: Um Resumo

Analisamos, assim, todos os cânones da justiça fiscal declarada. Nossas conclusões são de dois tipos: (1) que a economia não pode pressupor princípio algum da justa tributação, e que ninguém estabeleceu com sucesso qualquer dos princípios, e (2) que o *imposto neutro*, o que parece para muitos um ideal válido, acaba por ser conceitualmente impossível de alcançar. Os economistas devem, portanto, abandonar a busca inútil pelo imposto justo, ou neutro.

Alguns podem perguntar: Por que alguém busca um imposto neutro? Por que considerar a neutralidade um ideal? A resposta é que todos os serviços, todas as atividades, podem ser oferecidos apenas de duas maneiras: pela liberdade ou pela coerção. O primeiro é o caminho do mercado; o último, do estado. Se todos os serviços fossem organizados no mercado, o resultado seria um sistema de livre mercado total; se todos fossem organizados pelo estado, o resultado seria o socialismo (ver a argumentação adiante). Portanto, todos os que não são completos socialistas devem ceder em alguma área para a atividade de mercado, e, uma vez que o fizerem, devem justificar o abandono da liberdade com base em algum princípio. Em uma sociedade onde a maioria das atividades é organizada no mercado, os defensores da atividade estatal devem justificar a renúncia do que eles mesmos outorgam à esfera do mercado. Assim, o uso de neutralidade é um ponto de referência para responder a pergunta: Por que você quer que o estado intervenha e altere as condições de mercado neste caso? Se os preços de mercado são uniformes, *por que* os pagamentos de impostos devem ser de outra forma?

Mas se, no fundo, a tributação neutra for impossível, existem dois cursos lógicos deixados para os defensores da neutralidade fiscal: abandonar o objetivo de neutralidade, ou abandonar a tributação em si.

D - Contribuições Voluntárias ao Governo

Alguns escritores, perturbados pela compulsão necessária para a existência da tributação, têm defendido que os governos devem ser financiados, não pelos impostos, mas por alguma forma de contribuição voluntária. Tais sistemas de contribuição voluntária podem assumir várias formas. Uma delas foi o método invocado pela antiga cidade-estado de Hamburgo e outras comunidades – doações voluntárias para o governo. O presidente da Universidade de Boston, William F. Warren (1833-1929), em seu ensaio "Tax Exemption the Road to Tax Abolition" [Isenção Fiscal, o Caminho para a Abolição dos Tributos] descreveu a experiência em uma dessas comunidades:

> Durante cinco anos, por sorte, o presente escritor residiu em uma dessas comunidades. Por incrível que possa parecer aos que acreditam na necessidade de uma imposição legal de impostos por aflições e penalidades, ele foi nesse período [...] o próprio assessor e o próprio coletor de impostos. Juntamente com os demais cidadãos, o presente escritor foi convidado, sem prestar juramento ou declaração, a fazer contribuição aos encargos públicos que lhe pareciam justos e igualitários. Essa soma, não conferida

por funcionário público algum, desconhecida por todos menos pelo escritor, foi cedida por suas próprias mãos a um cofre-forte público; e ao fazê-lo seu nome foi tirado da lista de contribuintes [...] todos os cidadãos sentem um orgulho nobre com tal isenção por parte de assessores intrometidos e rudes guardiões. Cada convocação anual das autoridades feitos a tal comunidade era honradamente aceito por todos[82].

O método da doação, no entanto, apresenta algumas dificuldades sérias. Em particular, prorroga a *disjunção entre o pagamento e o recebimento de serviço* que constitui um dos grandes defeitos de um sistema tributário. Na tributação, o pagamento é apartado do recebimento do serviço, em notável contraste com o mercado, onde pagamento e serviço são correlativos. O método de doação voluntária perpetua essa disjunção. Como resultado, A, B e C continuam a receber o serviço de defesa do governo, mesmo que não tenham pagado nada por ele, e só D e E contribuíram. As contribuições de D's e E's podem, além disso, ser desproporcionais. É verdade que este é o sistema de caridade voluntária no mercado. Mas a caridade procede dos mais para os menos abastados e capazes; isso não constitui um *método* eficiente para organizar a venda geral de um serviço. Automóveis, roupas etc. são vendidos no mercado em uma base uniforme de preços regulares e não são indiscriminadamente dados a alguns, com base em doações recebidas de outras pessoas. Sob o sistema de doações as pessoas tendem a exigir muito mais serviços de defesa do governo do que estão dispostas a pagar; os contribuintes voluntários, sem receber recompensa direta por seu dinheiro, tenderão a reduzir o pagamento. Em suma, onde o serviço (como defesa) chega às pessoas, independentemente de pagamento, estas tenderão a exigir excessivamente pelo serviço, e a haverá uma oferta insuficiente de recursos para sustentá-la.

Quando os defensores da tributação, portanto, afirmam que uma so-

---

[82] O artigo do Dr. Warren apareceu no *Boston University Year Book* de 1876. A diretoria da Universidade aprovou o ensaio com as seguintes palavras:
> No lugar de ampliar ainda mais a tributação, como defendido por muitos, o ensaio propõe uma reforma muito mais grandiosa, a abolição geral de todos os impostos obrigatórios. Espera-se que a novidade da proposição comparativa não detenha os homens pragmáticos de um estudo atencioso do artigo. (*Boston University Year Book III: 1876*. pp 17-38).

Ambas as citações podem ser encontradas em: MORSE, Sidney H. "Chips from My Studio". In: *The Radical Review*, May, 1877, pp. 190-92. Ver também: SMITH, Adam. *Wealth of Nations*. pp. 801-03; WALKER, Francis A. *Political Economy*. New York: Henry Holt, 1911. pp. 475-76. Adam Smith num de seus cânones mais sensatos declarou:
> Em uma pequena república, onde as pessoas têm plena confiança em seus governantes e estão convencidas da necessidade do imposto para sustentar o estado, e acreditam que será fielmente aplicado para tal fim, pode-se esperar tal pagamento consciente e voluntário. (SMITH, Adam. *Wealth of Nations*. p. 802).

ciedade voluntária nunca poderia financiar o serviço de defesa de forma eficiente porque as pessoas iriam fugir do pagamento, eles estão corretos visto que as restrições se aplicam ao método de financiamento via *doação*. O método de doações, no entanto, dificilmente esgota os métodos de financiamento do mercado puramente livre.

Para um passo em direção a uma maior eficiência, a agência de defesa teria de cobrar um preço fixo em vez de aceitar quantidades aleatórias de moeda que variam do pouco ao muito, mas continuar a oferecer defesa indiscriminadamente. Claro, a agência não recusaria doações para fins gerais ou para oferecer um serviço de defesa para os pobres, mas cobraria algum preço mínimo compatível com o custo do serviço. Um desses métodos é o *Poll Tax*, agora conhecido como um *imposto eleitoral*[83]. Na verdade, um imposto de votação não é realmente um "imposto", é apenas um *preço* cobrado para participar da organização do estado[84]. Somente aqueles que votam voluntariamente nos funcionários do estado, ou seja, que participam da máquina estatal, são obrigados a pagar o imposto. Se as receitas de todo o estado fossem derivadas dos "impostos de votação", portanto, não seria um sistema de tributação, mas de contribuições voluntárias pelo direito de participação na máquina estatal. O imposto de votação seria uma evolução do método de doação atual, porque cobraria uma certa quantia uniforme ou mínima.

A respeito da proposta de financiar todas as receitas públicas com impostos eleitorais, a objeção é a de que praticamente ninguém votaria nessas condições. Talvez seja uma previsão precisa, mas curiosamente os críticos do imposto não continuaram a análise para além deste ponto. É claro que isso revela algo muito importante sobre a natureza do processo de votação. O voto é uma atividade altamente marginal porque (a) o eleitor não obtém nenhum benefício direto do ato de votar, e (b) o seu poder fracional sobre a decisão final é tão pequeno que a abstenção de um voto não faria diferença alguma no resultado final. Em suma, em comparação com todas as outras escolhas que um homem pode fazer, no voto político, ele não tem praticamente nenhum poder sobre o resultado e, de qualquer maneira, o resultado faria pouca diferença *direta* para ele. Não é à toa que mais de metade dos eleitores americanos se recusam persistentemente a participar da votação anual em novembro. Essa discussão ilumina também um fenômeno intrigante na vida política norte-americana – a exortação constante dos políticos de todos os partidos para as pessoas votarem: "Não importa *como* votas, mas *vote*!" é um *slogan* político padrão[85]. À primeira vista, não faz muito sentido, pois

---

[83] O *Poll Tax* atual começou simplesmente como um imposto *per capita*, mas na prática é aplicado apenas como uma exigência para votar. Fez-se, portanto, um imposto de votação.
[84] Ver mais adiante meu comentário sobre as taxas cobradas por serviços governamentais.
[85] O voto, assim como a tributação, é outra atividade geralmente compreendida em termos de "dever" em

pensaríamos que pelo menos um dos partidos poderia ver vantagens em uma votação pequena. Mas faz muito sentido quando nos damos conta do enorme desejo dos políticos de *todos* os partidos, pois faz parecer que o povo lhes deu um "mandato" na eleição – que todos os *slogans* democráticos sobre "representar um povo" etc. são verdadeiros.

A razão para a relativa trivialidade da votação é, mais uma vez, de um lado, a disjunção entre o voto e o pagamento e, por outro, o benefício. O imposto de votação dá ensejo ao mesmo problema. O eleitor, com ou sem o pagamento do imposto, não recebe mais benefícios em matéria de proteção do que os não votantes. Consequentemente, as pessoas, em massa, se recusarão a votar num esquema de imposto eleitoral único, e todos exigirão o uso dos recursos de defesa artificialmente gratuitos.

Tanto os métodos de *doação* e de *impostos eleitoriais* dos financiamentos voluntários do governo, portanto, devem ser descartados pela ineficácia. Um terceiro método foi proposto, que na melhor das hipóteses podemos chamar pelo nome paradoxal de *tributação voluntária*. O plano previsto é o seguinte: todas as áreas de terra, como agora, seriam regidas por um estado monopolista. Os funcionários públicos seriam escolhidos pelo voto democrático, como acontece atualmente. O estado iria definir um preço uniforme, ou talvez um conjunto de preços de custo, pelos serviços de proteção, e seria dado a cada indivíduo a opção de fazer uma escolha voluntária de pagar ou não o preço. Caso pagasse o preço, receberia o benefício do serviço de defesa governamental, e se não pagasse, ficaria desprotegido[86]. Os líderes do "imposto voluntário" foram o já citado Auberon Herbert, seu sócio Joseph Greevz Fisher (1847-?), e, por vezes, Gustave de Molinari (1819-1912). A mesma posição é encontrada anteriormente, de forma muito menos desenvolvida, nas edições iniciais da obra *Social Statics* [Estatísticas Sociais] de Herbert Spencer (1820-1903), particularmente no capítulo a respeito do "Direito de ignorar o estado", e no *Ensaio sobre a desobediência civil* de Henry David Thoreau

---

vez de benefício. O chamado ao "dever" soa tão mal praxeologicamente quanto o chamado ao sacrifício – e geralmente equivalem à mesma coisa. Pois ambas as exortações tacitamente admitem que o indivíduo tirará pouco ou nenhum benefício de sua ação. Além disso, a invocação do dever ou sacrifício sugere que *outro alguém* receberá o sacrifício ou o pagamento da "obrigação" – e normalmente esse alguém é o próprio exortador.

[86] Presumimos que o governo limitará o uso da força à defesa, ou seja, buscará uma política estritamente *laissez-faire*. Teoricamente, é possível que um governo possa obter todos os seus rendimentos de contribuições voluntárias, e ainda assim seguir uma política altamente coercitiva e intervencionista em outras áreas do mercado. A possibilidade é bastante remota na prática, no entanto, não podemos ignorá-la aqui. É altamente improvável que um governo coercitivo não tome, de outro modo, medidas imediatas para verificar que os próprios rendimentos estão assegurados pela coerção. A própria renda é sempre a principal preocupação do estado (observe, por exemplo, as pesadas punições para evasão fiscal e falsificação de papel-moeda do governo).

(1817-1862)[87].

O método de tributação voluntária preserva um sistema voluntário, é (ou parece ser) neutro em relação ao mercado, e elimina a disjunção de pagamento e benefícios. E, no entanto, esta proposta tem vários defeitos notáveis. A falha mais grave é a inconsistência. Pois os defensores do imposto voluntário visam estabelecer um sistema em que ninguém, a não ser o próprio transgressor da pessoa ou propriedade de outros, é coagido. Daí a eliminação completa da tributação. Mas, apesar de eliminar a compulsão para apoiar o monopólio de defesa governamental, eles ainda mantêm esse monopólio. São, portanto, confrontados com o problema: Será que usam a força para obrigar as pessoas a *não* usar uma agência de defesa em livre concorrência dentro da mesma área geográfica? Os defensores do imposto voluntário nunca tentaram responder a este problema, pois assumiram teimosamente que ninguém iria criar uma agência de defesa concorrente *dentro* dos limites territoriais de um estado. E ainda, se as pessoas são livres para pagar ou não pagar "impostos", é óbvio que algumas pessoas não irão simplesmente se recusar a pagar pela proteção total. Insatisfeitos com a qualidade da defesa que recebem do governo, ou com o preço que devem pagar, acabarão optando por formar uma agência de defesa concorrente ou um "governo" dentro de determinada área e apoiá-lo. O sistema de tributação voluntária é, portanto, *impossível*, pois estaria em equilíbrio instável. Se o governo eleito banir todas as agências de defesa concorrentes, deixaria de funcionar como a sociedade voluntária desejada por seus proponentes. Não forçaria pagamento de impostos, mas diria aos cidadãos: "És livre para aceitar e pagar por nossa proteção ou para se abster, mas não és livre para comprar de uma agência de defesa concorrente". Isto não é livre mercado; é um *monopólio compulsório*, mais uma vez, uma concessão de privilégio monopolístico dado pelo estado a si mesmo. Tal monopólio seria muito menos eficiente do que um sistema de livre concorrência; portanto, seus custos seriam mais altos, e o seu serviço mais pobre. Claramente, *não* seria neutro para o mercado.

Por outro lado, se o governo *permitisse* a livre concorrência no serviço de defesa, em breve deixaria de existir um governo central sobre o território. As agências de defesa, policial e judiciária, competiriam umas com as outras da mesma forma que os produtores de qualquer outro serviço no mercado: sem coação. Os preços seriam mais baixos, e

---

[87] SPENCER. *Social Statics*; HERBERT & LEVY. *Taxation and Anarchism*; MOLINARI. *Society of Tomorrow*. Em outras épocas, no entanto, Gustave de Molinari adotou a posição de livre mercado total. Desse modo, ver o que pode ser o primeiro esboço desenvolvido a partir do sistema puramente libertário em: MOLINARI, Gustave de. "De la production de la sécurité". In: *Journal des Economistes*, February, 1849, pp. 277-90; MOLINARI, Gustave de. "Onzième soirée". In: *Les soirées de la rue Saint Lazare*. Paris: 1849.

o serviço mais eficiente. E, pela primeira e única vez, o sistema de defesa seria neutro em relação ao mercado. *Neutro porque seria uma parte do próprio mercado!* O serviço de defesa seria, afinal, plenamente comercializável. Ninguém seria capaz de apontar para um edifício ou conjunto de edifícios, uma uniformidade ou conjunto de uniformidades, como representantes do "nosso governo".

Embora "o governo" deixasse de existir, o mesmo não poderia ser dito de uma constituição ou do estado de direito, que, na verdade, teriam de assumir uma função muito mais importante na sociedade livre do que atualmente ocupam. As agências judiciárias que concorrem livremente teriam de ser guiadas por um conjunto de leis absolutas que lhes permitissem *distinguir* objetivamente entre defesa e invasão. Esta lei, ao incorporar elaborações sobre a liminar básica para defender a pessoa e a propriedade dos atos de invasão, seria incluída no código legal básico. A incapacidade de estabelecer um código legal desse tipo tenderia a destruir o livre mercado, para que, em seguida, a defesa contra a invasão não pudesse ser realizada de forma satisfatória. Por outro lado, os neo-tolstoianos *não-resistentes* que se recusam a empregar a violência, mesmo para a defesa, não seriam forçados a ter qualquer relacionamento com as agências de defesa.

Assim, se um governo baseado na tributação voluntária permitir a livre concorrência, o resultado será o sistema de livre mercado total descrito no primeiro capítulo. O governo anterior seria agora simplesmente uma agência de defesa dentre as muitas concorrentes no mercado. Estaria, de fato, competindo em grave desvantagem, pois fora estabelecida com base no princípio do "voto democrático". Considerada um fenômeno de mercado, a "votação democrática" (um voto por pessoa) é simplesmente o método do consumidor "cooperativo". Empiricamente, diversas vezes foi demonstrado que as cooperativas não podem competir com sucesso contra ações de empresas com ações no mercado, especialmente quando ambas são iguais perante a lei. Não há nenhuma razão para acreditar que as cooperativas de defesa seriam mais eficientes. Assim, podemos esperar que o velho governo cooperativo "definhe" pela perda de clientes para o mercado, ao passo que as agências de defesa criadas como sociedades de responsabilidade limitada (ou seja, empresas) se tornem a forma prevalente de mercado[88].

---

[88] Essas sociedades não precisariam, é claro, de nenhum alvará do governo, mas concederiam tal "privilégio" a si mesmas, em conformidade com o modelo que os proprietários decidirem associar os respectivos capitais. Poderiam anunciar a sua responsabilidade limitada antecipadamente, e então todos os credores ficariam totalmente avisados. Há um forte motivo *a priori* para acreditar que as empresas serão superiores às cooperativas em qualquer situação. Se [na cooperativa] cada um recebe apenas um voto, independentemente de quanto dinheiro tem investido em um projeto (e os lucros são divididos da mesma forma), não há incentivo para investir mais do que o outro cooperado; na verdade, todo incentivo é no sentido oposto. Tal impedimento ao investimento atrapalha muito a forma cooperativa.

Capítulo V
Intervenção Binária: Os Gastos do Governo[1]

QUANDO OS AUTORES DE FINANÇAS PÚBLICAS e de Economia Política tocam no tópico "gastos do governo", tradicionalmente abandonam a análise e se voltam para a simples descrição institucional de vários tipos de gastos governamentais. Ao discutir tributação, ingressam numa análise séria, muitas vezes, errônea; mas dão pouca atenção ao tratamento teórico dos gastos. O professor C. Lowell Harriss (1912-2009), de fato, vai mais além ao dizer que a teoria do gasto governamental é impossível, ou ao menos, inexistente[2].

A maior parte da discussão dos gastos é dedicada a descrever sua grande proliferação, absoluta e relativa, nas últimas décadas, juntamente com a hipótese (implícita ou explícita) de que esse crescimento é necessário "para lidar com as crescentes complexidades da Economia". Este e outros lemas semelhantes ganharam aceitação quase universal, mas nunca foram racionalmente fundamentados. Nesse caso, a afirmação é infundada, e assim permanecerá, até que seja comprovada.

Em geral, devemos considerar duas categorias de gastos do governo: *transferência* e *uso de recursos*. As atividades que utilizam recursos empregam recursos não específicos que poderiam ser usados para outras produções; retiram fatores de produção dos usos privados para usos designados pelo estado. As atividades de transferência podem ser definidas como aquelas que não usam recursos, ou seja, as que transferem dinheiro diretamente de Pedro para Paulo. Estas são *genuínas* atividades de concessão de subsídios.

Agora, é claro, há considerável semelhança entre os dois ramos de ação governamental. *Ambos* são atividades de transferência ao passo que pagam os salários da burocracia envolvida nessas operações. *Ambos* envolvem *até mesmo* o deslocamento de recursos, já que as atividades de transferência deslocam fatores não específicos do livre-mercado, das atividades voluntárias para demandas provenientes de grupos privilegiados pelo estado. *Ambos* subsidiam: a oferta de serviços governamentais, bem como a compra de

---

[1] O tema da intervenção binária governamental na forma de expansão de crédito é tratada em: ROTHBARD. *Man, Economy, and State*. pp. 850-78; pp. 989-1024.
[2] HARRISS. "The Public Finance". In: HALEY (Ed.). *Survey of Contemporary Economics*. II, p. 262.

material pelas empresas do governo, constituem um subsídio. Mas as diferenças são suficientemente importantes para serem preservadas. Em um dos casos, os bens são usados e os recursos dedicados para propósitos estatais conforme a vontade do estado; no outro caso, o estado subsidia indivíduos privados, que empregam os recursos como lhes apraz. Os pagamentos de transferência são *verdadeiros* subsídios sem prévio desvio de recursos.

Analisemos primeiramente os pagamentos de transferência como *genuínos* subsídios e então vejamos como a análise se aplica aos aspectos subsidiários das atividades de uso de recursos

1
SUBSÍDIOS DO GOVERNO:
PAGAMENTOS DE TRANSFERÊNCIA

Há dois, e somente dois, modos de adquirir riqueza: pelos *meios econômicos* (produção voluntária e trocas) e pelos *meios políticos* (confisco por coerção). No livre-mercado somente podem ser utilizados os meios econômicos, e consequentemente, todos ganham apenas o que outros indivíduos na sociedade estão dispostos a pagar pelos seus serviços. Enquanto isso ocorrer, não existe um processo aparte chamado "distribuição"; há somente produção e troca de bens. No entanto, deixemos os subsídios governamentais entrarem em cena e a situação se modifica. Agora os meios políticos para adquirir riqueza estão à disposição. No livre-mercado, a riqueza é apenas a resultante das escolhas voluntárias de todos os indivíduos, à proporção que os homens servem uns aos outros. Mas a possibilidade do subsídio do governo permite uma mudança: abre o caminho para a alocação da riqueza segundo a capacidade de uma pessoa ou grupo obter o controle do aparato estatal.

O subsídio governamental *cria* um processo de *distribuição* aparte (não a "redistribuição" como alguns poderiam ficar tentados em dizer). Pela primeira vez os ganhos são apartados da produção e das trocas, e passam a ser determinadas separadamente. À medida que ocorre a distribuição, portanto, a alocação dos ganhos é distorcida e deslocada do serviço eficiente aos consumidores. Dessa maneira, podemos dizer que *todos* os casos de subsídio penalizam coercitivamente os *eficientes* para o benefício dos *ineficientes*.

Como consequência, os subsídios prolongam a vida das empresas ineficientes às custas das eficientes, distorcem o sistema produtivo e dificultam a mobilidade dos fatores dos locais menos para os mais produtivos. Prejudicam enormemente o mercado e impedem a plena realização dos desejos dos consumidores. Suponhamos, por exemplo, que um empreendedor esteja sofrendo prejuízos em determinada indústria, ou o dono de um fator esteja recebendo uma remuneração muito baixa. No mercado, o dono do fator poderia mudar para uma indústria mais produtiva, em que ambos, dono do fator e consumidores, seriam mais bem servidos. No entanto, se o governo subsidiar a permanência sua nessa posição, a vida das empresas ineficientes é prolongada e os fatores são encorajados a *não* se lançar em usos mais produtivos. Quanto maior o subsídio do governo na economia, portanto, mais o mercado deixa de agir e mais ineficiente esse mercado será para prover os desejos do consumidor. Assim, quanto maior o subsídio do governo, menor será o padrão de vida de todos, de todos os consumidores.

No livre mercado, como vimos, há uma harmonia de interesses, pois todos comprovadamente ganham em utilidade com as trocas do mercado. Onde o governo intervém, por outro lado, *o conflito de castas* é criado, *pois um homem se beneficia à custa de outro*. Isto pode ser visto mais claramente no caso das transferências governamentais de subsídios pagos pelos impostos ou por fundos inflacionários – um óbvio tirar de Pedro para dar para Paulo. Deixemos o método do subsídio se generalizar, então, e todos seguirão desabaladamente para tomar o controle do governo. A produção será cada vez mais negligenciada, as pessoas canalizarão suas energias para as lutas políticas, para disputar o que foi pilhado. É óbvio que a produção e o padrão de vida geral serão rebaixados de dois modos: (1) pelo desvio de forças da produção para a política, (2) pelo fato do governo, inevitavelmente, sobrecarregar os produtores com o pesadelo de um grupo privilegiado e ineficiente. O ineficiente adquire legalmente o direito de controlar os eficientes. Tanto isso é verdade que *os mais bem-sucedidos em qualquer ocupação irão, inevitavelmente, tender a ser os melhores*. Os bem-sucedidos no livre-mercado, na vida econômica, serão, portanto, aqueles mais competentes em produzir e servir aos demais; os bem-sucedidos na luta política serão os mais competentes no emprego da coerção e na obtenção de favores dos detentores do poder. Em geral, pessoas diferentes serão competentes nas diferentes tarefas de acordo com a especialização universal e a divisão do trabalho, e portanto, o impedimento criado a um grupo reverterá em benefício de outro grupo.

Mas, talvez venha a ser provado que as mesmas pessoas são eficientes em ambas as atividades e que, por conseguinte, não haverá exploração de um grupo à custa de outro. Como dissemos, isso é pouco provável; caso isso fosse verdadeiro, o sistema de subsídio iria cessar pois seria despropositado um grupo pagar ao governo para subsidiar a si mesmo. Mas, ainda, o sistema de subsídio promoveria as habilidades predatórias desses indivíduos e penalizaria os produtivos. Em suma, o sistema de subsídio governamental promove a ineficiência na produção e a eficiência na coerção e na subserviência, ao penalizar a eficiência na produção e a ineficiência na predação. Aquelas pessoas que eticamente são a favor da produção voluntária podem aferir qual sistema – o do livre-mercado ou o dos subsídios – alcança os marcos econômicos mais elevados, ao passo que aqueles que preferem a conquista e o confisco devem, ao menos, considerar a perda total de produção que traz esse tipo de política.

Essa análise se aplica a todas as formas de subsídios governamentais, incluindo as concessões de privilégio monopolístico para produtores favorecidos. Um exemplo comum de transferência direta de subsídios é o *auxílio-pobreza* governamental. A assistência estatal aos pobres é, claramente, o subsídio da pobreza. Por isso, a prévia desutilidade marginal de renda do tempo livre diminui, e a indolência e a pobreza tendem a crescer. Assim, o subsídio estatal da pobreza tende a aumentar a pobreza, que, por sua vez, aumenta a quantia de subsídio pago e tirado daqueles que não estão empobrecidos. Quando, como em geral é o caso, a quantidade de subsídio depende diretamente do número de crianças que o pobre possui, há mais incentivo para o pobre ter mais filhos do que antes, já que lhe é assegurado um subsídio proporcional pelo estado. Consequentemente, o número de pobres tende a multiplicar-se ainda mais. Como afirmou, com propriedade, Thomas Mackay (1849-1912):

> [...] A causa da pobreza é a assistência. Não nos livraremos da pobreza ao ampliar a esfera do auxílio estatal [...] ao contrário, a sua adoção aumentaria a pobreza, pois como diversas vezes foi dito, temos precisamente tantos pobres quanto nosso país decide custear.[3]

A caridade privada para os pobres, por outro lado, não tem o mesmo efeito, pois o pobre não tem um direito compulsório e ilimitado sobre o rico. Ao contrário, a caridade é um ato de gratuidade, voluntário e flexível, da parte do doador.

A sinceridade do desejo governamental de promover a caridade deve ser medido por dois perenes ímpetos governamentais: um, suprimir os *"esquemas fraudulentos de caridade"*, e o outro, tirar os mendigos das ruas porque *"o governo possui muitos meios para custeá-los"*[4]. O efeito de ambas

---

[3] MACKAY, Thomas. *Methods of Social Reform*. London: John Murray, 1896. p. 210. Recentemente, os economistas começaram a reconhecer que o auxílio do governo incentiva o ócio, desincentiva o trabalho e subsidia a pobreza. Ver: BROZEN, Yale. "Welfare Without the Welfare State". In: *The Freeman*, December, 1966, pp. 40-42; BREHM; C. T. & SAVING, T. R. "The Demand for General Assistance Payments". In: *American Economic Review*, December, 1964, pp. 1002-18; BREHM; C. T. & SAVING, T. R. "Reply". In: *American Economic Review*, June, 1967, pp. 585-88; HAZLITT, Henry. "Income Without Work". In: *The Freeman*, July, 1966, pp. 20-36.

[4] Da passagem de surpreendente ímpeto anedótico, o leitor pode aferir quem era o verdadeiro amigo

as medidas é suprimir as doações individuais voluntárias de caridade e forçar o público a encaminhar suas doações para os canais aprovados e ligados a burocracia do governo.

De modo semelhante, o *seguro-desemprego*, em vez de ajudar a curar o desemprego, como imaginado, na verdade o subsidia e o intensifica. Como vimos, o desemprego surge quando trabalhadores e sindicatos estabelecem um salário mínimo acima do que podem obter no livre-mercado. Os impostos ajudam a manter esse mínimo irreal e, por isso, prolongam o período em que os desempregados podem continuar a abster-se de trabalhar no mercado.

2
ATIVIDADES QUE CONSOMEM RECURSOS: PROPRIEDADE DO GOVERNO *VERSUS* PROPRIEDADE PRIVADA

A maior parte das atividades do governo utilizam recursos, redirecionando fatores de produção para os fins escolhidos pelo governo Tais atividades geralmente envolvem uma oferta real ou presumida de serviços oferecidos pelo governo para alguma parcela ou toda a população. O governo funciona aqui como proprietário e empreendedor.

Gastos governamentais que consomem recursos, muitas vezes, são considerados como "investimentos", e essa classificação constitui uma parte essencial da doutrina keynesiana. Temos afirmado que, ao contrário, todos esses gastos devem ser considerados *consumo*. O investimento acontece quando os bens dos produtores são comprados pelos empreendedores, não para o próprio uso ou satisfação, mas simplesmente para reconfigurá-los e revendê-los aos demais – em última análise, para os consumidores. No entanto, o governo redireciona os recursos da sociedade para os *próprios* fins, escolhidos por ele mesmo e apoiados pelo uso da força. Consequentemente, essas compras devem ser consideradas despesas de consumo, qualquer que seja a intenção ou resultado físico. Todavia, são uma forma particular-

---

do tocador de realejo – o freguês ou o governo:
> [...] Durante uma campanha semelhante para tirar das ruas os tocadores de realejo (a maioria era apenas de mendigos autorizados), uma mulher aproximou-se do prefeito Fiorello La Guardia (1882-1947) numa festa social e lhe implorou que não a privasse de seu tocador de realejo favorito:
> — Onde a senhora mora? —perguntou-lhe.
> — Na Park Avenue!

La Guardia saiu-se muito bem no plano de eliminar os tocadores de realejo e vendedores ambulantes, apesar dos apelos dos admiradores de pobres das ricas coberturas (MORRIS, Newbold & THOMAS, Dana Lee. *Let the Chips Fall*. New York: Appleton-Century-Crofts, 1955. pp. 119-20).

mente extravagante de "consumo", já que geralmente não são *consideradas* como despesas de consumo pelos funcionários do governo.

Empresas do governo tanto podem oferecer serviços "grátis" ou cobrar um preço ou tarifa aos usuários. Os serviços "gratuitos" são uma característica específica do governo. Proteção policial ou militar, combate aos incêndios, educação, suprimento de água não são e não podem ser realmente *gratuitos*. Um bem gratuito não seria um bem e, portanto, não seria um objeto da ação humana, existiria em abundância para todos. Se um bem não existe em quantidade abundante para todos, então o recurso é escasso, e oferecê-lo custa à sociedade a perda de outros bens. Por isso, tal bem não pode ser gratuito. Os recursos necessários para abastecer o serviço gratuito governamental são retirados do remanescente da produção. O pagamento é realizado, contudo, não pelos usuários com base nas compras voluntárias, mas por uma imposição aos pagadores de impostos. Uma divisão básica é realizada entre pagamento e recebimento do serviço.

Muitas consequências graves derivam dessa divisão e do serviço "gratuito". Como em todos os casos em que o preço está abaixo do preço do livre-mercado, é estimulada uma demanda enorme e excessiva do bem, muito além da oferta disponível de tal serviço. Consequentemente, sempre haverá "falta" do bem gratuito, reclamações constantes de insuficiência, superlotação etc. Para ilustrar, precisamos citar apenas situações comuns tais como falta de policiamento, em especial nos bairros dominados pelo crime, falta de professores e de escolas no sistema público de ensino, engarrafamentos nas ruas e estradas estatais etc. Em nenhuma área do livre-mercado há reclamações crônicas de escassez e insuficiências. Em todas as áreas das empresas privadas, as firmas tentam convencer e persuadir os consumidores a comprar mais do seu produto. Naquilo que é do governo, por outro lado, invariavelmente há pedidos para que os consumidores tenham paciência e façam sacrifícios, e há contínuos problemas de faltas e deficiências. Duvido se qualquer empresa privada jamais faria o que o governo de Nova York e de outras cidades já fizeram: advertir os consumidores a usar *menos* água. Também é característico da operação governamental: quando há escassez de água, são os consumidores e não os "empresários" do governo que são culpados pela falta do bem. A pressão é sobre os consumidores para que se sacrifiquem e usem menos, ao passo que na indústria privada a pressão (bem-vinda) é exercida sobre os empreendedores para que ofereçam mais daquele bem[5].

As célebres ineficiências das operações do governo não são acidentes empíricos, resultantes, talvez, da ausência de tradição no serviço público.

---

[5] Ver: ROTHBARD, Murray N. "Government in Business". In: *Essays on Liberty*. Irvington-on-Hudson: Foundation for Economic Education, 1958. IV, pp. 186ss.

São *inerentes* a todos os empreendimentos governamentais e a excessiva demanda fomentada pelos serviços gratuitos e abaixo do preço é somente uma das muitas razões para tal condição.

Assim, a oferta gratuita não só subsidia os usuários à custa dos pagadores de impostos não-usuários como também aloca errôneamente os recursos ao deixar de oferecer o serviço onde é mais necessário. O mesmo é verdadeiro, em menor proporção, onde quer que o preço esteja *abaixo* do preço do livre-mercado. No livre-mercado, os consumidores podem ditar o preço e, por isso, assegurar a melhor alocação dos recursos produtivos para suprir seus desejos. Em um empreendimento do governo isso não pode ser feito. Tomemos, novamente, o caso do serviço gratuito. Já que não há atribuição de preço e, por esse motivo, não há a exclusão de usos submarginais, não há como o governo, mesmo se quisesse, alocar os serviços para os usos mais importantes e para os consumidores mais ávidos. Todos os compradores, todos os usos, são mantidos artificialmente no mesmo plano. Como resultado, os usos mais importantes serão desprezados, e o governo se vê diante de insuperáveis problemas de alocação que não podem ser resolvidos, *mesmo para proveito próprio*. Assim, o governo terá de confrontar o problema: Deverá construir uma estrada no lugar A ou no lugar B? Não há modo racional de tomar tal decisão. Não pode ajudar da melhor maneira o consumidor privado da estrada. Só pode decidir segundo o capricho do funcionário público responsável, isto é, somente se o *funcionário do governo*, e não o público, quiser "consumir". Se o governo desejar fazer o que é melhor para o público, enfrentará uma tarefa impossível.

O governo tanto pode deliberadamente subsidiar ao oferecer um serviço gratuito ou pode tentar, de verdade, descobrir o verdadeiro preço de mercado, isto é, a "operar em bases empresariais". Esta sempre é a voz corrente dos conservadores – que as empresas do governo tenham "fundamentos empresariais", que os déficits tenham fim etc. Quase sempre isso significa aumento de preço. Contudo, será que é a solução? Sempre se diz que um empreendimento governamental isolado, operando na esfera do mercado privado, comprando desse mercado etc, pode precificar os serviços e alocar de modo eficiente os recursos. Porém, isso é incorreto. *Há um defeito fatal* que permeia qualquer esquema concebível de empreendimento governamental e, de modo inelutável, impede que ocorra a precificação racional e a alocação eficiente dos recursos. Por conta de tal defeito, os empreendimentos do governo *nunca* poderão ser operados "empresarialmente", não importando as intenções do governo.

Qual é esse defeito fatal? É o fato de o governo conseguir obter recursos praticamente ilimitados por intermédio do poder coercitivo de tributação. Empreendedores privados devem obter fundos de investidores. É essa alocação de recursos feita pelos investidores com base na preferência temporal e da previsão que distribui os fundos e recursos para os mais lucrativos e, portanto, para os usos mais vantajosos. As firmas privadas *só* podem obter fundos dos consumidores e dos investidores; podem obter fundos, em outras palavras, somente das pessoas que valorizam e compram seus serviços e dos investidores que estão dispostos a arriscar investir os fundos poupados em previsão do lucro. Em suma, pagamento e serviço estão, mais uma vez, indissoluvelmente relacionados no mercado. O governo, por outro lado, não tem freios que o impeçam de agir, isto é, não precisa responder ao teste de lucros e prejuízos do serviço na avaliação dos consumidores para obter fundos. A empresa privada só pode obter fundos dos consumidores satisfeitos e que valorizam o produto, e de investidores guiados pelos lucros e prejuízos. O governo pode conseguir fundos praticamente quando desejar.

Uma vez tirados os freios, lá se vai também a oportunidade do governo alocar racionalmente os recursos. Como poderá saber se deve construir a estrada A ou B, se deve "investir" numa estrada ou numa escola – na verdade, quanto é gasto em *todas* essas atividades? Não há meio racional que possa alocar os fundos ou mesmo decidir quanto deve ser obtido. Quando há falta de professores, de salas de aula, de policiais ou ruas, o governo e os que o apoiam só apresentam uma única solução: precisamos de mais dinheiro. As pessoas devem entregar mais do próprio dinheiro ao governo. Por que essa mesma solução nunca é oferecida ao livre-mercado? O motivo é que o dinheiro deve ser retirado de um outro uso do consumo ou do investimento – e tal retirada deve ser justificada. Esta justificação deve ser fornecida pelo teste dos lucros e prejuízos: a indicação de que os mais urgentes anseios do consumidor estão sendo satisfeitos. Se um empreendimento ou produto estiverem dando altos lucros para os proprietários, e se for esperado que tais lucros continuem, mais dinheiro *irá* surgir; caso contrário, se incorrerem em perdas, o dinheiro *sairá* da indústria. O teste dos lucros e prejuízos serve como guia crítico no direcionamento do fluxo de recursos produtivos. Não existe tal guia para o governo, que não tem como racionalmente decidir *quanto* dinheiro deve gastar, seja no total ou em cada ramo específico. Quanto mais dinheiro gasta, mais serviços pode oferecer – mas, onde isso vai parar?[6]

Os proponentes das empresas governamentais devem retorquir que o governo poderia simplesmente dizer ao seu departamento para agir *como se* fosse um empreendimento lucrativo de mercado e que fosse instituído da mesma forma de um negócio privado. Há duas falhas nessa teoria. Primeira, é impossível *brincar* de empreender. Empreender significa

---

[6] Ver: MISES, Ludwig von. *Bureaucracy*. New Haven: Yale University Press, 1946. pp. 50, 53.

arriscar o próprio dinheiro em um investimento. Gestores burocráticos e políticos não têm um incentivo real para desenvolver habilidades empresariais, para realmente ajustarem-se às demandas do consumidor. Não arriscam perder o próprio dinheiro em um empreendimento. A segunda falha, à parte da questão dos incentivos, é que até o mais impetuoso dos gestores *não poderia* agir como em um negócio. Independente do tratamento dado à operação *depois* de instituída, o ponto de partida da firma é feito com dinheiro do governo, e portanto por uma imposição coercitiva. Um elemento arbitrário foi "introduzido" no próprio cerne vital do empreendimento. Além disso, qualquer futura despesa deve ser completada por fundos provenientes dos impostos e, por isso, as decisões dos gestores ficará submetida ao mesmo defeito. A facilidade de obtenção do dinheiro irá, intrinsecamente, distorcer as operações do empreendimento governamental. Ademais, suponhamos que o governo "invista" em uma empresa E. Do mesmo modo, o livre-mercado, se deixado livre, também teria investido a mesma quantia no mesmo tipo de empreendimento, ou não. Caso tivesse, então a economia sofreria, de qualquer forma, pela "receita" que iria para a burocracia intermediária. Caso não investisse, o que é quase certo, imediatamente se diria que a despesa em E é uma distorção da utilidade privada no mercado – que alguma outra despesa teria maior retorno monetário. Deduzimos, mais uma vez, que um empreendimento do governo não pode reproduzir as condições das empresas privadas.

Além disso, a instituição de uma empresa governamental cria uma vantagem competitiva intrínseca superior a das outras firmas privadas, pois ao menos parte do capital foi ganho por coerção e não por serviço. É claro que o governo, com seus subsídios, se desejar pode tirar empresas privadas do campo. O investimento privado na mesma indústria será enormemente restrito, já que futuros investidores anteciparão perdas nas mãos dos competidores governamentais privilegiados. Além disso, já que todos os serviços competem pelo dinheiro do consumidor, todas as firmas privadas e todo o investimento privado será, em certo grau, afetado e obstruído. E quando surge uma empresa do governo, gera o medo nas outras indústrias de que elas serão as próximas, e que serão confiscadas ou forçadas a competir com as empresas subsidiadas pelo governo. Esse temor tende a reprimir mais investimento produtivo e diminuir ainda mais o padrão de vida geral.

O argumento decisivo, e o que é usado de modo bastante correto pelos opositores do governo-empresário, é: se a operação comercial é tão desejável, por que tomar um caminho tão tortuoso? Por que não descartar a propriedade governamental e voltar as operações para o empreendimento privado? Por que ir tão longe para imitar um ideal aparente (propriedade privada) quando o ideal pode ser obtido diretamente? O apelo aos princípios empresariais no governo, portanto, faz pouco sentido, mesmo se pudesse ser bem-sucedido.

As ineficiências da operação do governo são compostas por vários outros fatores. Como vimos, um empreendimento do governo, ao competir numa indústria pode, muitas vezes, expulsar os empreendedores privados, já que o governo pode subsidiar-se de muitas maneiras e prover-se de fundos ilimitados, quando desejar. Assim, tem poucos incentivos para ser eficiente. Nos casos em que não pode competir mesmo sob tais condições, pode tomar para si um monopólio compulsório, retirando à força os competidores. Isso ocorreu nos Estados Unidos na questão dos correios[7]. Quando o governo concede a si mesmo um monopólio, pode ir ao outro extremo do serviço gratuito: monopolizar o preço. Cobrar um preço monopolizado – claramente diferente do preço do livre-mercado – mais uma vez distorce os recursos e cria a escassez artificial de um determinado bem. Isso também permite a diminuição da qualidade do serviço. Um monopólio governamental não precisa se preocupar se os consumidores estão buscando mercadoria em outros lugares ou se a ineficiência significa o próprio fim[8].

Um outro motivo para a ineficiência governamental já foi abordado: os funcionários não têm incentivos para serem eficientes. De fato, as capacidades que desenvolverão não serão capacidades econômicas de produção, mas capacidades políticas – como bajular superiores políticos, como demagogicamente atrair o eleitorado, como usar a força de modo mais eficaz. Tais habilidades são muito diferentes das capacidades produtivas e, por isso, as pessoas que chegarão ao topo no governo serão bastante diferentes das que são bem-sucedidas no mercado[9,10].

---

[7] Ver o interessante panfleto *The Myth of the Post Office* de Frank Chodorov, reimpresso em: Frank, CHODOROV. *One Is A Crowd*. New York: Devin Adair, 1952. pp. 132-52. Sobre situação semelhante na Inglaterra ver: MILLAR, Frederick. "The Evils of State Trading as Illustrated by the Post Office". In: MACKAY, Thomas (Ed.). *A Plea for Liberty*. New York: D. Appleton, 1891. pp. 305-25.

[8] Apenas os governos podem se satisfazer com anúncios de cortes nos serviços para pôr em funcionamento as economias. Nos empreendimentos privados, as economias devem ser feitas como corolário das melhorias no serviço. Um exemplo recente de cortes governamentais é o declínio das remessas postais nos Estados Unidos – acompanhadas, é claro, do pedido de aumento de tarifas. Quando a França nacionalizou o importante sistema de estradas de ferro ocidental em 1908, o transporte de cargas ficou cada vez mais prejudicado, os trens diminuíram a velocidade e cresceu o número de acidentes em tal proporção que um economista observou, causticamente, que o governo francês havia adicionado os acidentes de trem a crescente lista de monopólios. Ver: ROTHBARD, Murray N. "The Railroads of France". In: *Ideas on Liberty*, September, 1955. p. 42.

[9] Friedrich Hayek nos mostrou que "os piores chegam ao topo" num regime coletivista. No entanto, isso é verdade para *qualquer* empreendimento gerido pelo governo. Para nossos propósitos, devemos fazer uma avaliação moral e dizer que, em qualquer tarefa, os que chegam ao topo serão aqueles com maior capacidade na determinada tarefa – uma lei praxeológica. A diferença é que o mercado promove e recompensa as capacidades de produção e de cooperação voluntária; os empreendimentos do governo promovem as habilidades de coerção em massa e submissão burocrática. Ver: HAYEK, F. A. *The Road to Serfdom*. Chicago: University of Chicago Press, 1944. pp. 134-52.

[10] No mercado, os trabalhadores são pagos de acordo com seus produtos de valor marginal descontado. Mas numa empresa do governo, que pode cobrar o preço que quiser, *não há* valor de produto discernível, e os trabalhadores são contratados e pagos segundo o encanto pessoal ou os atrativos políticos que

É particularmente absurdo invocar "princípios empresariais" onde um empreendimento governamental funciona como monopólio. De tempos em tempos há pedidos para que os correios sejam postos em "bases empresariais" e que o déficit, que deve ser pago pelos pagadores de impostos, termine. Mas, acabar com o déficit de uma operação governamental que é, por natureza, ineficiente não significa adequá-la às bases empresariais. Para que o fim do déficit ocorra, o preço deve ser suficientemente aumentado para conseguir um preço monopolístico e, assim, cobrir os custos das ineficiências do governo. Um preço monopolístico fará incidir um ônus especialmente excessivo nos usuários do serviço postal, uma vez que o monopólio é compulsório. Por outro lado, vimos que até os monopólios devem ser fiéis ao rol de demandas dos consumidores. Caso tal lista de exigências não seja suficientemente elástica, pode muito bem acontecer de um preço mais alto *aumentar* o déficit em vez de diminuí-lo. Um exemplo bem conhecido é o sistema de metrô de Nova York nos últimos anos, que foi aumentando as tarifas na vã tentativa de pôr fim ao déficit, e viu o volume de passageiros diminuir de modo tão drástico que o déficit aumentou ainda mais depois de certo tempo[11].

Muitos "critérios" foram oferecidos como guias para os preços dos serviços do governo. Um critério defende a precificação segundo o "custo marginal". Todavia, isso dificilmente é um critério e se baseia nas falácias econômicas clássicas da determinação do preço pelos custos. Por um lado, o "marginal" varia conforme o período do tempo pesquisado. Além disso, os custos não são estáticos, mas flexíveis; mudam conforme os preços de venda e, por isso, não podem ser usados como guias para aqueles preços. Ademais, os preços equiparam-se aos custos médios – ou melhor, os custos médios equiparam-se aos preços – somente no equilíbrio final e o equilíbrio não pode ser visto como um ideal para o mundo real. O mercado apenas *tende para* tal meta. Por fim, os custos das operações do governo serão mais altos que aqueles de uma operação semelhante no livre mercado.

As empresas do governo não irão somente dificultar e reprimir o investimento privado na mesma indústria e em indústrias por toda a economia; irá também rebentar todo o mercado de trabalho pois, (a) o governo diminuirá a produção e os padrões de vida da sociedade ao desviar trabalho potencialmente produtivo para a burocracia; (b) ao usar fundos confiscados, o governo será capaz de pagar mais que a média de preços do mercado pelo

---

possam apresentar aos superiores. Ver: MISES. *Bureaucracy*. p. 53.
[11] Ironicamente, as tarifas mais caras levaram muitos consumidores a comprar e dirigir carros, agravando assim o eterno problema de trânsito (escassez de ruas do governo). Outro exemplo de intervenção governamental que cria e multiplica as próprias dificuldades! A respeito dos metrôs, ver: MISES, Ludwig von. "Agony of the Welfare State". In: *The Freeman*, May 4, 1953, pp. 556-57.

trabalho e, assim, criar um clamor pela expansão da máquina burocrática improdutiva por parte dos que buscam empregos no governo, (c) por altos salários sustentados pelos impostos, o governo pode muito bem levar os trabalhadores e os sindicatos a acreditar que isso reflete o salário de mercado na indústria privada, causando, assim, o indesejado desemprego.

Além disso, as empresas do governo, baseando-se na coerção do consumidor, dificilmente podem deixar de colocar os próprios valores no lugar dos valores dos consumidores. Por isso, os serviços artificialmente padronizados de baixa qualidade – adaptados ao gosto e conveniência governamentais – irão dominar, em comparação com os do livre-mercado, cujos serviços diversificados de alta qualidade são oferecidos de tal forma que se ajustem aos mais variados gostos de uma multidão de indivíduos[12].

Um cartel ou uma firma não poderia possuir todos os meios de produção em uma economia porque não poderia calcular os preços e alocar os fatores de maneira racional. Eis a razão pela qual o socialismo estatal não pode, racionalmente, planejar ou alocar. De fato, nem mesmo dois ou mais estágios podem ser *completamente* integrados no mercado de modo vertical, pois a integração total eliminaria todo um segmento do mercado e criaria uma ilha de caos alocativo e calculacional, uma ilha que impossibilitaria o planejamento ideal dos lucros e a máxima satisfação dos consumidores.

No caso da simples propriedade do governo, ainda vemos um outro prolongamento dessa tese. Para *cada* empresa do governo introduzir sua própria ilha de caos na economia, *não há necessidade de esperar pelo socialismo para que o caos comece a agir*. Nenhuma empresa do governo jamais pode determinar preços, custos, alocar fatores ou fundos de maneira racional e maximizadora do bem-estar. Nenhum empreendimento governamental pode ser iniciado em "bases empresariais" ainda que tal desejo esteja presente. Assim, qualquer operação do governo introduz um sinal de caos na economia; e já que todos os mercados são interconectados na economia, toda atividade governamental rompe e distorce a atribuição de preços, a alocação dos fatores, as relações de consumo/investimento, etc. Todo empreendimento do governo não só diminui as vantagens sociais dos consumidores ao forçar a alocação de recursos para fins diversos dos desejados pelo público, como também diminui a vantagem para todos (incluindo talvez, as vantagens dos funcionários do governo) ao distorcer o mercado e espalhar o caos nos cálculos. Quanto mais empresas pertencerem ao governo, é claro, mais pronunciado será esse impacto.

---

[12] Os governos, apesar das brigas antes de uma decisão, geralmente acabam por ter uma única voz. Isso é verdade para os braços executivo e judiciário, que são organizados como uma força militar, com um comando hierárquico; e para o braço legislativo, em que a maioria deve impor a vontade.

Além das consequências puramente econômicas, a propriedade governamental tem outro tipo de impacto na sociedade: necessariamente substitui o conflito pela harmonia do livre-mercado. Já que o serviço do governo significa o serviço de um grupo de tomadores de decisão, vem a ser um serviço uniforme. Os desejos de todos os que são forçados, direta ou indiretamente, a pagar pelo serviço do governo não pode ser satisfeito. Os desejos de todos aqueles que foram forçados, direta ou indiretamente, a pagar pelo serviço governamental não podem ser satisfeitos. Somente alguns tipos de serviço podem ou serão produzidos pela agência governamental. Como resultado, os empreendimentos do governo criam enormes *conflitos de castas* entre os cidadãos, cada uma delas tem uma ideia diferente da melhor forma de serviço.

Nos últimos anos, as escolas públicas nos Estados Unidos ofereceram um exemplo notável de tais conflitos. Alguns pais preferem escolas racialmente segregadas; outros, preferem uma educação integrada. Alguns pais querem que seja ensinado socialismo aos filhos; outros querem um ensino contra o socialismo nas escolas. Não há como o governo resolver tais conflitos. Ele só pode impor a vontade da maioria (ou a "interpretação" burocrática disso) pela coerção e deixar, muitas vezes, uma grande minoria insatisfeita e infeliz. Qualquer que seja o tipo da escola escolhida, alguns grupos de pais sofrerão. Por outro lado, não há tal conflito no livre-mercado, que oferece qualquer tipo de serviço demandado. No mercado, aqueles que quiserem escolas segregadas ou integradas, socialistas ou individualistas poderão ter os desejos satisfeitos. É óbvio, portanto, que o fornecimento de serviços governamental, em oposição ao privado, rebaixa o padrão de vida de grande parte da população.

Os graus daquilo que pertence ao governo na economia variam de país para país, mas em *todos* os países o estado certamente possui os centros nevrálgicos vitais, os postos de comando da sociedade. Foi tornando-se dono por monopólio compulsório de tais postos de comando, e sempre tentou convencer a população que a propriedade privada e o empreendedorismo nesses campos são, simplesmente, um *a priori* impossível. Vimos, ao contrário, que *todos* os serviços podem ser oferecidos no livre-mercado.

Os postos de comando vitais que, de modo invariável, são monopolisticamente do estado são: (1) proteção policial e militar; (2) proteção jurídica; (3) monopólio da cunhagem de moeda (e monopólio da definição da moeda); (4) rios e costas marítimas; (5) ruas, estradas urbanas e terras em geral (terras devolutas, além do poder de desapropriação); e (6) correios. A função de defesa é a mais ciosamente resguardada pelo estado. É vital para a existência do estado, pois o monopólio da força depende da capacidade de exigir impostos dos cidadãos. Caso os cidadãos fossem autorizados a ter tribunais e exércitos privados, então possuiriam os meios para se defenderem contra os atos invasivos do governo, bem como de outros cidadãos em particular. O controle dos recursos terrestres básicos – em particular, o transporte – é, obviamente, um método excelente de assegurar o controle total. O serviço postal sempre foi uma ferramenta muito conveniente para a inspeção e proibição das mensagens de hereges e inimigos do estado. Nos últimos anos, o estado buscou expandir, de modo constante, tais postos. O monopólio da cunhagem e definição da moeda (curso forçado da moeda) são usadas para alcançar o controle pleno do sistema monetário de uma nação. Esta foi uma das tarefas mais difíceis do estado, uma vez que, por séculos, o papel moeda não gozava absolutamente da confiança das pessoas. O monopólio da cunhagem e da definição dos padrões monetários levou à desvalorização da moeda, uma mudança de nomes das moedas de unidades de medida para termos sem significado preciso, e a substituição do ouro e da prata pelo papel bancário ou governamental. Atualmente, o estado em quase todos os países alcançaram o maior dos objetivos monetários: a capacidade de expandir a receita via inflação da moeda conforme deseje. Em outras áreas – terras e recursos naturais, transportes e comunicação – o estado está assumindo o controle cada vez mais. Por fim, outro posto crítico de comando mantido, ainda que não totalmente monopolizado pelo estado, é a educação. A educação governamental influencia a mente dos jovens para aceitar as virtudes do governo e a intervenção governamental[13]. Em muitos países, o governo não possui o monopólio compulsório da instrução, mas aproxima-se desse ideal ao obrigar a frequência de todas as crianças seja numa escola mantida pelo governo ou privada, aprovada ou autorizada pelo governo. A frequência obrigatória empurrou para as escolas multidões de crianças que não desejavam instrução e assim impeliu crianças demais à educação. Poucos jovens ficam nos campos concorrentes da desocupação, do estudo doméstico ou do emprego no comércio[14].

Uma atividade governamental muito curiosa cresce enormemente no século XX. Sua grande popularidade é uma indicação notável da difusão da ignorância popular a respeito da lei praxeológica. Referimo-nos a chamada legislação de "previdência social". Este sistema confisca renda do salário dos mais pobres e então supostamente investe o dinheiro de modo mais inteligente do que fariam as pessoas, devolvendo, mais tarde, o dinheiro aos beneficiários na velhice. Considerado como "seguro social", esse é um típico exemplo de um empreendimento do governo: não há relação entre os prêmios e o benefício, ambos mudam anualmente sob o

---

[13] Aqueles defensores do livre-mercado que atacam o ensino socialista nas escolas do governo estão lutando com moinhos de vento. Só o fato de existir uma escola estatal e desta ser, presumivelmente, boa, já ensina aos pequenos as virtudes das coisas estatais, independente do que é formalmente ensinado nos livros-texto. E se é preferível o governo ser dono das escolas, por que não de outros meios educacionais tais como os jornais, ou de outras áreas importantes para a sociedade?

[14] Para uma crítica radical das leis de frequência obrigatória, ver: GOODMAN. *Compulsory Mis-Education and the Community of Scholars*.

impacto das pressões políticas. No livre mercado, quem quer que deseje investir em uma anuidade de seguro, em ações ou em propriedades pode fazer. Compelir a todas as pessoas a transferir seus fundos para o governo as obriga a perder utilidade.

Assim, mesmo diante dos olhos, é difícil entender a grande popularidade do sistema de previdência social. Mas, a verdadeira natureza da operação difere enormemente da imagem oficial. O governo *não* investe os fundos que recolhe dos impostos; apenas os gasta, dando a si mesmo títulos, que devem ser descontados quando os benefícios vencerem. Como o dinheiro será obtido? Somente por mais impostos e inflação. Assim, o público paga duas vezes pela "previdência social". O programa de previdência social cobra duas vezes por um único pagamento; é um artifício para permitir uma cobrança de impostos palatável aos grupos de baixa renda por parte do governo. E, como é verdade para todos os impostos, os proventos vão para o consumo governamental.

Ao ponderar a questão da propriedade privada ou governamental de qualquer empreendimento, então, devemos ter em mente as seguintes conclusões de nossa análise: (1) todos os serviços podem ser supridos de modo privado no mercado; (2) a propriedade privada será mais eficiente ao oferecer serviços de maior qualidade a menor custo; (3) a alocação de recursos numa empresa privada irá satisfazer melhor as demandas dos consumidores, ao passo que os empreendimentos governamentais distorcerão as alocações e introduzirão ilhas de caos calculacional; (4) a propriedade do governo reprimirá a atividade privada tanto em empresas não competitivas quanto nas competitivas; (5) a propriedade privada assegura a satisfação harmônica e cooperativa dos desejos, ao passo que a propriedade do governo cria um conflito de castas[15].

3
ATIVIDADES QUE UTILIZAM OS RECURSOS: SOCIALISMO

O socialismo – ou coletivismo – acontece quando o estado é dono de todos os meios de produção. É a abolição compulsória e a proibição da empresa privada, e o monopólio de toda a esfera produtiva pelo estado. O socialismo, portanto, estende o princípio do monopólio governamen-

---

[15] Vários outros critérios colaboraram para decidir se a ação privada ou estatal são falaciosas. Assim, a regra comum afirma que o governo deve ponderar os "custos sociais marginais" em face dos "benefícios sociais marginais" ao tomar uma decisão. Mas a despeito de muitas outras falhas, não existe a tal "sociedade" apartada dos indivíduos que a constituem, portanto esse critério é sem sentido. Ver: ANDERSON, Martin. "Discussion". In: *American Economic Review*, May, 1967, pp. 105-07.

tal compulsório de poucos empreendimentos isolados para todo o sistema econômico. É a violenta abolição do mercado.

Se deve existir ao menos uma economia, deve haver uma produção para satisfazer os desejos dos consumidores. Como é organizada essa produção? Quem decide a respeito da alocação dos fatores para todos os diversos usos, ou sobre a renda que cada fator receberá em cada um dos usos? Há dois e apenas dois modos pelos quais a economia pode ser organizada. Um deles é pela liberdade e escolha voluntária – o modo do mercado. O outro é pela força e imposição – o modo do estado. Para os ignorantes em economia pode parecer que somente o último institui a verdadeira organização e planejamento, ao passo que o modo do mercado é apenas confusão e caos. A organização do livre-mercado, no entanto, é na verdade um meio espetacular e flexível de satisfazer os desejos de todos os indivíduos, e muito mais eficiente que a operação ou intervenção estatal.

Até agora, contudo, examinamos somente os empreendimentos do governo isoladamente e as várias formas de intervenção governamental no mercado. Devemos agora analisar o socialismo – o sistema de pura discricionariedade governamental – o polo oposto do livre-mercado total.

Definimos propriedade como controle exclusivo de um recurso. Está claro, portanto, que uma "economia planejada" que deixa a propriedade nominal nas mãos dos antigos proprietários privados, mas que coloca o controle e direção efetivos nas mãos do estado, tanto é socialismo como é a nacionalização formal da propriedade. Os regimes nazistas e fascistas eram *socialistas* do mesmo modo que o sistema comunista que nacionaliza toda a propriedade produtiva.

Muitas pessoas recusam a identificar o nazismo ou o fascismo como "socialistas" porque confinam este último termo ao proletariado marxista, neo-marxista ou às várias propostas "social-democratas". Entretanto, a economia não está preocupada com a cor do uniforme ou com as bons ou maus modos dos governantes. Nem importa, para a economia, se o regime socialista escolhe os governantes por eleições ou golpes de estado. A economia se preocupa apenas com o exercício dos poderes de propriedade e controle pelo estado. Todas as formas de planejamento estatal de toda a economia são tipos de socialismo, não obstante os pontos de vista filosóficos ou estéticos dos vários campos socialistas e independente de "direitistas"ou "esquerdistas". O socialismo pode ser monárquico; pode ser proletário; pode equalizar fortunas; pode aumentar a desigualdade. Em essência é sempre a mesma coisa: o total ordenamento estatal coercitivo na economia.

A distância entre os polos do livre-mercado total, por um lado, e o total coletivismo, por outro, é uma série contínua que envolve diferentes "misturas" do princípio da liberdade e do princípio hegemônico, coercitivo. Qualquer aumento de propriedade ou controle governamental, por conseguinte, é "socialista" ou "coletivista", pois é uma intervenção coercitiva que leva a economia a dar mais um passo em direção ao socialismo total.

A extensão do coletivismo no século XX é, ao mesmo tempo, sobre e subestimada. Por um lado, sua evolução em países como os Estados Unidos é enormemente *sub*estimada. Muitos observadores negligenciam, por exemplo, a importância da expansão dos *empréstimos governamentais*. O *credor* também é um empreendedor e proprietário parcial, independente de sua situação jurídica. Então, o governo empresta para a empresa privada ou dá garantias para empréstimos privados, criando muitos centros de propriedade governamental. Além disso, a quantidade total de poupança na economia não é aumentada por garantias e empréstimos do governo, mas sua forma específica é mudada. O livre-mercado tende a alocar as poupanças da sociedade nos canais mais lucrativos e produtivos. As garantias e empréstimos do governo, em comparação, *desvia* a poupança dos canais mais ou menos produtivos. Também obstam o sucesso dos empreendedores mais eficientes e a eliminação dos ineficientes (que então se tornariam meros fatores de trabalho em vez de empreendedores). De ambos os modos, portanto, o empréstimo do governo reduz o padrão geral de vida – para não mencionar a perda de vantagens imposta aos contribuintes, que devem avaliar tais compromissos ou fornecer o dinheiro a ser emprestado.

Por outro lado, a abrangência do socialismo em países como a Rússia Soviética é *sobre*estimada. Os que apontam a Rússia como um exemplo de planejamento governamental "bem-sucedido" ignoram o fato de que (além das dificuldades de planejamento sempre encontradas) a Rússia Soviética e outros países socialistas não podem ter um socialismo pleno porque somente o mercado *doméstico* é socializado. O restante do mundo ainda tem um mercado ordenado. Por isso, um estado socialista ainda pode comprar e vender no mercado mundial e aproximar-se, ainda que vagamente, da precificação racional dos bens dos produtores ao se referir ao conjunto de preço dos fatores no mercado mundial. Embora os erros do planejamento sejam empobrecedores, são significantes comparados com aquilo que acontece sob o total caos calculacional de um estado socialista *mundial*. Um grande cartel não pode calcular e, por essa razão, não pode ser instituído no livre-mercado. Isso se aplica quanto mais ao socialismo, onde o estado impõe o monopólio total pela força, e onde as ineficiências das ações estatais singulares são multiplicadas mil vezes.

Um ponto não deve ser negligenciado na análise de regimes socialistas específicos: a possibilidade de um mercado "negro", com recursos que passam ilicitamente para mãos privadas¹⁶. É claro que a oportunidade de um mercado negro para bens de grandes proporções é um tanto limitada; há mais espaço para tal comércio onde os bens (como doces, cigarros, drogas e ações) são facilmente escondidos. Por outro lado, a falsificação de registros por gestores e a oportunidade universal de suborno podem ser utilizadas para criar uma determinada espécie de mercado limitado. Há motivos para se acreditar que, por exemplo, a prática difundida da corrupção e os mercados negros, ou seja, a subversão do planejamento socialista, são essenciais ao nível de produção que o sistema soviético é capaz de atingir.

Nos últimos anos, a total falência do planejamento socialista em calcular uma economia industrial foi implicitamente reconhecido pelos países comunistas, que de forma rápida se distanciam, em especial na Europa Oriental, do socialismo e dirigem-se para uma economia de livre-mercado ainda mais livre. Tal progresso foi particularmente notável na Iugoslávia, que agora é marcada pela propriedade privada, bem como pela propriedade cooperativa dos produtores e pela ausência do planejamento central, até mesmo dos investimentos¹⁷.

4
O Mito da Propriedade "Pública"

Todos ouvimos muitas coisas a respeito da propriedade "pública". Onde quer que, de fato, o governo tenha propriedade ou mantenha um empreendimento, dizermos que é "propriedade pública". Quando recursos naturais são vendidos ou dados a empresas privadas, aprendemos que o "domínio público" foi "doado" para restringir-se aos interesses privados. A inferência é que quando o governo é dono de qualquer coisa, "nós" – todos os membros do público – possuímos uma parcela igual daquela propriedade. Diferem desse longo alcance os interesses inferiores e limitados da simples propriedade "privada".

Como vimos, uma vez que o sistema econômico socialista não pode

---

[16] Isso difere totalmente do mercado "de faz de conta" defendido por alguns autores como um método de permitir o cálculo no socialismo. O "mercado negro" é um mercado verdadeiro, embora de oportunidades muito limitadas.

[17] Sobre a experiência iugoslava, ver: BICANIC, Rudolf. "Economics of Socialism in a Developed Country". In: *Foreign Affairs*, July, 1966, pp. 632-50. Ver também: MILENKOVITCH, Deborah D. "Which Direction for Yugoslavia's Economy?" In: *East Europe*, July, 1969, pp. 13-19. Economistas iugoslavos estão até pensando em termos de desenvolver um uma bolsa de valores e referem-se a essa evolução latente como "capitalismo dos povos socialistas"! Ver o Research Report da *Radio Free Europe* de 25 de novembro, 1966. Sob a impossibilidade do cálculo econômico no socialism, ver: MISES. *Human Action*; HAYEK, F. A. (Ed.). *Collectivist Economic Planning*. New York: Augustus M. Kelley, 1967; HOFF, Trygve. *Economic Calculation in the Socialist Society*. London: William Hodge & Co., 1949.

fazer o cálculo econômico, um socialista obstinado deve estar preparado para testemunhar o desaparecimento de grande parte da população do planeta, restando aos sobreviventes apenas um meio de vida primitivo. Ainda, aquele que identifica propriedade *do governo* com propriedade *pública* deve ficar feliz em ampliar a área da propriedade governamental, não obstante a perda de eficiência ou a vantagem social que aquela ocasiona.

Todavia, a própria identidade é totalmente falaciosa. A *propriedade* é o controle e direção últimos de um recurso. O proprietário é o gestor supremo, independente das ficções legais ao contrário. Na pura sociedade livre, os recursos demasiado abundantes que servissem como condições gerais de bem-estar humano permaneceriam sem dono. Recursos escassos, por outro lado, seriam apropriados de acordo com os seguintes princípios: propriedade da pessoa sobre si mesma; propriedade daquilo que foi criado ou transformado pela pessoa; propriedade de terra devoluta pelo primeiro usuário ou transformador. Propriedade do governo significa simplesmente que os funcionários públicos que estão no poder são os que a *possuem*. Os funcionários mais graduados são os que dirigem o uso da propriedade e, por isso, a possuem. O "público" não tem nenhuma parcela da propriedade. Qualquer cidadão que duvide disso pode tentar apropriar-se, para uso *individual*, de sua alíquota de propriedade pública e então tentar levar o caso aos tribunais. Pode ser feita a objeção de que os acionistas das empresas também não podem fazer isso, por exemplo, pelas regras da empresa, o acionista da General Motors não pode apoderar-se de um carro em vez de dividendos em dinheiro ou em troca das ações. No entanto, os acionistas *realmente* são donos da empresa, e esse exato exemplo prova a nossa argumentação. O acionista pode contratar com a empresa; pode *vender* as ações da General Motors para outra pessoa. O cidadão de um governo *não pode* contratar com o governo, não pode vender suas "ações" nos correios porque não possui tais ações. Como sucintamente afirmou Floyd A. Harper (1905-1973): *"O corolário do direito de propriedade é o direito de transferência. Assim, se não posso vender uma coisa, é evidente que, na verdade, não a possuo"*[18].

Qualquer que seja a forma do governo, os dirigentes são os verdadeiros donos da propriedade. Entretanto, em uma democracia, ou no longo prazo, em qualquer forma de governo, os dirigentes são transitórios. Sempre podem perder uma eleição ou ser derrubados por um golpe de estado. Por isso, nenhum funcionário do governo se vê como algo mais que um possuidor transitório. Como resultado, enquanto o proprietário privado, seguro em sua propriedade e possuidor do valor do capital, planeja o uso de seu

---

[18] HARPER, F. A. *Liberty, a Path to Its Recovery*. Irvington-on-Hudson: Foundation for Economic Education, 1949. p. 106, 132. Ver também: PATERSON. *God of the Machine*. pp. 179ss. Isabel Paterson travou uma discussão estimulante a respeito das "duas dimensionalidades" – a negligência das verdadeiras condições – na teoria da propriedade coletiva.

recurso por um longo período de tempo, o funcionário do governo deve explorar a propriedade o mais rápido que puder, já que não tem segurança com relação a sua propriedade. Além disso, até mesmo o servidor público mais inveterado deve fazer a mesma coisa, pois nenhum funcionário do governo pode vender o valor capitalizado da "propriedade" que detêm, como o fazem os proprietários privados. Em suma, os funcionários do governo detêm o *uso* dos recursos, mas não o valor de capital dos mesmos (exceto no caso da "propriedade privada" de um monarca hereditário). Quando a pessoa só pode dispor do uso corrente, mas não o recurso em si, o resultado será a rápida exaustão e desperdício dos recursos, já que não beneficiará a ninguém conservá-los por um período de tempo e a vantagem para quem os possui é utilizá-los o mais rápido possível. Desse modo, os funcionários do governo consumirão o que lhes couber, o mais rápido possível.

É curioso que quase todos os autores papagueiam a noção de que proprietários privados que possuem preferência temporal devem seguir uma "visão de curto prazo", ao passo que somente os funcionários do governo podem seguir uma "visão de longo prazo" e alocar a propriedade para aumentar o "bem-estar geral". A verdade é o exato oposto. O indivíduo privado, seguro de sua propriedade e do recurso de seu capital, pode optar pelo longo prazo, pois quer manter o valor de capital de seu recurso. É o funcionário público que perde por esperar, que deve saquear a propriedade enquanto ainda está no comando[19].

5
DEMOCRACIA

A democracia é um processo de escolha dos dirigentes do governo ou políticas e é, consequentemente, distinto daquilo que estamos estudando: a natureza e as consequências das várias políticas que um governo pode escolher. Uma democracia pode escolher, de modo relativo, *laissez faire* ou programas intervencionistas, e o mesmo é verdadeiro para um ditador. E contudo, o problema da formação de um governo *não pode* estar absolutamente separado da política desse governo, de modo que deveremos discutir aqui algumas dessas relações.

A democracia é um sistema de governo da maioria em que cada cidadão possui um voto, quer para decidir as políticas de governo, quer para eleger

---
[19] Aqueles que objetam ao dizer que os indivíduos privados são mortais, mas os "governos são imortais", caem na falácia do "realismo conceitual" no grau máximo. O "governo" não é uma verdadeira entidade agente, mas é uma categoria de ação real adotada por indivíduos verdadeiros. É um nome para um tipo de ação, a regularização de um tipo de relação interpessoal e não é, ele mesmo, um ser que age.

os governantes, os quais, por sua vez, decidirão a política. É um sistema repleto de contradições internas.

Primeiramente, suponhamos que a absoluta maioria deseje instituir um ditador popular ou um governo de partido único. As pessoas desejam entregar todo o processo decisório nas mãos dessa pessoa ou grupo. Será que o sistema democrático permitirá ser votada a própria extinção? Qualquer que seja a resposta dada pelo democrata, ele é pego numa contradição inescapável. Caso a maioria *possa* colocar no poder um ditador que irá pôr fim as eleições, então a democracia realmente está extinguindo-se. Doravante, não haverá mais democracia, embora permaneça o consenso da maioria ao partido ou governante ditatorial. A democracia, neste caso, torna-se *transição* para uma forma não democrática de governo. Por outro lado, como agora está na moda preservar, a maioria dos eleitores numa democracia estão proibidos de fazer uma única coisa – terminar com o próprio processo democrático eletivo – então, isso não é mais uma democracia, pois a maioria dos votos não pode mais decidir. O processo eletivo deve ser preservado, mas como poderá expressar que a decisão da maioria é essencial se a maioria não pode pôr fim nesse processo se assim desejar? Em suma, a democracia requer duas condições para a própria existência: regra da maioria para governante ou políticas e voto isonômico e periódico. Desse modo, se a maioria desejar pôr fim ao processo eleitoral, a democracia não pode ser preservada, independente de qual das opções desagradáveis desse dilema for escolhida. A ideia de que a "maioria deve preservar a liberdade da minoria para se tornar a maioria" é vista, então, não como a preservação da democracia, mas simplesmente como um juízo de valor arbitrário por parte do cientista político (ou ao menos continua arbitrário até que seja justificado por alguma teoria ética convincente)[20].

Esse dilema acontece não somente se a maioria desejar escolher um ditador, mas *também* se desejar instituir a sociedade verdadeiramente livre como já delineamos anteriormente. Para esta sociedade não existe uma organização governamental monopolista total e o único lugar em que o voto isonômico existiria seria em cooperativas, que sempre são formas ineficientes de organização. A única forma importante de voto, para tal sociedade, seria o dos acionistas em sociedades anônimas ou em comandita, cujos votos não seriam iguais, mas proporcionais as quotas que possuíssem do patrimônio

---

[20] Essa ideia de que a democracia deve forçar a maioria permitir que a minoria tenha liberdade de se tornar maioria é uma tentativa dos teóricos social-democratas para permitir os resultados democráticos que eles preferem (intervencionismo econômico, socialismo), e evitar os resultados que não gostam (interferência com "direitos humanos", liberdade de expressão etc). Fazem isso ao tentar elevar seus juízos de valor a uma suposta definição "científica" de democracia. Além de autocontraditória, essa demarcação não é tão rigorosa quanto acreditam. Permitiria a uma democracia, por exemplo, assassinar negros ou ruivos porque não é provável que tais grupos minoritários venham a se tornar maioria. Para maiores discussões a respeito de direitos "humanos" e de propriedade, ver abaixo.

da empresa. O voto de cada indivíduo, nesse caso, estaria significativamente relacionado a sua parcela de propriedade do patrimônio comum[21]. Nessa genuína sociedade livre não haveria *nenhum assunto* para ser votado por eleitores democráticos. Aí, também, a democracia só poderia ser um caminho possível *rumo à* sociedade livre, em vez de um dos atributos.

Nem é concebível que a democracia seja viável no socialismo. O partido dirigente, ao deter todos os meios de produção, terá a plena capacidade decisória, por exemplo, sobre quanto capital deve alocar para a propaganda dos partidos de oposição, para não dizer do poderio econômico que terá sobre todos os líderes individuais e membros da oposição. Com o partido dirigente determinando a renda de todas as pessoas e a alocação de todos os recursos, é inconcebível que qualquer oposição política eficaz possa persistir por muito tempo no socialismo[22]. A única oposição que poderia surgir não seria a de partidos opostos numa eleição, mas de diferentes camarilhas administrativas dentro do partido dirigente, como tem ocorrido nos países comunistas.

Assim, a democracia não é compatível nem com a sociedade genuinamente livre nem com o socialismo. E ainda assim vemos na presente obra (e veremos mais adiante) que somente duas sociedades são estáveis, que todas as mesclas intermediárias estão em um "equilíbrio instável" e sempre tendem à um ou outro polo. Isso quer dizer que a democracia, em essência, é, por si mesma, uma forma de governo instável e de transição.

A democracia sofre de muitas outras contradições internas. Assim, a eleição democrática pode ter uma das duas funções: determinar a política do governo ou escolher os governantes. Segundo a primeira, que Joseph Schumpeter denominou de teoria "clássica" da democracia, a vontade da maioria supostamente deve direcionar as questões[23]. Segundo a última teoria, o critério da maioria supostamente deve se limitar aos dirigentes escolhidos, que, por sua vez, decidirão a política. Enquanto a maioria dos cientistas políticos apoia a última versão, democracia significa a primeira

---

[21] Para Spencer Heath, está é a única forma genuína de democracia:
> Quando as pessoas contratualmente unem os seus títulos individuais de propriedade ao tomar interesses indivisíveis como um todo, escolhem serviçais – administradores – e exercem autoridade sobre a propriedade de outra forma, pelo processo de voto, como sócios, acionistas ou outros beneficiários. Esta é a autêntica democracia em que todos os membros exercem a autoridade em proporção às respectivas contribuições. A coerção não é empregada contra nenhuma pessoa, e todos são livres para retirar sua adesão e propriedade quando estas forem chamadas a contribuir. (HEATH. *Citadel, Market, and Altar*. p. 234).

[22] Mesmo se, como é altamente improvável – em especial diante do fato dos governantes no socialismo serem os mais aptos a usar a força – os líderes socialistas fossem homens santos, desejosos de dar à oposição todas as oportunidades, e mesmo se a oposição fosse incomumente heroica e arriscasse ser liquidada ao vir ao público, *como* os governantes decidiriam a divisão dos recursos? Será que dariam recursos a *todos* os partidos da oposição? Ou apenas para a oposição pró-socialista? Quanto distribuiriam para cada partido de oposição?

[23] Ver: SCHUMPETER. *Capitalism, Socialism and Democracy. passim.*

versão para grande parcela das pessoas, e portanto, devemos examinar primeiramente a teoria clássica.

Segundo a teoria da "vontade do povo", a democracia direta – a votação de cada questão por todos os cidadãos, como as reuniões municipais na Nova Inglaterra – é o arranjo político ideal. A civilização moderna e as complexidades da sociedade, contudo, supostamente ultrapassaram a democracia direta, de modo que devemos seguir a menos perfeita "democracia representativa" (nos velhos tempos muitas vezes chamada de república), em que são escolhidos representantes para executar os desejos das pessoas nas questões políticas. Quase imediatamente surgem problemas lógicos. Um deles é que as diferentes formas de arranjos eleitorais, as diferentes delimitações de distritos geográficos, todas igualmente arbitrárias, muitas vezes irão alterar enormemente o quadro da "vontade da maioria". Se um país está dividido em distritos para escolher representantes, então o "gerrymandering"[24] é inerente a tal divisão: não existe modo satisfatório, racional de demarcar as divisões. O partido que está no poder na época da divisão, ou redivisão, irá, inevitavelmente, alterar os distritos para produzir uma tendência sistemática a seu favor; contudo, nenhum outro modo é intrinsecamente mais racional e mais evocatório da vontade da maioria. Ademais, a própria divisão da superfície da Terra em países é, por si só, arbitrária. Se um governo abrange certa área geográfica, será "democracia" um grupo majoritário num determinado distrito poder se separar e formar o próprio governo ou unir-se a outro país? Democracia significa a maioria imperando sobre uma área maior ou menor? Em suma, *qual* maioria deve triunfar? O próprio conceito de uma democracia nacional é, de fato, autocontraditório. Pois se alguém argumenta que a maioria no país X deve governar esse país, então pode ser dito, com igual validade, que a maioria de um certo distrito dentro do país X deve poder governar *a si mesma* e separar-se do país maior, e tal processo de subdivisão pode, logicamente, decrescer e chegar ao quarteirão do bairro ou ao apartamento e, por fim, chegar a cada indivíduo, marcando assim, o término de todo o governo democrático pela redução ao autogoverno individual. Mas se tal direito de secessão é negado, então o democrata nacional deve reconhecer que a população mais numerosa dos outros países deve ter o direito de vencer em número os votos *do próprio* país, e assim deve seguir adiante, para um governo mundial governado pela regra da maioria mundial. Em suma, o democrata que apoia o governo nacional é autocontraditório; deve ser a favor do governo mundial ou de governo nenhum.

---

[24] Controverso método, no sistema de voto distrital, de divisão dos distritos eleitorais de um determinado território visando obter vantagens no número de representantes eleitos. Tal método também pode servir para favorecer ou prejudicar determinados grupos (étnico, linguístico, religioso, social ou partidário). (N. T.)

Além desse problema de fronteiras geográficas do governo ou do distrito eleitoral, a democracia que tenta eleger representantes para conseguir maioria recairá em outros problemas. Certamente alguma forma de representação proporcional seria obrigatória, para chegar a uma espécie de perfil da opinião pública. Melhor seria um plano de representação proporcional para todo o país – ou para o mundo – de modo que o perfil não seria distorcido por considerações geográficas. Mas aí, novamente, diferentes formas de representação proporcional levarão a resultados muito diferentes. Os críticos da representação proporcional incisivamente respondem que uma legislatura eleita com base nesse princípio seria instável e que as eleições deveriam resultar em um governo majoritário estável. A resposta a isto é que se desejarmos representar o público, necessitamos de um perfil, e a instabilidade da representação é somente uma função da instabilidade ou diversidade da própria opinião pública. O argumento do "governo eficiente" pode ser buscado, portanto, somente se abandonarmos completamente a teoria clássica da "vontade da maioria" e adotarmos a segunda teoria – de que a única função da maioria é escolher os governantes.

Mas mesmo a representação proporcional não seria tão boa – segundo a visão clássica de democracia – como a democracia direta, e aqui chegamos a outra consideração importante e negligenciada: a tecnologia moderna *realmente* torna possível ter a democracia direta. Certamente, cada homem poderia, com facilidade, votar em questões, várias vezes por semana ao gravar suas escolhas em um aparelho acoplado à televisão. Isso não seria difícil de conseguir. E ainda, por que ninguém sugeriu um retorno à democracia direta, agora que ela pode ser viável? As pessoas poderiam eleger representantes pela representação proporcional somente como conselheiros para submeter os projetos de leis ao público, mas sem ter, eles mesmos, o poder eletivo último. O voto final seria o das próprias pessoas, todos votando diretamente. Num certo sentido, todo o público eleitor seria *a* legislatura, e os representantes poderiam agir como comitês para endereçar os projetos de lei a essa vasta legislatura. Aqueles que são a favor da visão clássica de democracia devem, portanto, favorecer a erradicação eficaz da legislatura (e, é claro, do veto do poder executivo) ou abandonar tal teoria.

A objeção à democracia direta será, sem dúvida, a alegação de que as pessoas são desinformadas e, por conseguinte, não são capazes de decidir sobre questões complexas que o legislativo tem de enfrentar. Mas, neste caso, o democrata deve abandonar totalmente a teoria clássica de que a maioria deve decidir a respeito de *questões*, e adotar a moderna doutrina de que a função da democracia é a escolha majoritária dos governantes, que, por sua vez, irão decidir as políticas. Voltemo-nos, então, para essa doutrina. Ela se depara, tanto quanto a teoria clássica, com a autocontradição sobre as fronteiras nacionais ou eleitorais; e o "moderno democrata" (se podemos chamá-lo assim), assim como o "democrata clássico" deve defender um governo mundial ou deve defender não existir governo nenhum. Sobre a questão da representação, é verdade que o democrata moderno pode, com muito sucesso, opor-se diretamente a democracia da televisão, ou mesmo a representação proporcional, e recorrer ao atual sistema de circunscrições individuais. Mas é pego num dilema diferente: se a única função dos eleitores é escolher os governantes, por que ter uma legislatura? Por que não votar periodicamente por um Chefe do Executivo ou Presidente, e depois parar por aí? Se o critério é eficiência, e uma ordem estável com um único partido no comando por mandato, então um único executivo será muito mais estável do que um grupo de pessoas com poder legislativo, que sempre pode se dividir em grupos conflitantes e criar impasses para o governo. O democrata moderno, por isso, também deve, logicamente, abandonar a ideia de uma legislatura e entregar todos os poderes legislativos para o executivo eleito. Ambas as teorias de democracia, ao que parece, devem abandonar por completo a ideia de uma representação legislativa.

Além disso, o "moderno democrata" que escarnece da democracia direta porque as pessoas não são tão inteligentes ou tão bem informadas para decidir questões de governo complexas, e pego em outra contradição fatal: pressupõe que as pessoas *são* suficientemente inteligentes e bem-informadas para votar *naqueles* que irão tomar as decisões. Mas se um eleitor não é competente para decidir as questões A, B, C etc., como é possível que ele esteja qualificado para decidir se o sr. X ou o sr. Y está mais capacitado a lidar com as questões A, B ou C? Para tomar essa decisão, o eleitor teria de conhecer muito as questões *e* conhecer bastante a respeito das pessoas que está escolhendo. Em suma, provavelmente teria de saber *mais* numa democracia representativa do que numa democracia direta. Igualmente, o eleitor médio é, necessariamente, *menos* qualificado para escolher pessoas para decidir questões do que para votar nas próprias questões. Para ele, ao menos as questões são inteligíveis e pode compreender parcialmente a relevância; mas é provável que os candidatos sejam pessoas que esse eleitor não conheça pessoalmente e que, por isso, em essência, não sabe nada a respeito. Por esta razão, pode votar em tais candidatos com base nas "personalidades" aparentes, nos sorrisos glamorosos, etc, em vez de votar na verdadeira competência; como resultado, ainda que mal-informado, a escolha do eleitor tende sempre a ser menos inteligente na república representativa do que na democracia direta[25,26].

---

[25] O "democrata moderno" pode objetar que a afiliação partidária do candidato permite que o eleitor aprenda, se não a competência pessoal, ao menos sua ideologia política. Mas, o "democrata moderno" é exatamente o teórico que elogia o atual sistema "bipartidário", no qual as plataformas de ambos os partidos são quase indistinguíveis, como a forma mais eficiente e estável de governo democrático.

[26] Estas considerações também servem para refutar a contenda do "conservador" de que a república

Vimos os problemas da teoria democrática com a legislatura. Ela também tem dificuldades com o judiciário. Em primeiro lugar, o próprio conceito de um "judiciário independente" contradiz a teoria da regra democrática (seja clássica ou moderna). Se o judiciário é *realmente* independente da vontade popular, então funciona, ao menos na própria esfera, como uma ditadura oligárquica, e não podemos mais chamar tal governo de "democracia". Por outro lado, se o judiciário é votado diretamente pelos eleitores, ou indicado pelos representantes dos eleitores (ambos os sistemas são utilizados nos Estados Unidos), então, dificilmente, o judiciário é independente. Se a eleição é periódica, ou se a indicação está sujeita à renovação, então o judiciário não é mais independente dos processos políticos do que qualquer outro ramo do governo. Se a indicação é vitalícia, então a independência é maior, ainda que, mesmo nesse caso, se o legislativo vota os fundos para os salários dos juízes ou se decide a jurisdição dos poderes judiciais, a independência judiciária deve estar severamente prejudicada.

Ainda não esgotamos os problemas e contradições da teoria democrática, e podemos prosseguir ao perguntar: Afinal, por que a democracia? Até agora discorremos a respeito de várias teorias sobre *como* as democracias devem funcionar ou quais áreas (ou seja, questões ou governantes) devem ser regidas pelo processo democrático. Agora devemos indagar sobre as teorias que apoiam e justificam a própria democracia.

A teoria, novamente de safra clássica, é de que a maioria sempre, ou quase sempre, tomará as decisões moralmente corretas (seja sobre questões ou sobre os homens). Já que este não é um tratado de ética, não podemos avançar nessa doutrina, a não ser para dizer que poucas pessoas, hoje, defendem esse ponto de vista. Ficou demonstrado que as pessoas podem, democraticamente, escolher uma ampla variedade de políticas e governantes, e a experiência dos últimos séculos, em grande parte, arruinou qualquer fé que as pessoas pudessem ter na sabedoria infalível e na retidão do eleitor médio.

Talvez o argumento mais comum e irrefutável a favor da democracia não é o de que as decisões democráticas sempre serão sábias, mas de que o processo democrático dá sustentação à mudança pacífica de governo. A maioria, assim segue o argumento, deve apoiar *qualquer* governo, independente da forma, caso deva continuar a existir por mais tempo; muito melhor, então, deixar a maioria exercitar pacifica e periodicamente esse direito do que forçá-la a sempre derrubar o governo com uma revolução violenta. Em suma, as cédulas de votação são tidas como as substitutas

---

evitará as contradições inerentes de uma democracia direta – uma posição que, por si, está em contradição com a oposição dos proponentes professos do Poder Executivo como algo oposto ao Legislativo.

das balas das armas. Uma falha de tal argumento é negligenciar a possibilidade da derrubada violenta do governo pela maioria via desobediência civil, ou seja, a recusa pacífica de obedecer às ordens governamentais. Tal revolução seria consistente com a finalidade máxima desse argumento de preservação da paz e, ainda assim, não requereria a eleição democrática[27].

Há, além disso, outra falha no argumento da "mudança pacífica" para a democracia, uma autocontradição séria que tem sido universalmente negligenciada. Aqueles que adotam esse argumento apenas o utilizam para chancelar todas as democracias e, rapidamente, passar a outras questões. Não perceberam que o argumento da "mudança pacífica" estabelece um *critério* para o governo diante do qual qualquer democracia deva estar à altura. Para o raciocínio de que as cédulas de votação devem substituir as balas das armas deve ser feito de uma determinada forma: de que a eleição democrática irá produzir *o mesmo resultado que ocorreria* se a maioria tivesse de combater a minoria num embate violento. Em suma, o argumento supõe que os resultados da eleição são, simples e exatamente, um substituto para um teste de combate físico. Aqui temos um critério para a democracia: Será que ela realmente produz o resultado que seria obtido pelo combate civil? Se descobrirmos que a democracia, ou uma certa forma de democracia, sistematicamente leva à resultados muito afastados dessa "substituição das balas as armas", então temos de rejeitar a democracia ou desistir do argumento.

Como, então, a democracia se sai, em geral ou em países específicos, quando a testamos segundo o próprio critério? Um dos atributos essenciais da democracia, como vimos, é o de cada homem, um voto[28]. Mas o argumento da "mudança pacífica" supõe que cada homem seja contado igual em qualquer teste de combate. Mas, isso é verdade? Em primeiro lugar, é claro que a força física *não* está igualmente distribuída. Em qualquer teste de combate as mulheres, os idosos, os doentes e os 4-F[29] se sairiam muito mal. Com base no argumento da "mudança pacífica", portanto, não

---

[27] Assim, Etienne de La Boétie (1530-1563) afirmou:
> Obviamente, não há necessidade de lutar para vencer um único tirano, pois estará automaticamente derrotado caso o país se recuse a consentir na própria escravização: Não é necessário despojá-lo de nada, mas simplesmente não lhe dar nada; não há necessidade do país esforçar-se para fazer coisa alguma, visto que não fará nada contra si mesmo. São, portanto, os próprios habitantes que permitirão, ou melhor, efetuarão, a própria sujeição, já que ao deixarem de se submeter poderão pôr fim na própria servidão. (LA BOÉTIE. *Anti-Dictator*. pp. 8-9).

[28] Mesmo que, na prática, os votos das áreas rurais ou de outras áreas ganhem maior peso, esse ideal democrático é aproximadamente alcançado, ou ao menos o é na aspiração geral, nos países democráticos.

[29] 4-F era a classificação militar norte-americana, no período da Segunda Guerra Mundial, para todos os candidatos que não passavam na seleção do alistamento por possuir algum defeito físico. Eram considerados 4-F todos os que tinham alguma má-formação muscular ou óssea, problemas circulatórios ou auditivos, deficiência ou doenças mentais, hérnias e sífilis. (N. T.)

há qualquer justificativa para dar voto a tais grupos fisicamente debilitados. Deste modo, estariam impedidos de votar todos os cidadãos que não passassem no teste, não de alfabetização (que é irrelevante para deter a bravura), mas de aptidão física. Além disso, está claro que seria necessário dar votos plurais a todos os homens com treinamento militar (tais como soldados e policiais), pois é óbvio que um grupo de combatentes altamente treinados poderiam facilmente derrotar um grupo muito mais numeroso de amadores igualmente robustos.

Além de ignorar as desigualdades de força física e de aptidão para o combate, a democracia fracassa, de outro modo significativo, para viver de acordo com as exigências lógicas da tese de "mudança pacífica". Tal falha provém de outra desigualdade básica: a desigualdade de *interesse* ou intensidade de crença. Assim, 60% da população pode se opor a determinada política, ou partido político, ao passo que somente 40% sejam a seu favor. Em uma democracia, está última política ou partido seria derrotada. Mas suponhamos que essa massa de 40% seja de entusiastas fervorosos de uma medida ou candidato, ao passo que a maioria dos 60% tem apenas um leve interesse no assunto. Na ausência da democracia, muito mais do que os fervorosos 40% poderiam estar dispostos a ingressar num teste de combate do que estariam os apáticos 60%. E ainda, numa eleição democrática, um voto dado por um apático ligeiramente interessado no assunto depõe o voto de um fervoroso partidário. Assim, o processo democrático grave e sistematicamente distorce os resultados do hipotético teste de combate.

É provável que nenhum procedimento eleitoral possa evitar satisfatoriamente essa distorção e servir como qualquer tipo de substituto exato para as balas das armas. Mas, certamente, muito poderia ser feito para alterar os atuais procedimentos eleitorais e aproximá-los do critério, e o surpreendente é que ninguém tenha sugerido tais reformas. Toda a tendência das democracias existentes, por exemplo, foi tornar o processo eleitoral mais fácil para as pessoas; no entanto, isso viola diretamente o teste de substituição das balas das armas, pois se tornou cada vez mais fácil para o apático registrar seu voto, e assim, distorcer o resultado. Claramente, seria necessário tornar o voto mais difícil e, dessa forma, assegurar que apenas as pessoas mais fortemente interessadas fossem votar. Um imposto eleitoral moderadamente alto, não elevado o bastante a ponto de desencorajar os indiferentes, seria de grande ajuda. Cabines de votação deveriam ser distantes; a pessoa que se recusasse a viajar qualquer distância apreciável para votar, com certeza, não teria lutado a favor do seu candidato. Outro passo útil teria sido retirar todos os nomes da cédula, o que iria requerer que os próprios eleitores escrevessem o nome dos favoritos. Não só esse procedimento eliminaria o privilégio especial decididamente nada democrático de que o estado dá àqueles cujos nomes imprime nas cédulas (em comparação com todas as outras pessoas), mas faria com que as eleições ficassem mais próximas do critério, pois um eleitor que não sabe o nome de seu candidato, dificilmente, iria lutar por ele nas ruas. Outra reforma indicada seria abolir o voto secreto. O voto foi tornado secreto para proteger os temerosos da intimidação; no entanto, o combate civil é peculiarmente a província dos corajosos. Por certo, aqueles que não são corajosos os suficiente para proclamar a escolha abertamente não teriam sido combatentes formidáveis no teste da luta.

Essas e outras reformas, sem dúvida, seriam necessárias para mover os resultados de uma eleição para perto dos resultados de um combate inevitável. No entanto, caso definamos a democracia incluindo o voto isonômico, isso quer dizer que a democracia, simplesmente, não alcança o próprio critério, como o deduzido do argumento da "mudança pacífica". Ou, caso definamos a democracia como a votação da maioria, mas não necessariamente isonômica, então dos defensores da democracia teriam de favorecer o voto das mulheres, dos doentes, dos idosos etc, voto plural para os que tivessem treinamento militar; impostos eleitorais, voto aberto etc. Em qualquer um dos casos, a democracia tal como a conhecemos, marcada pelo voto igual de uma pessoa para a outra, está em contradição direta com o argumento da "mudança pacífica". Um ou outro, argumento ou sistema, devem ser abandonados.

Se os argumentos a favor da democracia estão, assim, num labirinto de falácias e contradições, isso não significa que a democracia deve ser completamente abandonada, salvo em bases puramente arbitrárias, sem o apoio do juízo de valor de que "a democracia é boa"? Não necessariamente, pois a democracia pode ser pensada, nem tanto como um valor *em si*, mas como um método possível de alcançar outras finalidades desejadas. A finalidade tanto poderia ser colocar um determinado líder político no poder como atingir determinadas políticas governamentais. Afinal, a democracia, é apenas um método de escolha de governantes e questões, e não é de surpreender que pode ser de grande valor à medida que serve como *meio* para outros fins políticos. O socialista e o libertário, por exemplo, ao reconhecer a instabilidade inerente da fórmula democrática, devem favorecer a democracia como um meio de *chegada* na sociedade socialista ou libertária. O libertário deve, assim, considerar a democracia como um caminho útil de proteger as pessoas do governo ou de aprimorar a liberdade individual[30]. A visão de democracia, portanto, depende da avaliação das circunstâncias apresentadas.

---

[30] Alguns libertários consideram a constituição um instrumento útil para limitar ou evitar invasões governamentais na liberdade individual. Uma grande dificuldade dessa ideia foi assinalada com grande clareza por John C. Calhoun: não importa quão rigorosas as limitações impostas ao governo por uma constituição escrita, esses limites devem ser constantemente enfraquecidos e expandidos se o poder último de interpretá-los for colocado nas mãos de um órgão do próprio governo (por exemplo, Suprema Corte). Ver: CALHOUN. *Disquisition on Government*. pp. 25-27.

Apêndice
O Papel dos Gastos do Governo nas Estatísticas do Produto Nacional[31]

As estatísticas do produto nacional têm sido amplamente utilizadas nos últimos anos como reflexo do produto total da sociedade ou mesmo para indicar o estado de "bem-estar econômico". Estas estatísticas não podem ser usadas para estruturar ou testar uma teoria econômica por um motivo, porque são uma mistura incipiente de brutos e líquidos e não existe um "nível de preço" objetivamente mensurável que possa ser usado como um "deflator" exato para obter estatísticas de alguma forma de produto físico agregado. As estatísticas do produto nacional, no entanto, podem ser úteis para o historiador econômico ao descrever e analisar um período histórico. Mesmo assim, são altamente enganosas como são geralmente utilizadas.

O produto privado é estimado em valores de troca estipulados pelo mercado, e até aí ocorrem dificuldades. O principal problema, no entanto, se apresenta com a estipulação do papel do governo na contribuição para o produto nacional. Qual é a contribuição do governo no produto da sociedade? Originalmente, os estatísticos da renda nacional estavam divididos a esse respeito. Simon Kuznets (1901-1985) avaliava os serviços do governo como igual aos impostos pagos, supondo que o governo é semelhante as empresas privadas e que as receitas do governo, como as receitas de uma firma, refletem o valor do produto que é estipulado pelo mercado. O erro ao tratar do governo como uma empresa privada deve estar claro a essa altura de nossa argumentação. Agora o método geralmente adotado é o do Departamento de Comércio que estimam os serviços do governo como iguais ao "custo", isto é, às despesas do governo em salários dos funcionários e em bens comprados das empresas privadas. A diferença é que todos os déficits governamentais são incluídos pelo Departamento de Comércio na "contribuição" do governo para o produto nacional. O método do Departamento de Comércio falaciosamente supõe que o "produto" do governo é mensurável por aquilo que o governo gasta. Tal suposição é feita com base em quê?

Na verdade, uma vez que os serviços governamentais não são testados no livre-mercado, não há modo de medir a suposta "contribuição produtiva" do governo. Todos os serviços do governo, como vimos, são mono-

---

[31] Para uma crítica dos argumentos a favor da atividade governamental – "bens coletivos" e "efeitos de vizinhança" ou "benefícios externos" – Ver: ROTHBARD. *Man, Economy, and State.* pp. 883-90 (na edição de 2004: pp. 1029-41).

polizados e ineficientemente proporcionados. É claro, se não valem nada, valem muito menos do que seu custo em dinheiro. Ademais, as receitas fiscais do governo *e* o déficit de receita são, ambos, ônus impostos sobre a produção, e a natureza desse ônus deve ser reconhecida. Uma vez que as atividades do governo provavelmente se assemelham mais a saques do que contribuições à produção, é mais correto fazer a suposição *oposta*: a saber, que o governo não contribui com nada para o produto nacional e suas atividades esgotam o produto nacional e o canalizam para usos improdutivos.

Ao utilizar as estatísticas do "produto nacional", então, devemos corrigi-las das inclusões das atividades do governo no produto nacional. Do produto nacional líquido deduziremos primeiramente os "rendimentos originados do governo", isto é, os salários dos funcionários públicos. Devemos também deduzir os "rendimentos originados dos empreendimentos do governo". Estas são as despesas correntes ou salários de funcionários nas empresas do governo que vendem seu produto por determinado preço (as estatísticas nacionais de renda infelizmente incluem essas contas no setor *privado* em vez de colocá-las no setor público). Isso nos deixa com um produto privado líquido, ou PPL. Do PPL devemos deduzir os saques do governo para chegarmos ao *produto privado remanescente* em mãos privadas, ou PPR. Tais saques consistem em: (a) compras feitas pelo governo nas empresas privadas; (b) compras feitas pelas empresas do governo nas empresas privadas; e (c) transferências[32]. O total dos saques, dividido pelo PPL, é a porcentagem do saque do governo sobre o produto privado. Um sinal mais simples do impacto fiscal do governo sobre a economia seria deduzir o total dos gastos dos governos e das empresas estatais do PPL (tais despesas equivaleriam a renda originada no governo e nas empresas do governo acrescidas ao saque total). Esse número seria uma estimativa do total do saque do governo na economia.

É claro, impostos e o faturamento das empresas do governo podem ser deduzidas, em vez do PPL, e o resultado seria o mesmo segundo o princípio dos lançamentos duplos (ou partidas dobradas), *desde que* um déficit governamental também fosse deduzido. Por outro lado, se há um superávit no orçamento do governo, então esse superávit deve ser deduzido, bem como as despesas, já que ele também absorve fundos do setor privado. Em suma, *tanto* as despesas totais do governo *ou* o total das receitas do governo (cada uma das cifras incluindo as empresas do governo) devem ser deduzidas do PPL, *a que for maior*. O valor resultante dará uma aproximação

---

[32] As compras nas empresas privadas devem ser deduzidas das receitas governamentais *brutas*, em vez de serem deduzidas das receitas líquidas, pois as receitas governamentais equivalem apenas às receitas dos impostos na absorção de dinheiro do setor privado.

do impacto dos assuntos fiscais do governo na economia. Uma estimativa mais precisa, como vimos, compararia os totais de saques propriamente ditos com os produto privado bruto.

Ao subtrair as despesas do governo do produto nacional bruto, notamos que as *transferências* do governo são incluídas nessa dedução. O professor John Due contestaria esse procedimento com base na ideia de que as atividades de transferência não são incluídas nos valores de produto nacional. Mas a consideração importantes é que os *impostos* (e déficits) dos pagamentos das transferências financeiras *realmente* agem como um sorvedouro do produto nacional e, portanto, deve ser subtraído do PPL para se obter PPR. Ao aferir o tamanho relativo do governo *vis-à-vis* com a atividade privada, Due adverte que a soma das despesas governamentais não deve incluir as transferências, que "simplesmente deslocam o poder de compra" sem esgotar os recursos. No entanto, esse "simples deslocamento" tanto é um fardo para os produtores – tanto quanto um deslocamento da produção voluntária para o privilégio criado pelo estado – como qualquer outra despesa governamental[33].

---

[33] DUE. *Government Finance*. pp. 76-77. Para a aplicação do método acima descrito de correção das estatísticas do produto nacional, ver: ROTHBARD, Murray N. *America's Great Depression*. Princeton: D. Van Nostrand, 1963. pp. 296-304.

Capítulo VI
Ética Antimercado:
Uma análise praxeológica

1
Introdução: Análise Praxeológica da Ética

A PRAXEOLOGIA – A CIÊNCIA ECONÔMICA – NÃO OFERECE nenhum julgamento ético final: simplesmente fornece os dados necessários para fazer tais julgamentos. É uma ciência formal, além de universalmente válida, baseada na existência da ação humana e nas deduções lógicas desta existência. E ainda a praxeologia pode ser ampliada para além do âmbito atual para criticar os objetivos éticos. Isso não quer dizer que devemos abandonar a valiosa neutralidade da ciência praxeológica. Simplesmente quer dizer que até mesmo os marcos éticos devem ser significativamente estruturados e, portanto, a praxeologia pode criticar (1) erros existenciais elaborados na formulação da proposição ética e (2) as possíveis faltas de sentido existenciais e inconsistências internas dos próprios fins. Caso a autocontradição e a *impossibilidade conceitual* de execução de um objetivo ético possam ser demonstradas, então nitidamente tal fim é um absurdo e deve ser abandonado por todos. Devemos notar que não estamos menosprezando os objetivos éticos que possam ser irrealizáveis na prática num dado momento histórico; não rejeitamos a meta de abstenção do roubo simplesmente porque não parece ser completamente realizável num futuro próximo. O que propomos descartar são aqueles objetivos éticos conceitualmente impossíveis de realizar por conta da própria natureza do homem e do universo.

Portanto, propomos restringir a validade ilimitada de quaisquer valorações éticas finais. Assim sendo, ainda não estaremos ultrapassando os limites da praxeologia para agir como especialistas em ética, pois não estamos tentando estabelecer aqui um sistema ético positivo próprio ou ainda provar que tal sistema é alcançável. Acreditamos unicamente que a praxeologia deve ter direito de veto, para descartar qualquer proposição ética que deixe de satisfazer o teste da possibilidade conceitual ou da consistência interna.

Além disso, defendemos que sempre que for provada a impossibilidade conceitual de um objetivo ético, e este se mostrar, por conseguinte, ser absurdo, *é igualmente absurdo tomar quaisquer providências para tentar se aproximar desse ideal*. É ilegítimo admitir que X é uma meta absurda, e então continuar dizendo que devemos tomar todas as providências possíveis para nos aproximarmos dele, de qualquer maneira. Se a finalidade é absurda, igualmente o é a tentativa de chegar a tal fim; essa é uma verdade praxeológica derivada da lei de que um meio pode adquirir valor somente por tê-lo imputado a partir de um fim[1].

Uma investida em direção a X só adquire valor próprio a partir do valor do próprio X; caso o último seja absurdo, então também será a primeira. Há dois tipos de críticas éticas que podem ser feitas ao sistema de livre-mercado. Um deles é totalmente existencial; ou seja, baseia-se apenas nas premissas existenciais. A outra crítica apresenta objetivos éticos contraditórios e protesta que o livre mercado não alcança estes objetivos (qualquer mescla dos dois tipos será enquadrada na segunda categoria). O primeiro tipo afirma: (1) O livre-mercado leva à consequência A; (2) não gosto da consequência A (ou a consequência A é objetivamente desagradável); (3) portanto, o livre-mercado não deve ser estabelecido. Para refutar esse tipo de análise, é necessário apenas refutar a proposição existencial da primeira parte do argumento e isso é, reconhecidamente, pura tarefa praxeológica. As seguintes análises são o resumo de críticas muito comuns ao livre-mercado, que podem ser refutadas praxeologicamente, e, de fato, foram refutadas, implícita ou explicitamente, em outros escritos:

1) *O livre-mercado causa ciclos econômicos e desemprego*. Os ciclos econômicos são causados pela intervenção governamental ao expandir o crédito bancário. O desemprego é causado por sindicatos ou pela manutenção governamental dos índices salariais acima do nível de mercado. Apenas a intervenção coercitiva, e não o gasto privado, pode causar inflação.

2) *O livre-mercado tende a gerar monopólio e uma política de preços monopolísticos*. Caso definamos "monopólio" como "o único vendedor de um produto", tropeçamos em problemas insolúveis. Além disso, caso consideremos tal monopólio como mau, devemos ver tanto Robinson Crusoé quanto Sexta-Feira como odiosos monopolistas caso permutem peixe e lenha na ilha deserta. Mas se Crusoé e Sexta-Feira não são maus, como pode uma sociedade mais complexa, necessariamente menos monopolista

---

[1] Em suma, estamos afirmando que os meios devem ser justificados pelos fins. O que além de uma finalidade *pode* justificar um meio? A concepção comum de que a doutrina "o fim justifica os meios" é um artifício imoral dos comunistas está totalmente enganada. Quando, por exemplo, as pessoas objetam ao assassinato como um meio de alcançar fins, estão objetando ao assassinato, não porque realmente acreditem que os meios são justificados pelos fins, mas porque têm finalidades conflitantes – por exemplo, o fim de que o assassinato não seja cometido. Podem sustentar tal ponto de vista como um fim em si ou por ser um meio para outros fins, tal como defender o direito a vida de todos os homens.

neste sentido, ser de todo má? A que ponto, no âmbito reduzido de tal monopólio, este pode ser considerado maléfico? E como o mercado pode ser responsabilizado pelo número de pessoas que fazem parte da sociedade? Além do mais, cada indivíduo, ao tentar ser melhor que os demais, está, por isso, tentando ser um "monopolista". Isso é ruim? Ele e o restante da sociedade não se beneficiam "da melhor ratoeira"[2]? Por fim, não há monopólio ou política de preços monopolísticos identificável no livre-mercado.

Consequentemente, uma política de preços monopolísticos e qualquer monopólio, qualquer que seja a definição usada, surge somente via concessão coercitiva de um privilégio exclusivo pelo governo, e isso *inclui* todas as tentativas de "forçar a competição"[3].

3) *O governo deve fazer o que as pessoas não podem fazer por elas mesmas*. Já demonstramos que tais casos não existem. Há outras críticas que, no entanto, infundem várias categorias de objeções éticas no argumento. Este capítulo será dedicado à crítica praxeológica de algumas das contendas éticas antimercado mais populares.

2
CONHECIMENTO DO AUTOINTERESSE:
UMA SUPOSTA HIPÓTESE CRÍTICA

Essa crítica do mercado é mais existencial que ética. É o raciocínio popular de que o *laissez-faire*, ou a economia de livre-mercado, tem como fundamento a hipótese crucial de que cada indivíduo sabe melhor qual é o seu interesse. Todavia, tal acusação não é verdadeira para muitos indivíduos. Portanto, o estado deve intervir, e a causa do livre-mercado está arruinada.

A doutrina do livre-mercado, no entanto, *não* se baseia em nenhuma hipótese desse tipo. Assim como o mítico "homem econômico", o "indivíduo perfeitamente sábio" é um espantalho criado pelos críticos da teoria, e não algo que possa ser dela inferido.

Primeiramente, deve ficar evidente a partir de nossa análise do livre-mercado e da intervenção governamental, ao longo do presente livro, que qualquer argumento favorável ao livre-mercado está fundamentado numa doutrina muito mais profunda e complexa. Não podemos entrar, aqui, em

---
[2] Referência à expressão atribuída à Ralph Waldo Emerson (1803-1882), tomada no universo de língua inglesa como metáfora do poder de inovação: "*Build a better mousetrap and the world will beat a path to your door*" [Construa uma ratoeira melhor e o mundo, em peso, baterá à porta]. (N. T.).
[3] Para maiores esclarecimentos, ver: ROTHBARD. *Man, Economy, and State*. Capítulo 10.

muitos dos argumentos éticos e filosóficos favoráveis à liberdade. Em segundo lugar, a doutrina do *laissez-faire* ou do livre-mercado *não* pressupõe que sempre todos saibam melhor o que lhes interessa; em vez disso, afirma que *todos devem ter o direito de livremente buscar o próprio interesse como lhes aprouver*. Os críticos afirmam que o governo pode forçar os homens a perder alguma utilidade *ex ante* ou presente para vir a ganhar, mais tarde, uma utilidade *ex post*, ao serem compelidos a buscar os próprios melhores interesses. Mas os libertários podem replicar: (1) que a indignação da pessoa pela interferência coercitiva irá diminuir a utilidade *ex post* em qualquer caso; e (2) que a condição de liberdade é um pré-requisito vital e necessário para ser alcançado o "melhor interesse". De fato, o único modo duradouro de corrigir os erros de alguém é pela argumentação persuasiva; a força não funciona. Tão logo o indivíduo consiga evadir dessa força, retornará aos rumos de sua preferência.

Ninguém, certamente, consegue prever perfeitamente o futuro incerto. Mas os livre-empreendedores no mercado estão mais bem equipados que qualquer outra pessoa, tanto pelo incentivo como pelo cálculo econômico, para antever e satisfazer as necessidades dos consumidores. Mas, e se os *consumidores* estiverem errados com relação aos próprios interesses? É claro que, às vezes, estão. Contudo, devemos considerar vários outros argumentos. Primeiramente, cada indivíduo conhece melhor as exigências do próprio interesse – pelo fato mesmo de cada um ter uma razão e um ego próprios. Em segundo lugar, o indivíduo, caso esteja em dúvida sobre quais são os próprios interesses, *é livre para contratar e consultar especialistas que deem conselhos com base em um conhecimento superior*. O indivíduo contrata tais especialistas e, no mercado, pode continuamente testar-lhes a utilidade. Indivíduos no mercado, em suma, tendem a favorecer os especialistas cujos conselhos se mostrarem mais bem-sucedidos. Bons médicos ou advogados colhem os frutos positivos do livre-mercado, ao passo que os maus deixam de fazê-lo. No entanto, quando o governo intervém, o burocrata, especialista do governo, recebe os proventos por intermédio da arrecadação compulsória. Não existe nenhum teste mercadológico de êxito por ensinar ao povo quais são os verdadeiros interesses. O único teste é a obtenção de apoio político da máquina estatal de coerção.

Assim, o especialista contratado pela iniciativa privada prospera conforme a própria capacidade, ao passo que o especialista do governo prospera à proporção do sucesso em granjear favores políticos. Além disso, qual incentivo que o especialista do governo tem para *importar-se* com os interesses dos cidadãos? Com certeza ele não é um ser especialmente dotado de elevadas qualidades por virtude da posição no governo. Não é mais virtuoso que o especialista privado; na verdade, é inerentemente menos capaz e está mais propenso a usar a força coercitiva. Mas enquanto o especialista privado tem todo o tipo de incentivo pecuniário para importar-se com seus clientes ou pacientes, o especialista do governo não possui qualquer tipo de incentivo. De qualquer modo receberá o salário. Está destituído de qualquer interesse para preocupar-se com os verdadeiros interesses das pessoas.

É curioso que as pessoas tendam a olhar o estado como uma organização semidivina e abnegada, como se essa instituição fosse o Papai Noel. O estado não foi erigido por competência e nem para o exercício do cuidado afetuoso; o estado foi criado para o uso da força e para pedidos de votos necessariamente demagógicos. Se os indivíduos, em muitos casos, não conhecem os próprios interesses são livres para buscar orientação de especialistas privados. É absurdo dizer que serão mais bem servidos por um aparato coercitivo e demagógico.

Por fim, os proponentes da intervenção governamental estão presos numa contradição fatal: partem do princípio que os indivíduos não são competentes para conduzir os próprios interesses ou contratar especialistas para os aconselhar. Não obstante, também pressupõem que esses mesmos indivíduos estão guarnecidos do necessário para votar, nas urnas, naqueles mesmos especialistas. Vimos que, ao contrário, enquanto a maioria das pessoas tem uma ideia clara e um critério exato dos próprios interesses no mercado, elas não conseguem compreender os complexos elos do raciocínio praxeológico e filosófico necessários para a escolha dos governantes ou das diretrizes políticas. E ainda assim, a esfera política da demagogia notória é exatamente a única em que a massa de indivíduos é tida como competente![4,5]

3
O Problema das Escolhas Imorais

Alguns autores são bastante perspicazes para perceber que a economia de mercado é, simplesmente, a resultante de avaliações individuais, e deste modo notam que, se não gostam do resultado, a falha está nas avaliações, não no sistema econômico. No entanto, continuam a advogar a intervenção governamental para corrigir a imoralidade das escolhas individuais. Caso

---

[4] Os intervencionistas pressupõem a competência *política* (mas, nenhuma outra) das pessoas mesmo quando favorecem a ditadura em vez da democracia. Pois ainda que as pessoas não votem numa ditadura, ainda assim devem aceitar o regime do ditador e de seus especialistas. Portanto, nesse ponto os intervencionistas não deixam de entrar em contradição, mesmo se abandonarem a democracia.
[5] Ludwig von Mises foi diligente em apontar essa contradição. Desse modo, ver: MISES, Ludwig von. *Planning for Freedom*. South Holland: Libertarian Press, 1952. pp. 42-43. No entanto, o saldo da análise de Mises do argumento antimercado difere um tanto daquele apresentado aqui (Ver: MISES. *Planning for Freedom*. pp. 40-44).

as pessoas sejam suficientemente imorais para escolher uísque em vez de leite, preferir questões insignificantes em vez das educacionais, então, o estado, dizem, deve interferir e corrigir tais escolhas. Muitas das réplicas comparam a refutação do argumento do "conhecimento de interesses"; ou seja, é autocontraditório argumentar que não podemos confiar nas pessoas para tomar decisões morais no dia a dia, mas que tais pessoas *são* confiáveis para votar ou aceitar líderes moralmente mais sábios que elas.

Mises afirma, acertadamente, que quem quer que defenda a ordem governamental em uma área de consumo individual deve, logicamente, vir a defender o poder da ordem totalitária em todas as demais escolhas. Isso se dá caso os ditadores tenham um conjunto qualquer de princípios avaliacionais. Desse modo, se os membros de um grupo governante gostarem da música de Johann Sebastian Bach (1685-1750) e detestarem a de Wolfgang Amadeus Mozart (1756-1791), e acreditarem piamente que as composições de Mozart são imorais, estarão tão corretos ao proibir a execução de Mozart, como estão corretos os que proíbem o uso das drogas e o consumo de álcool[6]. Muitos defensores do estatismo, no entanto, não veriam essa conclusão como um impedimento e estão propensos a assumir tal tarefa oportuna.

A postura utilitarista – de que a ordem governamental é má porque não existe uma ética racional e, por isso, ninguém tem o direito de impor os próprios valores arbitrários a outrem – é, cremos, inadequada. Primeiramente, ela não convencerá os que acreditam em uma ética racional, os que acreditam que *há* uma base científica para os julgamentos morais e que estes não são puro capricho. E, ademais, essa postura contém um pressuposto moral oculto – de que A *não tem direito* de impor quaisquer valores arbitrários a B. Mas se fins são arbitrários, não é a finalidade um daqueles "caprichos arbitrários que não devem ser impostos por coerção" *igualmente* arbitrária? E suponhamos, ainda, que na escala valorativa de A esteja, numa posição elevada, o capricho arbitrário de *impor outros valores a B*. Então, os utilitaristas não podem objetar e devem abandonar a tentativa de defender a liberdade individual segundo a ausência de valores. De fato, os utilitaristas são impotentes diante de quem quer impor os próprios valo-

---

[6] MISES. *Human Action*. pp. 728-29. O mesmo despotismo total nas opções do consumidor também é inferido no argumento do "conhecimento do interesse" acima descrito. Como diz, de modo perspicaz, Thomas H. Barber (1889-1962):
> É ilegal para os condutores de barcos de passeio que deixem de ter um equipamento salva-vidas para cada uma das pessoas a bordo. Um grande número de rapazes são empregados pelo governo para sair em busca dos transgressores dessa lei. Algo agradável para os rapazes, é claro. Mas será que realmente é problema do governo se alguém vai navegar sem o salva-vidas ou se sai na chuva sem as galochas? [...] A lei é irritante para os indivíduos interessados, dispendiosa para os pagadores de impostos e transforma muitos potenciais produtores em parasitas econômicos. Talvez, os fabricantes de salva-vidas tenham engendrado tal lei.
(BARBER. *Where We Are At*. p. 89).

res por coerção e que persiste em fazê-lo mesmo depois de serem indicadas várias consequências econômicas[7].

O aspirante a ditador pode ser logicamente refutado de um modo todo diferente, mesmo enquanto permanece nos limites da *Wertfrei* [ausência de valoração, neutro] praxeológica. Pois, qual é o motivo de queixa do pretenso ditador com relação aos indivíduos livres? Os vários modos imorais de agir. O propósito do ditador, por conseguinte, é fomentar a moralidade e combater a imoralidade. Admitamos que, para efeitos de argumentação, *possamos* chegar a uma moralidade objetiva. A questão que deve ser enfrentada, então, é a seguinte: *Será que a força pode promover a moralidade?* Suponhamos que tenhamos chegado a uma conclusão demonstrável de que as ações A, B e C sejam imorais, e as ações X, Y e Z sejam morais. E suponhamos ainda que descubramos que o senhor Jones apresenta a desafortunada tendência a valorizar imensamente A, B e C e adotar repetidamente tais cursos de ação. Interessa-nos transformar o imoral senhor Jones em uma pessoa moral. Como faremos tal transição? Os estatistas responderiam: *pela força*. Devemos proibir, sob a mira de arma, o senhor Jones de fazer A, B e C. *Então*, por fim, ele se tornará uma pessoa moral. Mas será mesmo? Será que Jones é moral porque escolheu X ao ser *forçosamente privado* da oportunidade de escolher A? Quando Smith é trancafiado numa prisão, ele é *moral* porque não passa o tempo se embebedando em bares?

Qualquer conceito de moralidade não faz sentido, independente da ação moral que defenda, se o homem não é livre para agir imoral ou moralmente. Se um homem não é livre para escolher, e é compelido pela força a fazer o que é moral, então, ao contrário, *está sendo destituído da oportunidade de ser moral*. Não lhe foi permitido ponderar as alternativas, chegar as próprias conclusões e firmar uma posição. Caso seja privado de livre escolha, age segundo a vontade do ditador em vez de agir segundo a própria vontade. (É claro que o sujeito *poderia* escolher ser morto, mas dificilmente esta é uma concepção clara da livre escolha de alternativas. De fato, há somente uma livre escolha: a hegemônica – ser morto ou obedecer, em tudo, ao ditador).

O despotismo nas opções dos consumidores, portanto, somente atrofia a moralidade em vez de a promover. Há apenas um modo da moralidade se difundir do mais ilustrado para o menos ilustrado – e está se dá pela persuasão racional. Se A convence B pelo uso da razão de que seus valores morais estão corretos e os de B estão errados, então B irá mudar e adotar o curso

---

[7] É verdade que não defendemos finalidades *neste livro*, e nesse sentido a praxeologia é "utilitarista". Contudo, a diferença é que o utilitarismo ampliaria o devido lugar dessa prescrição *Wertfrei* [ausente de valores, neutra] na economia e na praxeologia para abarcar *todo* o discurso racional.

moral por livre arbítrio. Dizer que este método é um procedimento lento não vem ao caso. O caso é que a moralidade pode ser difundida *somente* pela persuasão pacífica e o uso da força apenas desgasta e debilita a moralidade.

Nem chegamos a mencionar outros fatos que reforçam nossa argumentação, tais como a grande dificuldade em fazer as normas ditatoriais serem cumpridas por pessoas cujos valores colidam com tais regras. O homem que prefere o curso imoral e é impedido, por baioneta, de agir segundo tal preferência fará o que puder para burlar a proibição – talvez, subornando o atirador. E, porque este não é um tratado de Ética, não mencionamos a teoria ética libertária que defende o uso da coerção ser, por si só, a maior forma de *imoralidade*.

Assim, mostramos que os pretensos ditadores devem necessariamente fracassar no objetivo declarado de promover a moralidade porque as consequências serão o exato oposto. É possível, com certeza, que os ditadores não sejam realmente sinceros ao declarar essa meta; talvez o verdadeiro propósito seja demonstrar poderio e evitar que as pessoas sejam felizes. Nesse caso, é claro, a praxeologia nada tem a declarar, ainda que a ética possa ter muito o que dizer[8].

4
A MORALIDADE DA NATUREZA HUMANA

É muito comum afirmar que os defensores do mais absoluto livre-mercado têm uma única, fundamental e débil hipótese: de que todos os seres humanos são anjos. Numa sociedade de anjos, é comumente aceito, que tal programa poderia "funcionar", mas não em nosso mundo falível. O principal problema dessa crítica é que nenhum libertário – com exceção talvez daqueles influenciados por Liev Tolstói (1828-1910) – jamais cogitou tal hipótese. Os defensores do livre-mercado não supõem uma reforma da natureza humana, embora certamente não apresentariam objeções, caso tal reforma acontecesse. Vimos que o libertário vislumbra serviços de defesa dos predadores fornecidos por organismos privados em vez de oferecidos pelo estado. Mas não pressupões que o crime desaparecerá, num passe de mágica, na sociedade livre.

Os defensores do estado concordam com os libertários que não precisarí-

---

[8] Muitas vezes, Mises afirma que as medidas interventivas no mercado, por exemplo, o controle de preços, terão consequências que até mesmo os agentes governamentais que aplicam tais planos considerariam más. Mas o problema é que não *sabemos* quais são os objetivos dos agentes do governo – *salvo*, demonstravelmente gostarem do poder que adquiriram e da riqueza que retiraram do público. Por certo, tais considerações podem, frequentemente, provar ter mais importância no modo de pensar deles, e portanto não podemos dizer que os funcionários do governo invariavelmente admitem, após conhecer todas as consequências, que suas ações foram equivocadas.

amos de estado caso todos os homens fossem "bons". O controle estatal é supostamente necessário somente na proporção da "malignidade" dos homens. Mas, e se *todos* os homens fossem "maus"? Como observou F. A. Harper:

> Usando ainda o mesmo princípio de que o governo político deva ser empregado proporcionalmente ao mal no homem, teríamos, então, uma sociedade em que seria demandada a regência política total de todos os assuntos, para todas as pessoas [...] um homem governaria tudo. Mas quem satisfaria apropriadamente o posto de ditador? Por mais que fosse selecionado e colocado no trono político, certamente esta seria uma pessoa má, já que todos os homens são maus. E tal sociedade seria, então, governada por um ditador absolutamente mau, dotado de poder político pleno. E como, em nome da lógica, poderia advir qualquer coisa senão o mal total como a própria consequência? Como isso poderia ser melhor do que não ter qualquer governo político nessa sociedade?[9]

Será que esse argumento não é realista porque, como todos concordam, os seres humanos são uma combinação capaz tanto do bem quanto do mal? Mas então, em que altura, nessa mescla, a ordem estatal se torna necessária? Certamente, o libertário raciocinaria que o fato de a natureza humana ser uma mistura de bem e mal oferece o próprio argumento específico a seu favor. Pois se o homem é tal amálgama, então a melhor estrutura societária é aquela em que o mal é desestimulado e o bem promovido. O libertário defende que a existência do aparato estatal fornece um canal fácil e rápido para o exercício do mal, já que os governantes do estado são, por intermédio de tais elementos, legitimados e podem exercer a coação de modos não permitidos a mais ninguém. O que é considerado socialmente como "crime", é chamado de "exercício do poder democrático" quando desempenhado por um indivíduo tido como representante do estado. O livre-mercado total, por outro lado, elimina todos os canais legitimados para o exercício do poder sobre o homem.

5
A Impossibilidade da Igualdade

Provavelmente, a crítica mais comum da economia de mercado é a de que esse tipo de economia não consegue alcançar a meta da igualdade. A igualdade tem sido defendida em diversos âmbitos "econômicos", tais como um sacrifício social mínimo ou a utilidade marginal decrescente da

---

[9] HARPER, F. A. "Try This on Your Friends". In: *Faith and Freedom*, January, 1955, p. 19.

moeda (ver o quarto capítulo, sobre tributação, da presente obra). Mas, nos últimos anos, os economistas reconheceram, que não podem justificar o igualitarismo pela economia, e precisam, no final das contas, de um fundamento ético para a igualdade.

A Economia, ou Praxeologia, não pode estabelecer a validade de ideais éticos, mas mesmo os objetivos éticos devem ser organizados de forma clara. Devem, portanto, estar à altura das exigências da praxeologia como algo internamente consistente e conceitualmente possível. As credenciais da "igualdade" até agora não foram devidamente testadas.

É verdade que foram invocadas muitas objeções que fizeram com que os igualitaristas parassem para pensar. Às vezes, a percepção das consequências necessárias das políticas causam certa desistência, ainda que, muitas vezes, uma diminuição de ritmo, do programa igualitarista. Assim, a igualdade compulsória irá, demonstravelmente reprimir o incentivo, eliminando os processos de ajuste da economia de mercado, destruindo toda a eficiência em satisfazer o desejo dos consumidores, reduzindo em grande escala a formação do capital e causando o consumo do capital – todos os efeitos significam uma queda drástica no padrão de vida em geral. Além disso, somente uma sociedade livre é sem classes, e portanto, somente a liberdade irá permitir a mobilidade de renda segundo a produtividade. O estatismo, por outro lado, provavelmente congelará a economia em um modelo de desigualdade (improdutivo).

Contudo, tais argumentos, ainda que fortes, não são, de maneira nenhuma, conclusivos. Algumas pessoas irão buscar a igualdade de qualquer modo; muitos irão levar em conta estas considerações ao rumar na direção de *alguns* cortes no padrão de vida para obter *mais* igualdade.

Em todas as discussões sobre igualdade, é considerado autoevidente que a igualdade é uma finalidade muito valiosa. Mas isso não é de modo nenhum autoevidente. O próprio objetivo de igualdade é passível de séria objeção. As doutrinas da praxeologia são deduzidas de três axiomas universalmente aceitos: o axioma maior é o da existência da ação humana intencional; e os postulados ou axiomas menores são os da *diversidade* de habilidades humanas e recursos naturais, e o da desutilidade do trabalho. Embora seja possível construir a teoria econômica de uma sociedade sem esses dois axiomas menores (mas não sem o maior), estes são incluídos para limitar nossa teoria a leis que possam ser diretamente aplicadas à realidade[10]. Quem quer que queira demonstrar uma teoria aplicável a seres humanos *permutáveis* é bem-vindo a apresentá-la.

---

[10] Para uma discussão mais aprofundada desses axiomas, ver: ROTHBARD, Murray N. "In Defense of Extreme Apriorism". In: *Southern Economic Journal*, January, 1957, pp. 314-20.

Assim, a diversidade da humanidade é um postulado básico de nosso conhecimento dos seres humanos. Mas, se a humanidade é diversa e individualizada, como alguém pode propor a *igualdade* como ideal? Todos os anos, estudiosos apresentam conferências sobre igualdade e exigem mais igualdade, e ninguém desafia o princípio básico. Mas que justificativa a igualdade pode encontrar na natureza do homem? Se cada indivíduo é único, como poderá ser tornado "igual" aos demais a não ser destruindo grande parte do que tem de humano e reduzindo a sociedade humana a uniformidade estúpida do formigueiro? Esta é a tarefa do igualitarista que, confiante, entra em cena para informar ao economista de seu objetivo ético supremo, comprovar tal conjectura. Deve demonstrar que a igualdade pode ser compatível com a natureza da humanidade e deve defender a exequibilidade de um possível mundo igualitário.

Mas o igualitarista enfrenta dificuldades ainda piores, pois pode ser demonstrado que a igualdade de renda é uma meta *impossível* para a humanidade. A renda *nunca* poderá ser igual. A renda tem de ser considerada, é claro, em termos reais e não monetários; caso contrário, não poderia existir nenhuma igualdade verdadeira. No entanto, a renda real nunca pode ser equalizada. Como o desfrutar a vista dos arranha-céus de Manhattan pode ser igualado à vista da Índia? Como um habitante de Nova York pode nadar no Ganges tão bem quanto um hindu? Já que todo o indivíduo está necessariamente situado em um espaço diferente, a renda real de cada indivíduo deve diferir de bem para bem e de pessoa para pessoa. Não há como combinar bens de diferentes tipos, medir um "nível" de renda, portanto, não faz sentido tentar chegar a qualquer tipo "igual" de nivelamento. O que deve ser enfrentado é o fato de que a igualdade *não pode* ser alcançada porque é uma meta conceitualmente impossível para o homem por conta de sua necessária dispersão em locais diferentes e a diversidade entre os indivíduos. Mas se a igualdade é uma meta absurda (e, por conseguinte, *irracional*), então qualquer esforço para nos aproximarmos da igualdade é, correspondentemente, absurdo. Caso um objetivo seja sem sentido, qualquer tentativa de alcançá-lo é igualmente sem sentido.

Muitos acreditam que, embora a igualdade de renda seja um ideal absurdo, pode ser substituído pelo ideal da *igualdade de oportunidade*. No entanto este também é tão sem sentido quanto o conceito anterior. Como a oportunidade de um habitante de Nova York e a de um hindu de navegar ao redor de Manhattan ou de nadar no Ganges pode ser "igualada"? A inevitável diversidade de localidades dos homens efetivamente elimina qualquer possibilidade de equiparação de "oportunidades".

Walter Blum e Harry Kalven caíram num erro comum quando afirmaram que justiça significa igualdade de oportunidade e que essa igualdade requer que os *"participantes larguem da mesma linha de partida"* para que o "jogo" seja "justo"[11]. A vida humana não é uma espécie de corrida ou jogo em que cada pessoa deva começar de um ponto de largada idêntico. Cada homem tenta alcançar a maior felicidade possível. E cada pessoa *não pode* começar do mesmo ponto, pois o mundo não acabou de surgir; é diverso e infinitamente variado nas suas partes. O simples fato de um indivíduo necessariamente *nascer em um lugar diferente* do outro garante, de imediato, que as oportunidades que herdou *não podem* ser as mesmas de seus semelhantes. O ímpeto pela igualdade de oportunidade também requerer a abolição da família, já que pais diferentes têm capacidades desiguais; requereria a criação comunal das crianças. O estado teria de nacionalizar todos os bebês e criá-los em creches estatais sob condições "iguais". Mas, mesmo aí tais condições podem não ser as mesmas, pois diferentes agentes estatais terão, eles mesmos, habilidades e personalidades diferentes. E a igualdade nunca pode ser alcançada por causa das necessárias diferenças de localidade.

Assim, não devemos mais permitir que o igualitarista encerre a discussão simplesmente ao proclamar a igualdade como uma finalidade ética absoluta. Primeiro, ele deve encarar todas as consequências sociais e econômicas do igualitarismo e tentar mostrar que este não colide com a natureza básica do homem. Deve rebater o argumento de que o homem não é feito para ter uma existência compulsória e aglomerada. E, por fim, deve reconhecer que os objetivos da igualdade de renda e da igualdade de oportunidade são conceitualmente irrealizáveis e, portanto, absurdos. Qualquer tentativa de alcançá-los é *ipso facto* igualmente absurda.

O igualitarismo é, por isso, uma filosofia social literalmente sem sentido. A única formulação significativa é a meta de "igualdade de liberdade" – formulada por Herbert Spencer na famosa Lei de Igual Liberdade: *"Todo homem tem a liberdade de fazer tudo o que quiser, desde que não infrinja a igual liberdade dos demais homens"*[12]. Esta meta não procura tornar iguais todas as condições de cada indivíduo – uma tarefa absolutamente impossível; em vez disso, defende a liberdade – uma condição de ausência de coerção sobre a pessoa e a propriedade de todos os homens[13].

No entanto, até mesmo a formulação de igualdade tem muitos defeitos e poderia, proveitosamente, ser descartada. Em primeiro lugar, abre a por-

---

[11] BLUM & KALVEN. *Uneasy Case for Progressive Taxation.* pp. 501ss.
[12] SPENCER. *Social Statics.* p. 121.
[13] Esse objetivo, por vezes, é chamado de "igualdade perante a lei" ou "igualdade de direitos". Não obstante, as duas formulações são ambíguas e enganosas. A primeira poderia ser tida como igualdade da escravidão, bem como da liberdade e tem sido, de fato, bastante restringida nos últimos anos como se fosse algo de menor importância. A última pode ser interpretada para qualquer tipo de "direito", até mesmo para o "direito de uma renda igual".

ta para a ambiguidade e para o igualitarismo. Em segundo lugar, o termo "igualdade" significa uma identidade mensurável com uma unidade extensa, determinada. "Igual duração" significa identidade de medida com uma unidade objetivamente determinada. No estudo da ação humana, seja na Praxeologia ou na Filosofia Social, não existe tal unidade quantitativa e, por isso, não pode haver "igualdade". Muito melhor dizer que "cada homem deve ter X" do que dizer "todos os homens devem ser iguais em X". Caso alguém deseje obrigar todos os homens a comprarem um carro, pode formular tal objetivo da seguinte maneira: "Todo homem deve comprar um carro", em vez de usar termos tais como: "todos os homens devem ter a igualdade de direito na compra de um carro". O uso do termo "igualdade" é inadequado bem como enganoso.

E, finalmente, como assinalou Clara Dixon Davidson de modo tão convincente, muitos anos atrás, a Lei de Igual Liberdade de Spencer é redundante. Pois, se cada homem tem a liberdade de fazer tudo o que quiser, infere-se da mesma premissa que a liberdade de nenhum homem foi infringida ou invadida. Toda a segunda oração da Lei após "quiser" é redundante e desnecessária[14]. Desde a formulação da Lei de Spencer, seus opositores utilizaram a oração qualificadora para apontar falhas na filosofia libertária. Contudo, durante todo o tempo estavam atacando um empecilho, não a essência da lei. O conceito de "igualdade" não tem lugar legítimo na "Lei de Igual Liberdade", podendo ser substituída pelo determinante lógico "todo". A "Lei de Igual Liberdade" poderia ser muito apropriadamente renomeada para "Lei da Liberdade Total".

6
O Problema da Segurança

Uma das acusações éticas mais comuns dirigidas ao livre-mercado é deixar de oferecer "segurança". É dito que as bênçãos da liberdade devem ser ponderadas face às bênçãos rivais da segurança – fornecida, é claro, pelo estado.

O primeiro comentário a ser feito é que este mundo é um mundo de incerteza. Nunca seremos capazes de prever o progresso futuro do mundo com precisão. Toda ação, portanto, encerra um risco. Este risco não pode ser eliminado. O homem que mantém saldos de caixa corre o risco de ter

---

[14] "[...] *A afirmação inicial inclui que se segue, uma vez que, se alguém infringiu a liberdade de outrem, todos não podem ser igualmente livres*". (DAVIDSON, Clara Dixon. In: *Liberty*, September 3, 1892. Como citado em: TUCKER, Benjamin R. *Instead of a Book*. New York: Benjamin R. Tucker, 1893. p. 137). A formulação de Davidson é completamente negligenciada.

seu poder de compra diminuído; o homem que investe corre o risco do prejuízo, e assim por diante.

No entanto, o livre-mercado descobre maneiras de espontaneamente diminuir o risco, tanto quanto seja possível. Numa sociedade livre há três métodos principais que podem diminuir a incerteza dos homens no futuro:

1) *Pela poupança*. Tal poupança, esteja investida na produção ou mantida em saldos de caixa, assegura o dinheiro para necessidades futuras. Investir na produção aumenta os ativos futuros; saldos em caixa asseguram que os fundos estarão imediatamente disponíveis.

2) *Por empreendimento*. Os empreendedores, i.e., os capitalistas-empreendedores, assumem a maior parte dos riscos do mercado e, concomitantemente, retiram dos trabalhadores grande parte do risco. Imaginemos o risco universal caso os trabalhadores não pudessem ser pagos até que o produto final chegasse aos consumidores! O sofrimento da espera pela renda futura e o risco na tentativa de prever as demandas futuras dos consumidores seriam quase intoleráveis, *especialmente* para aqueles trabalhadores que trabalham duro nos processos de produção mais remotos. É difícil imaginar como alguém poderia embarcar em processos mais longos de produção caso fosse forçado a esperar toda a duração do período de produção para ganhar algum pagamento. Mas, em vez disso, o capitalista-empreendedor o paga imediatamente e assume o ônus de esperar e prever as necessidades futuras. O empreendedor, então, arrisca perder seu capital. Outro método da adoção de riscos por parte do empreendedor acontece nos mercados futuros, em que o *hedging* permite compradores e vendedores de *commodities* substituírem o risco de futuras alterações de preço por um grupo de negociantes especializados.

3) *Por seguros*. O seguro é um método básico de somar esforços e minorar os riscos no mercado. Enquanto os empreendedores assumem os ônus da incerteza, o seguro se importa com os riscos *atuariais*, em que podem ser alcançadas frequências coletivas estáveis e confiados prêmios adequados. O estado não pode oferecer segurança absoluta. Os escravos devem ter acreditado que o senhor lhes garantia a segurança. Mas, o *senhor* assumia o risco; caso a renda diminuísse, não poderia dar segurança aos que lhe eram confiados.

Uma quarta maneira de oferecer segurança numa sociedade livre é pela *caridade* voluntária. Tal caridade, fruto da necessidade, *resulta da produção*. É dito que o estado pode oferecer segurança para as pessoas de modo melhor que o mercado porque pode garantir uma renda mínima para todos. No entanto, o governo não pode fazer tal coisa. O estado não *produz* nada; só pode confiscar a produção de outrem. O estado, portanto, nada pode garantir, caso as condições mínimas não sejam produzidas, o estado terá de faltar com os compromissos. É claro, o estado pode imprimir todo o dinheiro que quiser, mas não pode produzir os bens necessários. Além disso, o estado não pode, dessa forma, dar segurança, de modo idêntico, para todos os homens; pode dar segurança para alguns *à custa de outros*. Se A pode ficar mais seguro somente ao roubar B, B fica *mais inseguro* nesse processo. Por isso, o estado, mesmo no caso da produção não ser radicalmente reduzida, não pode dar segurança para todos, mas apenas para alguns com o sacrifício de outros.

Não existe, então, nenhum modo pelo qual o governo – a coerção organizada – possa oferecer segurança? Sim, mas não no sentido absoluto. Antes, pode oferecer um certo *aspecto* de segurança, e somente tal faceta pode ser assegurada para todos os homens da sociedade. Esta é a *segurança contra a agressão*. No entanto, na verdade, somente uma defesa voluntária e de livre-mercado pode oferecê-la, já que apenas um tipo de agência de defesa não estatal deixa de *se* ocupar da agressão. Com a aquisição de segurança, todas as pessoas e propriedades ficam livres de ataques e tanto a produtividade quanto o lazer aumentam imensamente. Todo estado tentar oferecer tal segurança é um anacronismo, já que o próprio estado constantemente invade a liberdade individual e a segurança.

Esse tipo de segurança, então, que está acessível para todos os homens na sociedade, não só é compatível, mas é um corolário da liberdade perfeita. Liberdade e segurança contra a agressão são dois lados da mesma moeda.

Pode ainda ser alegado que muitas pessoas, mesmo sabendo que a escravidão ou a sujeição a um ditador não pode dar segurança absoluta, ainda desejarão confiar em tais senhores. Todavia, se o fizerem espontaneamente, pergunta o libertário, por que forçar os demais, que não escolheram se submeter a tais senhores, a juntarem-se a eles?

7
AS SUPOSTAS ALEGRIAS DE UMA SOCIEDADE ESTAMENTAL

Uma das críticas comuns relacionadas ao livre-mercado e a sociedade livre (em particular, dentre intelectuais que visivelmente *não* são artesãos ou camponeses) é que, diferente do feliz artesão ou dos felizes camponeses da Idade Média, "alienaram" o homem do trabalho e dos companheiros e tiraram deles o "senso de pertença". A sociedade estamental da Idade Média é vista, retrospectivamente, como uma 'Era de Ouro', quando todos tinham certeza da posição social que ocupariam durante a vida, quando o artesão fazia todo o sapato em vez de somente contribuir em parte da produção, e quando esses trabalhadores "completos" estavam enredados num sentimento de pertença com o restante da sociedade.

Em primeiro lugar, a sociedade da Idade Média *não* era segura, não era imóvel, não era uma imutável hierarquia de posições sociais[15]. Havia pouco *progresso*, mas muita *mudança*. Habitando em agrupamentos localmente autossuficientes, marcados por um baixo padrão de vida, as pessoas eram constantemente ameaçadas pela fome. E por conta da ausência relativa de comércio, a fome em uma área não poderia ser aplacada pela compra de alimentos em outra região. A ausência de fome na sociedade capitalista *não* é uma coincidência providencial. Em segundo lugar, por conta dos baixos padrões de vida, pouquíssimos membros da população tinham a sorte de nascer na posição social do feliz artesão, que realmente poderia ser feliz e ter segurança no trabalho somente se fosse o artesão do rei ou da nobreza (que, é claro, adquiriu a *própria* posição superior por intermédio da "infeliz" prática da violência permanente, ao dominar a massa da população explorada). Quanto ao servo comum, podemos imaginar se, na sua existência miserável, escravizada e estéril, tinha tempo e horas vagas o bastante para contemplar as supostas alegrias da própria posição social fixa e do "sentimento de pertença". E caso houvesse um ou dois servos que *não* quisessem "pertencer" ao nobre ou senhor, essa "pertença", é claro, era obtida pela violência.

Considerações à parte, há outro problema que a sociedade estamental não pôde transpor, e que, com certeza, contribuiu enormemente para a ruptura das estruturas feudal e mercantilista da era pré-capitalista. Estamos falando do crescimento populacional. Se a todos é especificado um papel na vida, por nomeação e herança, como uma população crescente poderá se encaixar no esquema? Para que posição deverão ser designados, e quem os designa? E, onde quer que sejam alocados, como impedir que essas novas pessoas desorganizem toda a rede específica de costumes e estamentos sociais? Em suma, é precisamente na sociedade imóvel, não capitalista de estamentos que o problema malthusiano está sempre presente, na mais horrenda das formas, e onde as "restrições" malthusianas à população entram em jogo. Às vezes, o revés é natural, como a fome ou a peste; em outras sociedades, é praticado o infanticídio sistemático. Talvez, se modernamente voltássemos à sociedade estamental, o controle de natalidade compulsório seria a regra (um prognóstico possível para o futuro). Mas, na

---

[15] A presente seção pretende ser muito mais uma análise lógica da teoria do estamento social do que um relato detalhado da sociedade medieval. Para uma análise da recente expressão do mito do feliz camponês, ver: SILBERMAN, Charles E. *The Myths of Automation*. New York: Harper & Row, 1967. pp. 98-107.

Europa pré-capitalista, a questão populacional se tornou um problema de um número cada vez maior de pessoas sem trabalho e sem ter para onde ir, e que, portanto, começaram a mendigar e assaltar nas estradas.

Os proponentes da teoria da "alienação" moderna não dão quaisquer razões para fundamentar as afirmações, que são, por isso, apenas mitos dogmáticos. Por certo, não é autoevidente que o artesão, ou melhor ainda, o homem primitivo que fazia tudo o que consumia, era, num certo sentido, mais feliz ou "mais pleno" como um dos resultados dessa experiência. Embora este não seja um tratado de Psicologia, podemos notar que, talvez, o que dê ao trabalhador o senso de importância seja a participação naquilo que Isabel Paterson chamou de "circuito de produção". No capitalismo de livre-mercado ele pode, é claro, participar deste circuito de muitas e variadas maneiras, muito mais do que poderia numa sociedade estamental mais primitiva.

Além disso, a sociedade estamental é um triste desperdício de potenciais habilidades do trabalhador individual. Não há, afinal, nenhuma razão para que o filho do carpinteiro deva estar particularmente interessado ou ser habilidoso em carpintaria. Na sociedade estamental, enfrentará somente a triste vida da carpintaria, independentemente dos próprios desejos. Numa sociedade capitalista, de livre-mercado, ainda que não lhe seja garantida a capacidade de ganhar o sustento em qualquer tipo de trabalho que queira buscar, as oportunidades de trabalhar com aquilo que a pessoa realmente gosta são imensuráveis, ampliadas quase ao infinito. Ao ampliar a divisão do trabalho, há mais e mais variedades de ocupações que requerem perícia, as quais pode se dedicar, em vez de ter de se contentar com as habilidades mais primitivas. E, na sociedade livre, a pessoa pode tentar exercer tais tarefas, e é livre para mudar para a área que preferir. Não há liberdade ou oportunidade na supostamente feliz sociedade estamental. Assim como o livre-capitalismo expandiu enormemente a quantidade e a variedade de bens e serviços consumíveis à disposição do gênero humano, do mesmo modo, aumentou imensamente o número e a variedade de tarefas a serem executadas e as habilidades que as pessoas podem desenvolver.

O barulho a respeito da "alienação" é, de fato, mais que a glorificação do artesão medieval. Este, afinal das contas, comprava os alimentos das terras próximas. Na verdade é um ataque a todo o conceito de divisão do trabalho e uma consagração à autossuficiência primitiva. Uma volta a tais condições apenas significaria a erradicação de grande parte da população atual e o total empobrecimento dos remanescentes. Por que a "felicidade", mesmo assim, aumentaria; deixamos a questão para os mitólogos dos estamentos sociais.

Mas há uma consideração final que indica que a grande maioria das pessoas não acredita precisar de condições primitivas e de um sentimento de pertença escravizado para ser feliz. Não há nada, numa sociedade livre, que impeça aqueles que desejam viver em comunidades separadas, de forma primitiva, com "pertença". Ninguém é obrigado a ingressar na divisão de trabalho especializada. Não só quase ninguém abandona a sociedade moderna para voltar a feliz vida integrada de imutável pobreza, mas aqueles poucos intelectuais que constituíram utopias comunais, de um tipo ou de outro, ao longo do século XIX, rapidamente abandonaram tais tentativas. E talvez os mais notáveis *não*-retirantes da sociedade sejam aqueles mesmos críticos que usam nossos modernos meios de comunicação "alienados" para denunciar a sociedade moderna. Como indicamos ao final da última seção, uma sociedade livre permite que quem quer que deseje escravizar-se o faça. Mas se têm a necessidade psicológica de um "sentimento de pertença" escravizante, por que os demais indivíduos que não partilham de tal necessidade têm de ser coagidos à escravidão?

8
Caridade e Pobreza

Uma queixa comum é que o livre-mercado não assegura a eliminação da pobreza, e que "deixa as pessoas livres para morrer de fome", e que é muito melhor ter "bom coração" e dar carta branca para a "caridade" tributar o restante do povo para subsidiar os pobres e os que estão abaixo do padrão denominado linha de pobreza. Primeiramente, o argumento da "liberdade para morrer de fome" confunde a "luta contra a natureza", pela qual todos passamos, com o problema da liberdade de sofrer a interferência de outras pessoas. Sempre estamos "livres para morrer de fome", a menos que busquemos conquistar a natureza, pois essa é nossa condição natural. Mas a "liberdade" refere-se a ausência do incômodo de outras pessoas, é simplesmente um problema interpessoal.

Em segundo lugar, também deve ficar claro que é exatamente a troca voluntária e o livre-capitalismo que levaram a uma enorme melhoria nos padrões de vida. A produção capitalista é o único método pelo qual a pobreza pode ser eliminada. Como salientamos acima, *a produção deve vir em primeiro lugar*, e somente a liberdade permite as pessoas produzirem melhor e do modo mais eficiente possível. Força e violência podem "distribuir", mas não produzir. A intervenção obstrui a produção, e o socialismo não consegue calcular. Já que a produção daquilo que satisfaz o consumidor é maximizado no livre-mercado, o livre-mercado é o único caminho para a abolição da pobreza. Prescrições e legislação não o fazem; de fato, podem apenas tornar as coisas piores.

O apelo à "caridade" é verdadeiramente irônico. Primeiro, é difícil chamar de "caridade" a retirada forçada da riqueza de um e a entrega a outrem. De fato, esse é o exato oposto da caridade, que só pode ser um ato de graciosidade espontâneo, desinteressado. O confisco compulsório só pode *matar* completamente os desejos caritativos, como a reclamação dos mais ricos de que não faz sentido doar para caridade quando o estado já assumiu tal tarefa. Este é outro exemplo da verdade de que os homens só podem se tornar mais morais pela persuasão racional, e não pela violência que irá, realmente, ter efeito contrário.

Além disso, já que o estado é sempre ineficiente, a *quantia* e *direcionamento* da doação será muito diferente do que seria, caso as pessoas fossem livres para agir por si mesmas. Se o estado decide de quem tomar e para quem doar, o poder nas mãos do estado é enorme. É óbvio que os desafortunados *políticos* serão aqueles que terão a propriedade confiscada, e os protegidos *políticos*, os subsidiados. E, nesse meio tempo, o estado erige uma burocracia que ganha vida conforme se alimenta do confisco de um grupo e encoraja a mendicância de outro.

Outras consequências surgem de um regime de "caridade" compulsória. Por um lado, "o pobre" – ou o pobre "necessitado" – é exaltado como uma casta privilegiada, com uma *pretensão* executável à produção do mais capaz. Isso está muito distante de um pedido de caridade. Em vez disso, os capazes são penalizados e escravizados pelo estado, e os incapazes colocados em um pedestal moral. Certamente, este é um tipo específico de programa moral. As consequências adicionais serão desestimular os mais capazes, reduzir a produção e a poupança em toda a sociedade, além de subsidiar a criação de uma casta de pobres. Não só os pobres serão subsidiados por *direito*, mas a classe será incitada à multiplicação, tanto pela reprodução como pela exaltação moral e subsídios. Os capazes serão, em correspondência, tolhidos e reprimidos[16].

Visto que a oportunidade para caridade espontânea age como um incentivo à produção dos capazes, a caridade por coação age como um escoadouro e um fardo na produção. De fato, no longo prazo, a maior das "caridades" não é exatamente o que conhecemos por tal nome, mas simplesmente, investimento de capital "egoísta" e a busca por inovações tecnológicas. A pobreza foi domesticada pela iniciativa e pelo investimento de capital de nossos antepassados, grande parte, sem dúvida, realizado por motivos egoístas. Esse é o exemplo fundamental da verdade enunciada por Adam Smith de que, em geral, ajudamos mais ao próximo nas mesmas atividades em que ajudamos a nós mesmos.

---

[16] Ver as leituras a esse respeito na nota 3 do capítulo anterior.

Os defensores do estado, de fato, realmente *se opõem* à caridade. Várias vezes argumentam que a caridade é humilhante e degrada quem a recebe, e que deveria, portanto, ser ensinado ao receptor que o dinheiro lhe pertence, que deve ser-lhe dado pelo governo como algo devido por justiça. Mas a degradação muitas vezes sentida advém, como aponta Isabel Paterson, do fato de que o receptor da caridade não se sustentaria no mercado, está fora do circuito de produção, e não pode oferecer um serviço em troca daquilo que recebeu. Contudo, dotá-lo de direitos morais e de direitos sancionados por lei para extorquir os próprios semelhantes *aumenta* a degradação moral em vez de eliminá-la, pois o beneficiário está agora mais excluído da linha de produção do que antes. Um ato de caridade, quando voluntariamente realizado, em geral, é tido como algo temporário e oferecido com o intuito de ajudar a pessoa a se ajudar. Mas, quando o donativo é generosamente distribuído pelo estado, torna-se permanente e perpetuamente degradante, mantendo os receptores num estado de subserviência. Nesta altura, não estamos tentando argumentar que ser subserviente desse modo *é* degradante; simplesmente estamos a dizer que qualquer pessoa que considere a caridade privada degradante deve, logicamente, concluir que a caridade estatal é muito pior[17]. Ademais, Mises, assinala que a troca no livre-mercado – sempre condenada pelos defensores do estado por ser impessoal e "insensível" – é *exatamente* a relação que evita a degradação e subserviência *totais*[18].

9
A Acusação de "Materialismo Egoísta"

Uma das acusações mais comuns feitas ao livre-mercado (até por muitos simpatizantes) é a de que ele reflete e estimula um "materialismo egoísta" desenfreado. Ainda que o livre-mercado – o capitalismo sem entraves – seja aquilo que promove da melhor forma os fins "materiais" do homem, argumentam os críticos, ele desvia o homem dos ideais mais elevados. Desvia o homem dos valores espirituais ou intelectuais e atrofia qualquer espírito altruísta.

---

[17] O zelo do governo pela caridade deve ser estimado pela *repressão universal à mendicância*. Uma doação direta ao mendigo ajuda diretamente o receptor e não dá oportunidade para grandes organizações burocráticas viverem em tempo integral dessas transações. Desmerecer a ajuda direta, então, funciona como a outorga do privilégio monopolístico para as organizações caritativas "oficiais". Isabel Paterson observa que o governo norte-americano impôs uma exigência mínima de ativos em dinheiro para imigrantes como uma maneira de supostamente *ajudar* os imigrantes mais pobres! O verdadeiro propósito, é claro, era manter os imigrantes mais pobres e que não podiam cumprir a exigência longe das costas norte-americanas e da oportunidade econômica.

[18] Sob vários aspectos do problema da caridade e da pobreza, ver: PATERSON, Isabel. "The Humanitarian with the Guillotine". In: *God of the Machine*. pp. 233-50; SPENCER. *Social Statics*. pp. 317-29; MISES. *Human Action*. pp. 831-36; HARPER, F. A. "The Greatest Economic Charity". In: SENNHOLZ (Ed.). *On Freedom and Free Enterprise*. pp. 94ss; READ, Leonard E. "Unearned Riches". In: SENNHOLZ (Ed.). *On Freedom and Free Enterprise*. pp.188-95.

Primeiramente, não existe algo como um "fim econômico". A Economia é simplesmente um *processo* de aplicar meios para quaisquer fins que a pessoa adote. Um indivíduo pode objetivar os fins que quiser, "egoístas" ou "altruístas". Equiparando os fatores psicológicos, é do auto-interesse de qualquer pessoa maximizar o lucro financeiro no mercado. Mas esse rendimento máximo pode ser usado para fins "egoístas" ou "altruístas". *Quais* metas as pessoas buscam realizar não interessa à Praxeologia. Um empreendedor bem-sucedido pode utilizar o próprio dinheiro para comprar um iate ou construir uma casa para órfãos desamparados. A escolha é dele. Mas a questão é que, qualquer que seja o objetivo buscado, a pessoa deve primeiramente ganhar o dinheiro antes de realizar o objetivo.

Em segundo lugar, qualquer que seja a filosofia moral que adotemos – seja altruísta ou egoísta – não podemos criticar a busca de lucro financeiro no mercado. Caso defendamos uma ética social *egoística*, então, obviamente só poderemos aplaudir a maximização do lucro financeiro ou de uma mescla de lucro financeiro e ganho psicológico, no mercado. Não há problema nenhum nisso. No entanto, mesmo se adotarmos uma ética *altruística*, devemos aplaudir a maximização do lucro financeiro com igual fervor. Os ganhos do mercado são um indicador social dos serviços da pessoa aos demais, ao menos no sentido de que quaisquer serviços são permutáveis. Quanto maior a renda de um homem, maior é o seu serviço aos outros. Certamente, seria muito mais fácil para o altruísta aplaudir a maximização do lucro *financeiro* a do ganho *psicológico* quando este estiver em conflito com o primeiro objetivo. Assim, o altruísta coerente deve condenar a recusa de um homem em aceitar um emprego que pague altos salários e a preferência por um emprego com remuneração pior em outro lugar. Este homem, qualquer que seja o motivo, afronta os assinalados desejos dos consumidores, seus companheiros na sociedade.

Então, caso um mineiro mude de emprego para algo mais agradável, porém de baixo salário, como um atendente de supermercado, o altruísta coerente deve encarar o fato de que o lucro *financeiro* no mercado reflete os serviços aos demais, ao passo que o ganho psicológico é puramente pessoal ou "egoísta"[19].

Essa análise é diretamente aplicável à busca do *ócio*. As horas vagas, como vimos, são um bem de consumo básico da humanidade. No entanto, o altruísta coerente tem de negar a cada trabalhador qualquer hora vaga – ou ao menos, negar a cada trabalhador qualquer tempo livre, ou ao menos, negar cada hora vaga além daquilo que é estritamente necessário para

---

[19] Na verdade W. H. Hutt chega a esse ponto no seguinte artigo: HUTT, W. H. "The Concept of Consumers' Sovereignty". In: *Economic Journal*, March, 1940, pp. 66-77.

manter o rendimento. Pois cada hora de tempo livre gasta, reduz o tempo que a pessoa pode servir aos outros.

A defesa coerente da "soberania do consumidor" deveria favorecer escravizar o preguiçoso ou o homem que prefere seguir as próprias atividades a servir ao consumidor. Em vez de rejeitar a busca de lucros financeiros, o altruísta coerente deve louvar a busca do dinheiro no mercado e condenar quaisquer objetivos não financeiros que o produtor possa ter – seja a antipatia por determinados tipos de trabalho, o entusiasmo por trabalhos que pagam menos ou o desejo de horas vagas[20]. Altruístas que criticam os propósitos financeiros no mercado, portanto, estão errados *de acordo com os próprios parâmetros*.

A acusação de "materialismo" também é falaciosa. O mercado lida, não necessariamente com bens "materiais", mas com bens permutáveis. É verdade que todos os bens "materiais" são permutáveis (exceto os próprios seres humanos), mas há também muitos bens imateriais no mercado. Um homem pode gastar o próprio dinheiro para assistir a um concerto ou contratar um advogado, por exemplo, bem como pode gastar em alimentos ou automóveis. Não há absolutamente nenhum motivo para dizer que a economia de mercado fomenta bens materiais ou imateriais; apenas deixa cada homem livre para escolher o próprio padrão de gasto.

Finalmente, uma economia de mercado em ascensão satisfaz cada vez mais os desejos das pessoas por bens *permutáveis*. O resultado disso é a utilidade marginal dos bens permutáveis tender a declinar com o tempo, ao passo que a utilidade marginal dos bens não permutáveis aumenta. Em suma, a maior satisfação dos valores "permutáveis" confere um significado marginal maior aos valores "não permutáveis". Então, em vez de promover valores "materiais", estimular o capitalismo gera o exato oposto.

10
DE VOLTA À SELVA?

Muitos críticos reclamam que o livre-mercado, ao colocar de lado os empreendedores ineficientes ou em outras decisões, prova ser um "monstro impessoal". A economia de mercado, acusam, é a "lei da selva", onde "a sobrevivência do mais apto" é a lei[21]. Libertários que defendem o livre

---

[20] Também é característico que os críticos geralmente concentrem as farpas nos lucros ("a motivação do lucro") e não em outras rendas do mercado como os salários. É difícil ver algum sentido nas distinções morais entre esses rendimentos.
[21] Alguns anos atrás nos prometeram a "refutação" da posição libertária – que nunca apareceu. Teria o título: "De volta à selva". Ver: ROY, Ralph L. *Apostles of Discord*. Boston: Beacon Press. 1953, p. 407.

mercado são, por conseguinte, chamados de "darwinistas sociais" que desejam exterminar o fraco para o benefício do forte.

Inicialmente, tais críticos omitem o fato de que o funcionamento do livre-mercado é incomensuravelmente diferente da ação governamental. Quando um governo age, as críticas individuais não tem força para mudar o resultado. Podem mudar somente se, por fim, conseguirem convencer os governantes que a decisão deles deve ser modificada; isso pode levar muito tempo ou ser totalmente impossível. No livre-mercado, no entanto, não há decisão final imposta pela força; todos são livres para tomar as próprias decisões e, por meio delas, mudar de modo significativo os resultados do "mercado". Em suma, quem quer que sinta que o mercado está sendo muito cruel para com determinados empreendedores ou para com qualquer outro recebedor de rendas é perfeitamente livre para instituir um fundo de auxílio de doações e prêmios. Aqueles que criticam a existência da caridade privada como "insuficiente" estão perfeitamente livres para preencher tal lacuna. Devemos nos guardar de hipostasiar o mercado como uma entidade real, o gerador de decisões inexoráveis. O mercado é a resultante das decisões de todos os indivíduos da sociedade; as pessoas podem gastar o dinheiro da maneira que lhes agradar e podem tomar quaisquer decisões a respeito de si mesmas e das suas propriedades. Eles não tem de lutar ou convencer alguma entidade conhecida como o "mercado" antes de pôr em prática as próprias decisões.

O livre-mercado, de fato, é o extremo oposto da sociedade "selvagem". A selva é caracterizada pela guerra de todos contra todos. Um homem só ganha às expensas do outro, pela tomada da propriedade deste. Como tudo está no nível da subsistência, há uma verdadeira luta pela sobrevivência, em que a maior força esmaga a mais fraca. No livre-mercado, por outro lado, o homem só ganha ao servir o outro, embora também possa isolar-se numa produção autossuficiente num grau primitivo, caso deseje. É precisamente pela cooperação pacífica do mercado que todos os homens saem ganhando pela divisão do trabalho e o investimento do capital. Aplicar o princípio da "sobrevivência do mais apto" à selva e ao mercado é ignorar a questão básica: *Apto para quê?* O "apto" na selva é aquele que mais adere à utilização da força bruta. O "apto" no mercado é aquele que mais serve à sociedade. A selva é um lugar brutal onde uns se aproveitam dos outros e todos vivem num estado de inanição; o mercado é um lugar produtivo e pacífico onde todos servem a si mesmos *e* aos demais ao mesmo tempo, vivendo com níveis muito mais altos de consumo. No mercado, o caridoso pode oferecer auxílio, um luxo que não pode existir na selva.

O livre-mercado, portanto, transmuta a competição destrutiva da selva pela parca subsistência numa competição cooperativa pacífica no serviço a si mesmo *e* aos outros. Na selva, uns ganham somente graças aos outros. No mercado todos ganham. É o mercado – a sociedade contratual – que faz emergir a ordem à partir do caos, que domina a natureza e *erradica* a selva, que permite ao "fraco" viver de forma produtiva ou dos dons da produção, de maneira régia, comparada à vida dos "fortes" na selva. Além disso, o mercado, ao elevar os padrões de vida, permite ao homem ter horas livres para cultivar as simples qualidades da civilização que o distinguem dos brutos.

É exatamente o estatismo que traz de volta a lei da selva – ao fazer retornar o conflito, a falta de harmonia, a luta de classes, a subjugação, a guerra de todos contra todos e a pobreza geral. Em vez da "luta" pacífica da competição no serviço mútuo, o estatismo institui o caos calculacional e a luta mortal da competição do darwinismo social por privilégio político e subsistência limitada.

11
Poder e Coerção

A - "Outras Formas de Coerção": O Poder Econômico

Uma crítica muito comum da posição libertária é a seguinte: obviamente, não gostamos de violência, e os libertários realizam um serviço útil ao destacar seus perigos. Mas são *simplistas* porque ignoram outras formas importantes de coerção exercidas na sociedade – o poder coercitivo *privado*, independente da violência exercida pelo estado ou pelos criminosos. O governo deve estar pronto para empregar a sua coerção para verificar ou contrabalançar essa coerção privada.

Em primeiro lugar, essa aparente dificuldade para a doutrina libertária pode rapidamente ser afastada se limitarmos o conceito de coerção ao uso de *violência*. Tal restrição teria ainda o mérito de confinar completamente a violência legalizada da polícia e do judiciário à esfera de suas competências: combater a *violência*. Mas, podemos ir além, pois podemos mostrar as contradições inerentes no conceito mais amplo de coerção.

Um tipo bem conhecido de "coerção privada" é o dúbio, porém ameaçador, "poder econômico". Uma das mostras favoritas de que tal "poder" é capaz é o caso do trabalhador demitido, especialmente no caso de uma grande corporação. Não seria isso "tão ruim quanto" a coerção violenta com relação a propriedade do trabalhador? Não seria essa uma maneira mais sutil de roubar o trabalhador, já que ele está sem dinheiro – que teria recebido caso o empregador não tivesse brandido o próprio "poder econômico"?

Olhemos a situação mais detidamente. O que exatamente o empregador fez? *Recusou-se a continuar realizando* determinada troca, que o trabalhador preferiu continuar fazendo. Especificamente, A, o empregador, recusou *vender* uma certa quantia em dinheiro em troca da compra dos serviços laborais de B. B gostaria de realizar tal troca, A não. O mesmo princípio pode ser aplicado a todas as trocas ao longo de todos os setores da economia. Um trabalhador permuta o trabalho por dinheiro com um empregador; um varejista troca ovos por dinheiro com um cliente; um paciente dá dinheiro em troca dos serviços do médico, e assim por diante. Sob um regime de liberdade, em que não é permitida nenhuma violência, todos os homens tem o poder tanto de realizar como de não realizar trocas do modo como julgarem ser apropriado. Então, quando as trocas são feitas, ambas as partes se beneficiam. Vimos que se uma troca é *imposta*, ao menos uma das partes perde. É questionável se mesmo o ladrão ganha no longo prazo, pois uma sociedade em que a violência e a tirania são praticadas em grande escala diminuirá a produtividade e se estará tão cheia de temor e ódio que até os ladrões poderão ficar infelizes ao compararem o fruto do roubo com aquilo que poderiam ter ganho, caso estivessem incorporados na produção e nas trocas em um livre-mercado.

O "poder econômico", então, é simplesmente o direito de recusar a realização de uma troca em liberdade. Todo homem tem esse poder. Todo homem tem o mesmo direito de recusar a fazer uma troca ofertada.

Ora, deveria ficar evidente que o estatista "moderado", ao admitir o mal da violência, mas acrescentar que a violência governamental é, às vezes, necessária para contrabalançar "a coerção privada do poder econômico", está preso numa contradição impossível. A recusa-se a realizar uma troca com B. O que devemos dizer, ou o que o governo deve fazer, caso B mostre uma arma e ordene A a realizar a troca? Esta é a questão crucial. Há somente duas posturas possíveis nessa questão: *a* de que B está cometendo uma violência e deve ser imediatamente parado, *ou* a de que é perfeitamente justo que B dê esse passo porque está simplesmente "reagindo a sutil coerção" do poder econômico de A. A agência de defesa deve agir rapidamente para defender A ou deve recusar-se deliberadamente de fazê-lo, talvez ajudando B (ou realizando, por B, o trabalho). *Não há meio-termo!*

B está cometendo violência; não há dúvidas disso. Nos termos de ambas as doutrinas, essa violência tanto é invasiva e, portanto, injusta, ou defensiva, e portanto, justa. Caso adotemos o argumento do "poder econômico", devemos escolher a primeira postura. Caso escolhamos o conceito do "poder econômico", devemos empregar violência para combater qualquer *recusa* de troca; caso o rejeitemos, empregamos a violência para evitar qualquer *imposição* violenta de troca. Não existe meio de escapar da escolha de *uma ou de outra*. O estatista "moderado" não pode dizer, logicamente, que há "muitas formas" de coerção injustificada. Deve escolher uma ou outra e manifestar-se conforme a postura escolhida. Tanto pode dizer que há uma única forma de coerção ilegal – a notória violência física – ou deve dizer que só há uma forma de coerção ilegal: a recusa de troca.

Já descrevemos completamente o tipo de sociedade erigido em bases libertárias – uma sociedade marcada pela paz, harmonia, liberdade, utilidade máxima para todos e melhoria progressiva do padrão de vida. Qual seria a consequência da adoção da premissa do "poder econômico"? Seria uma sociedade de escravos: pois o que mais proíbe a recusa ao trabalho? Seria também uma sociedade em que notórios incitadores de violência seriam tratados com bondade, ao passo que as vítimas seriam repreendidas como sendo "verdadeiramente" responsáveis pela própria situação. Tal sociedade seria uma verdadeira guerra de todos contra todos, um mundo em que assolaria a conquista e a exploração sem limites.

Analisemos um pouco mais o contraste entre o poder da violência e o "poder econômico", em suma, entre a vítima de um bandido e o homem que perde o emprego na Ford Motor Company. Simbolizemos, em cada caso, o detentor do poder como P e a suposta vítima como X. No caso do bandido ou ladrão, P espolia X. P vive, em suma, à custa de X e de todos os outros X. Este é o significado original de poder, o sentido *político*. Mas, o que dizer do "poder econômico"? Aqui, de modo diferente, X, o empregado em potencial está reivindicando um ruidoso direito sobre a propriedade de *P*! Neste caso, X está espoliando P, e não ao contrário. Aqueles que lamentam a situação do trabalhador do setor automobilístico que não consegue um emprego na Ford não percebem que antes da Ford ou sem a Ford não haveria, de modo algum, um emprego a ser obtido. Ninguém, portanto, tem qualquer tipo de "direito natural" de um emprego na Ford, ao passo que *faz sentido* afirmar um direito natural à liberdade, um direito que cada pessoa pode ter sem depender da existência de outros (como a Ford). Resumindo, a doutrina libertária que proclama um direito natural de defesa contra o poder *político* é coerente e faz sentido, mas qualquer direito proclamado de defesa do "interesse econômico" não faz sentido algum. Aqui, de fato, as diferenças entre os dois conceitos de "poder" são enormes[22].

---

[22] Sobre os problemas espúrios do "poder de barganha", ver: SCOVILLE & SARGENT. *Fact and Fancy in the T.N.E.C. Monographs*. pp. 312-13; HUTT, W. H. *Theory of Collective Bargaining*. Glencoe: Free Press, 1954. Parte I.

B - Poder sobre a Natureza e Poder sobre o Homem

É bastante comum e é até uma tendência discutir os fenômenos do mercado em termos de "poder" – ou seja, com termos que são apropriados somente para o campo de batalha. Vimos a falácia da crítica da "volta à selva" e vimos, agora, como o falacioso conceito de "poder econômico" tem sido aplicado para a economia de troca. A terminologia do poder político, de fato, muitas vezes domina as discussões do mercado: empreendedores pacíficos são "monarquistas econômicos", "feudalistas econômicos" ou "barões ladrões". O comércio é chamado de "sistema de poder" e as firmas são "governos privados" e, se são muito grandes, até mesmo "impérios". De modo menos sensacional, os homens têm "poder de barganha", e as firmas comerciais travam "estratégias" e "disputas" como nas batalhas militares. Recentemente, teorias dos "jogos" e estratégia têm sido erroneamente aplicadas às atividades do mercado, chegando até ao absurdo de comparar a troca no mercado com "um jogo de soma zero" – uma interrelação em que a perda de A é exatamente igual ao ganho de B.

Essa, é claro, *é* a ação do poder coercitivo, de conquistas e roubos. Nele, o ganho de um é a perda do outro, a vitória de um é a derrota do outro. Somente o conflito pode descrever essas relações sociais. Mas o oposto é verdadeiro no livre-mercado, em que *todos* são "vencedores" e todos obtêm ganhos das relações sociais. A linguagem e os conceitos de poder político são particularmente *inapropriados* na sociedade de livre-mercado.

A confusão fundamental aqui está na falha em distinguir dois conceitos bastante diferentes: *poder sobre a natureza* e *poder sobre o homem*.

É fácil ver que o *poder* de um indivíduo é a capacidade de controlar o próprio ambiente para satisfazer seus desejos. Um homem com um machado tem o *poder* de derrubar uma árvore; o homem que tem uma fábrica tem o poder, juntamente com outros fatores complementares, de produzir bens de capital. Um homem com uma arma tem o poder de forçar quem esteja desarmado a obedecer o seu comando, *desde que* o homem desarmado escolha não resistir ou não aceitar morrer com um tiro. Isso deve deixar claro que há uma distinção básica entre os dois tipos de poder. *O poder sobre a natureza* é o tipo de poder sobre o qual a civilização deve ser erigida; o registro da história humana é o registro dos progressos ou tentativas de evolução desse poder. *O poder sobre os homens*, por outro lado, *não* eleva o padrão geral de vida ou promove quaisquer satisfações, como faz o poder sobre a natureza. Pela própria essência, só alguns homens na sociedade podem ter poder sobre os homens. Onde existe o poder sobre os homens, alguns são poderosos e os demais, objetos do poder. Mas todo homem pode ter e tem poder sobre a natureza.

De fato, caso olhemos para a condição básica do homem ao chegar ao mundo, é óbvio que a única maneira de preservar a vida e progredir é conquistar a natureza – transformar a face da Terra para satisfazer seus desejos. Do ponto de vista de todos os membros da raça humana, é óbvio que apenas tal conquista é produtiva e sustenta da vida. O poder de um homem sobre o outro não pode contribuir para o progresso da humanidade; só pode criar uma sociedade em que o saque substitua a produção, a hegemonia suplante o contrato, em que a violência e o conflito tenham tomado o lugar da ordem pacífica e da harmonia do mercado. O poder de um homem sobre outro é *parasitário* e não criativo, pois significa que os conquistadores da natureza estão sujeitos ao comando daqueles que, por sua vez, conquistaram os semelhantes. Qualquer sociedade de força – seja regida por bandos criminosos ou pelo estado organizado – significa, fundamentalmente, a lei da selva ou o caos econômico. Além disso, seria uma selva, uma luta, no sentido dos darwinistas sociais, em que os sobreviventes não seriam realmente os mais "aptos", pois os mais aptos dentre os vitoriosos teriam apenas a capacidade de pilhar os produtores. Não seriam os mais bem equipados para fazer progredir a espécie humana: estes são os produtores, os conquistadores da *natureza*.

A doutrina libertária, então, defende a maximização do *poder do homem sobre a natureza* e a erradicação do *poder do homem sobre o homem*. Os estatistas, ao elevar este último poder, muitas vezes deixam de perceber que no sistema deles o poder do homem sobre a natureza definharia, se tornando desprezível.

Albert Jay Nock (1870-1945) visava essa dicotomia quando, no livro *Our Enemy the State* [Nosso Inimigo, o Estado], fazia a distinção entre poder social e poder estatal[23]. Aqueles que rejeitavam quaisquer termos que tendessem a antropomorfizar a "sociedade" tinham receio de aceitar essa terminologia. Mas, na verdade, tal distinção é muito importante. O "poder social" de Nock é a conquista da natureza – pela sociedade, pela humanidade: o poder que ajuda a produzir a abundância que o homem tem sido capaz de extrair da terra. O "poder estatal", segundo ele, é o poder político – o uso dos meios políticos como em oposição aos "meios econômicos" para a riqueza. O poder estatal é o poder do homem sobre o homem – o uso da violência coercitiva de um grupo sobre outro.

Nock utilizou essas categorias para analisar acontecimentos históricos de modo brilhante. Via a história da humanidade como uma corrida entre o *poder social* e o *poder estatal*. Sempre o homem – guiado pelos produto-

---

[23] NOCK. *Our Enemy the State*.

res – tenta progredir nas conquistas do ambiente natural. E sempre os homens – outros homens – tentam aumentar o poder político para colher os frutos dessa conquista sobre a natureza. A história pode, então, ser interpretada como uma corrida entre o poder social e o poder estatal. Em períodos mais fartos, por exemplo, depois da Revolução Industrial, o poder social passa, em muito, a frente do poder político, que ainda não teve a oportunidade de recuperar o atraso. Os períodos de estagnação são aqueles em que o poder estatal chega, por fim, a ampliar o controle sobre novas áreas do poder social. O poder estatal e o poder social são antitéticos, e o primeiro subsiste por esgotar o último. É claro que os conceitos desenvolvidos aqui – "poder sobre a natureza" e "poder sobre o homem" – são generalizações e esclarecimentos das categorias de Nock.

Um problema pode parecer desconcertante: qual é a natureza do "poder de compra" no mercado? Não seria um poder sobre o homem e ainda assim "social" e do livre-mercado? Todavia, tal contradição é somente aparente. A moeda tem "poder de compra" somente porque outros homens estão dispostos a aceitá-la em troca de bens, isto é, porque estão ávidos por realizar trocas. O poder de troca baseia-se – para ambos os lados da troca – na *produção*, e isso é, precisamente, a conquista da *natureza* que estamos discutindo. De fato, é o processo de troca – a divisão do trabalho – que permite ao homem o poder sobre a *natureza* se estenda além do nível primitivo. Foi o poder sobre a *natureza* que a Ford Motor Company desenvolvera em tamanha abundância, e foi *esse* poder que o raivoso trabalhador em busca de emprego estava ameaçando confiscar – pelo poder político – ao reclamar do "poder econômico" da Ford.

Em suma, a terminologia do poder político deve ser aplicada apenas para os que empregam a violência. Os únicos "governos privados" são aquelas pessoas e organizações que agridem pessoas e propriedades que não são parte do estado oficial dominante num determinado território. Esses "estados privados", ou governos privados, tanto podem cooperar com o estado oficial, como o governo das guildas na Idade Média, e como fazem os sindicatos e cartéis hoje, como podem competir com o estado oficial e ser chamados de "criminosos" ou "bandidos".

12
O Problema da Sorte

Uma crítica comum a respeito das decisões de livre-mercado é que a "sorte" exerce um grande papel na determinação da renda. Mesmo aqueles que admitem que a renda de um fator tende a igualar seu produto de valor marginal descontado aos consumidores, e que os empreendedores no livre-

-mercado reduzirão os erros a um mínimo absoluto, acrescentam que a sorte ainda tem um papel na determinação da renda. Após acusar que o mercado confere louros indevidos à sorte, o crítico continua a pedir a expropriação dos "ricos" (ou sortudos) e o subsídio dos "pobres" (ou azarados).

No entanto, como podemos isolar e identificar a sorte? É evidente que isso é impossível de conseguir. Em toda ação do mercado a sorte está inextrincavelmente entrelaçada e é impossível isolar. Em consequência, não há justificativa para dizer que os ricos são mais afortunados que os pobres. Pode muito bem acontecer de que muitos ou a maioria dos ricos tenha sido *azarada* e estejam ganhando menos do que o verdadeiro produto de valor marginal descontado, ao passo que a maioria dos pobres pode ter sido *afortunada* e esteja ganhando mais. Ninguém pode dizer o que é a distribuição da sorte, por isso, não há justificativa para uma política de "redistribuição".

Somente em um lugar no mercado a sorte, pura e identificavelmente, determina o resultado: no *jogo de azar*[24]. Mas será que é isso que os críticos estatizantes *realmente* querem – o confisco dos ganhos dos apostadores que venceram para pagar aos perdedores? Isso significaria, é claro, a morte prematura do jogo – salvo como atividade ilegal – pois, obviamente, não haveria razão para continuar a permitir o jogo. É provável que até mesmo os perdedores objetassem a tal compensação, pois livre e voluntariamente aceitaram as regras do azar antes de começar a apostar. A política do governo de neutralizar a sorte destrói a satisfação que *todos* os jogadores tem ao jogar[25].

13
A Analogia do Gestor de Tráfego

Por conta da popularidade, vamos considerar brevemente a "analogia do gestor de tráfego" – a doutrina de que o governo deve, obviamente, regular a economia, "assim como o tráfego deve ser ordenado". Está na hora desse flagrante *non sequitur* ser relegado ao esquecimento. Cada proprietário, necessariamente, ordena a sua propriedade. Do mesmo modo, todo dono de estradas irá criar regras para o uso da sua estrada. Longe de ser um argumento estatizante, a gestão é apenas o atributo de todo proprietário. Os que possuem estradas regulamentarão o uso. Nos dias de

---

[24] Neste ponto nos referimos ao *mero jogo* de apostas, ou de azar, como a roleta, sem a interveniência de elementos de habilidade como as apostas no turfe.
[25] É curioso que tantos economistas, dentre eles Alfred Marshall (1842-1924), tenham "provado" a "irracionalidade" das apostas (por exemplo, pela diminuição da utilidade marginal da moeda) ao pressupor, de modo totalmente errado, que os participantes não gostam de apostar!

hoje, o governo possui a maioria das estradas e, portanto, as regulamenta. Numa sociedade de livre-mercado total, proprietários privados operariam e controlariam as próprias estradas. É óbvio que a "analogia do gestor de tráfego" não pode oferecer nenhuma razão contra o livre-mercado total.

14
SUPERDESENVOLVIMENTO E SUBDESENVOLVIMENTO

Muitas vezes os críticos dirigem acusações conflitantes ao livre-mercado. Os de mentalidade historicista podem admitir que o livre-mercado é ideal para um determinado estágio do desenvolvimento econômico, mas insistem que é inadequado para outras fases. Assim, as nações adiantadas são aconselhadas a abraçar o planejamento governamental porque "a economia moderna é demasiado complexa" para continuar sem nenhum plano, "a fronteira se foi" e "agora, a economia está amadurecida". No entanto, por outro lado, dizem aos países mais atrasados que *eles* são os que devem adotar os métodos de planejamento estatal *por causa* dos seus estados relativamente primitivos. Portanto, qualquer economia tanto é demasiado adiantada ou atrasada para o *laissez-faire*; e devemos estar certos de que o momento designado para o *laissez-faire*, de certo modo, nunca chega.

O moderno e atual "crescimento econômico" é uma regressão historicista. As leis da economia se aplicam a qualquer nível específico de economia. Em qualquer nível, a mudança progressiva consiste num crescente volume de capital *per capita* da população e é favorecida pelo livre-mercado, pela baixa preferência temporal, por empreendedores com visão de longo alcance, por trabalho e recursos naturais em quantidade suficiente. A mudança regressiva é realizada por condições opostas.

Os termos mudança *progressiva* e *regressiva* são muito melhores que "crescimento", uma palavra que expressa uma analogia biológica enganosa, pois sugere uma verdadeira lei a ditar que a economia deve "crescer" continuamente, e até mesmo numa taxa fixa. Na verdade, é claro, uma economia pode facilmente "crescer" ao contrário. O termo "subdesenvolvimento" também é infeliz, pois sugere que há um determinado nível ou norma que a economia deve alcançar e que falha em atingir por conta de alguma força externa que não a "desenvolve". O antigo termo "regressivo", ainda que normativo, ao menos põe a culpa da pobreza relativa da economia nas políticas da própria nação.

Uma nação pobre pode progredir melhor ao permitir funcionar a iniciativa privada e o investimento e ao deixar que os nativos e estrangeiros invistam sem quaisquer dificuldades e incômodos. Quanto as nações ricas e suas "complexidades", os delicados processos do livre-mercado estão equipados para lidar exatamente com ajustes complexos e inter-relações de modo muito mais eficiente do que qualquer outro modo de planejamento estatal.

15
O Estado e a Natureza do Homem

Já que o problema da natureza do homem foi suscitado, devemos nos voltar, brevemente, neste momento, ao argumento que perpassa a filosofia social católica, a saber, de que o estado é uma parte essencial da natureza do homem. Esta visão tomista deriva de Artistóteles (384-322 a.C.) e de Platão (428-347 a.C.), que, na busca por uma ética racional, chegam a afirmação de que o estado encarna a atividade moral da humanidade. Que o *homem* deve fazer isso e aquilo, rapidamente, passa a ser lido como a prescrição: O estado deve fazer isso e aquilo. Mas em nenhum lugar a natureza do estado, em si, é examinada nos fundamentos.

Uma obra típica e muito influente nos círculos católicos é *The State in Catholic Thought* [O Estado no Pensamento Católico] de Heinrich Rommen (1897-1967)[26]. Seguindo Aristóteles, Rommen tenta fundamentar o estado na natureza do homem ao ressaltar que o homem é um ser social. Ao provar que a natureza do homem está mais apta para viver em sociedade, acredita que envidou esforços para fornecer uma base lógica ao estado. Mas não conseguiu fazê-lo minimamente, uma vez que percebemos com clareza que o estado e a sociedade não são, de modo nenhum, coextensivos. A argumentação dos libertários de que o estado é um instrumento *antissocial* deve ser primeiramente refutado antes que tal *non sequitur* seja permitido. Rommen reconhece que estado e sociedade são distintos, mas, mesmo assim, justifica o estado com argumentos que só são aplicáveis à sociedade.

Também afirma a importância do Direito, embora as normas jurídicas, em particular, consideradas necessárias, infelizmente, não sejam especificadas. No entanto, Direito e estado também não são coextensivos, embora esta seja uma falácia que muito poucos escritores evitam. Muito do Direito anglo-saxônico surgiu de normas adotadas voluntariamente pelas próprias pessoas (direito consuetudinário, direito comercial etc.), e não como uma legislação estatal[27]. Rommen também ressalta a importância social da *previsibilidade* da ação, que só pode ser assegurada pelo estado. No entan-

---

[26] ROMMEN, Heinrich. *The State in Catholic Thought, a Treatise in Political Philosophy*. London: Herder, 1950.
[27] Assim, ver: LEONI. *Freedom and the Law*.

to, a essência da natureza humana é de tal maneira que não pode ser tida como realmente previsível; caso contrário deveríamos estar lidando não com homens livres, mas com um monte de formigas. E, caso *pudéssemos* forçar os homens a marchar em uníssono segundo todo um conjunto de normas previsíveis, certamente não existiria uma decisão previamente determinada a que todos devêssemos aclamar como ideal. Algumas pessoas combateriam isso cruelmente. Por fim, caso a "norma cogente" estivesse limitada a "privação de agressão a outrem", (1) o estado não seria necessário para a execução de tal lei, como observamos acima, e (2) a própria agressão inerente ao estado violaria tal norma[28].

16
Direitos Humanos e Direitos de Propriedade[29]

Muitas vezes os críticos da economia de livre-mercado declaram que *estão* mais interessados em preservar os "direitos humanos" que os direitos de propriedade. Tal dicotomia artificial entre direitos humanos e de propriedade muitas vezes foi refutada por libertários que assinalaram que (a) os direitos de propriedade certamente cabem aos *seres humanos* e somente a eles, e (b) que o "direito humano" à vida requer o direito de manter o que foi produzido para dar sustento e melhoria de vida. Em suma, mostraram que os direitos de propriedade também são, indissoluvelmente, direitos humanos. Além disso, assinalaram que o "direito humano" de liberdade de imprensa seria apenas uma piada num país socialista, onde o estado é dono e decide a respeito do papel e do capital dos jornais[30].

Não obstante, há outros pontos que devem ser ressaltados. Pois não só os direitos de propriedade são também direitos humanos, mas num sentido mais profundo *não há* outros direitos senão o direito de propriedade. Os *únicos* direitos humanos, em suma, são os direitos de propriedade. Isso é verdade em vários sentidos. Em primeiro lugar, cada indivíduo, como fato natural, é proprietário de *si mesmo,* o governante de sua própria pessoa. Os direitos "humanos" da pessoa defendidos numa sociedade de livre-mercado total são, com efeito, o *direito de propriedade* de cada homem sobre o próprio ser, e *dessa* propriedade brota o direito aos bens materiais produzidos.

---

[28] ROMMEN. *State in Catholic Thought*. p. 225.
[29] Ver: ROTHBARD, Murray N. "Human Rights Are Property Rights". In: *Essays on Liberty*. Irvington-on-Hudson: Foundation for Economic Education, 1959. VI, pp. 315-19. Ver também: ROTHBARD, Murray N. "Bertrand de Jouvenel e i diritti di proprietá". In: *Biblioteca della Libertà*, 1966, No. 2, pp. 41-45.
[30] POIROT, Paul L. "Property Rights and Human Rights". In: *Essays on Liberty*. Irvington-on-Hudson: Foundation for Economic Education, 1954. II, pp. 79-89.

Em segundo lugar, os supostos "direitos humanos" podem ser resumidos aos direitos de propriedade, embora em muitos casos este fato esteja obscurecido. Tomemos, por exemplo, o "direito humano" de livre expressão. A liberdade de expressão deve significar o direito de todos a dizer tudo o que quiserem. Mas a questão que deixamos de lado é: onde? Onde um homem tem esse direito? Certamente não o possui na propriedade que infringe. Em suma, ele tem esse direito somente na *própria* propriedade ou na propriedade de alguém que concordou, graciosamente ou por contrato de locação, a permitir-lhe a presença no recinto. Na verdade, então, não há um "direito a livre expressão" como algo aparte; há somente o direito de *propriedade*: o direito de fazer como bem entender com aquilo que é seu ou de fazer acordos voluntários com outros proprietários.

A atenção em direitos "humanos" vagos e totalizantes não só obscureceu esse fato, mas levou à crença de que existem, necessariamente, todos os tipos de conflitos entre direitos individuais e supostas "políticas públicas" ou com o "bem público". Tais conflitos, por sua vez, têm levado as pessoas a afirmar que nenhum direito pode ser absoluto, que todos os direitos devem ser relativos e experimentais. Tomemos, por exemplo, o direito humano de "liberdade de associação". Suponhamos que um grupo de cidadãos deseje realizar de uma manifestação pública à favor de determinada medida. Utilizam a rua para tal propósito. A polícia, por outro lado, interrompe o encontro com a justificativa de que está a obstruir o tráfego. Ora, a questão é que não há como resolver esse conflito, a não ser arbitrariamente, pois o *governo* é o dono das ruas. A propriedade governamental, como vimos, inevitavelmente da enseja a conflitos insolúveis. Pois, por um lado, o grupo de cidadãos pode argumentar que são pagadores de impostos e, portanto, com direitos a utilizar as ruas para reuniões, enquanto, por outro lado, a polícia está certa, pois o tráfego está sendo obstruído. Não há maneira racional de resolver o conflito, pois não há nenhuma propriedade verdadeira, até o momento, do valioso recurso chamado rua. Numa sociedade totalmente livre, em que as ruas seriam privadas, a questão seria simples: caberia ao dono da rua decidir, e seria problema do grupo de cidadãos tentar alugar voluntariamente, junto ao proprietário, um espaço de rua. Se toda a propriedade fosse privada, ficaria bem claro que os cidadãos não possuem qualquer direito nebuloso de "associação". O direito seria o direito *de propriedade* de usar o próprio dinheiro na tentativa de comprar ou arrendar um espaço para realizar a manifestação, e só poderiam fazê-la se o proprietário da rua concordasse.

Consideremos, por fim, o caso clássico que supostamente demonstra que os direitos individuais nunca podem ser absolutos, mas limitados por uma "política pública". O *dictum* do famoso juiz da Suprema Corte, Oliver Wendell Holmes Jr. (1841-1935), de que ninguém tem o direito de gritar "fogo" numa plateia lotada[31]. Isso supostamente demonstra que a liberdade de expressão não pode ser absoluta. Mas, se deixarmos de lidar com esse suposto direito humano e buscarmos pelo direito de *propriedade* que encerra, a solução se torna clara, e vemos que não há necessidade nenhuma de enfraquecer a natureza absoluta dos direitos. A pessoa que mentirosamente grita "fogo" deve ser o *proprietário* (ou representante do proprietário) *ou* um convidado ou um dos pagantes. Se é o proprietário, então fraudou os clientes. Tomou-lhes o dinheiro em troca da promessa de passar um filme, e agora, em vez disso, interrompe a apresentação ao gritar "fogo" falsamente e criar confusão entre os fregueses. Assim, deliberadamente, deixou de cumprir a obrigação contratual e, portanto, violou os *direitos de propriedade* dos clientes.

Suponhamos, por outro lado, que a pessoa que gritou não é o proprietário, mas um cliente. Neste caso, obviamente, essa pessoa está violando o direito de propriedade do dono do estabelecimento comercial (bem como o de outros clientes). Como o convidado, está na propriedade sob determinadas condições, e tem a obrigação de não violar os direitos de propriedade do dono interrompendo a apresentação que o proprietário está realizando para os fregueses. A pessoa que maliciosamente grita "fogo" em uma plateia lotada, portanto, é um criminoso, *não* porque sua tão proclamada "liberdade de expressão" deve ser restrita em detrimento do assim chamado "bem comum", mas por conta de ter clara e objetivamente violado os direitos de propriedade de outro ser humano. Não há necessidade, portanto, de estabelecer limites a tais direitos.

Já que o presente tratado é praxeológico e não ético, o propósito da argumentação não é convencer o leitor de que os direitos de propriedade devem ser conservados. Ao contrário, tentamos demonstrar que quem quer que queira construir uma teoria política com base em "direitos" não deve somente descartar a distinção espúria entre direitos humanos e direitos de propriedade, mas também perceber que aqueles devem estar todos contidos nestes.

---

[31] A expressão foi utilizada no caso *Schenck vs. United States* de 1919 e é utilizada como uma metáfora da justa limitação da "liberdade de expressão". (N. T.).

Apêndice
OS OBJETIVOS SOCIOECONÔMICOS SEGUNDO O PROFESSOR OLIVER

Há alguns anos, o professor Henry M. Oliver (1912-1970) publicou um importante estudo: a análise lógica dos objetivos éticos nos assuntos econômicos[32]. O professor Kenneth J. Arrow tem aclamado o trabalho como um feito pioneiro na via da "axiomatização de uma ética social". Infelizmente, essa tentativa de "axiomatização" é um emaranhado de falácias lógicas[33].

É digna de nota a grande dificuldade que economistas e filósofos políticos tiveram ao tentar enterrar o *laissez faire*. Durante bem mais de meio século, as idéias do *laissez faire*, tanto nas versões dos direitos naturais como nas utilitárias, foram extremamente raras no mundo ocidental. E ainda assim, apesar das contínuas proclamações de que o *laissez faire* foi totalmente "desacreditado", o desconforto tem marcado esse debate parcial. Assim, de tempos em tempos, os escritores se sentem obrigados a exorcizar o fantasma do *laissez faire*. A ausência de oposição cria uma série de monólogos despreocupados em vez de vigorosas argumentações e contra-argumentações. Não obstante, continuam os ataques, e agora o professor Oliver chegou ao ponto de escrever um livro quase totalmente dedicado a tentar refutar as ideias do *laissez faire*.

A - O ATAQUE À LIBERDADE NATURAL

Oliver inicia apontando sua artilharia para a defesa dos direitos naturais do *laissez faire* – para o sistema da liberdade natural[34]. Preocupa-se porque os norte-americanos parecem ainda se agarrar a tal doutrina para justificar teorias ou mesmo colocá-la em prática. Primeiramente, apresenta várias versões da posição libertária, até mesmo a versão "extrema", "O homem tem o direito de fazer o que quiser consigo mesmo", bem como a Lei de Igual Liberdade de Herbert Spencer e a posição "semiutilitarista" de que o "homem é livre para fazer o que quiser desde que não cause dano ao próximo". A posição "semiutilitarista" é a mais fácil de atacar, e Oliver não tem nenhuma dificuldade para mostrar a sua imprecisão. "Dano" pode ser interpretado de modo a abranger quase todas as ações, por exemplo, uma pessoa que deteste a cor vermelha pode alegar que alguém lhe

---

[32] OLIVER, JR., Henry M. *A Critique of Socioeconomic Goals*. Bloomington: Indiana University Press, 1954.
[33] ARROW, Kenneth J. "Review of Oliver's *A Critique of Socioeconomic Goals*". In: *Political Science Quarterly*, September, 1955, p. 442. Arrow está correto, no entanto, quando diz, *"Somente quando os objetivos socioeconômicos são claras é que podemos falar, com inteligência, sobre as melhores políticas para alcançá-las"*. Tal esclarecimento é a tentativa do presente capítulo.
[34] OLIVER. *Critique of Socioeconomic Goals*. pp. 1-12.

infligiu um "dano estético" ao usar um casaco vermelho.

Distintivamente, Oliver tem menos paciência com a versão "extrema", que argumenta, "não deve ser interpretada literalmente", não é uma afirmação seriamente fundamentada etc. Isto o permite mudar rapidamente os ataques às versões modificadas e mais fracas de libertarianismo. Entretanto, essa é uma afirmação séria e deve ser levada a sério, especialmente se "um" é substituído por "todos" na frase. Muitas vezes o debate político tem sido interrompido pelo jovial comentário de que "você realmente não está falando sério!". Vimos acima que a Lei de Igual Liberdade de Spencer é realmente uma versão redundante da afirmação "extrema" de que a primeira parte contém a cláusula condicional. A afirmação "extrema" permite uma apresentação mais clara, evitando muitas das armadilhas da versão atenuada.

Voltemo-nos para as críticas gerais de Oliver a respeito da posição libertária. Admitindo que exerçam "uma grande atração superficial", Oliver levanta uma série de críticas que supostamente demonstram a ilogicidade:

1) Qualquer demarcação de propriedade "restringe a liberdade", isto é, a liberdade dos demais de utilizarem aquele recurso. Tal crítica emprega o termo "liberdade" de modo errado. Obviamente, qualquer direito de propriedade infringe a "liberdade de roubar" das outras pessoas. Mas não precisamos do direito de propriedade nem mesmo para estabelecer esta "limitação"; a existência de outra *pessoa*, num regime de liberdade, restringe a "liberdade" de ataque dos outros. Todavia, por definição, a liberdade *não pode* ser assim restrita, porque a liberdade é definida como a liberdade de controlar *aquilo que pertence à própria pessoa*, sem molestação de outrem. "Liberdade para roubar ou atacar" seria permitir que alguém – a vítima do roubo ou ataque – fosse forçada ou fraudulentamente privada de sua pessoa ou propriedade e faria com que fosse violada a cláusula de liberdade total: de que *todo* o homem é livre para fazer o que quiser consigo mesmo. Fazer o que quiser com aquilo que é de *outra pessoa* prejudica a liberdade da outra pessoa.

2) Uma crítica mais importante aos olhos de Oliver é que os direitos naturais evocam um conceito de propriedade baseado em "coisas" e tal conceito elimina a propriedade de "direitos" intangíveis. Oliver sustenta que se a propriedade é definida como um monte de coisas, então toda a propriedade de direitos, tais como ações e títulos, teriam de ser eliminadas; ao passo que se a propriedade é definida como "direito", surgem problemas insolúveis ao definir direito sem partir do corrente costume jurídico. Além disso, a propriedade em "direitos" divorciada das "coisas" permite que surjam direitos *não-laissez faire*, tais como "direitos do trabalho" etc. Essa é uma das principais críticas de Oliver.

Esse argumento é totalmente falacioso. Embora a propriedade seja, por certo, um monte de coisas físicas, *não há dicotomia* entre coisas e direitos; de fato, "direitos" são simplesmente direitos *às* coisas. Uma quota de participação numa empresa de petróleo não é um flutuante "direito" intangível; é um certificado da alíquota de propriedade física da companhia de petróleo. Do mesmo modo, um título é diretamente um direito à propriedade de certa quantidade de dinheiro e, em última análise, é uma alíquota da propriedade física da empresa. "Direitos" (exceto a outorga de privilégios monopolísticos, que devem ser eliminados na sociedade livre) são simplesmente reflexos divisíveis da propriedade física.

3) Oliver tenta demonstrar que a posição libertária, por mais que bem formulada, não necessariamente leva ao *laissez faire*. Como dissemos, demonstra isso ao passar rapidamente de uma posição "extrema" e concentrar o ataque nas fraquezas inquestionáveis de algumas das formulações mais hábeis. A cláusula de "dano" dos semiutilitaristas é criticada de modo conveniente. A Lei de Igual Liberdade de Spencer é atacada por sua cláusula condicional e pela suposta imprecisão da expressão "não infrinja a igual liberdade dos demais homens". Na verdade, como vimos, esta condição é desnecessária e poderia muito bem ser eliminada. Ainda assim, Oliver faz muito menos justiça a expressão spenceriana. Cria definições enganosas e alternativas de "infração" e demonstra que nenhuma dessas alternativas leva estritamente ao *laissez faire*. Uma pesquisa mais completa teria dado a Oliver uma definição mais apropriada. Das cinco definições alternativas que oferece, a primeira simplesmente define infração como "violação ao código legal habitual" – uma definição que, por princípio, nenhum libertário empregaria. Ao basear o argumento necessariamente em princípios, o libertário deve conformar seu modelo segundo a razão e não pode simplesmente adotar um costume legal existente. As quarta e quinta definições de Oliver – "o exercício de qualquer forma de controle sobre os prazeres e atos de outra pessoa" – são tão vagas e de retórica tão falaciosa no uso da palavra "controle" que nenhum libertário jamais as deveriam utilizar. Isso nos deixa com a segunda e terceira definições de "infração", em que Oliver trata de margear qualquer solução razoável ao problema. A primeira delas define "infração" como uma "interferência física direta com o controle de outrem sobre a pessoa e propriedades"; e a última, como "interferência física direta acrescida da interferência na forma de ameaça ou prejuízo". Mas a primeira aparentemente exclui a fraude, ao passo que a última não só exclui a fraude, como também *inclui* ameaças à competição com mais alguém etc. Já que nenhuma definição sugere um sistema *laissez faire*, Oliver rapidamente desistiu da tarefa e concluiu que o termo "infração" é irremediavelmente vago e não pode ser usado para tirar uma conclusão a respeito do conceito *laissez faire* de liberdade, e portanto, que o *laissez faire* precisa de uma hipótese ética adicional, especial, além do postulado libertário básico.

No entanto, uma definição apropriada de "infração" *pode* ser encontrada para se chegar a uma conclusão *laissez faire*. O termo vago e falaciosamente retórico "prejuízo" não deve ser usado. Em vez disso, a infração pode ser definida como "interferência física direta na pessoa ou propriedade de outrem, ou a ameaça de tal interferência física". Ao contrário da suposição de Oliver, a fraude *está* incluída na categoria de "interferência física direta", pois tal interferência não significa apenas o uso direto da violência armada, mas também atos tais como invasão e roubo sem o uso de arma. Em ambos os casos, a "violência" foi cometida à propriedade de alguém por meio de perturbação física. A fraude está implícita no furto, porque a fraude requer a apropriação física da propriedade de alguém sob falsos pretextos, isto é, em troca de algo que nunca é feito. Em ambos os casos, a propriedade de alguém é tomada sem consentimento.

Onde há vontade, há saída, e portanto vemos que é bem fácil definir a fórmula spenceriana de modo bastante claro de modo que o laissez faire e somente o laissez faire derive a partir daí. O ponto importante que devemos recordar é nunca usar tais expressões vagas como "prejuízo", "dano" ou "controle", mas termos específicos, tais como "interferência física" ou "ameaças de violência física".

B - O Ataque à Liberdade Contratual

Após utilizar a seu bel-prazer os postulados básicos dos direitos naturais, Oliver ataca uma classe específica de tais direitos: a liberdade de contrato[35]. Oliver esboça três possíveis cláusulas de liberdade contratual: (1) "O homem tem o direito à liberdade contratual", (2) "Um homem tem o direito à liberdade de contrato a menos que os termos do contrato causem dano a outrem"; e (3) "um homem tem o direito de contratar a menos que os termos do contrato infrinjam os direitos de outrem". A segunda cláusula pode ser imediatamente descartada; novamente, a vaga noção de "dano" pode dar a desculpa para uma intervenção ilimitada do estado, como rapidamente observa Oliver. Nenhum libertário adotaria tal fraseologia. A primeira formulação é, por certo, a mais intransigente e não dá espaço para qualquer intervenção estatal. Aí, Oliver novamente escarnece e diz "poucas pessoas levariam tão longe a doutrina da liberdade de contrato". Talvez. Mas desde quando a verdade é estabelecida pelo voto da maioria? De fato, a terceira cláusula, com sua ressalva spenceriana, é novamente desnecessária. Suponhamos, por exemplo, que A e B contratem livremente atirar em C. A terceira versão dirá que esse é um contrato ilegal. Mas, na verdade, não deveria ser! Pois o contrato *em si* não pode e não viola os direitos de C. Apenas uma

---

[35] OLIVER. *Critique of Socioeconomic Goals*. pp. 12-19.

possível ação subsequente contra C irá violar os direitos. Mas, nesse caso, é a ação que deve ser declarada ilegal e punida, não o contrato que a precede. A primeira cláusula, que sustenta a absoluta liberdade de contrato é a mais clara e, evidentemente a formulação preferível[36].

Oliver vê no princípio da liberdade de contrato, pela necessidade de ser um acordo mútuo entre duas partes, algo suscetível a sofrer uma objeção ainda mais forte do que o postulado básico dos direitos naturais. Pois como, pergunta Oliver, podemos distinguir entre um contrato livre e voluntário, por um lado, e a "fraude" e "coerção" – que, por outro lado, invalidam os contratos?

Primeiramente, como a fraude pode ser claramente definida? A crítica de Oliver se dá em duas partes:

1ª) Diz que "o direito consuetudinário admite que certos tipos de omissões, bem como certos tipos de alegações falsas e parágrafos enganosos invalidem os contratos. Onde acaba tal regra por omissão?" Oliver vê, de modo bastante correto, que se absolutamente nenhuma omissão fosse permitida, o grau de estatização seria enorme. No entanto, o problema é resolvido de modo muito simples: mudança no direito consuetudinário de modo a eliminar todas e quaisquer normas por omissão! É curioso que Oliver é demasiado relutante até mesmo em considerar mudanças em antigos costumes jurídicos onde tais mudanças parecem ser exigidas por princípio, ou para perceber que os libertários defenderiam tais mudanças. Uma vez que os libertários defendem mudanças radicais em outras partes da estrutura política, não há motivo para se recusarem a mudar alguns artigos do direito consuetudinário.

2ª) Afirma que mesmo as regras contra alegações falsas parecem estatizantes para alguns e devem ir além dos atuais limites, cita como exemplo os regulamentos SEC (Securities and Exchange Comission). Contudo, todo o problema é que um sistema libertário não apoiaria quaisquer conselhos *administrativos* ou regulamentações. Nenhum acréscimo na regulamentação seria permitido. Num sistema absoluto de livre mercado, qualquer um que fosse prejudicado por alegações falsas levaria o opositor aos tribunais e seria reparado. Mas quaisquer alegações falsas, qualquer fraude, seria, então, severamente punida pelos tribunais, do mesmo modo que o roubo. Em segundo lugar, Oliver quer saber como a "coerção" pode ser definida. Aqui, o leitor é remetido para a seção "Ou-

---

[36] Em objeção a essa cláusula, Oliver afirma que *"o direito anglo-americano tradicionalmente evita certos tipos de contrato por acreditar que são contra o interesse público"* (OLIVER. Critique of Socioeconomic Goals. p. 13). É exatamente por essa razão que os libertários sugerem a *mudança* do tradicional direito anglo--americano para estar de acordo com seus preceitos. Além disso, "interesse público" é um termo sem sentido (um exemplo da falácia do realismo conceitual) e, portanto, é descartada pelos libertários.

tras Formas de Coerção" acima. Oliver se confunde ao contraditoriamente misturar as definições de coerção como violência física *e* como recusa a troca. Como já vimos, a coerção pode ser racionalmente definida apenas de um ou de outro modo, não dos dois, pois assim a definição é contraditória. Ademais, ele confunde a violência física interpessoal com a escassez imposta pelos fatos da natureza – considerando-os num único conceito chamado "coerção". Conclui com a afirmação irremediavelmente confusa de que a teoria da liberdade contratual supõe uma "igualdade de coerção" entre os contratantes. De fato, os libertários afirmam que não há coerção nenhuma no mercado. O absurdo da igualdade de coerção permite a Oliver afirmar que a *verdadeira* liberdade de contrato requer, ao menos, uma "competição genuína" imposta pelo estado.

O argumento da liberdade contratual, portanto, supõe o *laissez faire* e também é estritamente derivado do postulado da liberdade. Ao contrário de Oliver, outros postulados éticos não são necessários para deduzir o *laissez faire* desse argumento. O problema da coerção é totalmente resolvido quando a "violência" é substituída pelo termo ainda mais ilusório chamado "coerção". Dessa forma, qualquer contrato é livre e, consequentemente, válido quando há ausência de violência e ameaça de ambas as partes.

Oliver faz outros poucos ataques a "liberdade jurídica", por exemplo, empunha o velho lema de que a "liberdade jurídica não corresponde à 'verdadeira' liberdade (ou oportunidade efetiva)" – novamente recaindo na antiga confusão da liberdade com poder ou abundância. Em uma das afirmações mais provocantes, afirma que *"Os homens só podem desfrutar de total liberdade jurídica em um sistema anárquico"*[37]. É raro para alguém identificar um sistema *conforme a lei* como "anárquico". Se isso for anarquismo, então muitos libertários abraçarão o termo!

C - O Ataque à Renda conforme os Ganhos

No livre-mercado todo homem recebe pagamento em dinheiro à medida que possa vender bens ou serviços por moeda. A renda de cada pessoa irá variar conforme as avaliações de produtividade livremente escolhidas em um mercado, ao suprir os desejos do consumidor. No amplo ataque ao *laissez faire*, o professor Oliver, além de criticar as doutrinas de liberdade natural e liberdade contratual, também condenou esse princípio, ou o que chamou de "doutrina da renda auferida"[38].

Oliver argumenta que já que os trabalhadores devem utilizar o capital e a

---

[37] OLIVER. *Critique of Socioeconomic Goals*. p. 21.
[38] OLIVER. *Critique of Socioeconomic Goals*. pp. 26-57.

terra, o direito de propriedade não pode basear-se no que o trabalho humano cria. Tanto os bens de capital e a terra são, em última análise, redutíveis ao trabalho (e tempo): todos os bens de capital foram construídos por fatores originais, terra e trabalho; e a terra teve de ser descoberta pelo trabalho humano e levada a produzir pelo trabalho. Portanto, não apenas o trabalho *em curso*, mas também o trabalho "armazenado" (ou melhor, trabalho e tempo armazenados), obtém riqueza na produção corrente, e há tanta razão para que os proprietários desses recursos obtenham riqueza agora como há para que os atuais trabalhadores ganhem dinheiro neste momento. O direito do trabalho *passado* ganhar é estabelecido pelo direito de herança, que deriva imediatamente do direito de propriedade. O direito de herdar não se baseia tanto no direito *de receber* das gerações posteriores, mas no direito das gerações passadas *de conceder*.

Tendo em mente tais considerações gerais, podemos nos voltar para algumas das detalhadas críticas de Oliver. Primeiramente, afirma de modo incorreto o princípio básico da "renda auferida", e isso é uma fonte contínua de confusão. Oliver o enuncia da seguinte maneira: "Um homem adquire o direito a renda que ele mesmo gera". Incorreto. Adquire o direito, não à "renda", mas à *propriedade* que ele mesmo cria. A importância da distinção logo ficará clara. Um homem tem o direito ao próprio *produto*, ao produto da própria energia que imediatamente torna-se sua propriedade. Obtém o *ganho* em dinheiro ao trocar essa propriedade, esse produto seu e a energia de seus ancestrais, por moeda. Seus bens e serviços são livremente trocados no mercado por dinheiro. A renda auferida, portanto, é totalmente determinada pela valoração monetária que o mercado dá aos bens e serviços daquele homem.

Muito da crítica subsequente deriva de ignorar o fato de que todos os recursos complementares são fundados no trabalho dos indivíduos. Ele também censura publicamente a ideia de que "se um homem faz algo, isso lhe pertence" como "muito simplista". Pode ser simples, mas não deve ser um termo pejorativo em ciência. Ao contrário, o princípio da navalha de Ockham nos diz que quanto mais simples a verdade, melhor. O critério para uma afirmação, portanto, é a sua *verdade*, e a simplicidade é, *ceteris paribus*, uma virtude. A questão é que quando o homem faz alguma coisa, a coisa pertence a ele ou a outra pessoa. A quem, então deverá pertencer: ao produtor, ou a alguém que a roubou do produtor? Talvez isso seja uma simples escolha, mas, ainda assim, uma escolha necessária.

Agora, como podemos dizer que uma pessoa "fez" ou não alguma coisa? Oliver aflige-se consideravelmente com essa questão e critica longamente a teoria da produtividade marginal. Sem contar suas objeções falaciosas, a teoria da produtividade marginal não é de todo necessária (embora ajude) a essa discussão ética. O critério a ser utilizado para determinar quem criou o produto no mercado e quem deverá, portanto, ganhar o dinheiro é, realmente, muito simples. O critério é: *Quem é dono do produto?* A gasta sua força laborativa trabalhando em uma fábrica; esta contribuição de força laborativa para incrementar a produção é comprada e paga pelo dono da fábrica, B. A possui a força laborativa, que é contratada por B. Nesse caso, o produto criado por A *é sua força*, e o uso é pago ou comprado por B. B paga por vários fatores para trabalharem no seu capital, e o capital é, por fim, transformado em outro produto e vendido a C. O produto pertence a B, e B o troca por moeda. A moeda que B obtém, a mais e acima da quantia que teve de pagar pelos outros fatores de produção representa a contribuição de B para o produto. A quantia que o capital recebe vai para B, seu proprietário etc.

Oliver também acredita ser uma crítica quando afirma que os homens realmente não "fazem bens", mas lhes acrescem valor ao aplicar trabalho. Mas ninguém nega isso. O homem não cria a matéria, assim como não cria a terra. Em vez disso, toma a matéria natural e a transforma, numa série de processos, para chegar a bens mais úteis. Espera acrescentar valor ao transformar a matéria. Dizer isso é *fortalecer*, em vez de enfraquecer, a *teoria da renda auferida,* uma vez que deveria ficar claro o quanto de valor é acrescido ao produzir bens para troca que pode ser determinado apenas pelas compras dos clientes, em última análise, os consumidores. Oliver revela sua confusão ao afirmar que a teoria da renda auferida admite que "os valores que recebemos em troca são iguais em importância aos que criamos no processo de produção". É claro que não! *Não* existem valores reais criados no processo de produção; esses "valores" adquirem significado somente dos valores que recebemos em troca. Não podemos "comparar valores recebidos e criados" porque a propriedade criada *se torna* mais valiosa apenas na medida em que é comprada em troca. Aqui vemos alguns frutos da confusão fundamental de Oliver entre "criar renda" e "criar um produto". As pessoas não "criam renda"; criam um *produto* que *esperam* possa ser trocado por renda por ser útil aos consumidores.

Oliver aumenta a confusão ao tomar, a seguir, o teorema do *laissez faire* de que todos tem o direito de uma escala de valores própria e de agir com base em tal escala. Em vez de afirmar o princípio nesses termos, Oliver introduz a confusão ao chamar o princípio de "organizar os valores em pé de igualdade" para cada homem. Consequentemente, ele pode então criticar essa abordagem ao perguntar como os valores das pessoas podem estar "em pé de igualdade" quando o poder de compra de uma pessoa é maior que o de outra etc. O leitor não terá dificuldade em ver, aqui, a confusão entre igualdade de liberdade e igualdade de abundância.

Outra das objeções críticas de Oliver à teoria da renda auferida é supor que "todos os valores adquiridos pela compra e venda, que todos os bens são bens de mercado". Isso é um absurdo, e nenhum economista responsável jamais admitiu isso. De fato, ninguém nega que há bens fora do mercado, não comercializáveis (tais como amizade, amor e religião) e que muitos homens valorizam muito tais bens. Devem constantemente escolher como alocar os recursos entre bens comercializáveis e não comercializáveis. Isso não causa a mínima dificuldade para o livre mercado ou para a doutrina da "renda auferida". De fato, um homem ganha dinheiro *em troca* de seus bens comercializáveis. O que poderia ser mais razoável? Um homem adquire renda por vender bens comercializáveis no mercado; logo, naturalmente o dinheiro auferido será determinado pela avaliação de tais bens feita pelos compradores. Como, na verdade, ele pode adquirir bens comercializáveis como contrapartida de sua atividade (ou oferta?) de bens fora do comércio? E por que ele deveria fazê-lo? Por que e como os outros serão forçados a pagar em moeda em troca de nada? E como o governo irá determinar quem produziu quais bens não comercializáveis e quais recompensas ou penalidades deverão existir? Quando Oliver afirma que os ganhos de mercado não são satisfatórios porque não cobrem a produção fora do mercado, deixa de indicar por que os bens não comercializáveis devem ser contados nesse plano. Por que os bens não comercializáveis deveriam *pagar pelos* bens comercializáveis? A alegação de Oliver de que "receitas fora do mercado" dificilmente são distribuídas de modo a "solucionar a parte não comercializável do problema" não faz muito sentido. Que diabo são "receitas fora do mercado"? E se não são prazeres íntimos derivados de buscas interiores do indivíduo, que raios podem ser? Se Oliver sugere que seja tirado dinheiro de A para pagar B, então está sugerindo a apreensão de um bem *comercializável,* e as receitas são, então, bastante comercializáveis. Mas se ele não está sugerindo isso, então suas observações são muito irrelevantes, e ele nada pode dizer contra o princípio da renda auferida.

Além disso, não deveria ser deixado de lado que todos no mercado que desejarem recompensar auxílios não comercializáveis com moeda são livres para fazê-lo. Na verdade, numa sociedade livre tais recompensas serão efetuadas no máximo grau livremente desejado.

Vimos que a teoria da produtividade marginal não é necessária para uma solução ética. A propriedade de um homem é seu produto e será vendida a um valor estimado pelos consumidores no mercado. O mercado resolve o problema da estimação do valor e, melhor do que faria qualquer agente coercitivo ou economista. Se Oliver discorda do veredito do mercado sobre o valor da produtividade marginal de qualquer fator, ele está convidado a se tornar um empreendedor e a ganhar o lucro advindo da exposição a tais desajustes. Os problemas de Oliver são pseudoproblemas. Assim, pergunta, "quando o algodão de White é trocado pelo trigo de Brown, qual é a taxa de câmbio eticamente correta?" É simples, responde a doutrina do livre mercado: *o que quer que os dois livremente decidirem.* "Quando Jones e Smith produzirem juntos um bem, que parte do bem é imputável às ações de Jones e que parte a Smith?" A resposta: O que quer que eles tenham contratado.

Oliver oferece várias razões falaciosas para rejeitar a teoria da produtividade marginal. Uma delas é que a imputação de renda não significa a criação de renda, porque um produto marginal do trabalhador pode ser alterado simplesmente pela mudança na qualidade ou quantidade de um fator complementar, ou pela variação no número de trabalhadores competidores. Mais uma vez, a confusão de Oliver deriva da menção à "criação de renda" em vez da "criação de produto". O trabalhador cria o serviço em que trabalha. Esta é a sua propriedade; algo seu para vender a qualquer mercado que desejar, ou mesmo não vender, se assim preferir. O valor estimado do serviço depende do valor marginal do produto, que, é claro, depende, parcialmente da competição e do número e qualidade dos fatores complementares. Este, de fato, não se confunde, mas de preferência, é parte integral da teoria da produtividade marginal. Caso a oferta de capital co-operacional aumenta, os serviços de força laborativa se tornam mais escassos em relação aos fatores complementares (terra, capital) e o valor marginal de seu produto e renda aumentam. De modo semelhante, caso existam mais trabalhadores competindo, deve haver uma tendência a diminuir produtividade do valor marginal descontado do trabalhador, embora isso deva aumentar por conta da maior abrangência do mercado. Não vem ao caso dizer que tudo isso "não é justo" porque a produção do trabalhador continua a mesma. O caso é que para os consumidores seu valor em produção varia de acordo com esses outros fatores, e ele é pago segundo tal variação.

Oliver também emprega a doutrina popular, mas falaciosa de que qualquer senso ético com relação a teoria da produtividade marginal deve se basear na existência da "pura competição". Mas, por que o "produto de valor marginal" de uma economia livremente competitiva deve ser menos ético do que o "valor do produto marginal" da Terra do Nunca da pura competição? Oliver adota a doutrina de Joan Robinson (1903-1983) de que os empreendedores "exploram" os fatores e colhem um ganho especial dessa exploração. Mas, ao contrário, como professor Edward H. Chamberlin (1899-1967) admitiu, *ninguém* colhe qualquer "exploração" no mundo da livre competição[39].

Oliver faz várias outras críticas interessantes:

---

[39] CHAMBERLIN, Edward H. *The Theory of Monopolistic Competition*. Cambridge: Harvard University Press, 7ª edição, 1956. pp. 182 ss. A "pura" competição é um modelo irreal e indesejável, admirado por muitos economistas, em que todas as firmas são tão pequenas que nenhuma delas tem qualquer impacto no mercado. Ver: ROTHBARD. *Man, Economy, and State*. Capítulo 10.

1) Defende que a produtividade marginal não pode ser aplicada dentro das corporações porque não há mercado para o capital da empresa após o estabelecimento inicial da companhia. Por isso, os diretores podem controlar os acionistas. Em resposta, podemos perguntar como os diretores podem *permanecer* nos cargos sem representar os desejos da maioria dos acionistas. O mercado de capitais é contínuo porque os valores do capital estão constantemente mudando na bolsa de valores. Uma queda acentuada nos valores das ações significa grandes perdas para os donos da empresa. Além disso, significa que não haverá mais expansão de capital naquela firma e que o capital poderá não permanecer intacto.

2) Afirma que a teoria da produtividade marginal não pode dar conta das contribuições "irregulares" fixadas para todas as rendas pelos serviços fornecidos pelo estado. Primeiramente, a teoria da produtividade marginal absolutamente não supõe (como acredita Oliver) que os fatores são infinitamente divisíveis. Quaisquer "irregularidades" podem ser resolvidas. O problema do estado, portanto, não tem nenhuma relação com fatores irregulares. De fato, todos os fatores são mais ou menos "irregulares". Ademais, Oliver reconhece que os serviços do estado são divisíveis. Em um raro lampejo de discernimento, Oliver admite que pode haver (e há!) "vários graus de serviços policiais, militares e monetários (por exemplo: cunhagem de moedas)". Mas se este é o caso, como os serviços do estado diferem uns dos outros? A diferença é realmente grande, mas advém de um fato diversas vezes reiterado: de que o estado é um monopólio compulsório em que o pagamento é separado da receita de serviço. Enquanto tal condição existir, na verdade não poderá existir nenhuma "medida" mercadológica de sua produtividade marginal. Mas como isso pode ser um argumento *contra* o livre mercado? Na verdade, seria precisamente o livre mercado que corrigiria essa condição. A crítica de Oliver aqui não é ao livre mercado, mas à esfera estatizante de uma economia mista de mercado e estado.

A atribuição de criação de renda feita por Oliver à "sociedade organizada" é muito vaga. Caso pretenda designar a "sociedade", está a empregar uma expressão sem sentido. É exatamente o processo do mercado aquele pelo qual uma série de indivíduos livres (que constituem a "sociedade") repartem a renda segundo a produtividade. É dupla contagem postular uma entidade real chamada "sociedade" fora da série de indivíduos e que possui ou não a merecida quota. Se, por "sociedade organizada" pretender indicar o *estado*, então, as contribuições ao estado foram compulsórias e, por isso, dificilmente "mereceram" qualquer paga. Além disso, como mostramos, uma vez que o total dos impostos é muito maior do que qualquer suposta contribuição produtiva do estado, os governantes devem dinheiro ao restante da sociedade e não *vice versa*.

3) Oliver faz uma afirmação muito curiosa (e também repetidamente o

faz Frank Knight) de que uma pessoa na verdade não merece eticamente colher os ganhos da própria capacidade singular. Devo confessar que não vejo qualquer sentido nessa postura. O que há de mais inerente num indivíduo, mais singular, mais *próprio*, do que a capacidade herdada? Se não colher a recompensa disso, conjugada com o próprio esforço, de onde ele *deve* colher as recompensas? E por que, outra pessoa deve colher as recompensas das capacidades singulares *dele*? Ora, em suma, será que os capazes devem ser constantemente penalizados e os incapazes sempre subsidiados? A atribuição de Oliver dessa capacidade a uma "primeira causa" fará sentido somente quando alguém for capaz de descobrir a "primeira causa" e pagar-*lhe* o devido quinhão. Até então, qualquer tentativa de "redistribuir" a renda de A para B teria de concluir que *B* é a primeira causa.

4) Oliver confunde a caridade privada, voluntária e doações casadas com "caridade" compulsória ou auxílios. Assim, define erroneamente a renda auferida, a doutrina do livre-mercado, ao dizer que "uma pessoa deve sustentar a si mesma e a seus legítimos dependentes sem pedir favores especiais ou sem pedir ajuda a terceiros". Enquanto muitos individualistas aceitariam essa formulação, a verdadeira doutrina do livre-mercado é a de que nenhuma pessoa deve *coagir* outros para que lhe ajudem. Isso faz total diferença, seja a ajuda dada voluntariamente ou tirada à força. Como um corolário, Oliver confunde o significado de "poder" e assevera que os patrões têm poder sobre os empregados e, portanto, devem ser responsáveis pelo bem-estar destes. Oliver está certo quando diz que o dono de escravos era responsável pela subsistência do escravo, mas parece não perceber que somente o reestabelecimento da escravidão se enquadraria no seu programa de relações trabalhistas. Dizer que os doentes mentais e os órfãos são "incapazes", como o faz Oliver, leva à confusão entre os "incapazes protegidos pela sociedade" e os "incapazes protegidos pelo estado". As duas coisas são completamente diferentes, porque não são a mesma instituição. O conceito de "incapazes protegidos pela sociedade" reflete o princípio libertário de que os indivíduos privados e os grupos voluntários podem se oferecer para cuidar daqueles que desejam tais cuidados. Os "incapazes protegidos pelo estado", ao contrário, são aqueles (a) cujo cuidado todos são compelidos por meio de violência a contribuir, e (b) que são sujeitos aos preceitos do estado quer gostem ou não.

A conclusão de Oliver de que "todo adulto normal deve ter uma oportunidade justa de se sustentar e, na ausência dessa oportunidade, deve ser sustentado pelo estado" é uma mescla de falácias lógicas. O que é uma "oportunidade justa", e como isso pode ser definido? Além disso, em comparação com a lei de igual liberdade de Spencer (ou com a lei de total liberdade, como sugerimos), não pode ser cumprida para "todos", já que não existe uma entidade real como o "estado". Qualquer um sustentado pelo "estado" deve, *ipso facto*, ser sustentado por *outro alguém* na sociedade. Por essa razão, nem todos podem ser sustentados – especialmente, é claro, caso definamos "oportunidade justa" como ausência de interferência ou penalização coercitiva da capacidade de uma pessoa.

5) Oliver constata que alguns teóricos da renda auferida combinam suas doutrinas com a teoria do "achado não é roubado". Mas não encontra aí nenhum princípio subjacente e o chama simplesmente de uma regra aceita do jogo comercial. Contudo, "achado não é roubado" não somente se baseia no princípio; é igualmente um corolário de postulados ocultos de um regime de liberdade como o é a teoria da renda auferida. Um recurso sem dono deve, segundo a doutrina básica do direito de propriedade, tornar-se propriedade de quem quer que, pelos próprios esforços, confere-lhe um uso produtivo. Esse é o princípio do "achado não é roubado", "do primeiro usuário, primeiro proprietário". É a única teoria consistente com a abolição do roubo (incluindo a propriedade do governo), de modo que o dono de todo o recurso útil é sempre uma pessoa que não o roubou[40].

---

[40] Oliver muitas vezes cita o seguinte ensaio: KNIGHT, Frank H. "Freedom as Fact and Criterion". In: *Freedom and Reform*. New York: Harper & Bros., 1947. pp. 2-3. Não há necessidade de aprofundar no ensaio de Knight, a não ser para notar seu ataque a Spencer por adotar *ambos*: o "hedonismo psicológico" e o "hedonismo ético". Sem entrar em detalhes na análise spenceriana, podemos, por uma interpretação apropriada, combinar muito bem as duas posições. Primeiramente, é necessário mudar "hedonismo" – a busca do "prazer" – para *eudaimonismo* – a busca da *felicidade*. Em segundo lugar, o "eudaimonismo psicológico", a ideia de que "todo indivíduo busca, universal e necessariamente, a própria felicidade máxima" decorre do axioma praxeológico da ação humana. Do *fato* do propósito, deriva a verdade, mas somente quando "felicidade" é interpretada num sentido formal, categórico e *ex ante*, ou seja, "felicidade" aqui significa o que quer que o indivíduo escolha como mais elevado na própria escala de valores.
O eudaimonismo *ético* – de que um indivíduo *deva* buscar a felicidade máxima – também pode caber na mesma teoria, quando a felicidade for interpretada num sentido *substantivo* e *ex post*, ou seja, que cada indivíduo deve buscar o rumo que, como *consequência*, o fará mais feliz. Para ilustrar: um homem alcólatra. O eudaimonista pode fazer dois pronunciamentos a respeito: (1) Ele está buscando o rumo de sua preferência ("eudaimonismo psicológico"); e (2) Ele está prejudicando sua felicidade, sendo este julgamento baseado nas "regras da felicidade" derivadas do estudo da natureza do homem e, portanto, ele *deve* reduzir a ingestão de álcool ao ponto de não prejudicar mais a própria felicidade ("eudaimonismo ético"). As duas posições são perfeitamente compatíveis.

Conclusão:
Teoria Econômica e Política Pública

1
A Ciência Econômica: Natureza e Utilidade

A ECONOMIA NOS DÁ LEIS VERDADEIRAS do tipo se A, então B, então C etc. Algumas dessas leis são sempre verdadeiras, isto é, A sempre vigora (a lei da utilidade marginal decrescente, da preferência temporal etc.). Outras requerem que A seja considerado verdade antes que as consequências possam ser afirmadas na prática. A pessoa que identifica as leis econômicas na prática e as utiliza para explicar fatos econômicos complexos está, então, agindo como um *historiador* econômico em vez de agir como um teórico econômico. É um historiador quando busca uma explicação fortuita para fatos passados; é um *prognosticador* quanto tenta prever fatos futuros. Em ambos os casos, utiliza leis absolutamente verdadeiras, mas deve determinar quando qualquer lei particular se aplica a cada situação determinada[1]. Além disso, as leis são necessariamente *qualitativas* em vez de quantitativas, e assim, quando o prognosticador tentar fazer previsões quantitativas, irá além do conhecimento oferecido pela ciência econômica[2].

Muitas vezes não é percebido que as funções de um economista no livre-mercado diferem nitidamente das do economista num mercado obstruído. O que o economista num verdadeiro livre-mercado pode fazer? Pode *explicar o funcionamento da economia de mercado* (uma tarefa vital, especialmente porque as pessoas sem instrução tendem a ver a economia de mercado como um caos absoluto), mas *pouco mais pode fazer*. Ao contrário das pretensões de muitos economistas, ele é de pouca ajuda ao empreendedor. Não pode prever futuras demandas de consumo e custos futuros tão bem quanto o homem de negócios; caso pudesse, *ele* seria o empreendedor. O empreendedor está onde está no mercado por causa de sua capacidade superior de previsão. As pretensões dos econometristas e de outros

---

[1] ROTHBARD, Murray N. "Praxeology: Reply to Mr. Schuller". In: *American Economic Review*, December, 1951, pp. 943-46.
[2] Sobre as armadilhas das previsões econômicas ver: JEWKES, John. "The Economist and Economic Change". In: *Economics and Public Policy*. Washington, D.C.: The Brookings Institution, 1955. pp. 81-99; BAUER, P. T. *Economic Analysis and Policy in Underdeveloped Countries*. Durham: Duke University Press, 1957. pp. 28-32; ABRAMSON, A. G. "Permanent Optimistic Bias – A New Problem for Forecasters". In: *Commercial and Financial Chronicle*, February 20, 1958, p. 12.

"criadores de modelos" de que podem prever com precisão a economia sempre se fundamenta numa simples, mas devastadora pergunta: "Se você pode prever tão bem, por que não o faz na bolsa de valores, onde previsões precisas colhem tão valiosas recompensas?"[3] Está fora de questão repudiar tal pergunta – como muitos têm feito – ao chamá-la de "antiintelectual", pois é exatamente este o teste acre do pretenso oráculo econômico.

Nos anos recentes, foram desenvolvidas novas disciplinas matemático--estatísticas – "pesquisa operacional" e "programação linear" – que afirmaram ajudar o empreendedor a tomar decisões concretas. Se tais alegações são válidas, então tais disciplinas não são absolutamente *econômicas*, mas sim um tipo de tecnologia de gestão. Felizmente, as pesquisas operacionais se desenvolvem numa disciplina francamente separada, com sociedade profissional e revista acadêmica próprias; esperamos que todos os outros movimentos façam o mesmo. O *economista* não é um tecnólogo de negócios[4].

O papel do economista numa sociedade livre, então, é puramente educacional. Mas quando o governo – ou qualquer outra agência que utilize a violência – intervém no mercado, a "utilidade" do economista expande. O motivo é que ninguém sabe, por exemplo, quais serão as demandas futuras do *consumidor* em determinada direção. Aqui, no campo do livre--mercado, o economista deve dar lugar ao empreendedor prognosticador. Mas as ações do *governo* são muito diferentes, pois o problema agora é exatamente o de quais serão as *consequências* dos atos governamentais. Em suma, o economista pode ser capaz de dizer quais serão os efeitos do aumento da demanda de manteiga, mas isso tem pouca utilidade prática, já que o empreendedor está interessado, em primeiro lugar, não nessa cadeia de consequências – que conhece muito bem – mas *se* tal aumento irá acontecer ou não. Para uma decisão governamental, por outro lado, o "se" é exatamente o que os cidadãos devem decidir. Então, aí, o economista, com o conhecimento das várias consequências alternativas, adquire iniciativa própria. Além disso, as consequências de um ato do governo, por ser indireto, são muito mais difíceis de analisar do que o aumento da demanda dos consumidores por um determinado produto. São necessárias cadeias de raciocínio praxeológico mais longas, em especial para as necessidades dos tomadores de decisão. A decisão do consumidor de comprar mantei-

---

[3] Professor Mises mostrou a falácia do termo "criador de modelo", bastante popular, que (juntamente com outras falácias científicas) tem sido erroneamente utilizada por analogia com as ciências físicas – no caso, a engenharia. O modelo de engenharia dá as dimensões quantitativas *exatas* – em miniatura – do mundo real. Nenhum "modelo" econômico pode fazer nada desse tipo. Para um quadro mais desolador do histórico da previsão econômica, ver: ZARNOWITZ, Victor. *An Appraisal of Short-Term Economic Forecasts*. New York: Columbia University Press, 1967.
[4] Desde que escreveu isso, o autor se deparou com um ponto de vista semelhante em: VINING, Rutledge. *Economics in the United States of America*. Paris: UNESCO, 1956. pp. 31ss.

ga e a do empreendedor de ingressar no comércio de manteiga não requerem raciocínio praxeológico, mas, em vez disso, uma capacidade de discernimento dos dados concretos. O julgamento e avaliação de um ato governamental (por exemplo, um imposto de renda), no entanto, requer longas cadeias de raciocínio praxeológico, por dois motivos: porque os dados iniciais lhes foram fornecidos e porque as consequências devem ser analiticamente averiguadas – o economista é muito mais "útil" como um economista político do que como um conselheiro de negócios ou um tecnólogo. Em uma economia de mercado obstruído, de fato, o economista muitas vezes se torna útil para o empreendedor – onde as cadeias de raciocínio econômico se tornam importantes, por exemplo, ao analisar os efeitos da expansão de crédito ou do imposto de renda e, em muitos casos, ao difundir tal conhecimento para o mundo exterior.

O economista político, de fato, é indispensável para qualquer cidadão que estrutura os julgamentos éticos na política. A ciência econômica nunca pode, por si mesma, satisfazer os ditames éticos, mas pode fornecer leis existenciais que não devem ser ignoradas por quem quer que esteja concebendo conclusões éticas – assim como ninguém pode decidir racionalmente se o produto X é um alimento bom ou mau até que as consequências no corpo humano sejam verificadas e levadas em consideração.

2
A MORALIZAÇÃO IMPLÍCITA:
O FRACASSO DA ECONOMIA DE BEM-ESTAR

Como já reiteramos, a economia não pode, por si mesma, instituir juízos éticos, e ela pode e deve ser desenvolvida de um modo *Wertfrei* [livre de juízo de valor, neutro]. Isso é verdade caso adotemos a moderna disjunção entre fato e valor, ou se aderirmos à tradução filosófica clássica de que pode existir uma "ciência da Ética". Pois mesmo que possa existir, a ciência econômica não deveria, por si, instituí-la. No entanto, a ciência econômica, especialmente a moderna variante do "bem-estar" está repleta de regras morais implícitas – com as afirmações éticas *ad hoc* de que ou são silentes ou sob uma elaborada camuflagem inserida no sistema dedutivo. Em outro lugar analisamos muitas dessas tentativas, por exemplo, a "antiga" e "nova" economia de bem-estar[5]. Comparações de utilidade interpessoal, o "princípio de compensação", a "função social do bem-estar" são exemplos típicos. Também vimos o absurdo da busca por tais critérios de tributação "justa" antes que a própria justiça da tributação tenha sido comprovada. Outros

---
[5] ROTHBARD. "Toward a Reconstruction of Utility and Welfare Economics". pp. 243ss.

casos de moralidade ilegítima são a doutrina de que a diferenciação dos produtos prejudica o consumidor por elevar os preços e restringir a produção (uma doutrina baseada na falsa suposição de que os consumidores *não querem tais diferenças*, e que as curvas de custo permanecem a mesma); a "prova" espúria de que, dada a carga tributária total, o imposto de renda é "melhor" para os consumidores do que os impostos sobre o consumo[6]; e a mítica distinção entre "custo social" e "custo privado".

Nem os economistas podem adotar legitimamente o método popular de manter a neutralidade ética ao pronunciar-se sobre política, ou seja, levando não os próprios valores, mas os da "comunidade" ou aqueles que atribuem à comunidade e simplesmente aconselhando aos demais a como alcançar tais fins. Um juízo ético é um juízo ético, não importando quem ou quantas pessoas o façam. Isso não atenua o economista da responsabilidade de ter feito juízos éticos ao pleitear que os tomou emprestado de outras pessoas. O economista que demandar medidas igualitárias porque "o povo quer mais igualdade", não é mais um economista no sentido estrito. Abandonou a neutralidade ética, e não a abandonará um pouco mais caso exija igualdade simplesmente porque *ele* assim o quer. Juízos de valor continuam sendo apenas juízos de valor, não recebem nenhuma santificação especial em virtude do número dos que a ele aderem. E aderir acriticamente a todos os juízos éticos vigentes é participar da apologética a favor do *status quo*[7].

Não estou, de modo algum, depreciando os juízos de valor; os homens o fazem e devem sempre assim proceder. Mas digo que a injeção de juízos de valor nos leva para além das fronteiras da ciência econômica *per se* e para um outro campo – o domínio da ética racional ou do arbítrio pessoal, dependendo da convicção filosófica de quem os receber.

O economista, é claro, é um técnico que explica as consequências de várias ações. No entanto, não pode *aconselhar* a ninguém o melhor caminho para chegar a determinados fins sem *se comprometer* com tais fins. Um economista contratado por um empreendedor implicitamente se compromete com a avaliação ética de que aumentar o lucro daquele empreendedor é algo bom (embora, como vimos, o papel do economista será insignificante no livre mercado). Um economista que aconselha o governo sobre o modo mais eficiente de rapidamente influenciar o mercado monetário está, portanto, comprometendo-se com o desejo do

---

[6] Ver: GOODE, Richard. "Direct versus Indirect Taxes: Welfare Implications". In: *Public Finance/Finance Publique*, XI, 1, 1956, pp. 95-98; WALKER, David. "The Direct-Indirect Tax Problem: Fifteen Years of Controversy". In: *Public Finance/Finance Publique*, X, 2, 1955, pp. 153-76.
[7] Para uma crítica do "realismo" como base para a apologética do *status quo* pelos cientistas sociais, *ver* Clarence E. Philbrook, "'Realism' in Policy Espousal," *American Economic Review*, December, 1953, p. 846–59.

governo de manipular tal mercado. O economista não pode funcionar como um conselheiro sem comprometer-se com o desejo de ver realizadas os objetivos dos clientes.

O economista utilitarista tenta escapar desse dilema político ao pressupor que os objetivos de todas as pessoas são, na verdade, os mesmos – ou ao menos em última análise. Se todos os fins são os mesmos, então um economista, ao demonstrar que a política A não leva ao fim F, tem razão em dizer que A é uma "má" política, já que todos valorizam A *no intuito de* alcançar F. Assim, se dois grupos discutem o controle de preços, o utilitarista tende a admitir que as consequências comprovadas do controle de preços máximos – faltas, interrupções etc – irão tornar a política *má* do ponto de vista dos defensores da legislação. No entanto, os defensores, de todo jeito, podem ser a favor do controle de preços, por outros motivos – por amor ao poder, por estarem construindo uma máquina política e, consequentemente, a patrocinando, pelo desejo de prejudicar as massas etc. Sem dúvida, é excessivamente otimista supor que os objetivos de todas as pessoas são os mesmos, e portanto, o atalho utilitarista para conclusões políticas também é inadequado[8].

3
CIÊNCIA ECONÔMICA E ÉTICA SOCIAL

Se o economista *qua* economista deve ser *Wertfrei*, será que isso deixa espaço para pronunciamentos significativos sobre questões de políticas públicas? Superficialmente, pode parecer que não, mas todo este livro é testemunha do contrário. Brevemente, o economista *Wertfrei* pode fazer duas coisas: (1) pode entrar numa crítica praxeológica da inconsistência e falta de sentido dos programas éticos (como tentamos mostrar no capítulo precedente); e (2) pode explicar, analiticamente, toda a miríade de consequências dos diferentes sistemas políticos e diferentes métodos de intervenção governamental. Na primeira tarefa, vimos que muitas das ilustres críticas éticas do mercado são inconsistentes ou não fazem sentido, ao passo que as tentativas de provar os mesmos erros em relação aos fundamentos éticos de uma sociedade livre já foram comprovadas como falácias.

No último papel, o economista desempenha uma parte enorme. Pode analisar as consequências do livre-mercado e de vários sistemas de trocas obstruídas e impedidas. Uma das conclusões dessa análise é que o livre-

---
[8] É claro que deve ser verdade que o conhecimento geral de tais consequências do controle de preços reduziriam consideravelmente o apoio social à medida. Mas, essa é uma afirmação politico-psicológica, e não praxeológica.

-mercado total maximiza a utilidade social porque todos os que participam do mercado beneficiam-se dessa participação voluntária. No livre mercado, todas as pessoas ganham; de fato, o ganho de um é precisamente a *consequência* da realização do ganho de outros. Quando uma troca é feita por coação, por outro lado – quando criminosos ou o governo intervêm – um grupo ganha à custa de outrem. No livre-mercado, todos ganham de acordo com o próprio valor produtivo ao satisfazer o desejo dos consumidores. Na distribuição estatal, todos ganham em proporção ao quanto podem espoliar dos produtores. O mercado é uma relação interpessoal de paz e harmonia; o estatismo é uma relação de guerra e conflito de castas. Não somente os ganhos no livre-mercado devem corresponder a produtividade, mas a liberdade também permite um mercado cada vez mais amplo, com maior divisão de trabalho, investimento para satisfazer desejos futuros, e padrões de vida mais elevados. Além disso, o mercado permite o artifício engenhoso do *cálculo capitalista*, um cálculo necessário para a alocação eficiente e produtiva dos fatores de produção. O socialismo não pode calcular e, assim, deve mudar para uma economia de mercado ou reverter a um padrão de vida bárbaro após acabar com o que puder da estrutura de capital preexistente. E toda a propriedade mista do governo ou interferência no mercado distorce a alocação de recursos e introduz ilhas de caos calculacional na economia. A taxação do governo e a concessão de privilégios monopolísticos (que assumem muitas formas sutis) todas obstruem os ajustes de mercado e rebaixam o padrão geral de vida. A inflação do governo não somente deve prejudicar metade da população em benefício da outra metade, mas deve também levar a depressão do ciclo econômico ou colapso da moeda corrente.

Não podemos resumir aqui toda a análise deste livro. Basta dizer, em acréscimo à verdade praxeológica que (1) em um regime de liberdade, todos ganham, ao passo que (2) sob o estatismo, podemos dizer outra coisa, que alguns ganham (X) à custa de outros (Y). Pois, em todos esses casos X *não é* um verdadeiro ganhador. As consequências indiretas no longo prazo do privilégio estatal redundará no que se considerará a *desvantagem* – o rebaixamento dos padrões de vida, o consumo do capital etc. O ganho da exploração de X, em suma, é claro e óbvio para todos. A *futura perda*, no entanto, pode ser entendida somente pelo raciocínio praxeológico. Uma das funções principais do economista é tornar claro para todos os X em potência do mundo. Não me filiaria a alguns economistas utilitaristas em dizer que isso resolve a questão e que, já que todos estamos de acordo a respeito dos fins supremos, X será obrigado a mudar de posição e apoiar a sociedade livre. Certamente é possível que as elevadas preferências temporais de X, ou seu amor pelo poder ou pela extorsão o levarão ao caminho da exploração estatal mesmo ao conhecer todas as consequências. Em suma, o homem que está prestes a extorquir já está familiarizado com as consequências diretas e imediatas. Quando a praxeologia o informa das consequências no longo prazo, tal informação pode, muitas vezes, fazê-lo ponderar a não agir. Mas também pode *não* ser o bastante para fazê-lo mudar a avaliação. Além disso, alguns podem preferir essas consequências no longo prazo. Assim, o diretor da Departamento de Controle de Preços que acha que controles de preço máximos levam à escassez de um determinado produto pode (1) dizer que tal falta é ruim e se demitir; (2) dizer que a escassez é ruim, mas dar mais valor a outras considerações, por exemplo, ao amor pelo poder ou a elevada preferência temporal, ou (3) acreditar que a escassez é *boa*, seja por ódio ao próximo ou por uma ética ascética. E, do ponto de vista da praxeologia, qualquer uma das posturas podem muito bem ser adotada sem oposição.

4
O Princípio do Mercado e o Princípio Hegemônico

A análise praxeológica dos sistemas político-econômicos comparados pode ser totalmente resumida na seguinte tabela:

ALGUMAS CONSEQUÊNCIAS DO:	
PRINCÍPIO DO MERCADO	PRINCÍPIO HEGEMÔNICO
Liberdade individual	Coerção
Benefício mútuo geral (utilidade social maximizada)	Exploração – Benefício de um grupo à custa de outro
Harmonia mútua	Conflito de castas: guerra de todos contra todos
Paz	Guerra
Domínio do homem sobre a natureza	Domínio do homem sobre o homem
Maior eficiência na satisfação dos desejos do consumidor	Ruptura da satisfação dos desejos
Cálculo econômico	Caos calculacional
Incentivos para a produção e melhora nos padrões de vida	Destruição de incentivos: consumo do capital e piora dos padrões de vida

O leitor, sem dúvida, irá perguntar: Como todos os vários sistemas podem ser reduzidos a tal esquema simples de duas colunas? Será que isso não distorce enormemente a rica complexidade dos sistemas políticos? Ao contrário, essa dicotomia é crucial. Ninguém contesta o fato de que, historicamente, os sistemas políticos diferiram em *grau* – que nunca foram exemplos puros do princípio do mercado ou do princípio hegemônico. Mas tais misturas podem ser analisadas somente ao dividi-los nas partes que os compõem, nas misturas variadas de dois princípios opostos. Na ilha de Robinson Crusoé e Sexta-feira há, basicamente, dois tipos de relações interpessoais ou trocas: a livre ou voluntária e a coercitiva ou hegemônica. Não há outro tipo de relação social. Toda vez que ocorre um único ato de troca pacífico e livre, o princípio do mercado é posto em funcionamento; toda vez que um homem força uma troca por ameaça de violência, o princípio hegemônico foi posto em funcionamento. Todas as variações da sociedade são combinações desses dois elementos primários. Assim, quanto mais o princípio do mercado domina em uma sociedade, maior será a liberdade e prosperidade dessa sociedade. Quanto mais abunda o princípio hegemônico, maior será o âmbito da servidão e da pobreza.

Há uma outra razão que mostra a adequação dessa análise de opostos. É uma peculiaridade do princípio da hegemonia que toda a intervenção coercitiva nas questões humanas traga maiores problemas que exijam a escolha: o repúdio da intervenção inicial ou o acréscimo de outra. É tal característica que torna qualquer "economia mista" inerentemente instável, tendendo sempre para um ou outro polo – a liberdade pura ou o estatismo total. De qualquer modo, não basta responder que o mundo sempre esteve na via média, então, por que preocupar-se? A questão é que nenhuma zona média é estável, por conta dos problemas autocriados (as próprias "contradições internas", como diria o marxista). E o produto desses problemas seria empurrar a sociedade, inexoravelmente, numa ou noutra direção. Os problemas, de fato, são reconhecidos por todos, independente do sistema de valor ou dos meios propostos para enfrentar a situação.

O que acontece se o socialismo é instituído? A estabilidade não é alcançada, seja por causa da pobreza, do caos calculacional etc. que o socialismo traz consigo. O socialismo deve continuar por um longo tempo se, como num primitivo sistema de castas, as pessoas acreditarem que o sistema é divinamente ordenado ou caso o socialismo parcial e incompleto em um ou alguns poucos países puderem se basear no mercado externo para fazer os próprios cálculos. Isso quer dizer que a genuína economia de livre--mercado é o único sistema estável? Praxeologicamente, sim; psicologicamente, a questão é posta em dúvida. O mercado desimpedido está livre de problemas autoinfligidos; oferece a maior abundância compatível com o domínio do homem sobre a natureza de qualquer época. Mas aqueles que se sentem atraídos por um poder superior, ou que desejem extorquir os outros, assim como os que não conseguem entender a estabilidade praxeológica do livre-mercado, podem muito bem colocar a sociedade, novamente, na estrada hegemônica.

Para voltarmos à natureza cumulativa da intervenção, podemos citar o clássico exemplo do moderno programa agrícola norte-americano. Em 1929, o governo começou a manter artificialmente o preço de alguns produtos agrícolas acima do preço de mercado. Isso, é claro, gerou excedentes de tais bens que não foram vendidos, superávit agravado pelo fato dos fazendeiros terem mudado as linhas de produções para entrar no, então, garantido campo dos preços altos. Assim, o consumidor pagou de quatro formas: a primeira vez em impostos para subsidiar os fazendeiros, a segunda em preços mais altos pelos produtos agrícolas, uma terceira vez pelos excedentes desperdiçados e uma quarta vez ao terem de se privar de bens que deixaram de ser produzidos por falta de subsídio a tais linhas de produção. Mas o superávit agrícola foi um problema, reconhecido como tal pelas pessoas de todos os tipos de sistemas de valor. O que fazer? O programa agrícola poderia ter sido rejeitado, mas tal curso dificilmente seria compatível com as doutrinas estatizantes que, em primeiro lugar, apoiaram o programa. Então, o próximo passo era exigir dos fazendeiros um severo controle da produção dos produtos subsidiados. Os controles tinham de ser instituídos como quotas para cada fazenda, com base em algum período anterior da produção, que é claro, lançou a produção rural num modelo obsoleto. O sistema de quota amparou os fazendeiros ineficientes e "algemou" os eficientes. Pagos, de fato, para *não* produzir certos bens (e, ironicamente, estes eram os que o governo considerava como produtos "essenciais"), os fazendeiros, naturalmente, migraram para a produção de outros bens. Os preços mais baixos dos produtos não subsidiados fez surgir igual clamor por subsídio. O próximo plano, novamente uma consequência do funcionamento da lógica estatista, era evitar as embaraçosas mudanças de produção pela criação de um "banco da terra", por intermédio do qual o governo pagaria ao fazendeiro para garantir que a terra permaneceria totalmente *inativa*. Esta política privou os consumidores até mesmo dos substitutos dos produtos agrícolas. O resultado do "banco da terra" era totalmente previsível. Os fazendeiros punham no tal banco as terras mais inférteis e cultivavam as outras de modo mais intenso, aumentando enormemente a produção nas terras melhores e fazendo continuar o problema do excedente mais do que nunca. A principal diferença era que os fazendeiros então recebiam cheques do governo para não produzir nada.

A lógica cumulativa da intervenção é demonstrada em muitas outras áreas. Por exemplo, o subsídio do governo à pobreza aumenta a pobreza e o desemprego e estimula aos beneficiários que multipliquem o número de filhos, intensificando assim o problema que o governo busca curar. A proibição de narcóticos aumenta enormemente o preço da mercadoria, levando os viciados ao crime para obter dinheiro.

Não há necessidade de multiplicarmos os exemplos; eles podem ser encontrados em todas as fases da intervenção governamental. O ponto é que o livre-mercado cria uma espécie de *ordem* natural, de modo que qualquer ruptura intervencionista cria não só a desordem, mas a necessidade de rescisão ou de desordem cumulativa na tentativa de combatê-la. Em suma, Pierre-Joseph Proudhon (1809-1865) sabiamente escreveu que a *"liberdade é a mãe e não a filha da ordem"*. A intervenção hegemônica substitui tal ordem pelo caos.

Tais são as leis que a praxeologia apresenta à raça humana. São um conjunto binário de consequências: as obras do princípio de mercado e do princípio hegemônico. O primeiro cultiva a harmonia, liberdade, prosperidade e ordem; o último produz conflito, coerção, pobreza e caos. Tais são as consequências que a humanidade deve escolher. Com efeito, deve escolher entre a "sociedade contratual" e a "sociedade estamental". Nesta altura, o praxeologista sai de cena; o cidadão – o eticista – agora deve escolher de acordo com o conjunto de valores ou princípios éticos que mais preza.

Índice Remissivo

A
Abramson, A. G., 269
Adulteração fraudulenta, 65
Água, escassez, 192
Alexander, George J., 65
Alienação, 237
Alistamento militar, 37
Allen, Harry Kenneth, 27, 168
Altruísmo, 240-242
"Analogia do gestor de tráfego", 250
Anarquismo, 261
Anderson, Martin, 201
Apostas, *ver também* jogos de azar, 250
Argumento da indústria nascente, 71, 72
Aristóteles, 252
Arrow, Kenneth J., 256
Autointeresse, conhecimento do, 223
Axioma libertário, 21, 26

B
Bach, Johann Sebastian, 226
Balança comercial, 68
"Banco da terra", 277
Barber, Thomas H., 62, 226
Barganha, *ver* Poder de barganha, 246, 247
Barnard, B. W., 103
Barnett, Randy, 17
Bastable, C. F., 70
Bastiat, Frédéric, 70
Bauer, Peter Tomás, 65, 118, 269
"Benefícios externos", 216
Bens
    coletivos, 216
    de capital, 51, 72, 89, 91, 120, 135, 144, 146, 166, 247, 262
        de consumo, 51, 90, 120, 137, 146,
        não permutáveis, 118, 242
        permutáveis, 117, 118, 242

Benson, Bruce, 17
Blitz, Rudolph C., 55
Blum, Walter J., 164, 166, 170, 179, 231, 232
Böhm-Bawerk, Eugen von
    crítica dos economistas georgistas, 146
Brehm, C. T., 190
Brown, Daniel Jay, 87
Brown, Harry Gunnison, 111
Brozen, Yale, 78, 190
Bimetalismo, 52
Bicanic, Rudolf, 204
Buchanan, James M., 15
Burocracia, 65, 77, 107, 140, 162, 175, 176, 187, 191, 195, 197, 239

C
Cálculo econômico, 150, 204, 205, 224, 275
Calhoun, John C., 35, 36, 38, 106, 162, 215
Camponeses, medievais, 153, 235, 236
Caos
    calculacional, 201, 203, 244, 274-276
    econômico, 248
Capacidade
    de pagamento, 160, 164-170, 173, 174
    e ganhos, 27, 34, 56, 73, 88, 125-129, 134, 135, 160, 163, 188, 247
Capital, 40, 62, 66, 71-74, 82, 86, 87, 89, 90, 98, 101, 105, 114, 116, 120, 125-130, 132-138, 143-149, 167, 195, 205, 208, 230, 243, 251, 261, 262, 265, 274, 275
Caplan, Bryan, 18
Cartéis, 60, 61, 67, 82, 249
    compulsórios, 62
Castas,
    conflito de, 199
    sistema de, 276
Chamberlin, Edward Hastings, 265

Champagne, feiras de, 24
Caridade, 134, 167, 168, 182, 190, 234, 238-240, 243, 267
Charles I, rei, 93
Chodorov, Frank, 31, 106, 114, 151, 169, 196
Códigos de segurança,66, 67
Coerção, 16, 17, 22, 23, 27, 28, 32, 37, 38, 75, 94, 103, 107, 109, 120, 151, 174, 176, 180, 184, 188, 189, 195, 196, 198, 199, 208, 224, 226, 232, 235, 244-246, 260, 261, 275
  Ver também Governo
Coleman, D. C., 77
Comércio Internacional, teoria do, 68
Competição
  pura, 265
  Ver também Economia de mercado
Conant, Charles A., 103
Concessões, 58-61, 64, 73, 80, 81, 91, 97, 98, 101, 153-155, 175, 190
Conflito
  intervenção e, 34
  Ver também Governo
Constitutições, 215
Consumidores, 28, 38,40, 48-51, 53, 55, 56, 57, 59-63, 72, 75, 76, 79, 81, 82, 86, 92, 94, 96, 97, 100
  escolha,
  ditadura e,
  Ver também
Empreendedorismo,124,126, 129,199
Economia de mercado, 15,23, 158,225, 229, 230,242,269,271,274
Consenso, maioria, 207
Conservacionistas, 85-88,92
Conservadores,35,122,138, 139-141,158,193
Cooley, Oscar W., 75,76
Cooperação, 28,92,196
  pacífica, 243
Cooperativas, 186,207
Copyrights,
  Ver também Patentes, 62,93-96,101
Corporações, 82, 101, 266
Correios, 196,197, 199, 205
Cox, J. H., 92
"Criadores de modelo", 270

Crime organizado,27, 56
Cunhagem de moeda, 199,266
  Monopólio estatal da
  privada,
Curso forçado da moeda. *Ver* Leis
Custos, 53,200
  princípio, 139
  social e privado
Curtiss, William Marshall, 73

D

Davidson, Clara Dixon, 233
Deflação,106, 113,119
Defesa, livre-mercado, 26, 27,87,97,140,188-196,198-200,202-204, 216, 222, 224
Demanda, 24
  curva, 47,49, 50-52, 55
  elasticidade,64, 73,116
Democracia,13,37,41,177,205,206-209, 213
  clássica, 210
  moderna,211,212
  mudança pacífica e, 214,215
  socialismo e,207, 208
Desemprego,
  em massa, 51
  problemas de 62, 69, 76,78
  seguro,122,191
Desobediência civil,184,213
Dewey, Donald,84
Dewing, Arthur Stone, 97
Director, Aaron, 161
Direito
  consuetudinário (anglo-saxônico),24,26,252, 260
  defesa pessoal e da propriedade,
  Estado de Direito, 161,186
  igualdade de liberdade,161, 232,263
  "intangível", 134,258
  "libertário", 17, 26, 66,185,215,224,228,229, 235,242,244,252,253,258-261
Direitos Humanos,207,253-255

Diretoria da Aeronáutica Civil (CAB), 63
Distribuição, 70,108,109,138,148, 149-151,157-159, 164,173, 178,188, 250,274
    problema de,109
Diversidade,102, 210,230, 231
Doações,133,134,167,168,181,182, 183,191,243,267
Domínio Eminente (ou desapropriação),98,99,199
Domínio Público, 87,88,90,92,204
Donisthorpe, Wordsworth, 66
Downs, Anthony, 41
Due, John F., 120,127, 137, 165, 167, 218

E
Econometria,
Economia, 15,23
    crescimento,
    neoclássica,
    escolha pública, 15,17
    política pública e, 37, 41,254,269,273
    bem-estar,34,38,75,149, 165,173,174,198,205,206,216,271
    planejada, 202
Economia de Bem-estar, 38, 271
Economia de mercado,
    livre mercado total, 67, 87, 109, 181, 185, 186, 202, 229, 251, 253
    penalidades, 79, 181, 264
    princípio da, 275, 276
    proteção da,
Econômico
    meio, os, 188
    poder, 244-247, 249
Economista, papel do, 270, 272
"Efeitos de vizinhança", 216
Emerson, Ralph Waldo, 223
Emolumentos, 154
Empresas
    do governo, 188, 192, 193, 197, 198, 217
    privadas, 27, 82, 113, 192, 195, 204, 216, 217
Empreendedores, 57, 62, 79, 86, 95, 98, 108, 191, 193, 196, 203, 234, 242, 243, 247, 249, 251, 265
Empreendedorismo, 124, 126, 129, 199
Especialistas, 42, 43, 86, 157, 221, 224, 225
Escassez 48, 53, 64, 146, 192, 197, 261, 275
    Artificial, 48, 49, 55, 97, 196
Escola Austríaca de Economia, 145
    tempo,
    vs. economistas neoclássicos,
Escola de Chicago, 142
Esquerda e Direita,
    de contrato,
    de expressão, 254, 255
    para passar fome, 236, 238
    para roubar, 98, 169
Estado
    natureza humana e o, 252
    poder, 244-249
Estado de Direito, *ver* Direito, 161, 186
Estatísticas do Produto Nacional, 216, 218
Estradas de ferro,
    doações estatais para, 91, 92
    francesas, 196
Ética
    antimercado, 221
    economia e, 269, 273
    impossível, 232
    mercado e, 275
Eudaimonismo, 268
Exigências do Governo, relatórios, 79
Exploração, 35, 37, 39, 70, 88, 109, 120, 189, 246, 265, 274, 275

F
Factory Acts, 77
Falsificação, 105
    de moeda, 102, 184
    de registros, 204
Farrer, Lord, 54
Fazendeiros, 87, 277
Fiat-money, 105

Fisher, Herbert W., 120, 130-132, 137
Fisher, Irving, 120, 130-132, 137
    Imposto de consumo,
Fisher, Joseph Greevz, 184
Florestas, 87, 88, 90, 92
Ford, John, 87
Fraude, 65, 66, 102, 134, 169, 258-260
Freios e contrapesos, 26, 27
Friedman, Milton, 64, 78
    Salário mínimo,

G
Gabor, André, 86
Gaffney, Mason, 91, 148
George, Henry, 68, 70, 99, 142, 143,145, 148-150
Gerrymandering, 209
Gestores
    burocráticos e políticos, 195
    decisões, 41,42, 65, 94, 212, 226, 243
    falsificação de registros, 204
Goode, Richard, 272
Goodman, Paul, 77, 200
Governo
    atividade, 191
    crises e,
    defesa,
    doações para, 181
    em bases comerciais,
    empresas, 58, 63
    empréstimo, 203
    escolas, 192, 199, 200
    gastos, 187
    investimento,
    mundial,
    produto nacional e, 216
    propriedade, 191
    ruas, 97, 98, 254,
    serviços, 197, 216
    uniformidade,117, 126, 159
    vendas,
Governo da maioria
    contradições do, 207, 208, 212

Grant, Phil, 146
Groves, Harold M., 129, 134,167,168

H
Haley, Bernard Francis, 118, 187
Hansbrough, H.C., 92
Harper, Floyd Arthur,205,229, 240
Harriss, Clement Lowell,118,187
Hayek, Friedrich August, 16, 58, 77, 81,161,196, 204
    cálculo,
    competição,
    número máximo de horas de trabalho, 58
    "os piores chegam ao topo", 196
Hays, Samuel P., 88, 92
Hazlitt, Henry, 16, 57, 190
Heath, Spencer, 148, 151, 208
Hedonismo, 268
Herbert, Auberon, 28, 184
Hill, James J., 92
Hoff, 204
Holmes, Oliver Wendell, 254
"Homestead Law", 88
    ver também, Princípio da "apropriação original",
Hoppe, Hans-Hermann, 17
Hume, David, 38
Hunter, Merlin Harold,27, 158, 168
Hutt, William Harold 58, 77, 82, 241, 246
    encerramento de atividades,
    ganhos psíquicos,
    leis de trabalho infantil, 77
    "poder de barganha", 246
    soberania do consumidor, 82

I
Idade Média, 24, 55, 63, 235, 236, 249
Igualdade,
    diante da lei, 159, 161, 177, 232,
    de oportunidade, 231, 232
Igualitarismo, 142, 172, 230, 232, 233

Imposto
    capitalização, 134
    evasão, 161, 184
    isenção, 159, 160
    ilusão, 142
    justo, 156, 157, 180
    lacunas, 161
    único, 142-151
Impostos
    capital, acumulado, 127, 128, 132
    consumo, 115, 116, 121, 130-132, 162
    corporativo, 62, 79
    custos de recolhimento,
    doação, 168, 182-184, 239, 240
    equal,
    eleitoral, ver também Poll Tax, 177, 183, 184, 214
    específico, 115, 116
    fictício,
    herança, 114, 133, 134
    locação e, 135, 142, 151, 153, 155, 163
    lucro excessivo, 124, 125
    ônus e vantagens,
    rede de lojas, 62, 79
    renda, 110, 112, 114, 115, 117-212, 126, 127
    retido na fonte, 79
    sobre ganhos de capital, 125-129
    sobre poupança, 114, 115, 118, 119-124, 130-133, 137, 138-141
    sobre propriedade, 134-138
    sobre riqueza, 137, 138
    sobre vendas e produtos industrializados, 110, 115
    uniforme, 117, 159, 161
    venda,
Indústria de pesca, 88
Inflação, 50, 52, 105, 108, 200
    causas, 112, 222
    efeitos, 258, 259
Infração, 258, 259
Inveja, 39
Intervenção
    autística, 32
    binária, 32, 33-35
    cumulativa,
    triangular, 32-34, 47-103
Iugoslávia, 204

J
Jasay, Anthony de, 17
Jewkes, John, 269
Jogos de azar, 250
Jouvenel, Bertrand de, 38, 141, 253
Judiciário, independência, 212
Juros 50, 54, 56, 60, 86, 112, 117, 135
"Justiça quantitativa" 156

K
Kalven, Harry, Jr., 164, 166, 168, 170, 179, 231, 232
Kessel, Reuben A., 64
Knight, Frank Hyneman, 147, 150-153, 267, 268
    ataque a Spencer, 268
    imposto único, 150, 151
    terra 151-153
Kolko, Gabriel, 101, 140
Kuznets, Simon S., 216

L
La Boétie, Etienne de, 38, 213
La Guardia, Fiorello, 191
Laissez faire, 22-24, 28, 175, 179, 184, 206, 223, 224, 251, 256-259, 261, 263
Leasing,
Lebensraum, 103
Leeman, Wayne, 84
Lei de Gresham, 51, 53, 54, 102
Lei de Igual Liberdade, 232, 233, 256-258, 267
Leis
    antitruste, 82, 83
    "blue-sky" 66
    conservação,
    curso legal da moeda,

emigração, 74
encerramento de atividades,
frequência escolar obrigatória, 77
imigração, 62, 73-78, 90, 91, 103
limitação de horas, 79,
salário mínimo,51, 62, 78
trabalho infantil, 76
usura, 54, 55
Leoni, Bruno, 24, 252
Levy, J. H., 28, 185
Liberdade 33, 67, 181, 202, 203,207, 215, 224, 226, 230, 232, 233
Liberdade natural, 256, 261
Licenças, 61-64
Licenciamento, 63, 64, 96, 100
Lippmann, Walter, 101
Livre concorrência, 96, 185, 186
Livre Mercado. *Ver* Economia de mercado 16, 17, 21-23
Long, Millard F., 55

M
Machlup, Fritz, 59, 62, 63
Mackay, Thomas, 190, 196
Madeireiras, 87, 92
"Materialismo egoísta", 240
Mercados, artificiais,
Marshall, Alfred, 250
Marxismo,
Materialismo, 240
McCulloch, John Ramsay, 165
McGuire, Martin C., 17
políticos e econômicos,
Medidas
quantitativas, 116
Meios e fins,
Meios políticos,
Mendigos, 190, 191, 240
Mercado de ações,
Mercado negro, 41, 51, 52, 56, 57, 169, 204
Metrô, 197
Milenkovich, Deborah D., 204

Mill, John Stuart,
Millar, Frederick, 55, 196
Miller, James C. III, 78
Minorias,
Mises, Ludwig von, 13, 15-17, 21, 40, 51, 54
construção de modelo,
escolhas imorais, 225
gastos governamentais,
indústrias nascentes, 72
intervenção governamental, 197
lacunas fiscais, 62
progressistas, 41
propriedade da terra,
taxas de câmbio, 51
Mitchell, Wesley Clair, 40
Moeda
fiduciária, 52, 105
poder de compra da (PCU), 50, 51
Molinari, Gustave de, 83, 184, 185
Monopólio e competição,
doações estatais,
leis antitruste, 62, 82, 83
lucros e ganhos,
preços,
privilégios, 57, 58, 63, 66, 77, 84, 90, 93, 97
Moral
filosofia, 38
Moralidade
e escolha, 66, 212, 222, 225, 227, 228
e natureza humana, 228
Morris, Newbold, 191
Morse, Sidney H., 182
Mozart, Wolfgang Amadeus, 226
Multas, 109, 134, 138, 143
Musgrave, Richard Abel, 111

N
Natureza
poder sobre a, 247, 249
Natureza do estado, 162, 252
Nock, Albert Jay, 31, 248, 249

Nove, Alec, 108

O

Ócio, 58, 82, 111, 117, 145, 190, 241
   "soberania do consumidor", 242
   utilidade marginal, 82, 117
Okies, 86
Oliver, Henry M., Jr., 256-268
   "doutrina da renda auferida", 261
Olson, Mancur, 17
Oppenheimer, Franz, 31, 154

P

Países subdesenvolvidos, 146, 251
Patentes, 62, 93
   titular da, 96
   privilégio, 93, 96
Paterson, Isabel, 82, 83, 205, 237, 240
Pastagem, 88, 152
Pearce, I. F., 86
Pecuaristas, 88
Peffer, E. Louise, 88, 92
Peltzman, Sam, 63
Penalidades
   a modelos de mercado, 79
Pensamento católico, 252
Pequenas empresas, custo, 62, 79
Perdas e ganhos,
   ganhos de capital, 125
   valor do capital na economia em mudança, 125
   visão altruísta,
"Perigo claro e eminente", 67
Perry, Arthur Latham, 70
Peterson, John M., 78
Philbrook, Clarence, 163, 272
Pinchot, Gifford, 92
Planejanemto, 170, 198, 202-204, 251, 252
Plant, Arnold, 95, 96
Platão, 252
Pobreza, 69, 190, 238-240, 276-278

Poder,
   e coerção, 244
   sobre a natureza, 247
   sobre o homem, 247
"Poder econômico", 244
Poder de barganha, 246, 247
Poirot, Paul L., 75, 76, 253
População,
Poupança
   incerteza e, 234
Poll Tax, ver Imposto eleitoral, 177, 183
Praxeologia, 33, 168
   ética e, 221, 227, 228, 230, 233, 241, 275, 278
Previsibilidade da ação, 252
Preferências
   demonstradas, 39
Preço
   controle, 47, 51
   do livre-mercado, 91, 193, 196
   monopolizado, 64, 196
   pelo "custo marginal" 197
   restricionista, 64, 89-91
   único, regra do, 168
Prioridades e alocações, 58
Previdência Social, 122, 175, 200, 201
Princípio,
   "apropriação original", 155
   "capacidade de pagamento", 164-170, 173
   da igualdade de sacrifício, *ver também* teoria da, 171, 172
   da progressividade, 141
   do "benefício", 174, 175
   do custo, 177, 179, 180
   do sacrifício mínimo, 171, 172
   georgista, 144, 147
   geral de justiça 117
   "igualdade perante a lei", 159
   "primeiro usuário, primeiro proprietário", 152, 153, 268
Produto de Valor Marginal Descontado (PVMD), 78, 113, 135
Proibição, 26, 32, 56-58, 62, 77, 82, 93, 100, 201, 228, 278

Prognosticador, 269, 270
Propaganda política, 42
Propriedade
    direitos de, 253-255
    governamental
    mito da pública, 99, 204
    privada, 87, 88, 98, 191, 195, 201
Proudhon, Pierre Joseph, 278
Público
    interesse, 260
    opinião, 37, 100, 210
    propriedade, 99

Q
Qualidade
    padrão de, 64

R
Rand, Ayn, 16
Racionamento, 57, 58
Read, Leonard Edward, 240
Realismo, 163, 272
Realismo conceitual, 206
Recursos 191
Relações Hegemônicas
    princípio das, 276
Renda
    do governo,
    do trabalho, 117
    fundiária, 147, 148, 151, 154
    irregular, 129, 163
    líquida, 117, 123, 124, 126, 131, 144
    média, 129
    monetária, 117, 168
    nacional, 106, 216
    privada,
Representação, 210, 211
Representação proporcional, 210
Responsabilidade, limitada, 101, 186
República,
    renováveis, 84

Rickenbacker, William F., 53
Robbins, Lionel, 170
Robinson, Joan, 265
Rogers, Lindsay, 37
Rommen, Heinrich, 252, 253
Roosevelt, Theodore,
Rothbard, Murray Newton, 13, 15-18
    direitos, 21
    "economia de bem-estar", 271
    estradas de ferro, França, 196
    imposto único, 142
    patentes e *copyrights*, 93
    praxeologia e economia, 223
    teorias monopolistas,
Rousiers, Paul de, 83
Roy, Ralph Lord, 242
Rússia Soviética, 203

S
Sacrifício 164, 170
    igual, 170
    mínimo, 170, 172
    princípio,
Saldos de caixa, 120, 130, 137, 233
Salário,
    restricionista, 64, 73
Sargent, Noel, 81, 83, 84, 246
Saving, Thomas R.,
Schumpeter, Joseph, 41, 42, 208
Scott, Anthony, 85,-89
Scoville, John W., 81, 83, 84, 246
SEC (*Securities and Exchange Commission*), 66
Seguradoras, 79
Segurança, 64, 233
Seguros,
    de vida, 79
    prêmio, 80
    regulação, ver também *seguradoras*, 79
Seligman, Edwin Robert Anderson, 114, 137, 166
Selva, volta à, 242

Sennholz, Mary, 39, 240
Sherman, lei de, 81
Shoup, Carl Sumner, 111
Silberman, Charles E.,236
Sindicalismo obrigatório, lei, 62, 78
Simon, William M.,84
Sistema de *Inclusão do Valor do Frete no Preço*, 84
Sistema keynesiano
  economia,
Smith, Adam, 158, 182
Smith, Bradford Bixby,171
Social
  benefícios, 106, 173, 175, 179, 201
  custos, 272
  darwinismo, 244
  democratas,202, 207
  poder, 248, 249
Socialismo, 181, 198,199, 201-204, 238, 274
  democracia e, 207, 208, 274, 276
  nazismo e facismo, 202
Sociedade estamental, 83, 235
Sorte, 134, 160, 249
Spooner, Lysander, 103
Spencer, Herbert, 103, 184, 185, 232, 240, 256-259, 268
Steinbeck, John, 87
Stewart, Charles T., Jr.,78
Stigler, George Joseph, 62, 68
  licensing,
Stringham, Edward, 15, 17, 18
Stromberg, Joseph, 151
Subsídios,78, 188
Suborno, 48,67, 99
Sunstein, Cass R., 17
Subdesenvolvimento, *ver também* Países subdesenvolvidos,146, 251
Superdesenvolvimento, 251
Suprema Corte, 215, 254

T
Tarifas, 62, 68

Taussig, Frank W., 71
Taxas, 22
Terra
  distribuição, 148, 149
  "domínio público", *ver também*, 87, 88, 90, 204
  Princípio da "apropriação original", 155
  especulação, 68, 142, 145, 146, 153, 155
  feudal, 154, 155, 236
  "pastos abertos"88
  valor,
Thaler, Richard H.,171
Thomas, Dana Lee, 191
Thoreau, Henry David, 184
Tempo
  preferência, 51, 85, 86, 89, 112, 117-122, 131,134,194, 206, 251, 269, 275
  visão georgista do,
Tolstói, Liev, 228
Transferência de pagamentos e subsídios,
Transmissões gratuitas,133
Trabalho
  prisão, 227
  sindicatos,64, 78, 79
Tributação,
  capacidade de pagamento e, 160, 164
  justiça e,
  neutra, 181
  progressiva, 139,140, 165,170-172
  receita,105
  sacrifício e,164,170
  salários, 122
  transferência e incidência, 110, 123, 133
  voluntária,184-186
Trilhos ferroviários, assentamento de, 152
Tucker, Benjamin R.,99, 103, 233
Tuerck, David, 68
Tullock, Gordon,15, 88

U
United States Steel Corp., 84
Utilidade
    monetária, 170-172
    teoria da, 170
Utilidade marginal,117, 118, 170, 190, 229, 242, 250, 269
    produtividade,
"Utilidade pública", 97
Utilitarismo, 227

V
"Vadiagem", leis, 82
Vendedores ambulantes, proibição, 79
Vining, Rutledge, 270
Violência e poder, 244-246
Voto,
    imposto, *ver* **Imposto eleitoral;** *Poll Tax* 177, 183

W
Wagner-Taft-Hartley Act, 62, 78
Walker, David, 272
Walker, Francis Amasa,182
Warren, William F., 181,182
Weinstein, James,101

Y
Yeager, Leland Bennett, 68, 145

Z
Zarnowitz, Victor, 270

Acompanhe a LVM Editora nas Redes Sociais

https://www.facebook.com/LVMeditora/

https://www.instagram.com/lvmeditora/

LVM
EDITORA

Esta edição foi preparada pela LVM Editora
com tipografia Aldine 721 e Playfair Display SC.